Nach Amerika!
Band II

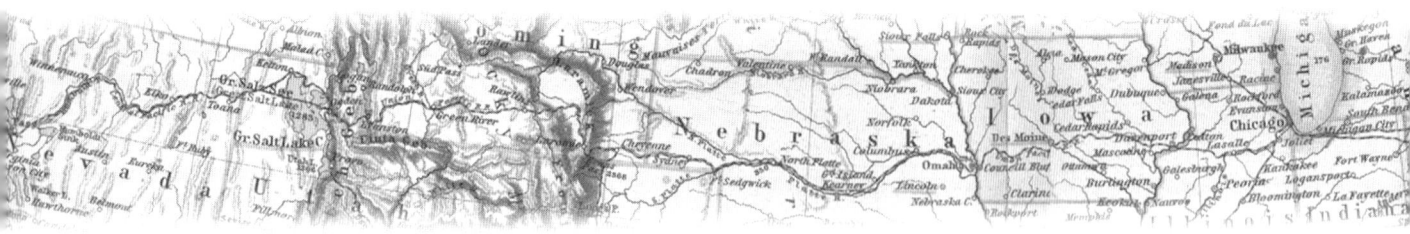

Nach Amerika!

Band II
Biographische und persönliche Beiträge
Herausgegeben von Pio Schurti und
Norbert Jansen

Verlag des Historischen Vereins für das
Fürstentum Liechtenstein, Vaduz
Chronos Verlag, Zürich

Impressum

Redaktion
Norbert Jansen,
Pio Schurti

Gesamtproduktion
Gassner & Seger, Vaduz

Korrektorat
Sigi Scherrer, Willibald Feinig

© 1998 Historischer Verein für das Fürstentum Liechtenstein, Vaduz

Auslieferung in Liechtenstein:

Historischer Verein für das Fürstentum Liechtenstein
Geschäftsstelle
Messinastrasse 5
FL-9495 Triesen

Telefon 075 392 17 47
Fax 075 392 19 61

ISBN 3-906393-21-6

Auslieferung ausserhalb Liechtensteins:

Chronos Verlag
Münstergasse 9
CH-8001 Zürich

Telefon 01 265 43 43
Fax 01 265 43 44

ISBN 3-905312-98-0

Die umfangreichen Forschungsarbeiten zur Auswanderung nach Amerika und die Herausgabe dieses Werkes wurden dank grosszügiger finanzieller Unterstützung der Regierung des Fürstentums Liechtenstein, der liechtensteinischen Gemeinden sowie zahlreicher Unternehmen, Institutionen und privater Spender ermöglicht. Der Historische Verein für das Fürstentum Liechtenstein ist allen zu grossem Dank verpflichtet.

Nach Amerika!

Geschichte der liechtensteinischen Auswanderung nach Amerika in zwei Bänden

Band I:
    Norbert Jansen
    Auswanderung im 19. und 20. Jahrhundert
    Register mit persönlichen Daten aller bekannten Auswanderer
    Personen- und Ortsregister für die Bände I und II

Band II:
    Herausgeber: Pio Schurti und Norbert Jansen
    Einzelbiographien von Personen und Familien
    Beiträge von Auswanderern

Inhaltsverzeichnis Band II

8   Vorwort

Erster Teil: Einzelbiographien von Personen und Familien

Rupert Tiefenthaler
11   Aline Alber – «Oh, if only I was a man!»
     Familie und Frauenrolle in der Emigration – Eine Familiengeschichte zwischen Liechtenstein, Frankreich und Amerika

Kathryan Ingmire Buechel, Houston (Texas)
59   Anton Büchel und seine Nachfahren

Bob Behnen, Kirkville (Missouri), und Pio Schurti
63   Die Familien Gassner, Seger und Walch in St. Louis

Hans Gruber
73   Eine Ruggeller Kolonie in Nebraska und Saskatchewan
     Vom Pionierleben der Familien Heeb

Loretta Federspiel-Kieber
85   Elwina Kindle, Triesen: Emigrantin und Heimkehrerin

Loretta Federspiel-Kieber
93   «Jeder schmiedet sich seine Heimat selbst, denn die wahre Heimat ist das Innenleben»
     Eine Begegnung mit Hermine Kindle de Contreras Torres

Rupert Tiefenthaler
111   «... dass ich mehr Unternehmungsgeist habe, wie ihr alle miteinander» – Biographie der Karolina Lampert, geborene Schädler, anhand ihrer Briefe aus Amerika

Florin Frick und Thomas Kuhlmann, Omaha (Nebraska)

147 «Gentlemen, Sie kennen mich nicht und ich kenne Sie nicht, aber wenn Sie gestatten, trage ich meine Sache vor»
John Latenser, Architekt in Omaha (Nebraska)

Arthur Brunhart

161 Die Auswandererfamilie «Manzele-Büchel» aus Balzers

Rudolf Rheinberger

175 Alois Rheinberger – Weinbaupionier in Illinois

Jürgen Schindler

189 Eine Eschner Grossfamilie in Oklahoma
Stephan Schächle und seine Nachkommen

Pio Schurti

193 «… aber ich nehme es spielend»
Konrad Sele in Los Angeles

Beatrice Noll

203 Ein abenteuerliches Leben in Kanada
John Thoeny aus Schaanwald

Mary O'Brien Migliore, New Hope (Pennsylvania)

211 Meine Liechtenstein Connection

Joachim Batliner

217 «Warum gerade ich? Warum musste ich scheiden?»
Elias Wille aus Balzers in Kalifornien

Zweiter Teil: Beiträge von Auswanderern

Frank Beck, Los Angeles (Kalifornien)

226 «Ich bi albi an Bäärger gsi und ich bliiba an Bäärger»

Arnold Biedermann, Ventura (Kalifornien)

229 «Ich wurde von der Neuen Welt verändert – ich glaube zum besseren…»

Herbert Brunhart, Sogamoso, Kolumbien

233 «Ich möchte mich heute als intensiverer Liechtensteiner bezeichnen»

Peter Brunhart, La Paz, Bolivien

239 «Sind die Leute etwa viel anders als wir?»

Andrea Eberle, Los Angeles (Kalifornien)

243 «Do hena machscht scho än met»

Anita García Kaufmann, Key West (Florida)

245 «Auswanderer müssen mit dem Gedanken leben, ihre Heimat nie wieder zu sehen»

Peter Gilgen, Ithaca (New York)
248 Exitus (Fünf Rekonstruktionen)

Paula Godilo-Godlevski, geborene Nipp, White Plains (New York)
252 «Törkabrot hät mer s'Läba lang gfählt, und Suura Kääs»

Ursula Gregg-Konzett, Ponte Vedra Beach (Florida)
259 «Ich bin eine Triesnerin, die zufällig mit ihrer Familie in Amerika wohnt»

Eugen Hemmerle, Niwot, Colorado
261 «Es macht mir ja nichts aus, die Uniform der USA zu tragen…»

Gabriella Massaro, New York City
263 «Aufgewachsen mit zwei Kulturen unterm Dach und einer draussen vor der Tür»

Walter Meier, Chicago (Illinois)
269 «Ich musste mich mit Händen und Füssen unterhalten»

Rita McLean, Triesenberg
271 «In Kanada war ich ein anderer Mensch als hier»

Rainer Nägele, Baltimore (Maryland)
274 Permanent Alien

Emil Nipp, Calgary (Alberta), Kanada
281 «Wir sind in Kanada zuhause»

Sonhild Rodney-Wanger, Stamford (Connecticut)
284 «Bin ich wirklich eine Auswanderin?»

Lotte Rogers-Weil, Kent (Ohio)
288 «Liechtenstein scheint mit warmer Sonne in mein Herz»

291 Anmerkungen

«Dinn und doss»

Im Sommer 1992, einige Monate nachdem die Recherchen für die vorliegende Publikation in den USA aufgenommen worden waren, wurde ich eingeladen, vor der *Genealogical Society of Clayton County* im Bundesstaat Iowa über die Liechtensteiner Einwanderer in dieser Gegend zu referieren. In der anschliessenden Diskussion wurde die Frage gestellt, warum denn wir im Auswanderungsland uns noch für die Auswanderer interessieren würden? Die Fragestellerin verstand zwar, dass sich jemand in einem Einwanderungsland fragen mochte, woher seine Vorfahren kamen. Doch warum sollte man sich in der Alten Welt für diejenigen interessieren, die davongezogen waren und in vielen Fällen alle Brücken hinter sich abgerissen hatten? Eine bemerkenswerte Feststellung.

Es wäre aufschlussreich, die Funktion der zahlreichen Publikationen über Auswanderung oder Auswanderer näher zu untersuchen. Unzählige Auswandererführer, Auswandererbiographien, Beschreibungen der Neuen Welt, Fiktionen und historische Aufarbeitungen sind in den letzten beiden Jahrhunderten erschienen. Die offenbar grosse Nachfrage deutet auf eine Art Wissensdurst hin, der dem Wunsch zu wissen, woher die Vorfahren kommen, ebenbürtig ist. Offenbar wollen die Menschen bei uns verstehen, warum so viele aus ihrer Mitte in die Fremde gezogen sind. Es wird immer wieder betont, dass Schriften zur Auswanderung oder über die Neue Welt Europäer zur Auswanderung animierten. Tatsächlich dürfte die Mehrheit der Menschen, die diese Schriften gelesen haben, nicht ausgewandert sein. Für sie war das Lesen vielleicht eine Ersatzhandlung, oder die Lektüre bot den Zurückgebliebenen Erklärungen dafür, wie und warum die Auswanderer ihre Heimat verlassen konnten.

Ähnlich wie ein Migrant in der neuen Heimat mehr oder minder grosse Anpassungsschwierigkeiten zu überwinden hat, müssen sich die Zurückgebliebenen mit der Tatsache abfinden, dass viele von ihnen «einfach gegangen» sind. Oft wird die Auswanderung als Heldengeschichte glorifiziert. Damit hilft sich die Bevölkerung selbst, das vage Gefühl zu überwinden, dass sie oftmals von den Tüchtigsten im Stich gelassen wurde. Wenn man sich beispielsweise erzählt, dass es die Liechtensteiner in Amerika zu etwas brachten, dann erfüllt diese Aussage eine doppelte Funktion: Einerseits ehrt sie die Auswanderer für ihre Leistung, andererseits rechtfertigt sie ihre Auswanderung gegenüber den Zuhausegebliebenen.

Migration ist ein vielschichtiges Phänomen. Neben handfesten wirtschaftlichen oder politischen Motiven führen auch wissenschaftlich schwierig zu fassende, persönliche und psychologische Gründe dazu. Ähnlich geht das Bedürfnis der Daheimgebliebenen, die Auswanderung und die Auswanderer zu verstehen, über politische, wirtschaftliche oder statistische Erklärungen hinaus. Der Volksmund hat mit Begriffen wie «Wanderlust» oder «Amerika-Fieber» Erklärungsversuche gemacht. Um die eigene Geschichte, sich selbst zu verstehen, will eine Gesellschaft die Motive ihrer Auswanderer begreifen, denn diese Geschichte der Auswanderer, der Verlorengegangenen, ist ein Teil der eigenen Geschichte.

Der vorliegende Band mit Portraits einzelner Auswanderer(familien) und persönlichen Beiträgen von Auswanderern eröffnet Einblicke in die Auswanderung als subjektives Erlebnis; die Texte bringen dem Leser Auswanderer-Individuen näher. Fallstudien und persönliche Auswandererberichte, wie sie hier vorliegen, können niemals die (ganze) Geschichte der Auswanderung erzählen. Umgekehrt wird eine «Geschichte der Auswanderung», wie sie im Band I erzählt wird, kaum dem persönlichen Auswandererschicksal gerecht.

So ergänzen sich die beiden Bände und erschliessen eine Fülle sozialhistorisch bedeutsamer Dokumente für die Ahnenforschung. Damit ist dem anhaltenden Interesse an der Auswanderung «dinn und doss» – wie Auswanderer Amerika und Liechtenstein bezeichnen – Rechnung getragen.

Pio Schurti, Mitherausgeber

Erster Teil: Biographische Beiträge

Rupert Tiefenthaler

**Aline Alber – «Oh, if only I was a man!»
Familie und Frauenrolle in der Emigration**

Eine Familiengeschichte zwischen Liechtenstein, Frankreich
und Amerika[1]

Die Auswanderung
Aline Alber (1858-1927) wanderte im Winter 1884 aus Frankreich
aus. Ihr Aussehen war im Fremdenpass festgehalten; bei der Personenbeschreibung fällt vor allem ihre Körpergrösse auf.

Alter: *Fünfundzwanzig Jahre*
Grösse: *Ein Meter und dreiundvierzig Zentimeter*
Haare: *dunkelblond*
Stirn: *breit*
Augenbrauen: *dunkelblond*
Augen: *braun*
Nase: *gross*
Mund: *mittel*
Kinn: *rund*
Gesicht: *rund*
Gesichtsfarbe: *gebräunt*

Die kleinwüchsige Aline bestieg das Schiff «Labrador» in Le Havre am 11. Dezember 1884 nicht allein. Ihr Cousin Martin Alber (1852-1918) aus Mauren, Liechtenstein, reiste mit ihr. Ihren Hausrat hatten sie gemeinsam in sechs grossen Seekoffern untergebracht. Tischtücher, Teller, Besteck sowie Röcke, Hemden, Hosen und Jacken führten die beiden mit sich. Recht umfangreich war der Buch- und Zeitschriftenbestand, den Aline mitnahm. Die Buchliste umfasste Titel wie ‹Geschichte des Mittelalters›, «Lexikon der französischen Sprache», «Deutsche Grammatik», «Chemie», einen Katechismus, einen Atlas, illustrierte Modejournale, «Deutsche Konversation», «Geschichte Frankreichs» von Courday, Bücher der Jugend, «Paris Charmant», Gebetbücher, Gesangsbücher, «Physik», «Rhetorik», «Naturgeschichte» und drei Bände betitelt mit «Musique». Daneben fanden sich unter anderem noch zwei Blechschachteln mit Samen und zwei Pakete mit Speisepulver in den Kisten. Martin Alber nahm das «Buch der Erfindungen», ein Kräuterbuch, ein zweibändiges Französischlexikon, eine italienische und französische Grammatik, mehrere Bände Artithmetik und Algebra, einen Band «Der Selbstadvokat» und als Kaufmann den «Rothschild» mit auf die Reise.

Die umfangreiche Transportliste zeigt deutlich, dass das Paar nicht an eine Rückkehr dachte. Dass sie so viele Bücher mitführten, hing mit ihrer Ausbildung zusammen. Aline hatte in Frankreich studiert und war für zwei Jahre Lehrerin an einer Grundschule in den Vogesen gewesen. Martin hatte in Feldkirch die Schule besucht und die Laufbahn eines Kaufmanns eingeschlagen. Beide erhofften sich durch ihre Auswanderung wirtschaftlich bessere Chancen.

Ihr gemeinsames Ziel war Amerika. Dort befanden sich ihre bereits 1848 ausgewanderten Verwandten, die sich zu erfolgreichen Unternehmern emporgearbeitet hatten.

Als Aline und Martin Alber am 25. Dezember 1884 in New York ankamen und einen Tag später von Bord gingen, besichtigten sie zuerst die Stadt New York, die Brooklyn-Bridge und das Eden-Museum mit seinen lebensgrossen Wachsfiguren. *«Und wirklich, wenn man diese Figuren sieht, glaubt man dass sie tatsächlich lebend sind. Beim Eingang sieht man ein Bauernpaar in Sonntagskleidern, die ein bestimmtes Gemälde anschauen, hinter ihnen ein Taschendieb, der das Seidentaschentuch des Bauern stiehlt – so natürlich, dass man es für wirklich halten könnte.»*[2]

Auf ihrer Fahrt zu ihrem Bestimmungsort Wabash (Indiana), wo ihr Onkel Philipp Alber eine grosse Brauerei betrieb, besuchten sie die Niagarafälle. Sie liessen sich Zeit, in ihre neue Heimat zu kommen. Kulturbeflissen besuchten sie die Sehenswürdigkeiten auf dem Weg dorthin. Nach einer Fahrt von 36 Stunden trafen sie am 1. Januar 1885 in Wabash ein.

«Paul Batliner hatte jemanden vom Bahnhof beauftragt, ihn zu holen, wenn wir ankämen, was auch tatsächlich geschah. Er kam selbst, um uns abzuholen und er führte uns zu sich, wo wir frühstückten. Um 8.00 Uhr holte uns Onkel Philipp in seiner geschlossenen Kutsche ab und er nahm uns zu sich. Am Nachmittag kamen Tante Lena Rettig und ihre Kinder und die andern Cousins und Cousinen, uns zu besuchen. Das ist die Höflichkeit hier, dass die früher Eingewanderten den Neuankömmlingen die ersten Besuche machen.»[3]

Der vorausgewanderte Familienverband
Es war ein etablierter Familienclan, der Aline und Martin Alber in Wabash willkommen hiess. Die Wurzeln dieses Clans lagen in Liechtenstein, genauer in Mauren. Die Stammeltern waren Johann Jakob Alber (1780-1862) und dessen Frau Maria Anna Mündle (1784-1827). Das Paar hatte zehn Kinder, von denen drei im Kindesalter verstarben. Der älteste Sohn namens Sebastian blieb in Mauren und übernahm den Hof. Seine sechs Geschwister wanderten aus. Franz Josef Alber, der Vater von Aline, ging nach Frankreich. Die fünf weiteren Geschwi-

ster – Eva, Philipp, Jakob, Magdalena und Johann Georg – fanden in Amerika eine neue Heimat.

Die Alber-Geschwister wanderten nicht gleichzeitig aus. In der Art einer «Kettenwanderung» folgten sie einander in zeitlichen Abständen.[4] Die Pioniere waren Philipp und Johann Georg Alber. Ihr Neffe Martin und ihre Nichte Aline Alber zählten bereits zur zweiten Generation und bildeten die letzten Glieder dieser Kettenwanderung. War die Auswanderung für ihre Onkel noch ein risikoreiches Unterfangen gewesen, so reisten Aline und Martin nicht ins völlig Ungewisse. Im Verwandtschaftsverband hatten sie eine erste Anlaufstelle. Zudem war ihnen die Geschichte ihrer Verwandten bekannt, eine Erfolgsgeschichte, die eine gewisse Anziehung auf sie ausübte.

Philipp Alber (1818-1906)

Philipp Alber wanderte im Frühjahr 1848 zusammen mit seinem Bruder Johann Georg nach Amerika. Sein im Februar 1848 im Fürstentum Liechtenstein ausgestellter Reisepass vermerkte eigens: *«Die zwei Pistolen, welche Passinhaber mit sich führt, sind im Eigentum desselben.»*[5] Die Erwartungen des vorausgewanderten Onkels in Bezug auf Amerika waren offensichtlich andere, als die der 36 Jahre später mit Büchern bepackten nachfolgenden Verwandten.

Die Goldene Hochzeit von Philipp Alber und Barbara Hilti im Jahr 1898 war ein familiäres Grossereignis. Aline und Martin befanden sich an der Peripherie der Gesellschaft, auf dem Bild links aussen. Sie gehörten dazu, wenn auch nur am Rande

Die Brauerei von Rettig und Alber in Wabash um 1890; im Vordergrund das Eislager, im Hintergrund das Brauereigebäude

Die Brüder bestiegen im April 1848 in Le Havre das Schiff «St. Nicholas», zusammen mit Alois Rheinberger, Christoph, Franz Joseph und Barbara Hilti aus Vaduz und Ferdinand Frick aus Balzers. Die Geschwister Hilti liessen sich in Logansport (Indiana) nieder, während Philipp mit Rheinberger und Frick für drei Monate nach Dayton (Ohio) ging. Später folgte Philipp Alber seinem Bruder nach Wabash, wo er im August 1848 Barbara Hilti heiratete.

Den Anfang in Wabash konnte Philipp mit Hilfe seines Bruders Johann Georg meistern. Zusammen zimmerten sie das erste Haus für das junge Ehepaar, ein kleines Gebäude aus zwei Räumen, das in zehn Tagen aufgestellt war.[6] Als Philipp wenig später ein grösseres Wohnhaus baute, konnte er erneut auf die Hilfe des jüngeren Bruders zählen. Georg lieh ihm 80 Golddollars. Dank der Familiensolidarität überwand Philipp die Anfangsschwierigkeiten.

Philipp arbeitete als Steinhauer und führte mit kaufmännischem Geschick einen Steinbruch in Wabash. Für einige Jahre betrieb er ein Lebensmittelgeschäft. Seit 1861 besass er auch eine Lizenz zum Ausschank alkoholischer Getränke. Mit seinem Kapital konnte er sich 1865 an der kleinen Brauerei seines Schwagers, des deutschen Bierbrauers Franz Anton Rettig, beteiligen. Das Unternehmen wurde ein Jahr später unter dem Namen Rettig & Alber Brewery ausgebaut.

«Unter den vielen grossen Neuerungen in Wabash muss die grosse Brauerei besonders hervorgehoben werden, die derzeit Frank Rettig und Philipp Alber errichten. Sie haben mit grossem Aufwand die Kel-

ler vergrössert und das Fachwerk für eine riesige Brauerei erstellt, wo sie Ale und Lager-Bier im Winter herstellen werden. Die Keller bieten Platz für 1200 Barrel von Ale oder Bier. Die Herren Rettig und Alber werden, sobald das Gebäude fertig ist, Lager-Bier in einer solchen Qualität produzieren, die jedem anderen in Cincinnati oder Toledo ebenbürtig ist.»[7]

Das Bier war gut, und die Nachfrage stieg, je mehr die Stadt Wabash wuchs. Die Brauerei wurde ständig erweitert und erreichte 1896 ihre grösste Kapazität von einer Million Liter Bier jährlich. In diesem Jahr starb Franz Anton Rettig. Philipp Alber führte den Betrieb weiter und übernahm die Anteile der Erben. 1901 verkaufte er als 83jähriger die Brauerei an die Wabash Brewing Company. Diese ging 1904 in Konkurs,[8] da sich das Unternehmen nicht der modernen Absatzmethoden bedient hatte. Die Brauerei sei mit dem guten Ruf des Bieres zufrieden gewesen, ohne es zu bewerben, heisst es in einer Analyse der Firmengeschichte. Philipp Alber hatte sich jedoch rechtzeitig von seinem Unternehmen getrennt.

Aufgrund des Alters und der gesellschaftlichen Stellung stand Philipp Alber an der Spitze der Verwandtschaft, als Aline und Martin in Amerika ankamen. Bei ihm fanden sie Unterkunft während der ersten drei Monate, bis zur Gründung eines eigenen Hausstands. Ein Foto der Alber-Sippe, das um die Jahrhundertwende entstand, zeigt Philipp dominierend in der Mitte der Grossfamilie. Im Sommer 1900, als in Paris die Weltausstellung stattfand, unternahm Philipp mit seiner jüngsten Tochter Alice eine ausgedehnte Europareise und besuchte auch Liechtenstein. In seinem Vaterhaus lebte einer seiner Neffen, den er nicht kannte. Mauren hatte sich verändert und war ihm fremd geworden.

1906 starb Philipp Alber als angesehener Bürger von Wabash.

Johann Georg Alber (1825-1908)
Johann Georg Alber war der jüngste Bruder von Philipp. Gemeinsam wanderten sie 1848 nach Amerika aus und wie sein Bruder war Georg ebenfalls bewaffnet. Er führte eine *«Flinte und eine Pistole»* mit sich.[9]

Georg Alber heiratete im November 1851 die 18jährige Margaret Ply. Das Paar hatte sechs Kinder.

Georg war Steinmetz. Er fertigte über 39 Jahre hinweg Grabsteine für die Friedhöfe in Wabash. Der früheste nachweisbare Stein aus seiner Werkstatt stammt vom 22. Dezember 1850. Das letzte Grabdenkmal, das Alber schuf, ist datierbar auf 1889.

«Die meisten der Alber-Grabsteine waren Tafeln, einige mit glatter Stirn und einige mit runder Kopfplatte. Viele der Alber-Grabsteine haben Weiden, Urnen und ein Gedenkzeichen eingraviert. Andere dagegen sind mit einem Lamm, mit zeigenden Fingern, oder Rosen

versehen, den typischen Symbolen jener Zeit.»[10] Georg warb für seine Werkstatt. Er fertigte 1850 einen kunstvollen kleinen Grabstein mit seinem Namen, den er als Beispiel einem Vertreter mitgab, um potentielle Kunden über die Qualität seiner Arbeit zu informieren. Dieses Werbemittel heute ist im historischen Museum von Wabash ausgestellt.

1866, zu der Zeit, als Rettig und Alber ihre Brauerei ausbauten, liess sich die Familie von Georg Alber im Norden der Stadt auf dem Land nieder.[11] Die Farm lag drei Meilen von der Stadt entfernt. Die Steinmetzarbeit dürfte zu dieser Zeit in den Hintergrund getreten und nur mehr als Nebenerwerb ausgeübt worden sein, da in der lokalen Zeitung von Wabash die Firma J.W. Ply and Co. sich als Nachfolger von Georg Alber anpries.[12] Nachdem Georg Alber mit einer gebürtigen Ply verheiratet war, ist bei dieser Nachfolgefirma ein verwandtschaftlicher Zusammenhang wahrscheinlich. Georg betrieb die Landwirtschaft mit Erfolg, die Farm war 120 Acres (48,5 Hektar) gross. Weiters besass Georg mehrere ausgesuchte Grundstücke in Wabash selbst. Bei seinem Tod hielt der Nachruf fest, dass Georg Alber *«einer der bekanntesten alten Herrn des Landes war, wo er den grösseren Teil seines Lebens mit der Landarbeit zubrachte.»*[13]

Jakob Alber (1821-1891)
Jakob Balthasar Alber folgte im Februar 1849 seinen Brüdern nach Amerika. Im April 1849 landete er in New Orleans, nahm also den Weg nicht über New York wie die vor ihm ausgewanderten Verwandten. Er liess sich in Logansport (Indiana) nieder, etwas entfernt von Wabash. Dort lebte auch Christoph Hilti, der im Jahr zuvor mit Philipp und Georg Alber ausgewandert und als Bruder der Schwägerin Barbara mit Alber verwandt war. Jakob verfügte damit über erste Anknüpfungspunkte in der Neuen Welt.

Verheiratet war er in erster Ehe mit Sophia Dirkson. Nach deren Ableben heiratete er 1890 in zweiter Ehe Isabella Beckers. Aus erster Ehe stammen die zwei Söhne John und der jung verstorbene Philipp, aus der zweiten Ehe entstammt eine Tochter namens Maria Rosaline.

Jakob Alber, Logansport, 1883. Ihm kam eine wesentliche Klammerfunktion zwischen Liechtenstein, Frankreich und Amerika zu

Jakob war Handelsmann und im Textilgeschäft tätig. Er reiste im Jahr 1874 zusammen mit seinem Sohn John nach Europa.[14] Aufgrund dieses Besuchs wurde Jakob im besonderen Mass der Ansprechpartner sowohl für die Verwandten in Liechtenstein wie auch für seinen in Frankreich verbliebenen Bruder Franz Josef und dessen Kinder. Jakob übte eine wesentliche Klammerfunktion zwischen den Angehörigen in den verschiedenen Ländern aus.

Der Besuch des «Onkels aus Amerika» förderte vermutlich die Auswanderungsgedanken von Martin. Die Atlantiküberquerung war kein allzu grosses Risiko mehr. Die nach dem Besuch geschriebenen Briefe klangen vielversprechend. John schrieb seinem Cousin Martin nach der Rückkehr: «*Logansport, 16. Dezember 1874 – Lieber Cousin Martin! Vater war letzten Sonntag in Wabash. Albert* (der Bruder von Martin, R.T.) *sagte ihm, dass du gerne einen englischen Brief von mir möchtest. So dachte ich, ich werde dir schreiben. Ich habe Albert selbst nur einmal gesehen, seit wir wieder zuhause sind. Ich war so beschäftigt, dass ich keine Zeit hatte, nach Wabash zu gehen. Wir kamen alle sicher nach Hause. Ich kann dir versichern, dass ich froh war, wieder nach Hause zu kommen und alle mein alten Freunde wiederzusehen, die mich alle herzlich begrüssten. Besonders hiessen mich meine Freundinnen willkommen. Ich hatte seither eine tolle Zeit. Schon eine Woche nach meiner Rückkehr war ich wieder in Geschäften unterwegs. Ich begann für denselben Mann zu arbeiten, bei welchem ich schon vor meiner Reise war. Und er wollte nicht, dass ich so lange zuwartete mit der Arbeit, wie ich vorhatte. Er wünschte, dass ich gleich nach meiner Rückkehr wieder beginne. Aber ich wollte herumgehen und meine alten Freunde sehen, bevor ich wieder an die Arbeit ginge. Du kannst dir nicht vorstellen, wieviel Fragen man mir stellte, als ich zurückkam. Wie es mir gefiel, wie alles aussähe. Einige dachten, dass ich für ein oder zwei Jahre ausbleiben würde, aber ich sagte ihnen, dass ich keinen Platz gefunden hätte, der mir lieber wäre als die Vereinigten Staaten. Seit meiner Rückkehr war ich ständig unterwegs und ich kam nicht länger als für zwei Wochen nach Hause. Schon oft wünschte ich, dass du hier wärest. Ich bin mir fast sicher, dass du hier mehr Erfolg hättest als dort, wo du jetzt bist. Ich weiss nicht, wie es Albert jetzt hier gefällt. Aber er war nicht sonderlich beeindruckt bei seiner Ankunft in New York. Er dachte, er wollte eher wieder nach Hause. Vater sagte mir, dass du eine Stelle hast, bei welcher du 600 Gulden jährlich verdienst. Das ist ungefähr ein Drittel dessen, was ich verdiene, ich erhalte 1800 Gulden und alle meine Reisekosten ersetzt. Martin, ich muss nun zum Schluss kommen, und wenn du herausfindest, was ich geschrieben habe, hast du es fürs erstemal ganz gut gemacht. Könntest du Salzmann ausrichten, dass ich noch keine Möglichkeit hatte, seinen Freund in Chicago zu sehen? Ich denke, dass ich erst diesen Winter dorthin gehe. Richte meine herzlichsten Grüsse aus an deine Eltern, an deinen Bruder Thomas sowie an Salzmann und an seine Frau, an seinen Vater und seine Mutter. Auch sende ich meine Grüsse an dich in der Hoffnung, bald von dir zu hören. Dein Cousin John Alber*».

Die beiden Cousins sollten sich zehn Jahre später nicht nur hören, sondern auch sehen. Die Nachrichten vom wirtschaftlichen Erfolg in Amerika wurden zum Magneten.

Aline blieb nach dem Besuch des Onkels Jakob und des Cousins John in Frankreich mit ihnen in Briefkontakt. Ende des Jahres 1874 berichtete sie ihrem Onkel über die Fortschritte in der Schule und wünschte sich, dass er noch bei ihnen wäre.[15] Nach dem Ableben ihres Vaters im Jahr 1877 dachte die junge Aline an eine Auswanderung nach Amerika. Jakob riet ihr von diesem Vorhaben ab.[16] Als schliesslich 1884 die Ausreisepläne von Aline konkreter wurden und ihr Bruder Emile ebenfalls an eine Auswanderung dachte, besprachen sich die Brüder Philipp und Jakob Alber, wo Emile unterzubringen wäre.[17] Nach ihrer Niederlassung in Amerika blieb Jakob einer der Hauptansprechpartner für Aline und Martin.

Jakob starb wenige Monate nach seiner zweiten Heirat am 25. Juli 1891. Er hinterliess, ausser seinem Sohn Johann aus erster Ehe, eine junge Witwe und ein acht Tage altes Mädchen.[18]

Magdalena Alber (1822-1913)

Magdalena Alber kam mit ihrem Bruder Jakob zusammen auf dem Schiff «Jacques Laffitte» am 18. April 1849 in New Orleans an. Anfangs hatte ihr Amerika nicht gefallen.[19] Ihr in Frankreich lebender Bruder Franz Josef schrieb ihr, sie solle zurückkommen und mit ihm in Frankreich einen gemeinsamen Haushalt führen. Sie war aber bereits verheiratet, so dass an eine Rückkehr nicht mehr zu denken war. Sie liess sich in Wabash nieder und heiratete 1854 den Bierbrauer Franz Anton Rettig, den späteren Kompagnon ihres Bruders Philipp. Der Ehe entstammten die vier Kinder Margareth, Franz, Sophia und ein weiterer Sohn mit dem Namen des Vaters Franz. Philipp Alber war von allen der Taufpate. Lange vor der Geschäftsbeziehung bestand ein verwandtschaftlicher Bezug zwischen den Familien Rettig und Alber.

Franz Anton Rettig (1827-1896)

Franz Anton Rettig war wie sein späterer Kompagnon Philipp Alber im Jahr 1848 ausgewandert. Er stammte aus Ingelheim am Rhein. Zunächst arbeitete er in Pennsylvania als Brauer. 1851 zog Rettig nach Cincinnati (Ohio) und von dort im Jahr 1854 nach Wabash. Hier gründete er mit Vincent Staley als Partner die Rettig Brewery. Das im gleichen Jahr erlassene *Liquor Law* zwang ihn jedoch, die Brauerei vorübergehend zu schliessen. Er arbeitete für einige Jahre als Zimmermann im Brückenbau. Im September 1854 heiratete er Magdalena Alber, die Schwester Philipps. 1859 zahlte Rettig seinen Partner Staley aus und führte die Brauerei alleine weiter, nachdem die Gesetze den Ausschank von alkoholischen Getränken neu bestimmten. 1862, ein Jahr, nachdem in Mauren sein Schwiegervater Johann Jakob gestorben war, fuhr Rettig nach Europa, um den Nachlass zu regeln. Wohl um der Neutralität willen betrauten die Alber-Kinder den Schwager beziehungsweise Gatten mit dieser Aufgabe. Seine Frau Magdalena führte in der Zeit seiner Abwesenheit erfolgreich die Geschäfte der Brauerei. Bei seiner Rückkehr nahm Rettig die Schwester seiner Frau, die Witwe Maria Eva Meyer-Alber, samt ihren Kindern mit nach Amerika. Rettig starb nach einer Augenoperation 1896.

Maria Eva Meyer-Alber (1811-1868)
Maria Eva Meyer-Alber war die älteste Tochter von Johann Jakob Alber und Maria Anna Mündle aus Mauren. Beim frühen Tod ihrer Mutter war sie 16 Jahre alt. Eva hatte somit ihre Rolle zu übernehmen und für die fünf jüngeren Geschwister zu sorgen. Sie heiratete Johann Meyer, mit welchem sie schon vor dem Tod ihres Vaters zu ihrem Bruder Franz Josef Alber nach Frankreich übersiedelte. Das Paar hatte fünf Kinder: Maria, Jakob, Creszenzia, Johann und Thomas. Ihr Mann Johann Meyer arbeitete im Betrieb des Schwagers in Vagney. Johann Meyer und ein Sohn erkrankten an Typhus-Fieber.[20] Auch Emma, eine Tochter von Franz Josef Alber, erkrankte daran. Alle drei starben im Jahr 1860 an dem Fieber. Die Mutter von Aline berichtete ihrer Tochter 38 Jahre später über diese Zeit: «*Als die Meyer krank bei uns waren, sie sind jetzt tot, haben wir alles von unserem Geld bezahlt und keinen einzigen Centime von ihnen zurückgefordert. Sie waren einige Zeit krank in Sauloures, bevor sie Dein Vater zu uns geholt hat. Wir hatten alle Unkosten während ihrer Krankheit. Wir kauften 60 Liter Kirsch um 9 Francs der Liter. Zusätzlich waren zwei Landarbeiter Deines Vaters damit beschäftigt, sie jeden Abend zu pflegen. Ich stellte ihnen einen Liter Kirsch und einen Liter Wein mit Brot und Käse auf den Tisch in der Küche. Sie konnten davon nehmen, wenn sie wollten.*»[21] Als der Bierbrauer Franz Anton Rettig 1863 nach seinem Besuch in Deutschland und der Regelung der Erbschaft des verstorbenen Schwiegervaters Johann Jakob in Mauren nach Amerika zurückkehrte, nahm er Eva Meyer und ihre Kinder mit in die neue Heimat. Sie liessen sich in Logansport (Indiana) nieder, wo auch ihr Bruder Jakob Alber lebte. Die Familiensolidarität blieb demnach über die Landesgrenzen hinweg intakt. 1868 starb Eva Meyer. Ihre Tochter Crescenzia heiratete Josef Matt, der mit Jakob Alber in Korrespondenz stand.[22]

Fünf der sieben Kinder von Johann Jakob Alber und Maria Anna Mündle in Mauren waren bei Ankunft von Aline und Martin Alber im Jahr 1884 seit Jahrzehnten in Amerika beziehungsweise dort bereits verstorben. Sie hatten alle eine Familie, zum Teil waren ihre Kinder schon verheiratet.

Die Verbindungen nach Liechtenstein und die Erinnerung an Vater und Mutter wurden in der Namensgebung tradiert. Philipp Alber, der am frühesten auswanderte, nannte seinen ersten Sohn nach seinem Vater. Als das Kind früh starb, wurde der zweite Sohn auf den Namen Jacob getauft, es wurde also nur mehr der zweite Teil des väterlichen Doppelnamens verwendet. Eine Tochter wurde nach der Mutter Maria Anna benannt. Sie starb ebenfalls im Kindesalter. Jakob Alber, der stets das Bindeglied zwischen den Familien in Frankreich, Amerika und Liechtenstein war, nannte seinen ersten Sohn nach seinem Vater, doch verwendete er nur den ersten Teil des Namens, nämlich Johann. Johann Georg, der Jüngste der Alber-Geschwister, brach erstmals mit dieser Tradition der Namensgebung. Keines seiner Kinder trug den Namen eines seiner Vorfahren. Bei Magdalena Alber, die mit Franz Anton Rettig verheiratet war, folgte die Namensgebung der Linie des Mannesstammes. Beide Söhne hiessen nach ihrem Vater Franz. Die Namenstradition der Alber-Familie setzte sich in diesem Fall nicht durch.

Der in Mauren verbliebene älteste Spross der Alber-Familie, Sebastian, nannte seinen zweitgeborenen Sohn nach dem Vater Jakob. Eine Tochter, die in Feldkirch in die Familie der Metzgerei Salzmann einheiratete, hiess nach ihrer Grossmutter Maria Anna.

Der in Frankreich lebende Franz Josef Alber hielt sich nicht an die namengebende Tradition des Mannesstammes, sondern wählte eigene Namen für seine Kinder: Aline, Martha und Emma sowie Emil, Heinrich und Gustav. Diese Namen lassen sich nicht auf Personen im engeren liechtensteinischen Verwandtschaftsverband zurückführen. In der Namensgebung der Kinder verfolgten die nach Amerika ausgewanderten Verwandten eine engere Anbindung an das liechtensteinische Vaterhaus als der in Frankreich lebende Bruder. Dieser war durch die Familie seiner Frau zu Vermögen gekommen. Vermutlich wurden deshalb Namen aus ihrer Familie gewählt. Die Wahl der Vornamen entsprach jedenfalls gesellschaftlichen Normen des 19. Jahrhunderts.[23]

Albert Alber (1847-1906)

Neben Alines Onkeln, Tanten und deren Kindern war mit Albert Alber ein weiterer Verwandter bereits in Amerika. Er war ein Sohn des Sebastian und ein Bruder von Martin Alber, der 1884 mit Aline auswanderte. Er hatte eine Ausbildung an der königlich-württembergischen Bauschule in Stuttgart absolviert und 1870, um die Fortsetzung seiner Studien zu ermöglichen, um ein Stipendium angesucht.[24] Er wollte Bauzeichner werden. Als 1874 Jakob Alber von Liechtenstein aus über Frankreich nach Amerika zurückreiste, nahm er den Neffen Albert mit. So lernten sich die Cousins Albert und Aline kennen.

Besonders Albert drängte seine Cousine schon früh zu einer Auswanderung nach Amerika. *«Werthe Cousine Aline! – Es ist schon eine geraume Zeit verflossen seitdem wir uns einander sahen. Seit meinem vierjährigen Aufenthalt in Amerika, hörte ich von meinen Bruder Martin, dass er mit dir öfters korrespondiert und du dich bald zu einer Oberlehrerin heranbilden wirst. Willst du oder irgend von deinen Geschwistern Auskunft über Amerika, richtet Euer Schreiben gefälligst an mich; spreche jetzt auch die englische Sprache, das Französische brauche ich hier nicht viel oder ganz wenig. Du kannst nach deinem Gefallen an mich französisch schreiben, schreibe dir auch deutsch, glaube wohl, dass du es lesen kannst. Vielleicht, dass eines von deinen Geschwistern nach Amerika kommen will. Die Geschäfte gehen zwar hier auch schlecht, glaube aber, dass Amerika für junge Leute noch besser ist. Grüsse Eure ganze Familie und Hoffe von dir eine recht baldige Antwort. Wünsche Euch allen ein glückliches neues Jahr. – Dein Cousin Albert Alber, West Blue Mounds, State Wisconsin, Iowa County, Nordamerika.»*[25]

Albert Alber wechselte des öfteren seinen Wohnsitz. 1877 war er in Clara House (Chicago) zu finden, ein Jahr später in Iowa County. 1880 kaufte er sich in New Glarus (Wisconsin) ein Grundstück. Sein Onkel Jakob hatte den Kontakt zu ihm inzwischen abgebrochen.[26] Auch Aline scheint auf die Verbindung mit Albert nicht sehr viel Wert gelegt

Familie Salzmann-Alber in Feldkirch, um 1888

zu haben, berichtete sie doch schon 1874 vom seinem «*schlechten Charakter*».[27] Albert schickte ihr 1882 Informationen über das Klima in New Glarus und bemerkte, dass es in Amerika besser für sie wäre als in Frankreich.[28] Als Aline und Alberts Bruder Martin nach Amerika kamen, dauerte es acht Jahre bis zum ersten Treffen der Brüder. 1892 informierte Albert seinen Bruder Martin, dass er in New Glarus einen *Saloon* und ein Privathandwerk betreibe. Er habe vier Kinder und wohne auf dem Land. Er bat seinen Bruder, bei seinem Besuch ein oder zwei «*Boxen Beer*» mitzubringen.[29] Im übrigen war der Kontakt zwischen den Geschwistern recht dürftig. Die in Feldkirch verheiratete Schwester von Albert und Martin, Maria Anna Salzmann, bat Aline um Informationen über ihren Bruder Albert, da er nie schrieb.[30] Sie hatte nicht einmal die Adresse ihres Bruders.[31] Albert Alber starb 1906 in New Glarus.

Weitere Verwandte und Freunde
Von der Familiensolidarität profitierten auch weiter entfernte Verwandte. Paul Batliner, der Aline und Martin bei ihrer Ankunft am Bahnhof abholte, war ein Freund des Vaters von Aline. Er stammte aus Eschen und hatte in Frankreich für Franz Josef Alber gearbeitet, bevor er 1870 nach Amerika ausgewandert war.

1883 überquerte Johann Ferdinand Batliner zusammen mit seinen Brüdern Andreas und Rochus den «grossen Teich». Alle drei liessen sich in Wabash nieder. Ihre Ausreise erfolgte zur Zeit einer grossen Auswanderungswelle, die ein Jahr später unter anderen auch seine Schwester Kreszenz und ihren Mann Gebhard Ritter aus Mauren erfasste. Diese Aufbruchstimmung hatte eine Sogwirkung. John Batliners erste Informationen aus der Neuen Welt mögen Martin in noch grösserem Mass zur Auswanderung bestärkt haben, als dies das Beispiel seines zehn Jahre zuvor ausgewanderten Bruders Albert vermochte. «*Lieber Freund! – Wir sind ganz gut in Amerika angekommen und fühlen uns gesund und wohl. Ich habe mit dem Jakob gesprochen in Bezug auf Emil. Er sagt, Arbeit kriege er schon, er habe jüngst ein Schreiben von ihm erhalten. Auch sagt er, er wolle ihm so gut als möglich beistehen. Noch muss ich Dir schreiben, dass wir uns am letzten Abend noch recht lustig gemacht haben, so dass die Maschine folgenden Morgen von Dampf getrieben wurde. Hier geht es anders, es ist hier ziemlich trocken. Nun schliesse ich mein Schreiben mit herzlichem Gruss – Johann Batliner. – Auch einen freundlichen Gruss an Gabriel und er soll das Bellen aufhören, wir seien jetzt in Amerika. Die Adresse weisst du sicher. Freundlichen Gruss von Gebhard Ritter und von meinen Geschwistern an euch und an Salzmann, Lebet wohl! Good bey mai lover.*»[32]

Es gab in Amerika für Aline und Martin viele Anziehungs- und Anknüpfungspunkte. Ein erstes Beispiel für einen erfolgreichen Lebensweg gaben ihre Onkel. Der Besuch des Onkels Jakob in Liechtenstein und Frankreich veranschaulichte den Erfolg und vermittelte, dass die Risiken der Überfahrt nicht mehr gross waren. Auch auf die Unterstützung der Verwandten konnten sie zählen. Schliesslich befanden sich auch Freunde in der Neuen Welt, die schon wenige Wochen nach der Ankunft positive Signale gaben.

Von welchem familiären und sozialen Umfeld nahmen Aline und Martin Abschied, als sie nach Amerika gingen? Wie verlief die Geschichte ihrer Herkunftsfamilien in Liechtenstein und Frankreich?

Die Herkunftsfamilie in Liechtenstein

Sebastian Alber (1809-1893)
Die 1884 auswandernden Aline Alber und Martin Alber waren Cousins. Ihre Väter waren Brüder. Sebastian, der Vater von Martin, war der älteste der Söhne von Johann Jakob Alber. Er übernahm den Hof in Mauren, während seine Geschwister nach Frankreich beziehungs-

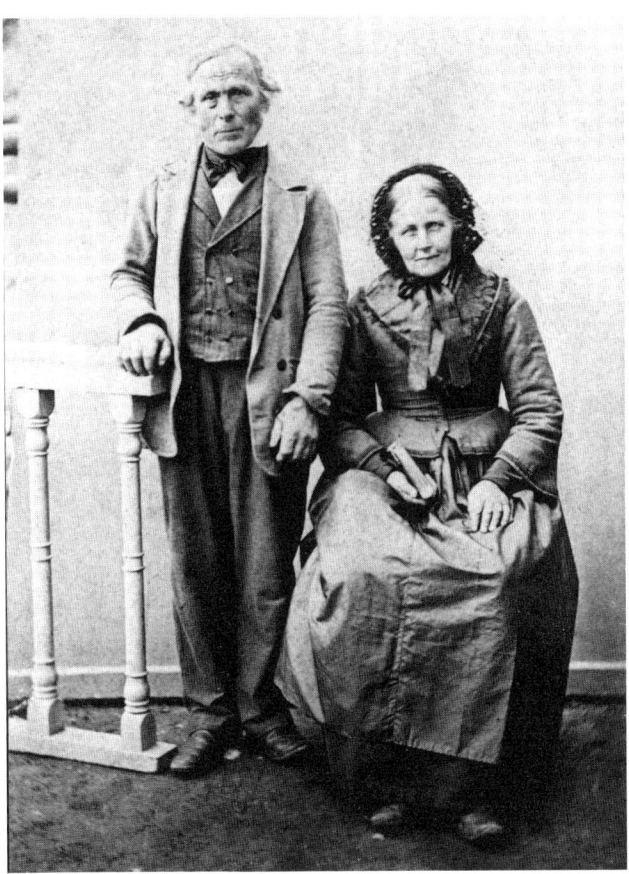

Sebastian Alber und seine Frau Magdalena. Als ältester Sohn der Familie übernahm Sebastian den Hof und blieb in Mauren

weise Amerika gingen. Verheiratet war Sebastian mit Magdalena Batliner (1812-1883). Das Paar hatte fünf Kinder. Die Tochter Maria Anna heiratete nach Feldkirch in die Metzgerei Salzmann. Der älteste der Söhne, Thomas (1840-1917), übernahm den Hof in Mauren. Die drei jüngeren Geschwister wanderten aus: Jakob ging nach Frankreich, Albert und Martin folgten ihren Onkeln nach Amerika. Die Nachkommen von Sebastian wiederholten, was sich eine Generation früher zwischen ihrem Vater und seinen Geschwistern abgespielt hatte.

Thomas Alber (1840-1917)
Martins Bruder Thomas Alber war mit Vincenzia Trenckwalder verheiratet, die 1903 im Alter von 46 Jahren starb. Das Paar hatte vier Kinder. Ihr Leben war von der Landwirtschaft geprägt. Zwei Kinder halfen auf dem Hof, zwei Söhne waren als Handwerker beziehungsweise in einem Büro tätig. Lohnarbeit und Landwirtschaft ergänzten das Familieneinkommen.

Der Besuch zweier Nichten aus Amerika im Jahr 1910 war für die Liechtensteiner Familie aus mehr als nur einem Grund bedeutsam: *«Lieber Bruder Martin – Es ist schon lange Zeit seit ich einmal die Feder zu Hand nahm, kein Tag ist ein Jahr, dass ich nicht nach Amerika denke, denn die Postkarten von dir und Vetter Philipp, die in der Stube an der Wand hängen, erinnern mich. Es freute mich, dass ich wieder in meinen alten Tagen die Verwandten vom Vetter Philipp und Base Magdalena, die im Sommer uns besuchten und in bester Gesundheit antrafen, und mit ihnen paar Worte sprechen konnte, aber nicht mehr als 2 Stunden. Es bedauerte mich, dass sie nicht länger bei uns*

Feldkirch 1910. Alines Cousine Sophie Batliner-Peterson, Salt Lake City, kam 1910 von einer Europareise zurück und brachte ihr mehrere Ansichten der Stadt Feldkirch.
Im Hintergrund sind auf dem Ardetzenberg die ausgedehnten Rebhänge zu erkennen

Wasserturm und Kaiser-Franz-Josefs-Brücke nach der Hochwasserkatastrophe 1910. Diese Karte aus dem Alber-Nachlass zeigt, dass Martin und Aline über die Vorgänge in Liechtenstein und der Nachbarschaft auch Jahre nach ihrer Auswanderung informiert waren

bleiben konnten. Die Tochter der Base Magdalena hat uns in der Stube am Tisch alle beisammen auf Photographie genommen, alle gesund. Kaum sind zwei Tage verflossen, als sie von uns abreisten, erkrankte mein 25jähriger Sohn Josef unter der Arbeit beim Kaminkehren und nach 21 Tagen starb er uns weg, was uns grossen Verdruss machte. Er hat die Blinddarmentzündung und noch dazu Bauchfellentzündung bekommen. Er ist schon 3 Jahre Meister für unser Land gewesen und hat uns schweres Geld verdient, was wir jetzt mangeln. Sind die zwei Töchter wieder gesund nach Amerika gekommen? Sie haben uns versprochen, das Photographie von unser Familie zu senden, bis jetzt haben wir noch nichts bekommen. Wir haben von Josef kein Photographie, das wir es gross machen lassen könnten. Der Sohn Martin geht alle Tage nach Feldkirch. Er arbeitet bei Serafin Pümpel im Kontor. Sofie ist geboren 31. Mai 1891 und Alban den 25. Februar 1893, die arbeiten bei mir, unser Hauswesen zu bestreiten. Ich kann nicht mehr viel arbeiten, ich mag es nicht mehr erschnaufen und muss buckelt herumgehen, denn das Alter bringt allerlei Gestalten. Jetzt bin ich 70 Jahre, weiss nicht, wann der letzte Tag ist in die Ewigkeit zu meiner Geschwister Maria Anna, Jakob und Albert. Ich bin ein wenig marod und darf beim kalten Wetter nicht aus der Stube, sitze immer beim Ofen. Der Winter ist angerückt und haben ein wenig Schnee und kalt. Der Sommer ist sehr nass gewesen und haben den ganzen Sommer in der Woche nie mehr als zwei Tage schönes Wetter gehabt, bis Oktober, was bei meinem Leben nie vorkommen ist, dass man das Heu kaum einbringen konnte. Die Feldkircher hat das Wasser am 15. Juni schrecklich heimgesucht, man konnte nur noch mit Floss und Schiffen herumfahren, damit man den Leuten Lebensmittel geben konnte, damit sie nicht verhungerten, man musste das Brot in den Nebengemeinden backen, die Backöfen stehen alle im Wasser, nur noch einer war in der oberen Stadt, denn das Wasser reicht jetzt bis zu der grossen Kirche hinauf. In dem Haus wo früher Salzmann gewesen sind, in den 1870er Jahren, ist das Wasser zum ersten Stock in das Kostzimmer hinein, wo du die Schuljahre gemacht hast. In Vandans hat der Relsbach viele Häuser mit Schlamm und Stein den ersten Stock ausgefüllt und Wiesen hoch überschüttet. Viele Familien haben müssen ganz ausziehen. Die Feldkircher haben eine Strasse gemacht, von der Illbruck an mitten auf den Ardetzenberg, wo schon neue Häuser stehen und grosses Mädcheninstitut. Auch haben sie eine Wasserleitung aus der Samina heraus gemacht und hierbei auf dem Ardetzenberg ein Wassermesser gemacht, woraus die ganze Stadt Wasser erhält. Aus der Samina heraus haben sie auch ein Elektrische Drahtseilbahn gemacht um das Holz heraus zu befördern. In Mauren und Eschen haben wir jetzt das elektrische Licht von Feldkirch aus. Letzten Winter hat der Schnee grossen Schaden an den Bäumen gemacht, die Äste sind viele von den Bäumen abgebrochen, so die Stämme leer dastehen und sogar noch aus der Wurzel spriessen. Mir hat es in der Bünt für 100 Gulden Schaden gemacht, Äpfel haben wir bekommen nur noch Most zu machen, aber nicht wie vorher. Die Nahrungsmittel sind teuer, das Kilo Kuhfleisch 14 Gulden, Schweinefleisch per Kilo 1 Gulden 20 Kreuzer, Weizenmehl per Kilo 23 Kreuzer, Teigmehl 12 Kreuzer, Butter per Kilo 1 Gulden 6 Kreuzer, Erdäpfel 1 Kilo 5 Kreuzer. Nun wünschen wir Euch allen ein gutes und glückliches neues Jahr, viele Grüsse. Dein Bruder Thomas Alber».[33]

Gesundheit, Wetter und Lebensmittelpreise nahmen in den Briefen von Thomas stets viel Raum ein, was die zentrale Rolle dieser Bereiche verdeutlicht. Sie bestimmten massgeblich die bäuerliche Lebenswelt.

Jakob Alber (1842-1900)
Der zweitälteste Sohn von Sebastian, Jakob Alber, ging nach Frankreich zu seinem Onkel Franz Josef. Er war Pate von Aline und deren Schwester Marthe. Durch die Unterstützung seines Onkels konnte er studieren.[34] Er wurde Versicherungsagent. Während des Deutsch-Französischen Krieges 1870/71 konnte er als gebürtiger Liechtensteiner in Frankreich bleiben. In einem Brief an seine Eltern in Mauren schilderte er eindrücklich seine Situation in stürmischer Zeit: «*Liebste Eltern – Ich will Euch zu wissen machen, dass ich seit dem ersten September in Paris wohne, weil ich in Luri wegen dem Kriege nichts mehr machen konnte, als Geld ausgeben; denn seit ungefähr zwei Monaten habe ich mehr als 600 Franken verloren, weil ich keine Geschäfte*

mehr machen konnte und doch reisen musste. Jetzt habe ich eine kleine Stelle in der Feuerversicherungsdirektion l'Europe, wo ich mich während dem Kriege aufhalten soll als Schreiber, aber wo ich nur hundert Franken monatlich bezahlt werde und man gibt mir auch ein Schlafzimmer. Ich habe mein Zimmer in Luri gleich noch behalten, denn ich glaube, wieder dorthin geschickt zu werden, sobald der Krieg fertig wird und für dieses Zimmer bezahle ich monatlich zehn Franken und 18 wenn ich dort wohne. Vielleicht werde ich an ein anderes Ort geschickt als Versicherungsagent. Den 26. August bin ich auf Remiremont gewesen um französische Schriften zu holen, dass ich in Paris wohnen konnte, denn alle Deutsche welche aus den Länder sind, welche Krieg mit Frankreich machen sind von Paris verjagt worden, weil aber dieses Liechtenstein nichts angeht, so kann ich mich ohne Furcht hier aufhalten. Den 29. bin ich beim Vetter Josef gewesen, etwa eine halbe Stunde lang, denn ich musst geschwind wieder nach Luri gehen, wo ich erwartet wurde. Ich hatte nicht der Zeit mit ihm zu rechten, sonst hätte ich von ihm Eure Schuldverschreibungen verlangt um sie Euch zu schicken. Ihr könnt ihm also selbst schreiben, dass er sie Euch schicke und dass er Eure Schuld auf meinen Conto anschreibe, denn er ist mir 1100 Franken schuldig. Was der Krieg anbelangt so geht es nicht am Besten in Frankreich, denn schon mehrere Departements sind von Preussen besetzt. Jetzt ist die Preussische Armee nicht weit von Paris, und man glaubt dass sie auch Paris angreifen will, aber glaube ich, dass hier alle Preussen ihren Tot finden werden, denn Paris ist voll Militär und der Eingang schwer. Seit dem 4. September ist Frankreich in Republique erklärt worden, welches fast allen Franzosen gefällt, denn sie haben einen Tyrann weniger. In allen Strassen verkauft man Bilder, auf welchen der gefangene Kaiser Napoleon III durch ein Schweinskopf vorgestellt wird. Man ruft überall: ‹Napoleon 3. oder der Schweinskopf für zwei Sous›. Den 4. September hat man alle Napoleonsbilder ab den Häusern weggerissen und sie vertreten. Die Republique ist erklärt worden, ohne dass ein Tropfen Blut geflossen ist; das ist sehr schön. Obschon die Polizeiagenten sie sich ausgereiht haben, so ist hier alles ruhig und einig. Ich hoffe nun baldige Antwort und Grüsse Euch alle – Euer Sohn Jacques Alber.»[35]

Vier Jahre nach diesem Brief war er bei der Versicherung La Gironde zum Versicherungsdirektor für das Gebiet Bordeaux aufgestiegen: *«Aber dieser Emploi gibt mir so viel Mühe, dass ich keine ruhige Stunde finden kann»*, schrieb er an seinen Bruder Martin, der noch in Liechtenstein war.[36] Nach knapp zwanzig Jahren kam Jakob anlässlich des Todes seines Vaters Sebastian nach Liechtenstein und Feldkirch zurück. Über diesen Besuch berichtete die erfreute Schwester Maria Anna nach Amerika: *«Der Bruder Jakob ist im August bei uns gewe-*

Familie Salzmann-Alber in Feldkirch, um 1898

sen, ich habe ihn nicht mehr gekannt, und er mich nicht. Er ist ein grosser schöner Mann, es ist in Feldkirch kein so grosser. Es hat ihm gut gefallen. Die Frau wäre gerne mit, wann er sie hätte mitlassen, er hat gedacht es sei Armut und Dreckerei, er müsste sich schämen. Der Brief wo du ihm geschrieben von Vaters Tod, hat die Frau zuerst in die Hände bekommen, dann habe sie gesagt, du musst in dein Land gehen, und deinem Vater die Schulden bezahlen, sonst heisst es, er ist verlumpt. Er hätte ihr diesen Brief nie lesen lassen. Das nächste Jahr komme er mit der Frau auf Besuch, sie möchte die Verwandtschaft kennen lernen.»[37] Dieses Vorhaben wurde nicht ausgeführt. Jakob starb im Februar 1900, im Jahr der Weltausstellung in Paris. Seine Schwester Maria Anna Salzmann erfuhr erst sieben Jahre später von seinem Tod.[38]

Maria Anna Salzmann-Alber (1845-1909)

Wirtshaus und Metzgerei der Salzmanns in Feldkirch boten stets genug Platz. Als Martin in Feldkirch die Zeichenschule besuchte, hatte er bei seiner dort verheirateten Schwester Maria Anna seinen Kostplatz. Als Aline 1882 nach Mauren zu Sebastian und nach Feldkirch zu ihrer Cousine Maria Anna kam, um Deutsch zu lernen, wohnte sie kostengünstig im Gasthaus. Selbstbewusst konnte sie deshalb eine Dienstmädchenstelle kündigen und sich nach einer besseren Stelle umsehen: «*Madame, ich habe darüber nachgedacht, was Sie mir gesagt haben und ich sehe die Treffsicherheit und die Tiefe ihrer Worte. Ich bin voller Zuversicht in Ihren Dienst getreten aufgrund des guten*

Eindrucks, den Sie auf mich machten und nach allem, was ich über Sie gehört habe. Der einzige Grund der mich veranlasst aufzuhören ist das Putzen des Parketts und das Waschen der Wäsche. Ich bleibe daher bei meiner Cousine, wo ich alle Möglichkeiten habe, die deutsche Sprache zu lernen bis zum Ablauf der einjährigen Karenz, um die ich den Inspektor des Schulbezirks von Epinal gebeten hatte, es sei denn, dass ich einen Platz finde, der mir zusagt. Falls in Ihrem Bekanntenkreis jemand ein Kindermädchen oder ein höheres Haushaltsmädchen wünscht, so hoffe ich, Madame, dass Sie die Güte haben, an mich zu denken. Mein Diplomzeugnis und die anderen Dokumente stehen immer zu Ihrer Verfügung. – Verzeihen Sie, Madame, Sie gestört zu haben. Achtungsvollst.»[39]

Das Wirtshaus der Salzmanns blieb Anlaufstelle für die Besuche aus Frankreich und Amerika. Diese waren Lichtblicke im harten Arbeitsalltag. Über den Besuch von Alice Alber, der Tochter von Philipp Alber und Barbara Hilti, berichtete Maria Anna nach Amerika: «*Lieber Bruder Martin und Aline – Fräulein Alice ist den 19. von uns nochmals nach Vaduz zum Abschied nehmen, wir haben uns gut unterhalten, sie ist ein liebenswürdiges Fräulein, wir möchten, sie solle noch länger bei uns verbleiben, aber sie will nicht, sie geht gerne zurück, sie sagt es gibt nur ein Amerika, bin froh, dass meine Mutter nach Amerika gegangen. Wir haben immer Regen und kalt seit acht Tagen, hat sich das Wetter gebessert, auf den Felder ist alles schön. Obst gibt es viel, und Heu hat es eine Masse, es ist kaum zum Einbringen bei so schlechtem Wetter. Der Hermann hat die 6 Kurs im Gymnasium und ist nicht durch gekommen, er muss ihn noch mal machen, oder etwas anderes anfangen, Metzger will er keiner werden, am liebsten wäre er Apotheker, dann muss er den Kurs noch mal machen, hernach 3 Jahre in Lehr, dann zum Militär, dann geht's noch eine lange Zeit bis er sein Brot verdient. Mit dem Geschäft sind wir zufrieden, wie früher geht es nirgends mehr, denn man kann in jeder Gemeinde bekommen, was man braucht. Rauch Annas Mann hat ein Haus gekauft in Hall am Inn mit 32 Zimmer und einen Biergarten, es haben 1000 Personen Platz, sie haben 3 Quartier vergeben, so seien sie umsonst drin. Ein Bierlager ist dabei, er habe monatlich 66 Gulden, die Anna ist zufrieden, sie hat einen guten nüchternen Mann und versteht das Geschäft, ein Kind ist mit $^1/_2$ Jahr gestorben, sie haben ein Mädel mit 2 $^1/_2$ Jahr gesund und stark. Heut morgens 6 Uhr ist der Hermann zu Hall gefahren, ein Uhr mittags kommt man dort an, er bleibt bis am 30., dann muss er nach Rankweil zum Schiessen. Mir gibt es viel Arbeit, habe Kummer und Sorgen genug, es kommt bald die Zeit zum Mosten und Einlegen zum Brennen, das macht viel Sorgen für mich und wenn wir nichts tun, so haben wir nichts, es ist alles gut eingerichtet zum*

Mosten und Brennen, wir verkaufen auch Most im Grossen, seit im März 1899 haben wir Most im grossen verkauft für 1'131 Gulden, man würde immer noch verdienen, wenn man nicht arbeitsscheu wäre. Ich bin schwächer, mag nicht mehr so arbeiten und noch dazu vergesslich. Das letzte Jahr haben wir viel Geld gebraucht, die Taxen und Kaufumschreibung und Ergebnis hat 900 Gulden gekostet. Ich will mein Schreiben schliessen mit vielen Grüssen an Euch und an die ganze Verwandtschaft. Alice wird es mündlich ausrichten, wir sind gesund und wünschen dass diese paar Zeilen euch auch so antreffen. Herzliche Grüsse, Witwe Maria Anna Salzmann.».[40]

Nach dem Tod des Gatten Johann Josef Salzmann im Jahr 1899 führte Maria Anna die Geschäfte allein weiter. Ihre Tochter Anna war bereits verheiratet, einzig der Sohn Hermann ging noch zur Schule. Der Betrieb warf genug ab, so dass der Sohn in einem Internat untergebracht werden und seine Ausbildung in der Stiftsapotheke Admont machen konnte.[41]

Aline (ganz rechts) mit ihren Eltern und Geschwistern

Alber in Frankreich

Franz Josef Alber (1816-1877)

Alines Vater Franz Josef Alber stammte aus Mauren. Nachdem der ältere Bruder Sebastian den Hof übernommen hatte, suchte der um sieben Jahre jüngere Franz Josef Arbeit in der Fremde. Wie viele Liechtensteiner wanderte er als Bauhandwerker im Frühjahr ins Ausland.[42] Mit 18 Jahren begann er die Saisonwanderung. Zu dem Zeitpunkt erreichte sie mit 751 ausgestellten Reisepässen gegenüber den früheren Jahren einen Höchstwert. In den zwanziger Jahren des 19. Jahrhunderts lag die Zahl der beantragten Reisepässe stets tiefer. Franz Josef wanderte nach Frankreich aus, das neben der Schweiz, Deutschland und Österreich zu den häufigsten Wanderungszielen zählte. In den Vogesen fand er durch die aufkommende Textilindustrie ein umfangreiches Tätigkeitsfeld als Zimmermann, so dass er immer wieder in das Gastland zurückkehrte.

Aus der saisonalen Wanderung wurde wie bei vielen anderen Handwerkern auch ein dauernder Aufenthalt.[43] Franz Josef blieb in den Vogesen und verehelichte sich in Chifosse am 28. Februar 1858 mit Marie Josefine Martin. Die Flitterwochen verbrachten sie am Zürichsee und in Liechtenstein. «*Er wollte seinem Vater seine Braut zeigen.*»[44] Das Paar lebte in Plombières und später in Vagney. Sie hatten sechs Kinder: Aline, Emma, Emile, Marthe, Henri und Gustave. Als ein Sohn von Aline während des Ersten Weltkriegs nach Frankreich kam, wurde er von seiner Mutter instruiert: «*Wenn Du nach Plombières kommst, war unser Haus in der rue de la gendarmerie. Vielleicht erinnert man sich an Deinen Grossvater Josef Alber. In Vagney, Vosges, wenn du dort bist, geh zum Hôtel de la Poste; wenn noch Madame Alphonse Robert das Hotel hat, frage, ob jemand dir unser Haus und unser Grundstück zeigen kann.*»[45]

Franz Josef Alber hatte es geschafft. Er gründete einen eigenen Holzhandel: «*Commerce de Bois en tous genres – Handel mit Hölzern aller Art*» stand auf den gedruckten Briefbögen zu lesen. Das Angebot umfasste Tanne, Eiche, Esche, Buche, Ulme, Linde, Kirsche, Pappel, Nussbaum und Erle. Verwandtschaftliche Verbindungen zum Baugewerbe waren vorhanden. Der Schwager war ein Architekt namens Charles Fontaine in St. Die in den Vogesen. Das war für den Zulieferbetrieb von Alber von Vorteil.[46]

Franz Josef rekrutierte seine Mitarbeiter in Liechtenstein. Vielfach waren es Verwandte, so etwa Paul Batliner, der später nach Amerika übersiedelte, oder sein Schwager John Meyer und dessen Sohn.[47]

Mit seinem Verdienst unterstützte er die Eltern in Mauren, wie seine Frau an die Tochter Aline schrieb: «*Dein Vater hat über all die Jah-*

re hinweg 40 oder 60 Francs an seinen Vater gesandt. Er gab sie Thomas Ritter, wenn dieser in seine Heimat zurückkehrte. Die Frau von Thomas Ritter war die Cousine Deines Vaters. Als wir beide nach Deutschland gingen, hat Dein Vater seinem Vater vor mir 60 Francs gegeben. Er gab auch etwas Deiner Schwiegermutter, ich weiss aber nicht mehr wie viel. Er gab es ihr versteckt vor ihrem Mann, weil er ein bisschen hart zu seiner Frau war.»[48]

Die Vorstellung vom Verhältnis zwischen Mann und Frau schien sich für Franz Josef in der Fremde verändert zu haben. Er mahnte seinen Bruder Sebastian, nicht so grob zu seiner Frau zu sein. «*Dein Vater sagte zu ihm, dass die Frauen keine Hunde wären und sie schon genug Übel neben den Kindern und dem Haushalt hätten.*»[49]

In der Familientradition blieb Franz Josef Alber als guter Vater in Erinnerung. Seine Tochter Marthe schrieb über ihn im hohen Alter:

«*Als Grossvater starb, kam Onkel Rettick* (Rettig, R.T.) *ins Land um die Sachen der Familie zu regeln. Mein Vater, der nicht dort war, gab seinen Anteil Deinem Grossvater Sebastian und als Onkel Rettick nach Amerika zurückkehrte, nahm er Tante Eva mit sich. Ihr Gatte Jean Meyer ist bei uns in Vagney gestorben, ebenso ein Sohn, sie arbeiteten für meinen Vater. Oh mein Vater, er war ein sehr guter Mann, er hatte ein sehr gutes Herz.*»[50] Dass Schuldscheine zwischen den Brüdern Franz Josef und Sebastian existierten, welche der Sohn von Sebastian,

Cornimont (Postkarte um 1922): Eine Industrielandschaft um die Jahrhundertwende. Hier wohnten und arbeiteten nach 1900 Alines Bruder Emile sowie ihre Mutter Josefine

Jakob, übernahm und auslöste, konnte Marthe nicht wissen. Dass niemand aus der eigenen Familie, sondern der angeheiratete Franz Anton Rettig aus Amerika anreiste, um die Erbschaft zu regeln, mochte seinen Grund in der grösseren Objektivität eines Dritten haben. Vielleicht ist diese Tatsache aber auch Ausdruck persönlicher Spannungen zwischen den in Liechtenstein verbliebenen Nachfahren und den Auswanderern. Für Franz Josef Albers Tochter, Marthe, war jedenfalls *«die Mutter nie das, was Vater für mich war.»*[51] Der jüngste Sohn Gustav fühlte sich durch seinen Arbeitgeber *«in mancher Beziehung an den guten Vater erinnert.»*[52] Die Frau Josefine Alber warf dagegen ihrer Tochter Aline vor: *«Du ähnelst nicht Deinem Vater, der immer so gut zu seinen Eltern war.»*[53]

Dass er aus einem katholischen Land stammte, wurde in den Schreiben zwischen den Angehörigen des öfteren betont. Ebenso herausgehoben wurde, dass Franz Josef Alber Patron einer Kirchenglocke gewesen war, die bei seinem Tod für ihn eine ganze Woche lang morgens, mittags und abends geläutet hatte.[54]

Albers Unternehmen geriet durch den Deutsch-Französischen Krieg in grosse Schwierigkeiten. Die Tochter Aline konnte die Schule nicht weiter besuchen. 1876 schliesslich machte der Betrieb Konkurs. Viele Güter gingen verloren.[55] Am 27. April 1877 starb Franz Josef Alber in Vagney. Dieser Schicksalsschlag sollte in der Folge das Leben der nunmehrigen Witwe Josefine und der hinterbliebenen Kinder Aline, Emile, Marthe, Henri und Gustave wesentlich beeinflussen.

Die schwindende materielle Basis brachte vermehrte Spannungen zwischen den Geschwistern. Während Aline ihr Glück in der Fremde suchte und nach Amerika auswanderte, versuchten ihre Geschwister mit gegenseitiger verwandtschaftlicher Hilfe, in den Vogesen ihre Existenz auf- und auszubauen.

Josefine Alber-Martin (1837-1904)
Für Alines Mutter Josefine bedeutete der Tod des Mannes eine schmerzliche Zäsur. Sie musste nun allein die fünf Kinder erziehen. Sie sorgte für die Ausbildung. Sie hielt Aline nicht von der Auswanderung ab. In Vagney war Josefine etabliert. Sie informierte Aline über das politische, geschäftliche und kulturelle Geschehen im Dorf und im weiteren Umkreis. Als ihr Sohn Emile ein Haus samt Werkstatt ersteigern wollte, erfuhr sie die Solidarität der Dorfgemeinschaft. Niemand steigerte gegen Emile, es hiess: *«Man muss es dem Sohn der Alber lassen, er braucht es für seine Arbeit.»*[56]

Emile konnte das Haus nicht halten. Mit Josefines materiellem Abstieg ging der soziale Hand in Hand. Noch im Dezember 1889 liess sie Aline wissen: *«Es hält mich nicht mehr sehr viel in Vagney.»*[57] Sie musste alle Sachen verkaufen, die sie nicht mehr benötigte, und zog in eine kleinere Wohnung.[58] Die Geldmittel blieben knapp. Zu Beginn des Jahres 1891 hatte sie über mehrere Wochen hinweg keine Butter für die Suppe, kein Fleisch und keinen Wein mehr.[59]

Die Kinder Marthe, Gustave und Aline versuchten, sie mit ihren bescheidenen Mitteln zu unterstützen. Es half wenig, sie wollte sterben.[60]

1892 zog sie mit Emile weg aus Vagney. Von diesem Zeitpunkt an begannen die Klagen gegen ihre «*undankbaren Kinder*». Die Tochter Marthe konnte gegenüber Aline nur feststellen: «*Du würdest sie nicht wiedererkennen, sei es ihr Benehmen, ihr Charakter, einfach alles.*»[61] Die Mutter half bei Emile im Haushalt, der zusammen mit seiner Frau in einer Fabrik arbeitete. Josefine beaufsichtigte die Kinder, wusch, bügelte, putzte die Schuhe, flickte die Kleider, machte alles, was anfiel.[62] Das bot neue Orientierung.

Als nach dem Ableben von Marthes Mann finanzielle Zuwendungen von dieser Seite ausblieben, forderte Josefine die Kinder gerichtlich auf, ihr eine Leibrente zu zahlen. Sie sparte nicht mit harten Vorwürfen. Dahinter stand die Angst vor dem Alleinsein. An Aline schrieb sie: «*Du bildest dir sicherlich ein, weil ich bei Emile bin, dass er alle Kosten tragen soll, mich ernähren, mich kleiden, mich in allem unterhalten. Nein, das ist unmöglich, habe ich doch andere Kinder, die mir etwas zu Hilfe kommen können. Bei Emile tun sie für mich, was sie können. Wenn ich krank bin, wer hat die Sorge, mich zu pflegen, wenn nicht Emile? Marie war schon mehrmals gezwungen, zuhause zu bleiben. Wenn es mir dann wieder besser ging, kehrte sie zur Arbeit zurück. Die Enkel blieben bei mir, damit ich nicht allein wäre. Ich glaubte nicht, dass du auch so feig und undankbar gegenüber deiner Mutter wärst. Du hast mich als Mutter verleugnet, das hast du getan ... Du liessest mich wohl auf der Strasse krepieren, ohne mir ein Glas frisches Wasser zu geben und mich wieder zum Leben zu bringen. Ihr beide seid vom gleichen Schlag, du und Henri, zwei undankbare Feiglinge, ihr könnt euch die Hand geben.*»[63]

Die Verzweiflung über das ausbleibende Geld wurde noch gesteigert durch die Krankheit, welche jeden Handgriff zur Qual werden liess: «*Ich kann nicht mehr spülen und abtrocknen. Ich habe zwei Finger an der linken Hand, die ich nicht mehr abbiegen kann. Ich leide unter starkem Rheumatismus. Das stört mich beim Nähen und Stricken. Wenn ich trotzdem stricke oder nähe, wenn ich dann zu starke Schmerzen habe, warte ich ein bisschen, bis die stärksten Schmerzen vorbei sind.*»[64]

Die Armut im Alter verbitterte Josefine. Sie verschloss sich gegenüber ihren Kindern, ausser gegen ihren Ältesten, bei dem sie wohnte.

Ihre Tochter Marthe schilderte Aline die Angelegenheit aus einer etwas anderen Sicht: *«Ich denke, solange Mama arbeiten konnte, war sie ihm nützlich. Jetzt, da sie alt wird, wird er sie noch ein wenig behalten, wie es sich gehört. Sobald sie aber nichts mehr tun kann, werden sie sie mir schicken.»*[65] Dazu kam es nicht. Josefine starb verhärmt 1904 in Cornimont.

Emile Alber (1861-1932)
trat als ältester Sohn in die Fussstapfen seines Vaters. Er arbeitete als Bauhandwerker und Zimmermann. Emile dachte wie Aline zu Beginn der achtziger Jahre des 19. Jahrhunderts auch an eine Auswanderung nach Amerika, kam aber kurz vor der Abreise von Aline von seinem Vorhaben ab.[66] Er blieb in Vagney. Seine Schwester Marthe unterstützte seine Geschäfte und lieh ihm 300 Francs, die er im Dezember 1888 nicht zurückzahlen konnte.[67] Zum Jahresbeginn 1889 lieh sie ihm nochmals 2'100 Francs.[68] Mit diesem Kapital ersteigerte er im Frühjahr des gleichen Jahres ein Haus um 4'620 Francs samt Werkstatt und Einrichtung.[69] Zwei Monate später heiratete Emile die 1868 geborene Marie Josefine Grospeau. Die finanziellen Belastungen wuchsen dem jungen Paar über den Kopf. Noch im Jahr ihrer Heirat wurde alles verpfändet. Die Schwester Marthe sprang wieder mit 200 Francs ein, damit wenigstens die Sachen der Mutter erhalten blieben.[70] Dennoch wurden Möbel und Güter verkauft. Emile wollte daraufhin nach Amerika ziehen, nur damit er aus Vagney wegkomme.[71] Eine Krankheit im folgenden Winter setzte ihn für zwei Monate ausser Gefecht, was das Familieneinkommen wiederum schmälerte. Im Oktober 1891 endlich übersiedelte er mit seiner Frau und den beiden inzwischen geborenen Kindern, Martha und Joseph, nach Cornimont, wo er zunächst in der Tischlerei von Emile Vonclaire Arbeit fand. Seine Mutter zog einige Monate später zu ihm.[72] Im Mai 1892 starb der Sohn Joseph im ersten Lebensjahr.[73] Zwei weitere Kinder, Aimée und Josef, wurden in den Jahren 1893 und 1894 geboren.

Kindbett und Krankheiten waren stets eine so grosse finanzielle Belastung für die Familie, dass Emile auf die Hilfe seiner Geschwister angewiesen war. Öfters bat er seine Schwestern Aline und Marthe auch um materielle Hilfen zur Vorfinanzierung eigener Tischlerarbeiten.[74] Sein Beruf als selbständiger Zimmermann liess Emile nur wenig Spielraum und vergrösserte eher die finanziellen Abhängigkeiten. Dennoch plante Emile Mitte der neunziger Jahre aufgrund der guten Auftragslage, eine eigene Werkstatt zu bauen, und meinte, bald Arbeiter einstellen zu müssen.[75] Die Erwerbslage blieb aber instabil und reichte wie bei vielen andern Kleinhandwerkern Frankreichs am Ende des 19. Jahrhunderts nicht aus, das Existenzminimum der Familie zu sichern.⁷⁶ Um 1900 gab Emile seine formelle Selbständigkeit auf und begann, in einem Industriebetrieb zu arbeiten.

Die Lohnarbeit verbesserte die ökonomischen Verhältnisse der Familie kaum. Mit einem Verdienst allein war der Lebensunterhalt nicht zu sichern. So begann auch Emiles Frau, in der Fabrik zu arbeiten. 1902 berichtete Emile, dass nun seine älteste Tochter Marthe mit ihren zwölf Jahren schon in die Fabrik ginge. In drei Jahren würde die kleine Aimée auch zu arbeiten beginnen, in fünf Jahren dann Josef, der den Abschluss bilde.⁷⁷ Der Verdienst der Kinder trug wesentlich zum Familieneinkommen bei: «*Doch haben wir den Trost, eine kleine Tochter zu haben, die gut arbeitet und uns jeden Tag 2 Francs nach Hause bringt. Das ist recht tüchtig für ein Mädchen, die seit dem 26. Mai 13 Jahre zählt. Wenn die beiden anderen es machen wie sie, dann werden wir in einigen Jahren glücklicher sein als heute, vorausgesetzt, dass wir die Gesundheit haben.*»⁷⁸

Das Geld blieb knapp. Der Streit mit dem Bruder Henri um die Leibrente der Mutter eskalierte 1903 und kam vor den Friedensrichter. In der Folge dieser emotionalen Auseinandersetzung um die finanziellen Ansprüche der Mutter wurde die Sprache deutlich härter. Emile beschwerte sich über die Ausdrücke, welche Henri und seine Frau gebrauchten. In seinem gekränkten Stolz aber schimpfte und drohte er auf dieselbe Weise: «*Es ist schändlich, dass er unseren Namen auf diese Art beschmutzt, dieser Lump, oh, ich kann ihn nicht mehr leiden. Die armen Gelder, welche seine erste Frau zusammensparte! Seine zweite Kuh gibt sie nun in grossem Stil aus zusammen mit ihrer ganzen Familie, die immer noch bei ihnen steckt. Binnen zwei Jahre, vielleicht schon in einem Jahr werden sie erbärmlicher als wir sein. So wie sie leben, wird es nicht lange gehen, aber es ist gut so. Wenn er dann mit seiner Frau und seiner Bande an meine Türe kommt, so kann er gleich wieder gehen. Ich nehme einen Knüppel und werde ihn benutzen, da seine Frau zu Mama gesagt hatte, dass Henri sie an den Armen packen und einen Tritt in den Hintern geben würde. Du siehst also, was es mit ihm auf sich hat. Ich kann mir nicht vorstellen, dass Kinder solche Worte im Mund führen.*»⁷⁹

Was Emile seinem Bruder vorwarf, musste er nach dem Ersten Weltkrieg am eigenen Leib erleben. Die Entfremdung zwischen ihm und seinem jüngsten Sohn Josef begann mit dessen Arbeitsplatzwechsel von der Fabrik zur Eisenbahngesellschaft Ost.⁸⁰ Die Differenzen vertieften sich durch die Heirat des Sohnes, der die Eltern seiner Frau bevorzugte.⁸¹ Gegenseitige Beleidigungen folgten. Schliesslich kam es zu einer Messerstecherei zwischen Josef und dem Schwiegersohn von Emile. Josef hatte die Mutter angegriffen, der Schwiegersohn hatte sie verteidigt. Beide kamen wegen schwerer Körperverletzung vor den

Richter und hatten eine hohe Busse zu bezahlen. Die sich in der Sprache ankündigende Verrohung setzte sich in der erhöhten Gewaltbereitschaft nach dem Ersten Weltkrieg fort. Die Spannungen mit seinem Sohn wirkten sich nachteilig auf Emiles Gesundheit, die schon des längeren angeschlagen war, aus. Ein halbstündiger Besuch des Bruders Gustave, den er 22 Jahre lang nicht gesehen hatte, heiterte ihn auf. An seine Schwester Aline schrieb Emile darüber: «*Du machst Dir keine Vorstellung, aber ich denke, dass sein Besuch mir mehr geholfen hat, als alle Medikamente, welche der Arzt mir verschrieb.*»[82] Die Krankheiten von Emile zogen sich über Jahre hin und waren stets eine finanzielle Belastung. Verfügte er 1926 noch über ein Guthaben von 500 Francs, so standen diesem Betrag zu Beginn des Jahres 1927 aufgrund seiner Krankheit 800 Francs Schulden gegenüber. Emile starb 1932.

Henri Alber (1863-1940)
Der jüngere Bruder von Aline war beim Tod des Vaters 14 Jahre alt. Seine berufliche Laufbahn war nicht im selben Masse vorbestimmt wie jene des älteren Emile. Henri erlernte das Metzgerhandwerk. Dieses Handwerk war innerhalb der Familie nicht gänzlich unbekannt. Ein angeheirateter Verwandter, Johann Josef Salzmann, betrieb in Feldkirch eine Metzgerei, in der Henri 1882 arbeitete.

Zurückgekehrt nach Frankreich, heiratete er im Juni 1887 Louise Mangin in Lapois (Vogesen). Das Paar hatte fünf Kinder: Angèle, Marie, Georgette, Fernand und Jean. Da Henri zu seiner Schwiegermutter zog und seine Mutter das Gefühl hatte, zu wenig unterstützt zu werden, kam es bald zu grossen Differenzen zwischen ihm und der Familie. Nach dem Tod seiner ersten Frau heiratete er wieder und zog auch diesmal zu den neuen Schwiegereltern.[83] Der Lebensstil seiner Frau und seine Geldschwierigkeiten veranlassten die Mutter im Jahr 1903 zum Gang vor den Friedensrichter, um sich ihre Leibrente zu sichern. Die Beziehungen zwischen Henri und der Familie brachen daraufhin ab. Erst nach dem Ersten Weltkrieg nahm Henri wieder Kontakt mit seiner Schwester Aline auf.[84]

Angèle, die älteste Tochter, wollte Ordensschwester werden. Ihr Vater aber war dagegen. «*Bei mir braucht es keine Ordensschwester. Wenn sie gehen möchte, kann sie gehen, sie hat ihre 21 Jahre. Eine Aussteuer bekommt sie von mir nicht.*»[85] Als Henri nicht mehr arbeiten konnte und auf die Unterstützung seiner Kinder angewiesen war, wiederholte sich der Streit, der sich eine Generation früher zwischen ihm und seiner Mutter abgespielt hatte. Er musste vor dem Friedensrichter die Unterstützung seiner Kinder einfordern.[86] Henri erlebte als schwerkranker Mann noch den Ausbruch des Zweiten Weltkriegs.[87]

Gustave Alber (1864-1938)

Der jüngste Bruder von Aline war anfangs der achtziger Jahre während sechs Jahren beim Militär. Anstelle des verstorbenen Vaters prägte das Militär nun seine Erziehung. Später arbeitete er bei dem Eisenbahnunternehmen A. Giron. Gustave war Techniker und durch den Eisenbahnbau viel unterwegs. «*Wir leben wie richtige Wölfe, untergebracht in Holzbaracken, wo die Kälte von draussen hereindringt*», schrieb Gustave aus Midreveaux, einem Dorf in den Bergen an Aline.[88] Nach dem Umherziehen auf dem Land zog Gustave in die Stadt. Zusammen mit seiner Schwester Marthe bewohnte er eine kleine Wohnung in Paris.

1891 heiratete er. Es war eine Doppelhochzeit in St.-Maurice-sur-Moselle. Seine Schwester Marthe heiratete am selben Tag, um Geld zu sparen. Das Paar hatte zwei Töchter, von denen eine noch im Kindesalter starb.

1894 war Gustave in Paris in einer Fabrik zur Herstellung von Fotografiepapier beschäftigt. Er hatte eine gute Position und dachte daran, das Unternehmen zu kaufen, als es die Besitzer abstossen wollten. Doch fehlte es an Geld.[89] Der neue Eigentümer engagierte ihn jedoch als Direktor und beteiligte ihn am Unternehmen.[90] Das Unternehmen gedieh, selbst an den Feiertagen musste gearbeitet werden.[91] Seine Frau starb im Jahr 1921 an Krebs, und Gustave heiratete ein Jahr später ein zweites Mal. Die Hochzeitsreise führte das Paar nicht wie für Städter damals üblich ans Meer, sondern in die Berge. Er besuchte mit seiner Frau seinen Bruder Emile und dessen Familie. Der

Vagney in den Vogesen (Postkarte); Arbeitsplatz vieler Saisonarbeiter aus Liechtenstein. Franz Josef Alber, der Vater von Aline, gründete in den Vogesen sein Holzhandelsunternehmen

bürgerlich-städtische Unternehmer liess seinen Bruder durch die Hausbesorgerin von der Arbeit holen. Sein Bruder kannte ihn kaum mehr. Das bürgerliche Gehabe, welches Gustave von seinen Geschwistern einst vorgeworfen worden war, schien nach dem Ersten Weltkrieg kein Thema mehr zu sein.[92] Ein schwerer Schlag für Gustave war der Verlust seiner zweiten Tochter Yvonne im Jahr 1925. Gustave starb 1938 im Alter von 74 Jahren.

Marthe Alber (1862-1955)
Marthe, die jüngere Schwester von Aline, wurde im Oktober 1862 in Vagney geboren. Im Alter von 18 Jahren ging sie als Gouvernante für sechs Jahre nach Polen. In diese Zeit fiel die Amerika-Auswanderung von Aline und ihres Cousins Martin Alber, den Marthe zunächst nicht kennenlernte.

Nach ihrer Rückkehr plante Marthe, sich mit Ernest Chiron aus Vagney zu verheiraten. Im März 1888 platzte dieses Vorhaben. Enttäuscht kehrte Marthe Vagney den Rücken und ging als Dienstmädchen nach Paris. Ihre Mutter schrieb Aline über die neue Stellung von Marthe: *«Ich glaube, es gefällt ihr, wo sie jetzt ist. Sie sagte mir, dass sie bei geistreichen Leuten sei. Wenn sie mit dem Wagen ausfahren, spannen sie vier Pferde vor. Es müssen sehr reiche Leute sein. Sie haben nur zwei Kinder, einen kleinen Jungen mit sechs Jahren und ein kleines Mädchen mit drei Jahren.»*[93] Durch ihre gute Stellung liess sie von ihrem Plan ab, ebenfalls nach Amerika auszuwandern.

1891 heiratete sie den zwei Jahre jüngeren Julien Lamour aus Baud, Morbichon (Bretagne). Es war eine Doppelhochzeit zusammen mit ihrem Bruder Gustave und seiner Braut in St.-Maurice-sur-Moselle. Für Marthe schien sich der Traum einer Liebesheirat zu erfüllen: *«Oh! Bis jetzt habe ich den Mann meiner Träume. Denn man findet keinen freundlicheren und besseren Arbeiter. Er würde eher beim Essen fehlen, als seine Arbeit versäumen. Er ist weder ein Spieler noch ein Herumtreiber. Er hat ein gutes Benehmen. Was will ich mehr, wir ergänzen uns.»*[94] Marthe und Julien hatten vier Kinder, von denen die ersten zwei bei der Geburt starben.

Julien war Techniker. Aufgrund seines Berufs wechselten Wohnort und Arbeitsstellen häufig. Das Paar wohnte zunächst in Richebourg, 1893 in La Glinai bei der Mutter von Julien, dann ab 1894 in Samoreau, Seine-et-Marne.

1902, nur zwei Jahre nach der Geburt des jüngsten Sohnes, starb Julien in Vernet-les-Bains in den Pyrenäen. Marthe zog daraufhin mit ihren zwei Kindern nach Remiremont, wo sie von ihrem Bruder Emile unterstützt wurde und in der Nähe der Mutter war. Nach dem Ableben der Mutter verliess Marthe im Juni 1905 auf dem Schiff «La Touraine» ihr Heimatland und zog zu ihrer Schwester Aline nach Amerika. Zunächst lebte sie bei Aline, später liess sie sich in Monroe (Michigan) nieder, wo ihr ältester Sohn seit 1929 verheiratet war.[95]

Marthe stellte im hohen Alter die Zusammenhänge und biographischen Daten der Familie Alber für Alines Tochter Madeleine zusammen. So konnten unberechtigte Erbansprüche, die an die Grossfamilie herangetragen wurden, zurückgewiesen werden. Marthe starb in den vierziger Jahren als letzte Vertreterin der französischen Alber-Linie.

Verwandtschaftsbeziehungen – Sprungbrett oder Fessel?

Aline, 1858 in Vagney geboren, war die älteste Tochter des Liechtensteiners Franz Josef Alber. Sie hatte den Aufstieg und Fall des Unternehmens ihres Vaters bewusster mitverfolgt als ihre Geschwister.

Welche Rolle spielte für sie die Verwandtschaft in bezug auf ihren beruflichen Werdegang?

Ausbildung

Mit 16 Jahren berichtete Aline nach Amerika: «*Ich bin am 30. Dezember 1874 nach Hause gekommen. Mein Zeugnis für das erste Trimester: ich bin erste im Rechnen, zweite in der Rechtschreibung, erste in Geographie und zweite in Geschichte von Frankreich. Im Schönschreiben, das meine schwache Seite ist, bin ich siebte und sechste insgesamt unter sechzehn Schülern.*»[96]

Wenig später folgte eine bittere Neuigkeit nach Amerika: «*Aline wird nach Ostern nicht mehr in das Internat zurückkehren. Sie ist eine der besten des Internats, das 180 Schüler hat. Sie freut sich sehr wieder bei uns zu bleiben.*»[97] Nach eineinhalb Jahren musste Aline aus dem Internat der Demoiselles Antoine in Remiremont ausscheiden. Es war für ihre Eltern unfinanzierbar geworden. Um die wirtschaftlichen Schwierigkeiten zu überwinden, suchten ihre Eltern nach dem Deutsch-Französischen Krieg bei «*unseren teuren Brüdern, Schwägerinnen und Neffen von Logansport, Amerika*» um einen Kredit in der ansehnlichen Höhe von 6'000 bis 8'000 Francs an. Zu Beginn des Bittschreibens berichteten sie vom einstigen Schulerfolg ihrer Tochter, welche aufgrund der Wirtschaftslage die Schule nicht mehr besuchen konnte.

Aline arbeitete nach dem Tod des Vater 1877 kurzfristig als Verkäuferin. Ihre schwache Gesundheit erlaubte es ihr jedoch nicht, diese Tätigkeit weiter auszuüben.

Sie ging zurück an das Internat in Remiremont, wo sie als Studentin und Assistenz-Lehrerin für die kleinen Schüler arbeitete.

Im Frühjahr 1878 gelang es ihr, in Nancy als einzige von sieben Kandidaten die Lehramtsprüfung abzulegen.

Mit Hilfe der Schwester ihrer Mutter, der Witwe des Architekten Charles Fontaine, konnte Aline weiterstudieren. Sie ging nach Nancy in das Konvent der Dominikanerinnen, um das Lehramt für höhere Schulen zu absolvieren.[98] Da ihr die Fächer Gesang und Werken fehlten, brach sie das Studium nach einem Jahr ab.[99] An ihrer Stelle sollte ihre Schwester Marthe mit der Unterstützung von Tante Fontaine diese Schule besuchen.

Nach dem Tod des Vaters wollte Aline Deutsch und Klavier lernen. Ihre Verwandten in Liechtenstein unterstützten ihr Vorhaben. Ein Cousin namens Heinrich Fenkart aus Feldkirch übersetzte ihr an die Grosseltern in Liechtenstein gerichtetes Schreiben, in welchem sie von ihrer Absicht sprach, nach Deutschland zu gehen. Die Grosseltern und die Cousins Thomas und Maria Anna freuten sich über diese Neuigkeiten und ihre schulischen Erfolge. Fenkart antwortete in ihrem Namen und lud Aline zu sich nach Feldkirch ein.[100]

In Amerika hatte der Cousin Albert Alber von Alines schulischen Erfolgen vernommen und lud sie ebenfalls ein, nach Amerika zu kommen.[101] Dieser Einladung folgte Aline jedoch nicht.

1880 wurde sie von der Akademie von Nancy zur Grundschullehrerin nach Velotte (Vogesen) berufen, wo sie zwei Jahre lang blieb.[102] Die Stelle gefiel ihr nicht, worauf ihr Cousin Albert in Amerika reagierte: *«Ich habe deinen Brief erhalten und daraus entnommen, dass du Grundschullehrerin in einer öffentlichen Schule bist und dass es dir dort nicht gefällt. Ich denke es würde besser für dich sein, in dieses Land zu kommen. Mir gefällt es gut hier, ich arbeite in meinem Beruf und habe sehr viel Arbeit.»[103]* Auch dieser Aufforderung des Cousins in Amerika kam Aline nicht nach. Statt dessen verwirklichte sie ihre Absicht, Deutsch zu lernen und ging für zwei Jahre als Dienstmädchen nach Österreich, wo sie zunächst in Feldkirch wohnte. Von dort aus pflegte sie auch Kontakte nach Mauren. Im April 1883 schrieb sie von Feldkirch aus ihrem Onkel Jakob in Logansport einen Brief, in dem sie ihrer Anteilnahme am Tod seiner Frau Ausdruck gab.[104] Wenig später war Aline im Osten Österreichs als Dienstmädchen tätig. In Wien tat sie bei einer Familie Horowskij Dienst.[105]

Als Aline in Liechtenstein war, dürften die ersten Auswanderungspläne geschmiedet worden sein. Onkel Philipp in Wabash jedenfalls unterstützte seine Nichte Aline, indem er ihr einen Grund in Liechtenstein überliess. 1883, ein Jahr vor ihrer Überfahrt nach Amerika, schenkte er ihr *«das Stücklein Land, welches im Schaanwald an der Landstrasse und in der Gemeinde Mauren liegt. Es soll dein Eigentum sein und hoffe, dass niemand etwas dagegen haben wird, dass du schalten und walten kannst nach deinem Gutachten. Und hoffe das löbliche Oberamt von Vaduz wird auch nichts dagegen haben. Mit der Unterschrift von deinem Onkel und Tante (das ist ein Present) Philipp Alber, Barbara Alber».*[106]

Die Schenkung an seine Nichte war mit Schwierigkeiten verbunden, und Philipp Alber musste seinen in Mauren lebenden Neffen Martin um die Erledigung der Behördenwege bitten. *«Werter Neffe Martin – Die Vollmacht und die Briefe habe ich den 27 March mittags erhalten und so bald wir die Briefe gelesen hatten so sind ich und meine Frau gleich auf das Gericht, zum Gerichtsschreiber, und haben es recht gemacht nach dem Gesetz, und um 3 Uhr war die Vollmacht schon auf der Post, um 6 Uhr war er schon auf der Eisenbahn. Werter Neffe ich bin zuerst böse geworden, dass die erste Vollmacht nicht gültig war. Was habe ich gewusst von den Nummern, Folio oder Grundbuch, ich habe das Stück Land in 40 Jahren nicht gesehen, weil ich immer in der Fremde war. Ich weiss nicht warum man so lange gewartet. Ob das löbliche Oberamt nur gern viele Umstände macht oder ob es euere Schuld ist. Es macht aber nichts, nur hoffe ich, dass die Aline jeden Kreuzer bekommt, was das Land bringt, und hoffe, dass nicht mehr Unkosten gemacht werden, als es die Notwendigkeit erfordert und hoffe, das löbliche Oberamt von Vaduz wird auch behilflich, denn sie ist meine Nichte, und hoffe dass ihr alles für sie tut, was ihr könnt. In einigen Tagen werde ich ein anderen Brief schicken, aber ich muss zuerst mein Bruder Jakob sehen. Achtungsvoll Ihr Onkel Philipp Alber».*[107]

Aline erfuhr die Unterstützung ihrer Verwandtschaft mütterlicherseits während ihrer Ausbildung durch die Tante Fontaine. Nach dem Ableben des Vaters und nach den ersten beruflichen Schritten als Lehrerin kam sie nach Liechtenstein und Österreich, um Deutsch zu lernen, was durch die Verwandtschaft väterlicherseits gefördert wurde.

Als die Auswanderungsabsichten von Aline konkreter wurden, stellte der in Amerika befindliche Onkel Philipp das Startkapital zur Verfügung. Ihrem Cousin Martin dagegen ging die amerikanische Verwandtschaft nicht in gleicher Weise zur Hand. Der Grund mag darin liegen, dass Aline ihren Vater verloren hatte und dass sie als weibliche Waise in einer schwierigeren materiellen Lage war.

Aline stellte sich demnach ihrer liechtensteinischen Verwandtschaft als Frau dar, die aus gutbürgerlichem Haus stammte, ein hohes Bildungsniveau besass und die Unterstützung einer grossen Verwandtschaft genoss. Dieses Kapital galt es zu wahren.

Einer Verbindung der in Frankreich geborenen Aline und des noch in Liechtenstein lebenden Cousins Martin standen aber beide Familien zunächst skeptisch gegenüber.

Die Heirat

Aline und Martin kannten sich aus Briefen schon seit mehreren Jahren. Von dieser Korrespondenz wusste auch Martins Bruder Albert, der sich bereits in Amerika befand.[108] Martin war von der Cousine und ihren schulischen Erfolgen so angetan, dass er seinem Bruder darüber berichtete. Durch den Aufenthalt von Aline in Liechtenstein vertiefte sich das Nahverhältnis zwischen den beiden. Es war Martin, der aus seiner Zuneigung kein Geheimnis machte. Seine vereinnahmende Liebe zeigt sich in den Briefen an Aline: «*Tausend Küsse von deinem Ergebenen, der nur für dich lebt, Dein Martin*».[109]

Im Frühjahr 1884, als Aline sich in Wien befand, war die gemeinsame Reise nach Amerika schon in ein recht konkretes Stadium gerückt. Martin kümmerte sich fürsorglich um die Rückfahrt von Aline aus dem Osten Österreichs und schrieb ihr umständlich die bestmöglichen Zugsverbindungen zwischen Wien und Lindau auf. Er organisierte auch den Verkauf des Grundstücks in Schaanwald, das sie von Onkel Philipp bekommen hatte. Voll Selbstvertrauen notierte er, dass er sich von der Familie nichts vorschreiben liesse: «*Wir fahren, wenn wir dazu bereit sind.*» Die Rollen innerhalb der Paarbeziehung waren klar verteilt. Der Mann hatte zu entscheiden: «*Wenn ich es nicht gut für uns finde, bleiben wir nur zwei oder drei Tage, um unsere Verwandten zu besuchen.*»[110]

Die Mutter von Aline war jedoch von der Verbindung der beiden nicht begeistert. Sie schrieb an die noch in Wien Dienst tuende Aline: «*Das Gerücht kursiert in Vagney, dass du dich mit deinem Cousin verheiraten wirst. Ich weiss nicht, wer das ausposaunt hat, aber es macht nichts. Wenn man mich oder Emile fragt, sagen wir immer, wir wissen es nicht, wir hätten es aber sicher vor jedem anderen Menschen erfahren.*»[111] Martin erfuhr von den Bedenken der Mutter und schrieb deshalb an Aline, dass er veranlassen wolle, «*dass du am Sonntag bei deiner Mutter bist, wenn sie es unbedingt haben möchte, dass du nicht mehr länger bei uns bist.*» Er würde sie nur bis Einsiedeln begleiten, «*wenn schon alle wünschen, dass wir uns noch einmal trennen ... ich mag es nicht, dass wir uns noch einmal trennen ... Beruhige deine Mutter, damit auch ich ruhig sein kann, anstatt immer noch verrückt zu sein, wenn alle gegen mich sind oder gegen uns beide.*»[112]

Alle aber waren nicht gegen sie. Alines Schwester Marthe hatte von der Zuneigung der beiden Cousins zueinander, sowie von deren Ausreiseplänen erfahren. Sie schlug vor, dass Aline und Martin in Frankreich heiraten sollten. Die Amerikareise aber sollten sie bleiben lassen.[113]

Ein Nachbar von Martin, der Schmied David Meier in Mauren, unterstützte seinen Freund ebenfalls. Er erinnerte sich nach dreissig

Die Familie von Martin und Aline Alber, Wabash (Indiana), um 1907; v. l. n. r. Aimé, Mutter Aline, Hermann, Robert, Vater Martin, Louis, Madeleine

Jahren an den Abschied: «*Mauren, den 2. Dezember 1914. Lieber Freund Martin Alber! – Herzliche Gratulation zum neuen Jahr an dich und deine Familie. Es ist schon eine geraume Zeit, dass ich dich und deine Geliebte an einem 2. November nach Nendeln geführt habe und du damals gesagt hattest, du gehest eine kleine Zeit ins Welsche und vielleicht einen Sprung in Amerika, kommst aber im Frühjahr wieder, was dir nun längere Zeit nicht passiert ist.*»[114]

Was für die Eltern eine Belastung war, störte die Schwester Alines und die Freunde des Paares nicht im geringsten. Aline war Martins Geliebte. Punktum.

In Amerika fanden Aline und Martin für die erste Zeit Unterkunft bei ihrem Onkel Philipp Alber. Das unverheiratete Paar unter seinem Dach brachte den Onkel in keinen Gewissenskonflikt. Wohl aber den entfernten Verwandten und Freund des Vaters von Aline, Paul Batliner. Er war es, der Aline und Martin bei ihrer Ankunft vom Bahnhof abgeholt hatte. Ihm war es auch zuzuschreiben, dass das Paar schon 14 Tage nach der Ankunft heiratete.

Der Bericht von Aline an ihren Cousin Jacques Alber in Frankreich schildert die näheren Umstände: «*Wegen dem Gerede der Batliner, die fürchteten, dass ich die Familie in Ungnade stürze, hat man uns zur Heirat aufgefordert und wir greenhorns glaubten, dass man dies nur aus reinem Interesse für uns sagte. Deshalb stimmten wir zu und waren weit davon entfernt, die wahren Motive zu kennen. Da die Hei-*

rat zwischen Cousins im Staate Indiana nicht erlaubt war, gingen wir nach Michigan. Paul Batliner begleitete uns. Es war der 14. Jänner 1885. Wenn ich an diese Heirat denke, kann ich ein Lachen nicht unterdrücken. Ich verstand kein Englisch, sagte ‹Yes›, wenn man es vor mir forderte und ‹No› ebenso. So wurden wir getraut. Die Heiratsurkunde, die besagte, dass wir ‹husband and wife› sind, wurde mir nach unserer Unterschrift sofort übergeben. Das geht schnell hier mit dem Heiraten, das kann ich Ihnen versichern.»[115]

Die Familie in Frankreich begrüsste die Hochzeit, von der sie zum Teil erst einige Jahre später erfuhr: «*Mein lieber Cousin und Schwager Martin! – Ich war sehr glücklich von Deiner Heirat zu erfahren. Marthe hat es mir gesagt und mir damit grosse Freude gemacht. In diesem Schreiben an Aline möchte ich auch an Dich ein Wort richten und Dir meine besten Wünsche als Cousin und Schwager zurückschicken. Es war Zeit, dass Aline sich entschieden hat, um uns allen endlich das erste Beispiel zu geben. Es war Zeit, weil sie schon ein alte Jungfer zu werden drohte. Ich wünsche Euch viel Glück, dass Ihr Erfolg habt und dass du eine feste Stelle hast; weiters wünsche ich dir, dass du an einen Chef gerätst wie den meinen, der mich an meinen guten Vater erinnert.*»[116]

Die Ehe war damals keine reine Privatsache. Wohl mass man der Beziehung der Gatten zueinander, anders als in vorausgehenden Generationen, eine zentrale Rolle bei. Dass die Eltern und Verwandten aber ein wichtiges Wort bei einer Eheschliessung mitzureden hatten, war für Aline und für ihr familiäres Umfeld eine Selbstverständlichkeit. Als Aline mit zwanzig Jahren einen Offizier heiraten hatte wollen, war diese Beziehung am Einspruch der Eltern des Bräutigams gescheitert.[117] Ihre Schwester Marthe machte der Mutter einen Vorwurf, dass sie nicht früher etwas gegen ihre geplante und später geplatzte Hochzeit gesagt hätte. Ihr Bruder Gustave fragte Aline, was er zu den Heiratsabsichten des Bruders Emile sagen solle, da er die Familie der Frau ja nicht kenne. «*Emile schrieb mir letztes Mal, dass er beabsichtigt, sich zu verheiraten und dass das noch im Juni stattfinden werde. Was willst Du, dass ich ihm sage? Er ist der Ältere, er muss wissen was er da macht. Ich glaube nicht, dass ich ihm in dieser Angelegenheit, Ratschläge geben kann. Noch dazu kenne ich seine Zukünftige gar nicht. Ich habe sie gesehen, aber zu beurteilen wie sie ist, wird mir schwerfallen.*»[118]

Der jüngere Bruder war ratlos in dieser Situation. Der verstorbene Vater hatte eine Lücke hinterlassen, wodurch die tradierte Plazierungsfunktion der Familie nicht mehr im selben Mass gegeben war. Die Geschwister hatten diese Rolle zu übernehmen und die materiellen Voraussetzungen zu prüfen, was in unterschiedlichem Mass zum Tragen kam. Für Aline zumindest stand bei einer Verheiratung der Gedanke an die materielle Versorgung gleichwertig neben dem Liebesmotiv. Sie machte Jahre später ihrem Bruder Emile den Vorwurf: «*Ich konnte überhaupt nicht verstehen, dass du eine Frau heiratetest, ohne dich vorher über sie und ihre Familie zu erkundigen.*»[119] Diese Ausgewogenheit von materieller Absicherung und emotionaler Beziehung dürfte sie bei ihrer eigenen Hochzeit gleichfalls gesucht haben.

Kinder

Aline bekam in Amerika besorgte und gutgemeinte Ratschläge von ihrer Mutter aus Frankreich, sowohl was ihre Rolle in der Ehe als auch was die Kinder betraf: «*Das was dich krank macht ist vielleicht ein wenig die Heirat zusammen mit der Umstellung in der Ernährung. Man erduldet die kleinen Nöte in der Ehe, da die Frau verpflichtet ist, sich unterzuordnen. Das wichtigste an der Ehe ist die Eintracht, weil niemand auf dieser Welt perfekt ist. Der Mann muss gegenüber der Frau Nachsicht üben, wie auch die Frau gegenüber ihrem Mann. Wenn man will, ist die Eintracht so einfach. Ein gemeinsamer Haushalt kann so schön sein, wenn man friedlich beisammen lebt und die gemeinsamen Kinder gross zieht, sofern man welche hat. Ich hoffe sehr, dass euch der liebe Gott welche schicken wird, aber nicht zuviele.*»[120]

Die Hoffnung der Mutter hatte sich zum Teil schon erfüllt. Noch im Jahr ihrer Heirat bekamen Aline und Martin Nachwuchs. Der Sohn Louis wurde am 23. Dezember 1885 geboren. «*Alles geht gut, aber am 4. Tag geht es mir schlecht und Father Bathe glaubt, dass ich in den letzten Zügen liege und traute uns am 28. in extremis, damit ich die Sakramente der Kirche erhalten kann. Schliesslich erhole ich mich nach vielen Unkosten.*»[121]

Aline hatte weiterhin schwere Geburten. «*Am 8. Januar 1890 ist Hermann angekommen, oh! aber was für eine Zeit. Niemand erwartet, dass ich überlebe. Jedoch nach vielen Schmerzen, unerschwinglichen Kosten, erhole ich mich.*»[122] Aline musste nach der Geburt längere Zeit an Krücken gehen. Ihre Mutter notierte dazu: «*Ich wünsche dir auch, dass du keine Kind mehr haben wirst. Ich spreche für uns vier, ich, Emile, seine Frau Marie und Gustave.*»[123]

Angesichts der finanziellen Situation wollte auch Aline auf weiteren Familienzuwachs verzichten. Kinder waren eine wirtschaftliche Belastung, der sie sich nicht gewachsen sah: «*Ich habe die Sparhefte zusammengezählt und ihre Summe macht mich fast wahnsinnig. Ist es überhaupt nicht möglich, aus diesem Schlamassel herauszukommen? Musste ich von soweit herkommen um solche Resultate zu erreichen? Und noch mehr Kinder zu haben? Kinder, die so dringend Schuhe und Kleidung benötigen. Ich glaube ich werde wahnsinnig und dann zu allem fähig. Da ich sehe, dass uns nichts gelingt, habe ich nur Selbstmordgedanken im Kopf.»*[124] Für ihren Mann Martin schienen dagegen die materiellen Einbussen aufgrund der Kinderzahl nicht so sehr im Vordergrund zu stehen. In einem seiner wenigen Schreiben hob er die unterstützende Funktion der Kinder und ihre Mithilfe bei der Landarbeit besonders hervor.[125]

1894 kam der dritte Sohn, Aimé, zur Welt. Ihre Verwandtschaft in Frankreich war nicht begeistert von diesem Zuwachs, und ihre Tante Fontaine schrieb: *«Ich war einigermassen überrascht, diese Neuigkeit von dir zu erfahren. In Bezug auf Deine momentane Lage wäre es sicher besser für Dich gewesen, dass du bei deinen zwei Kindern geblieben wärst. Aber wenn dein Mann anders entscheidet, muss man sich fügen und sich in die Hand Gottes geben.»*[126]

Mutter und Tante rieten stets zu einer geringen Kinderzahl. Die Beschränkung auf wenige Kinder biete diesen bessere Chancen, so der Grundtenor. Aline teilte diese Ansicht, doch ihr Mann Martin entschied anders. *«Der Wunsch von Martin ist endlich erfüllt worden, wir haben eine Tochter.»*[127] Madeleine, *«die jüngste und hoffentlich letzte»* wurde im April 1896 geboren. Erst kurz vor der Entbindung berichtete Aline ihrer Mutter von dieser neuen Schwangerschaft: *«Wenn dich dieser Brief erreicht, werde ich es überstanden haben.»*[128] Die Mutter reagierte beleidigt: *«Bin ich denn nicht mehr länger deine Mutter, dass du die Lage, in der du dich befindest, vor mir verheimlichst?»* Sie hoffte, dass Martin nun genug habe mit vier Kindern. *«Sie kosten viel, vor allem in heutiger Zeit. Man ist zu eitel, man weiss nicht mehr, wie sie zu pflegen und zu erziehen. Ich vermute, dass es bei euch ist wie bei Emile, dass ihr nicht die Mittel habt, euere Kinder in Glanz und Gloria grosszuziehen.»*[129]

Aline und Martin hielten sich auch weiterhin nicht an die generativen Verhaltensempfehlungen der Familie in Frankreich. Robert, ihr fünftes Kind, vergrösserte 1904 als Nachzügler nochmals die Familie.

Die Nichtbeachtung der mütterlichen Ratschläge sowie die Unterordnung dem Willen des Mannes gegenüber, verdeutlicht die Hierarchie in dieser Paarbeziehung. Das patriarchalische Beziehungsmodell wurde jedoch weder von der Herkunftsfamilie noch von Aline oder gar Martin in Frage gestellt. Es war eine gesellschaftliche Selbstverständlichkeit.

Die Arbeit
«Wenn ich es nicht gut für uns finde, bleiben wir nur zwei oder drei Tage, um unsere Verwandten zu besuchen.»[130]

Martin war sich nicht sicher, die Unterstützung der Verwandten zu finden. Dieser Ungewissheit stand sein Selbstvertrauen in gleichem

Mass gegenüber. Anfangsschwierigkeiten schien es zunächst kaum zu geben. Die ersten zweieinhalb Monate nach ihrer Ankunft wohnten Aline und Martin bei ihrem Onkel Philipp Alber, und schon am 17. März 1885 gründeten sie ihren eigenen Haushalt.[131] Martins Suche nach einer Verdienstmöglichkeit allerdings schien nicht so erfolgreich zu verlaufen. Schliesslich fand er im Mai 1885, fünf Monate nach der Ankunft, eine Stelle bei der Brauerei der Onkel Alber und Rettig. Der Familienverband bot als Solidargemeinschaft dem jungen Paar auch beruflich eine anfängliche Sicherheit.

Die Tätigkeit in der Brauerei wurde für Martin zur lebenslangen Qual. Die anstrengende Arbeit brachte zudem nur wenig ein, so dass Aline ihrem Schwager Jacques in Frankreich schrieb: «*Martin arbeitet in der Brauerei der Onkel Rettig und Philipp seit dem Mai 85 mit einer Unterbrechung von zwei Monaten im Jahre 86. Ich kann dir versichern, es ist eine mühselige Stelle, bei welcher man nicht zum Millionär wird. Ich weiss nicht, wie er es macht, dass er es dort aushält.*»[132]

Die Ambivalenz zwischen der Hilfe der Familie und Martins persönlichen Wünschen und beruflichen Vorstellungen wird in Alines Schreiben deutlich. Martin stieg nach einem Jahr aus und kündigte die Stelle. Die wirtschaftliche Situation erlaubte jedoch keine Neuorientierung. Martin blieb ohne Arbeit. Es war Martins Onkel Jakob Alber, der ihn im Sommer 1886 überredete, wieder in die Brauerei zu gehen. Doch die Situation verschlechterte sich. Alines Tagebuchaufzeichnungen lassen die Schwierigkeiten ihres Mannes erahnen: «*Unsere Familie ist immer mehr gestört durch die Widerwärtigkeiten, die Martin in der Brauerei erlebt.*»[133]

Fünf Jahre nach seinem Wiedereintritt in das Unternehmen emanzipierte sich Martin von der Bindung an Familie und Brauerei und wechselte den Beruf: «*Schliesslich am 1. September 1892 verlässt Martin endgültig die Brauerei. Er ändert sich, er wird wieder besser und hat mehr Interesse am Leben. Ich bin glücklicher, aber es ist für ihn sehr schwer, eine sichere Beschäftigung zu finden!*»[134]

Aline berichtete ihrer Freundin Anna Vogt über die neue Tätigkeit ihres Mannes in etwas skeptischen Worten: «*Sie würden nicht denken was Martin tut jetzt? Eine Geldtasche an der Maschine tut er sie nähen … Es scheint, dass es wird auch sich ändern für uns, hoffe ich für besser.*»[135] Die monotone Akkordarbeit entsprach nicht den Erwartungen Alines und ihrer Freundin. Gleichzeitig aber nährte der Weggang von Martin aus der Brauerei die Hoffnung auf eine positive Veränderung der materiellen Situation.

Aline hatte, so gut sie konnte, zur Erleichterung der Lage beigetragen. Sie nahm schon im April 1891 Kostgänger der Brauerei bei sich auf, wodurch sie Mieteinnahmen erzielte. Ein Garten und eine Hühnerzucht sollten die Ernährungslage ebenfalls verbessern helfen. Trotz aller Anstrengungen blieben die Mittel knapp. Empört und verbittert schrieb Aline 1893 über ihre materielle Situation im Tagebuch: «*Wir sind bereits seit acht Jahren hier und immer noch nicht aus der Armut herausgekommen ... Ich habe nicht einmal einen Dollar, über den ich frei verfügen könnte. Ist das gerecht, grosser Gott? Nein!*»

Die Empörung schlug im selben Jahr um in Resignation, nachdem nur noch ein Kostgänger bei ihnen geblieben war und eine anhaltende Trockenheit um die Erträge aus dem Garten fürchten liess: «*Da ich sehe, dass uns nichts gelingt, habe ich nur Selbstmordgedanken im Kopf. Und die Trockenheit, wieder wird nichts aus dem Garten zu ernten sein. Oh! könnte ich nur sterben.*»[136]

Martin war nach seiner Kündigung in der Brauerei der Freimaurerloge «Knights of the Maccabees» beigetreten.[137] Berufliche Erfolge aufgrund dieser Verbindung blieben aus. Als er im März 1893 Anteilscheine bei der Wabash Loan Savings and Building Association zeichnete, geriet auch dieses Unterfangen zum Verlustgeschäft. Nur widerstrebend wandte er sich wegen einer Unterstützung an seinen Bruder Jacques, der Versicherungsdirektor in Frankreich war. Alines Bruder Gustave sah ebenfalls ihre Not und schrieb, dass sie nach Frankreich zurückkommen sollten. Ihre Chancen wären besser, Martin könnte in seinem Beruf arbeiten und Aline Privatunterricht geben.[138] Besorgt erkundigte sich auch Marthe: «*Hat Martin immer noch Arbeit? Was will er machen? Es darf einem niemals an Arbeit fehlen, vor allem nicht, wenn man eine Familie hat.*»[139]

Von seiten der amerikanischen Verwandtschaft schien die Hilfe nicht gross. Es gab Spannungen zwischen den Familien. «*Die Verwandten deines Mannes und deines Vaters, sind sie ein bisschen besser zu euch?*»[140] Die Zugehörigkeit Martins zu einer Freimaurerloge spielte bei diesen Differenzen eine Rolle.

Martin kam beruflich nicht weiter. Aline notierte nüchtern in ihr Tagebuch: «*Martin arbeitet aufs Neue wieder in der Brauerei. Seit dem 1. Juni 1895 und seit dem ist er nicht mehr mit den ‹Macabees›. Wir haben seit ca. 1 Jahr keine Kostgänger mehr.*»[141]

Nach der Rückkehr in das Familienunternehmen besserte sich die finanzielle Lage etwas: «*Seit dem 19. September 1896 sind wir in unserem Haus, das ich ‹Bellevue Cottage› nenne. Es gefällt uns gut, wir spüren nicht den Wind von allen Seiten, obwohl es weder ganz fertig noch ganz bezahlt ist. Aber mit der Gnade Gottes, hoffe ich, dass es eines Tages so sein wird und dass wir einmal ein freies Dach über unseren Köpfen haben.*»[142]

Die Brauerei bot auch diesmal keine Dauerstellung. 1898, vor dem Hintergrund einer schweren Wirtschaftskrise, war Martin wiederum auf Arbeitssuche. Aline half ihrem Mann. Sie sprach bei Fanny Graty vor, die wie Aline aus Frankreich stammte und deren Mann Camille über sich bietende Arbeitsmöglichkeiten Bescheid wusste. Die beiden Frauen unterhielten sich angeregt über die französische Politik und die Dreyfuss-Affäre. Aline hinterliess bei ihrem Besuch den besten Eindruck. Wie nebenbei konnte Graty ihr schliesslich einen wichtigen Fingerzeig geben und riet zur Eigeninitiative: «*Betreffend die Arbeit für Herrn Alber: Camille sagte mir, dass man darangeht, eine Werkstatt in der Papierfabrik einzurichten und wenn Herr Alber dort beschäftigt sein könnte, wäre er an Ort und Stelle und könnte Herrn Schumaker selbst sehen: denn sie versprechen leicht, nach jemanden zu schicken, aber sie machen das nie. Sie nehmen immer jemanden, der gerade zur Hand ist. Und da gibt es immer welche, weil dies der einzige Weg ist, um dort unterzukommen.*»[143] Martin erhielt den Job.

Neuerliche Krisen blieben nicht aus. 1903 hatte die Papierfabrik keine Kohlen mehr, und Martin wurde arbeitslos, ebenso wie sein Sohn Louis, der im gleichen Unternehmen beschäftigt war.

Martin zog sich aus der Lohnarbeit zurück und bewirtschaftete nur noch den Hof, wo er eine Hühnerzucht betrieb. Seine Resignation wird in seinem letzten Schreiben an seinen Bruder Thomas deutlich, das auch über seine Kinder Aufschluss gibt: «*Wabash, 27. Januar 1914 – Lieber Bruder Thomas und Familie Martin, Sophia und Alban – Dein Schreiben vom 30. 12. 1913 habe ich erhalten und freue mich, Dich in Deinem 74. Jahr noch so gesund, wenn auch an Altersschwäche leidend nebst Deinen Dich unterstützenden so hoffnungsvollen Kinder, Martin, Sophia und Alban zu sehen und sende auch Dir mitfolgend unser Fotografie, was ich denke wird wohl noch das letzte sein von mir und Aline, da ich nicht glaube, dass ich, nun schon im 64. Jahr, so alt werde wie Du bist. Wie Du siehst, habe so gealtert und geändert, dass Du mich niemals kennen würdest, wenn ich Dir dort begegnen würde, was zwar wohl niemals mehr der Fall sein wird. Denn ich bin zu alt, um noch so eine Reise mitzumachen. Arbeite alle Tage noch von 5 Uhr Morgens bis 8 oder 9 Uhr Abends im und um das Haus und Stall und Feld etc. da immerhin mit Reparatur und äusserer Arbeit in Obstgarten, Hühnerzucht etc. mehr zu tun habe als ich kann. Louis ist immer noch bei der Elektric-Ligth und Wasserwerk im Verkaufslokal, Komptoir und Motorreparatur etc. beschäftigt. Hermann ist seit Oktober hier und hat alle Drahtzäune um den Hühnerplatz aufgestellt wie auch eine Holzsäge, Beinmahler ect. mit elektrischen Motor aufgestellt, geht aber bald wieder weiter zur Arbeit in seinem Geschäft als Kesselschmied. Ob ich ihn dann wieder sehen werde, weiss ich nicht. Aimé und Madeleine gehen noch in die Hochschule, werden fertig damit im Juni, wollen nachher in Höhere Schulen (Université) gehen und ist dann Robert noch, der die Normalschule besucht, bald 10 Jahre alt, der noch am längsten bei uns bleibt. So mit den Kindern in diesem Land und wir Alten müssen unser Leben fristen so gut wir können und arbeiten bis ins Grab.»*[144]

Eineinhalb Jahre später, inmitten des Ersten Weltkriegs, berichtete Aline über den angegriffenen Gesundheitszustand ihres Mannes: *«Lieber Thomas & Familie! Einige Monate zurück habe ich euch einen Brief geschickt aber weiss nicht ob es ist angekommen. Probiere noch einmal dass sie wissen wie es an Martin geht. Ein anderer Doctor dass wir consultiert haben sagte uns dass Martin am Verhärtung der Blutadern leidet und dass nichts zu thun ist, doch wir probierten allerlei Medizin, aber umsonst, so wir geben ihm nichts jetzt. Der arme Mann ist viel zu bedauern er sieht alles Unglück vor und nichts als Unglück und brütet und klagt den ganzen langen Tag; dass Leben mit ihm ist ein beinahe unerträgliches Kreuz. Er geht herum und brummelt den ganzen Tag durch, aber thut doch nichts: ich bin beinahe krank selbst. Ihr würdet ihn gar nicht kennen.»*[145]

Am 18. Jänner 1918 starb Martin Alber, nachdem er dreieinhalb Jahre krank gewesen war. Der Nachruf auf ihn stellte seine Krankheit in engen Zusammenhang mit den beruflichen Erwartungen, die sich nicht erfüllt hatten.

«Martin Alber war von fleissiger aber zurückhaltender Natur, was sein Vorwärtskommen verhinderte. Dadurch wurde er melancholisch, zunehmend als das Alter ihm jede Hoffnung auf Besserstellung nahm und nach dreieinhalb Jahren von Arterienverkalkung und einem Nervenzusammenbruch starb er, wenngleich die direkte Todesursache Herzprobleme waren, die sich spät entwickelten.»[146]

Der Traum vom «goldenen Westen», den seine Onkel in stattlichen Karrieren hatten verwirklichen können, wurde für ihn zum Alptraum, an dem er zerbrach.

Erkämpfte Autonomie

Einflussgrössen
Wie bewältigte Aline die neue Lebenssituation nach ihrer Ankunft in Amerika? Welche Einflussgrössen kennzeichneten ihre Lage innerhalb der Familie?

Ihr machten die stets knappen Geldmittel ebenso wie Martin schwer zu schaffen. Die Sorgen des täglichen Existenzkampfes bestimmten das Familienleben gänzlich. Darüber hinaus waren die Mutterschaft und die Unterordnung gegenüber dem Mann zwei zusätzliche und oft belastende Faktoren in Alines Leben.

Die Heirat mit Martin war eine tiefgreifende Umstellung für Aline. Sie wurde Hausfrau und Mutter, nachdem sie eine Ausbildung absolviert, unterrichtet und auch als Kindermädchen gearbeitet hatte. Es fiel ihr schwer, im neuen Umfeld zurechtzukommen. Die Unterstützung ihrer Herkunftsfamilie in Frankreich konnte sie nicht wie ihre Geschwister in Anspruch nehmen. Sie war auf sich allein gestellt. Über die häuslichen Strapazen und die Mutterschaft berichtete sie ihrer Freundin Anna Vogt in gebrochenem Deutsch: «*Louis ist in die Sonntagsschule und Hermann liegt auf dem Canape, endlich habe ich ihn sauber gekriegt. Er hat kleine Hosen an und sagt immer jetzt, dass er ist ein schöner Bube, nicht mehr Stinkerbub, nicht mehr Schweinekerl. Sie können nicht denken, was für mich es ist, keine Windeln mehr zu auswaschen zu haben.*»[147]

Zu all dem kam, dass Martin sie nicht am gesellschaftlichen Leben teilnehmen liess. Voller Zorn, nicht mit ihren Freundinnen gehen zu können, notierte sie in ihr Tagebuch: «*31. Juli. Ich habe eine abscheuliche Laune. Wir hätten nach Warsaw mit dem Ausflug der Big Tour gehen sollen, aber Martin ist derart dagegen, dass wir da bleiben müssen. Die anderen verbringen eine schöne Zeit, können gehen und haben was sie wollen, aber ich muss auf jegliches Vergnügen und auf alles verzichten. Hätte ich den Mut, würde ich ... und auch die Kinder. Ich glaube nicht, dass ich noch lange ein solches Leben ertragen kann. Ich bin so erschöpft!*»[148]

Das Leben am Rand des Existenzminimums verursachte schwere Depressionen. Vier Jahre nach ihrer Ankunft berichtete Aline über ihre Sorgen nach Frankreich: «*Wir leben, aber man muss aufpassen, mit dem Geld auszukommen. Wenn ich denke, mit wie wenig wir durchkommen müssen, dann wünsche ich, dass die Erde sich öffne und uns verschlinge.*»[149]

Aline äusserte mehrfach ihre Selbstmordabsichten angesichts ihrer prekären finanziellen Situation. Die Zukunft schien ihr gänzlich verbaut, als Martin nicht in der Brauerei arbeitete und die drohende Arbeitslosigkeit noch spürbarer war. «*Die ganze Nacht habe ich über den Reim nachgedacht, den ich wie folgt auf meinem Grab eingravieren möchte: ‹Wenn man alles verloren und keine Hoffnung mehr hat, ist das Leben ein Schandfleck und der Tod ein Glück›.*»[150]

Ihr Leben in Armut beurteilte Aline in Hinblick auf das zeitgenössische gesellschaftliche Gefälle zwischen Arm und Reich: «*Ich bin manchmal schrecklich entmutigt, kein Geld und Schulden, warum muss alles so schlecht verteilt sein. Die einen haben soviel, dass sie sozusagen nicht wissen, was damit anzufangen. Die anderen schuften und schuften und haben nichts.*»[151] Die Ungerechtigkeiten des wirtschaftlichen und sozialen Systems waren ein steter Anstoss für Alines

Empörung. Andererseits war ihr Leben für sie ein «Schandfleck» in Hinblick auf ihre früheren Aussichten und Erwartungen: «*8. Februar 1897. Alles geht letz heute. Aimé ist zwei Mal in die Stiegen gefallen, Madeleine war unruhig und unzufrieden, die anderen zwei denken nur an die Schlitten, Martin an den Hund und ich mit einer grossen Wäsche an der Hand. Habe Heimweh! Ich denke an alle und an die Alten. Warum schreiben sie nicht? Was ist aus mein alter Schatz geworden? Wenn ich seine Frau wäre, würde ich nicht ein so hartes und freudloses Leben haben. Aber es hat nicht sollen sein, und es ist wahrscheinlich am besten so, obgleich es ist so schwer um resigniert zu sein. Wenn ich nur könnte sein ohne soviel zu tun zu haben und ein wenig mehr dieser Erdengüter hätte! Obgleich soziale Einmischungen wären nicht mein Theil. Aber diese ewige undankbare Sklaverei!!!*»

Aline musste in Amerika zudem erleben, wie aufgrund der wirtschaftlich schlechten Lage auch die Familie in Frankreich zerbrach. Der Mann ihrer Schwester Marthe starb 1902. Da er bisher die bei Emile lebende Mutter durch grössere Zahlungen unterstützt hatte und diese Mittel nun fehlten, forderte die Mutter eine Leibrente von allen Kindern, ausser von Marthe. Sie zog mit dieser Forderung sogar vor Gericht. Es kam zum Bruch zwischen Henri und der Familie. «Schmutzwäsche» wurde gewaschen, und die gegenseitigen Vorwürfe machten vor der Gürtellinie nicht halt. Henri wurde als «*le gros dodo*», als grosse Schlafmütze bezeichnet, der ein Verhältnis seiner Frau nicht wahrhaben wolle. Umgekehrt verlangte Henri von seinen Geschwistern Einsicht in die notariell bestätigten Einzahlungsbelege, bevor er die Mutter unterstützen würde.[152] Die Grundsolidarität innerhalb der Familie zerbarst an den durch Tod, Krankheit und Arbeitslosigkeit verursachten wirtschaftlichen Schwierigkeiten.

Aline konnte nicht helfen. Nach Ankunft ihrer Schwester Marthe, die mit den Kindern nach dem Ableben der Mutter nach Amerika kam, schrieb sie an Bruder Emile: «*Seit 6. Juni ist Marthe mit ihren Kindern hier. Marthe war ziemlich enttäuscht zu sehen, dass wir nicht in besseren Umständen leben und ich habe grosse Angst, dass es ihr hier nicht gefällt, da ich entgegen meinen Vermutungen sehe, dass sie es leichter in Remiremont gehabt hätte. Sie sagte mir selbst, dass sie sich besser ernähren als wir. Ihre Kinder sind gegenüber den meinen angezogen wie kleine Prinzen. Sie sieht selbst, dass es mir unmöglich war, all euren Geldwünschen nachzukommen.*»[153]

Der finanzielle und soziale Abstieg prägte noch im hohen Alter die Erinnerungen von Aline und ihrer Schwester Marthe. Diese erzählte Alines Tochter Madeleine über das letzte Lebensjahr der Mutter: «*Das letzte Jahr, als Aline noch lebte, liebte sie es von früher zu sprechen. Sie sagte mir: ‹welche Erinnerungen hast du?› Oh! Madeleine, zu sagen, dass wir so reich waren und nun so arm sind – wenn ich daran denke, das bricht euch das Herz.»*[154]

Absetzbewegungen

Was hinderte Aline, an der harten, kantigen und unannehmbaren Wirklichkeit zu zerbrechen? Was erlaubte ihr, die blosse Überlebensstrategie angesichts der engen gesellschaftlichen und materiellen Grenzen in einen neuen Lebensentwurf umzuwandeln?[155]

Die Solidarität innerhalb der amerikanischen Verwandtschaft war begrenzt. Es schien Sache jedes einzelnen, wie er sein Leben meisterte, wenngleich man um die Lebensumstände der anderen Bescheid wissen wollte.

Auch die Religion wurde für Aline nicht zum Bezugspunkt einer Neuorientierung. Der Priester traute sie mit Martin erst in Todesgefahr im Kindbett kirchlich. Aline entwickelte ein distanziertes Verhältnis zur Kirche. Nachdem sie sieben Jahre in Amerika gewesen war, begann sie wieder mit dem Kirchenbesuch. Ihrem Vorsatz, nun öfters zu gehen, kam sie jedoch nicht nach.[156]

Es waren ihre Bildung und ihr Bildungsstreben, welche die Basis für den selbständigen Lebensentwurf in der neuen Heimat darstellten. Innerhalb der engen gesellschaftlichen Grenzen entwickelte Aline eine Autonomie, die nicht als «Freiheit von» ungerechten Strukturen, materiellen Abhängigkeiten oder emotionalen Familienbindung zu kennzeichnen ist, sondern als «Freiheit zu» selbstverantwortlichem Handeln für sich und andere charakterisiert werden kann.

Das Interesse an Bildung und Schulwesen brachte Aline mehrfach zum Ausdruck. Als im Winter 1892 in Miami (Indiana) die Schule abbrannte, machte sie sich eine umfangreiche Notiz über den Brand und den entstandenen Schaden: «*Am 27. 12 1892 verbrannte die Miami Schule. Es ist ein grosser Verlust, da diese Schule vor vier Jahren gebaut wurde und so schön und kostbar war. Alle Bücher sind verbrannt. 600 Schüler besuchten die Schule in diesem Haus und wenn man durchschnittlich fünf Dollar Bücher pro Kind rechnet, beträgt der Verlust 3000 Dollar. Das Gebäude hätte gerettet werden können und der Verlust auf 3 bis 400 gemindert werden können, wenn die Wasserversorgung in Ordnung gewesen wäre. Es gab jedoch keine Wasser und die Mannschaft konnte nur der totalen Zerstörung dieser Modellschule beiwohnen.»*[157] Eineinhalb Jahre später hielt sie erfreut im Tagebuch fest: «*Im Mai 94 wurde der Eckstein für die zusätzliche Schule, eines der schönsten Gebäude Indianas, an der Süd-Ost-Ecke der Strassen Cass und Hill gelegt.»*[158]

In ihrer Aufgeschlossenheit notierte sie im Tagebuch das rasche Wachstum der Stadt Wabash ebenso wie die Nordpolexpedition von

Fridtjof Nansen oder die vielen Verwendungsmöglichkeiten von Aluminium. Über die Medienlandschaft in Wabash schrieb sie: «*Ich habe vergessen zu sagen, dass die Stadt drei Tageszeitungen und vier Wochenzeitungen hat, zwei an den Haaren herbeigezogene republikanische, eine demokratische und eine popokratische. Letztere hat nur eine Wochenausgabe, die demokratische eine tägliche Ausgabe jeden Morgen ausser Montag, die zwei anderen je eine Abendausgabe ausser Sonntag. Wie sie sich gegenseitig bekämpfen!*»[159] Ihr Interessensspektrum war breit, und sie wollte sich nicht aufgrund ihrer wirtschaftlichen Lage vom gesellschaftlichen Diskurs ausgrenzen lassen.

Die andauernde finanzielle Unsicherheit war beengend und beängstigend. Aline beliess es nicht dabei, ihr individuelles Schicksal zu bedauern, sondern sie suchte nach Hintergründen. Sie hinterfragte die wirtschaftlichen und sozialen Strukturen. Ihrem Cousin Jacques berichtete sie nach Frankreich: «*Die Geschäfte gehen nicht gut. Hier haben die Republikaner (i.e. die Aristokraten, die auf Kosten des Volkes leben) bei den letzten Wahlen den Sieg errungen. Wir sind für vier Jahre unter der Knute von Fanatikern. In Europa scheint es auch nicht gerade glänzend zu gehen, wenn man Zeitung liest. Frankreich scheint dem Ende zuzugehen.*»[160] Nachdem sie in diesem Schreiben den Wunsch geäussert hatte, dass die Erde sie verschlingen möge, bat sie ihren Cousin um französische Zeitungen. Die Medien waren für sie Zugang zu Information und Bildung und bewahrten sie vor einer Vogel-Strauss-Haltung.

Als 1898 Martins Beschäftigung in der Brauerei wieder unsicher geworden war und Aline für ihn bei Frau Fanny Graty vorsprach, drehte sich das Gespräch der beiden Frauen mehr um die Dreyfuss-Affäre, die zu jener Zeit die Innenpolitik in Frankreich beherrschte, denn um eine Arbeitsstelle von Martin. Aline verfolgte die Affäre nicht nur aufmerksam in den Zeitungen und begnügte sich nicht nur mit Erörterungen. Sie schrieb der Frau des unschuldig der Spionage bezichtigten Hauptmanns Dreyfuss, nachdem diese auf die Wiederaufnahme des Prozesses gedrängt hatte. Aline sagte ihr, dass sie um die Aufdeckung der wahren Schuldigen bete. Der Brief sollte ein teilnehmendes Zeichen für Frau Dreyfuss sein. Er ist zugleich ein Zeichen für Alines Engagement gegen die Ungerechtigkeit.

Aline war sich im klaren darüber, dass ihr Schreiben politisch nicht viel bewirken würde. Hellsichtig bemerkte sie ihre doppelte Ohnmacht, eine Ohnmacht aufgrund der gesellschaftlichen Stellung und eine aufgrund ihres Geschlechts. In der von wohlhabenden Männern dominierten Politik wurde ihre Stimme nicht gehört. Aline empörte sich gegen diese Ungleichheit. Sie tat das anfangs nicht laut und fordernd, sondern gab ihre Auflehnung den Kindern und Schülern weiter.

1908, im Alter von nicht ganz fünfzig Jahren, begann Aline wieder zu unterrichten. Ihr jüngster Sohn war inzwischen vier Jahre alt. Ihre Schwester Marthe war 1905 mit zwei Kindern aus Frankreich gekommen und zu ihr gezogen. Gemeinsam besorgten sie nun den Haushalt. Inwiefern dieses Zusammenkommen Aline in ihrer Entscheidung beeinflusste, wieder in den Lehrberuf zurückzukehren, geht aus den Briefen nicht hervor. Sicher ist, dass sie mit dem Wiedereintritt in den Lehrberuf mehr Lebensfreude gewann. Ihrem Sohn Louis berichtete sie von Festen und Theaterspielen. An diesen gesellschaftlichen Ereignissen nahm Martin jedoch nicht teil. Der Lehrberuf steigerte die Autonomie Alines gegenüber ihrem Mann und änderte die Rollenverteilung in der Familie. Ihr Sohn Hermann half nun im Haushalt mit, da sie einen anstrengenden Beruf auszuüben hatte. Ob und wie Martin mit der neuen Rollenverteilung zurechtkam, ist ungewiss. Seinen liechtensteinischen Bruder liess er jedoch nach mehr als zwanzig Jahren wissen, dass ihm Amerika nicht gefalle.

Anders Aline. Sie engagierte sich und schien an Kraft zuzunehmen, je mehr Martin sich zurückzog. Als sich 1909 der Staat Indiana für ein Prohibitionsgesetz entschied, mahnte sie ihrem Sohn gegenüber das fehlende Mitspracherecht der Frauen ein: «*Der Kreis Wabash stimmte für trocken. Darüber sind einige ziemlich betrübt. Es wird weder der Verkauf, Tausch oder Ausschank erlaubt sein. Nicht einmal einem Besuch im eigenen Haus darf man etwas geben. Was für ein schönes Gesetz in einem freien (?) Land. Hm! Das ist nicht Enthaltsamkeit sondern ein Verbot im vollen Sinn des Wortes. Oh! wenn ich nur ein Mann wäre!!! Solchen Gesetzgebern und solchen Gesetzesbefürwortern würde ich vernichtende Dinge schreiben.*»[161]

Aline mischte sich ein, offiziell und selbstbewusst, sofern ihr die Sache dringend und wichtig genug war. Und sie erwartete sich Gehör, sogar vom Präsidenten der Vereinigten Staaten. Sie bat ihn in der Frühphase des Ersten Weltkriegs um Unterstützung für ihr Heimatland: «*Wabash, Ind., 4. September 1914, 44. Geburtstag der Französischen Republik – Herr Woodrow Wilson, Präsident der Vereinigten Staaten – Herr Präsident! – An diesem Geburtstag der Französischen Republik, da der Deutsche Kaiser sie zu vernichten droht, nehme ich mir die Freiheit, Ihnen zu schreiben und Sie um Hilfe für das Land meiner Geburt zu bitten. Ich wurde im südöstlichen Teil des Distrikts der Vogesen geboren. Dort habe ich drei Brüder und vier Neffen, die zum Militär einrücken mussten. Ich weiss wohl, dass Neutralität (für Amerika) der einzig richtige Weg ist. Dieses Land ist bevölkert von Menschen der kriegführenden Nationen oder ihrer Nachkommen. Zur einen oder anderen Seite zu helfen, würde unzweifelhaft einen schrecklichen Bürgerkrieg auslösen. Auch kritisiere ich nicht Ihre*

Weigerung, den kriegführenden Nationen Darlehen zu geben. Es ist vermutlich der beste Weg, Frieden in diesen schrecklich zerrissenen Kontinent zu bringen. Ich bitte Sie aber, Herr Präsident, nicht Deutschland zu helfen durch den Kauf von Schiffen, welche es gegenwärtig entbehren kann. Das dafür bezahlte Geld wäre eine Hilfe für es gegen Frankreich. In der Stunde grosser Not hat Frankreich diesem Land geholfen. Im Gegenzug verhindern Sie wenigstens, dass die Feinde direkte oder indirekte Hilfe gegen es erhalten. Ist das zuviel verlangt? Ich hoffe, dass dieser Appell Sie erreichen wird und danke Ihnen für das Durchlesen. Ich verbleibe, Herr Präsident, hochachtungsvoll Ihre – Aline Alber, 693 N. Cass st. Wabash, Ind.»[162]

Bittend forderte sie die konsequente Neutralität der amerikanischen Politik gegenüber den kriegführenden Staaten ein. Die Konsequenzen ihrer Zivilcourage sind in den Annalen der Geschichte nicht zu finden. Aline zählte nicht zu den «*Frauen, die die Welt bewegten.*»[163] Ihr engagiertes Auftreten aber wirkte in den Kindern und in ihren Schülern fort und trug Früchte.

Zwei ihrer Kinder, der Sohn Aimé und die Tochter Madeleine, studierten und besuchten die Universität.[164] Hermann, der älteste Sohn, war Kesselschmied. Sein jüngerer Bruder Louis arbeitete bei den Wasserwerken. Die Tochter Madeleine wurde Rechtsanwältin.

Dass die Tochter schon als Mädchen ein selbstbewusstes Auftreten hatte, verdeutlicht folgende Episode aus einem Brief von Aline an ihren Sohn Louis. «*Madeleine arbeitet seit Samstag in einem Modegeschäft, wo Frau Suttor war in ‹Hadekers Haus›. Eine Frau Lindley von der Südseite, Tante von Frau Harz Caldwell, kaufte das Lager. Aber ich glaube nicht, dass sie bleiben wird. Diese Frau sandte sie auf Botengänge und möchte sie durch die Strassen schicken. Das passt Madeleine aber nicht. Ich bin etwas misstrauisch dieser Frau gegenüber, was denkst du darüber? Sie sagte Madeleine am Freitag, sie erhalte 50 Cents pro Woche (lumpige fünfzig Cents). Als sie zu lernen begann, sagte ihr Madeleine, dass sie nirgendwo für weniger als 3 Dollar Anfangsgehalt pro Woche arbeiten würde. Als sie jemanden brauchte, nahm sie Madeleine, aber Madeleine scheint genug von ihr zu haben.*»[165]

Der Sohn Hermann, der als Kesselschmied arbeitete, war im Jahr 1914 an führender Stelle in eine Streikbewegung involviert. Auch er engagierte sich demnach wie Aline für soziale Gerechtigkeit und kämpfte gegen die Ausbeutung.[166]

Aline setzte sich weiterhin für die Bildung und Ausbildung der Kinder ein. Ein Jahr vor ihrem Tod schrieb sie an J. R. Schutz, Professor am Manchester-College, von dem sie einen Vortrag über Frankreich gehört hatte, in aufklärender Weise über die Bildung in Frankreich und die verantwortungsvolle Rolle der Regierung: «*Die Bauern in Frankreich haben ein hartes Leben. Sie haben ihren kleinen Flecken Land zu bestellen und ihren Lebensunterhalt zu besorgen. Sie leben sehr genügsam. Sie haben nicht viel Zeit, die Zeitungen zu lesen, die dort nicht so zahlreich sind wie hier, aber deswegen sind sie nicht unwissend ... Ein Fehler ist, dass die Kinder nicht genug unterrichtet werden über all die Angelegenheiten der Regierung, aber was kann man schon erwarten, wenn die Kinder mit 13 oder bereits mit 11 die Schule verlassen.*»[167]

Aline stand durch ihren Einsatz an der Wiege jenes Typs amerikanischer Frauen, den die Feminismus-Forschung als «*Neue Frau*» bezeichnet. «*Ihrer eigenen Meinung und der ihrer Zeitgenossen zufolge waren die Neuen Frauen am engsten mit den neuen Colleges für Frauen verbunden. Bildung war ihr hervorstechendstes Charakteristikum und ihre erste selbstbewusste Forderung. Sie verbanden eine College-Ausbildung mit intellektueller Selbstverwirklichung, mit autonomen Rollen ausserhalb der Familie und glänzenden Errungenschaften. Wenn sie die College-Ausbildung abgeschlossen hatten, weigerte sich mehr als die Hälfte von ihnen, in die Welt der Reproduktion und Häuslichkeit ihrer Mütter zurückzukehren.*»[168]

Die Freiheit zu selbstverantwortlichem Handeln für sich und für andere war das Ziel und die Basis von Alines Lebensentwurf. In der Einforderung von Mädchen- und Frauenbildung und in ihrer Tätigkeit als Lehrerin erkämpfte sich Aline ihre Autonomie gegenüber den engen sozialen Grenzen.

Aline Alber starb am 26. Dezember 1927 im Alter von 69 Jahren.

Kathryan Ingmire Buechel,
Houston (Texas)

Anton Büchel und seine Nachfahren

Im Jahr 1867 verliess Anton Büchel sein Heimatdorf Ruggell. Er war 27 Jahre alt, als er mit seinem Erbe in der Tasche auszog, um in der Neuen Welt ein neues Leben zu beginnen. Über Le Havre ging seine Reise nach New York, dort tat er sich mit ein paar «*deutschen Landsleuten*» zusammen, um irgendwo im Westen ein Stück neue Heimat zu finden. Die Gegend an der Volga in Iowa mochte ihn an seine zurückgelassene Heimat erinnern – er liess sich im kleinen Städtchen Littleport an diesem Fluss nieder. Littleport liegt unweit von Guttenberg, wo sich bereits zahlreiche andere Liechtensteiner niedergelassen hatten. Iowa war das Stammesgebiet der Siouxindianer und wurde erst in den dreissiger Jahren des 19. Jahrhunderts von weissen Siedlern bevölkert. Die Siedler waren Neueinwanderer aus aller Herren Länder oder Nachkommen von Pioniersfamilien, die schon seit Generationen im Osten Amerikas gewohnt hatten und auf der Suche nach neuen Besitztümern nach Westen wanderten.

Mit Littleport fand Anton Büchel ein Städtchen, welches fast ausschliesslich von der Landwirtschaft lebte, und in dem es kaum Geschäfte gab. Der gelernte Tischler und Wagner musste sich nicht lange nach Arbeit umsehen. Schon nach kurzer Zeit besass er die erste Tischlerwerkstatt in Littleport, und bald darauf war er Mitinhaber der ersten Wagenmanufaktur. Nach fünf Jahren schon hatte er die Schulden, die er für Investitionen in seine kleine Fabrik aufgenommen hatte, abbezahlt und auch bereits eine kleine Farm erworben.

Da war Anton Büchel bereit zu heiraten. Seine zukünftige Frau, Regina Pfrommer, war 1868 zusammen mit ihrer Schwester und Freunden aus Wurtzbach im Württembergischen nach Amerika gekommen. 1872 heiratete Regina den Liechtensteiner im Alter von 24 Jahren. Ursprünglich lutherisch aufgewachsen, trat sie kurz nach der Heirat zum römisch-katholischen Glauben über und wurde in Littleport getauft. Regina Büchel gebar sechs Kinder: Lona, Joseph, Mary, Anna, Bertha und Frederick Anthony. Mary starb bereits mit zehn Jahren, Anna im Alter von sechzehn. Joseph übernahm die Werkstatt seines Vaters. Lona heiratete einen Schweden und zog mit ihm nach Minnesota, wo sie ein Leben in verhältnismässigem Wohlstand geniessen konnte. So war sie die einzige in der Gegend, deren Haus dank eines eigenen Generators bereits mit elektrischem Strom beleuchtet war,

Anton Büchel und seine Frau Regina, geb. Pfrommer, um 1880 (Besitz von Norbert Büchel, Ruggell)

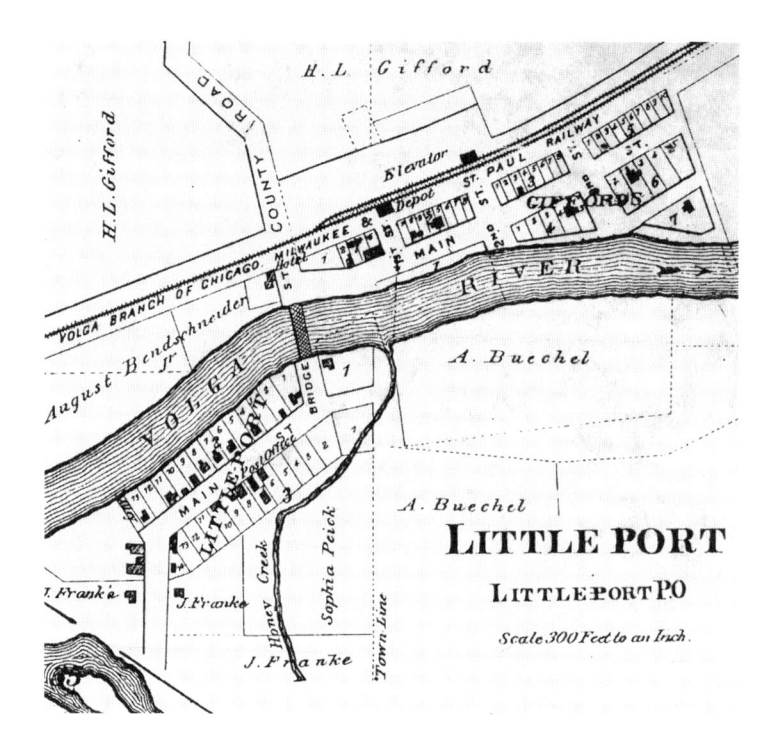

In diesem Plan von 1886 ist Anton Büchel als Grundeigentümer in Littleport, Clayton County (Iowa), ausgewiesen

und sie besass mehr Möbel, als es für eine Farmersfrau üblich war.

Die beiden Jüngsten, Bertha und Frederick Anthony, wurden Dorfschullehrer. Während Bertha allerdings schon mit 18 Jahren heiratete und ihren Beruf aufgab, verfolgte Frederick Anthony seine Ausbildung weiter. Er verdiente sich sein Studium und seinen Lebensunterhalt als Arbeiter in der Landwirtschaft und absolvierte sein Mathematik- und Physikstudium am State College of Minnesota mit Erfolg. Er zog nach Wisconsin, wo er als Mittelschullehrer arbeitete und mit dem Studium der Wirtschaftswissenschaften begann. 1912 bekam er das *Master*-Diplom (entspricht dem akademischen Grad eines Magisters) und heiratete im gleichen Jahr eine Arbeitskollegin von ihm, Lucy May Colburn. Diese entstammte einer englischen Familie, welche schon 1685 in Amerika eingewandert war; die Colburns gehörten zur oberen Schicht der amerikanischen Gesellschaft, ihr Stammbaum findet sich in Bibliotheken, ihre Söhne kämpften im amerikanischen Befreiungskrieg gegen England, und Lucy May war Mitglied der Vereinigung «Töchter der amerikanischen Revolution».

Während sich Lucy May der Erziehung ihres Sohnes Frederick Arthur (geb. 1914) widmete, vertiefte sich Frederick Anthony in seine Wirtschaftsstudien an der Universität Wisconsin und schloss dort 1922 mit dem Doktortitel ab. Sein Spezialgebiet war die landwirtschaftliche Ökonomie.

Die Karriere des Frederick Anthony begann. Zunächst war er für kurze Zeit Hochschullehrer in South Dakota. Hier kaufte er eine kleine Farm in einer idyllischen Seenlandschaft. Auf dieser Farm lebte von nun an seine inzwischen verwitwete Mutter Regina zusammen mit der Familie seiner Schwester Bertha. Frederick Anthony und seiner Familie diente die Farm viele Jahre als Sommerfrische.

Nach zwei Jahren Lehrtätigkeit in South Dakota übersiedelte er 1924 nach Texas, um dort die zweite Hälfte seines Lebens zu verbringen. Am Texas A & M College (Texas Agricultural and Mechanical College) begründete er einen Lehrgang für Landwirtschaftsverwaltung, den er während fünf Jahren leitete. Er begann, wissenschaftliche Werke zu publizieren und wurde nach dem Erscheinen seiner wichtigsten Schrift «Commerce in Agriculture» 1926 als *Senior Economist* ins «*U.S. Bureau of Agricultural Economics*» berufen, für das er bis 1929 arbeitete.

Von 1929 bis 1946 war er leitender Forschungsbeauftragter an der Universität von Texas. Er begann sich immer mehr auf die Statistik zu konzentrieren und bearbeitete volkswirtschaftliche Daten. Als bedeutender Fachmann war er Mitglied in zahlreichen Ausschüssen des Departements für Landwirtschaft.

Nach dem Zweiten Weltkrieg legte Frederick Anthony sein Amt an der Universität nieder und zog nach Houston (Texas). Er folgte damit dem Ruf der Handelskammer von Houston, deren Mitglied er werden sollte. Diese betraute ihn auch mit der Aufgabe, ein *Industrial Research Bureau* aufzubauen und zu leiten. Der Aufschwung der amerikanischen Wirtschaft und vor allem dessen Zahlen wurden zu Dr. F. A. Buechels Domäne. Ihm oblag es, Material und Ideen bereitzustellen, um Firmen dazu zu bewegen, sich in Houston niederzulassen. Er sammelte während Jahren Daten, erstellte Statistiken und Prognosen, lieferte Gutachten und Vorschläge zum Aufbau der Wirtschaft. Die Zei-

Anton Büchels Sohn Frederick Anthony wurde zu einem der führenden Statistikexperten in Texas

tungen nannten ihn den «Statistiker de luxe» und sagten ihm ein geradezu obsessives Verhältnis zur Entwicklung der texanischen Wirtschaft nach. 1956 veröffentlichte er ein Buch, das die Geschichte des Erfolgs darstellte: «Houston's Dynamic Decade». Er sollte mit seinen Prognosen recht behalten: Houston entwickelte sich in wenigen Jahren zu einem bedeutenden Wirtschaftszentrum der USA.

Neben dieser Tätigkeit für die Handelskammer war er Mitglied der *American Economic Association*, der *American Statistical Association* und des *Texas Statistical Council*. Er bezeichnete sich selber als Liberaldemokraten (der allerdings 1952 und 1956 Eisenhower wählte) und setzte sich für ein weitgehend föderalistisches Amerika ein, damit Texas nach eigener Fasson glücklich werden könne.

Fotografien von Frederick Anthony zeigen einen sehr grossen, sehnigen Mann mit einem schlanken und langen Gesicht, die schmalen Lippen sind oft zusammengekniffen und verleihen ihm etwas Härte und Strenge. Die Haltung und der Gesichtsausdruck sind immer ein wenig steif. Der Mann, der den amerikanischen Traum wahrgemacht hat und sich vom Sohn eines Einwanderers, Farmers und Handwerkers in die Kreise der Mächtigen der Wirtschaft emporgearbeitet hatte, musste sich selbst wohl viel Disziplin und Beharrlichkeit abverlangen.

1968 starb Frederick Anthony Buechel im Alter von 84 Jahren in Houston, wo er auch begraben liegt.

Beitrag bearbeitet von Joachim Batliner

Robert Behnen, Kirkville (Missouri)
Pio Schurti

Die Familien Gassner, Seger und Walch in St. Louis

Um die Jahrhundertwende übersiedelten einige Liechtensteiner nach St. Louis (Missouri) – nämlich Gassner und Seger aus Vaduz. Der erste von ihnen war Johann Gassner (geb. 1836), Sohn des Johann und der Anna Maria, geborene Boss. 1869 hatte Johann jun. Maria Christina Köb aus Höchst (Vorarlberg) geheiratet. In der Familie der amerikanischen Nachfahren von Johann Gassner erzählt man sich, er habe als Soldat einen Mann getötet, weshalb er 1883 Liechtenstein schnell habe verlassen und sich dabei derart habe beeilen müssen, dass er keine Zeit gefunden habe, genügend Geld für die Überfahrt der ganzen Familie aufzutreiben. Er habe deshalb eine Münze geworfen und so bestimmt, wer zurückbleiben musste: Es habe die älteste Tochter Maria getroffen.

Einer fängt an – und zieht andere nach

Dies dürfte eine Legende jener Art sein, wie man sie immer wieder hören kann, wenn Amerikaner die Geschichte ihrer Vorfahren erzählen. Legenden setzen sich fest, wenn sich die Jahre und Jahrzehnte kaum mit gesicherten Informationen füllen lassen. Gerade die Einwanderergeneration – vor allem im letzten Jahrhundert – brach oft jede Verbindung zum Ursprungsland ab, weshalb ihre Nachfahren es schwer haben herauszufinden, woher genau ihre Vorfahren stammen. Wüssten die amerikanischen Nachfahren, wo sie suchen müssen, würden sie in Europa noch viele aufschlussreiche Details finden.

So hätten die Nachkommen von Johann Gassner im «Liechtensteiner Volksblatt» vom 16. Februar 1883 einen Beleg dafür finden können, dass ihr Vorfahre Vaduz mit seiner Familie unter keineswegs dubiosen Umständen, sondern als «gewöhnlicher» Auswanderer verlassen hatte: «*Vaduz, 14. Febr. (Nach Amerika.) Heute Morgen hat abermals eine kleine Gesellschaft ihr altes Vaterland verlassen, um in der neuen Welt ein besseres (!?) zu finden. Zwei junge Männer haben Weiber und Kinder zurückgelassen, um allein ihr Glück zu suchen. Der Dritte ist mit Weib und 5 Kindern, deren ältestes 12 und das jüngste 1 Jahr alt, nach Amerika ausgewandert – Alle von Vaduz. Ihr Reiseziel soll Guttenberg im Staate Iowa und Kinswick, Staat Missouri, sein.*»

Am 20. April 1883 veröffentlichte das «Volksblatt» einen Brief, den Johann Gassner seinen Verwandten geschickt hatte. In diesem Brief blieb der Autor zwar anonym, die Zeilen lassen sich aber eindeutig Gassner zuordnen. (Nachzulesen in Band I, Seite 60.)

Kimmswick, das Auswanderungsziel Johann Gassners und seiner Familie, ist ein kleines Dorf am Mississippi südlich von St. Louis.

Offenbar fand er dort auf die Dauer doch nicht genug «*Brod und Arbeit*», wie er sich erhofft hatte, denn im Jahr 1886 ist sein Name bereits im Adressbuch der Stadt St. Louis zu finden. Johann Gassner ist als Steinmetz eingetragen.

Der nächste Vaduzer, den es nach St. Louis zog, war Franz Josef Gassner, der 1870 geborene Sohn des Wolfgang und der Maria Aloisia, geborene Seger. Er war also 13 Jahre alt gewesen, als Johann Gassner, ein Cousin seines Vaters, mit seiner Familie nach Amerika aufgebrochen war. Wer weiss, vielleicht hatte das Beispiel Johanns in Franz Josef den Wunsch zur Auswanderung hervorgebracht oder verstärkt. Einer hatte angefangen – andere folgten nach.

Am 1. August 1887 hatte Franz Josef den «*Heimath-Schein für unverheiratete Personen*» erhalten. Offenbar benötigte er ihn, um seine Ausbildung in Dornbirn antreten zu können. Er besuchte dort von 1887 bis 1890 die Gewerbliche Fortbildungsschule und absolvierte gleichzeitig die Lehre als Schlosser und Dreher in der Dornbirner Maschinenfabrik J. Jg. Rüsch. Zu seinen Schulfächern gehörten «*Freihandzeichnen, Geometrisches Zeichnen u. Elem. der Geometrie, Fachzeichnen für mech. tech. Geometrie, Geschäftsaufsätze, Gewerbliches Rechnen und Gewerbliche Buchführung*». Der 17jährige war ein guter Lehrling, erntete er doch in allen Fächern die Bestnote «sehr gut».

Im Sommer 1890 kehrte Franz Josef nach Vaduz zurück, wo sein Vater Wolfgang im Januar 1891 starb. Franz Josef, so heisst es in der Familiengeschichte der Gassner in St. Louis, habe ein schwaches Herz gehabt. Nach dem Tod seines Vaters habe man ihm geraten, nach Amerika auszuwandern, weil er dort auf geringerer Höhe über dem Meeresspiegel wahrscheinlich länger leben würde.

Im Februar 1891 stellte ihm die Regierung ein «*Wanderbuch für Handwerker und Arbeiter*» aus, das «*die Stelle eines förmlichen Passes*» vertrat. Weiter hiess es im Wanderbuch: «*Ausgestellt zur Wanderung nach Deutschland, der Schweiz u. nach Amerika auf die Dauer von drei Jahren.*»

Zuerst zog Franz Josef nach Ravensburg, wo er in einer Filiale der Maschinenfabrik Escher Wyss & Cie. Arbeit fand. Am 18. März 1892 wurde ihm ein Zeugnis ausgestellt.

Im Jahr 1893 kam er beim Vetter seines Vaters in St. Louis an. Johann und Maria Christina Gassner nahmen den 23jährigen Einwanderer für das erste Jahr bei sich auf. Kurz nach seiner Ankunft liess der junge Franz Josef ein Foto machen, das er seiner Mutter und Familie nach Vaduz schickte.

Franz Josef Gassner als 23jähriger Einwanderer im Jahr 1893. Nach seiner Ankunft schickte er dieses Foto seiner Mutter nach Vaduz (Besitzer: Robert Behnen, Missouri)

Vom Schlosser zum Juwelier

Franz Josef fand Arbeit als Blechschmied und zog in ein *boarding house* (Pension), wie es für Einwanderer damals üblich war. Dort lernte er Helena Rypczynski kennen, deren Familie aus Scheidemühl (Posen) stammte. Im September 1898 heirateten Helena und Franz Josef in der katholischen Kirche St. Francis de Sales in St. Louis. Diese Kirche sollte im Leben der Liechtensteiner in St. Louis weiterhin eine grosse Rolle spielen. Alle Einwanderer aus Vaduz waren Mitglieder dieser Kirchgemeinde.

1904 wurde St. Louis zum Anziehungspunkt für die ganze Welt. Hundert Jahre nach dem Kauf des Louisiana-Territoriums von Frankreich fand hier die Weltausstellung statt. Beim Aufbau der riesigen EXPO gab es viel Arbeit. Gassners Verwandte in Vaduz mögen von diesen Beschäftigungsmöglichkeiten gehört haben. Jedenfalls kam Rudolf Seger 1904 nach St. Louis und arbeitete auf dem *World Fair*. Er war über die Mutter von Franz Josef mit den Gassners verwandt.

Nach der Weltausstellung kehrte Rudolf 1905 ins Fürstentum Liechtenstein zurück, um seine Frau Bertha, geborene Walch, die er 1901 geheiratet hatte, und seine drei Kinder nach St. Louis zu holen. Zur gleichen Zeit kamen Franz Josef Gassners Brüder Emil und Friedrich ebenfalls nach St. Louis.

Franz Josef Gassner war es in den gut zwölf Jahren seit seiner Einwanderung gut gegangen. Er hatte Land gekauft, wo sich die Texas- und Gravois-Strasse kreuzen, nur eine Strasse von der St.-Francis-de Sales-Kirche entfernt. Er betrieb nun ein Uhren- und Juweliergeschäft und besass Wohnungen im oberen Stock und im Gebäude nebenan.

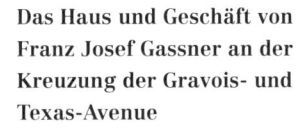

Das Haus und Geschäft von Franz Josef Gassner an der Kreuzung der Gravois- und Texas-Avenue

Im Juweliergeschäft von Franz Josef Gassner arbeiteten auch sein Sohn Joe (links) und ab 1905 sein Bruder Fritz

Fritz (wie Friedrich in den USA genannt wurde) arbeitete bei seinem Bruder im Uhren- und Juweliergeschäft. Nach dem Tod der Mutter Maria Aloisia im Jahr 1908 kehrte er nach Vaduz zurück, um die jüngste Schwester Anna ebenfalls nach Amerika zu holen. Kurz nach ihrer Ankunft posierten die Geschwister für ein Foto. Anna heiratete später Josef Joller und hatte mehrere Kinder.

Offenbar hatte die erste Generation Liechtensteiner in St. Louis einen guten Zusammenhalt. Die Einwanderer blieben beieinander und halfen sich gegenseitig. Emil Gassner beispielsweise heiratete später Aloisia Wanger, Tochter des Schaaners Leo Wanger, der 1887 ohne Familie eingewandert und verarmt war. Aloisia war zuerst nach Frankreich und 1905 dann nach St. Louis gezogen. Es sind mehrere Fotos vorhanden, auf denen Gassner und Seger zusammen auf der Treppe zum Hintereingang des Juweliergeschäfts zu sehen sind. Sowohl die Gassner wie auch die Seger blieben in Kontakt mit ihren Verwandten in Europa. (Ein Bruder Franz Josefs, Anton Gassner, hatte in Karlsruhe eine Familie gegründet.) Bertha und Rudolf Seger wurden zur Kontaktstelle für viele Liechtensteiner, die Amerika besuchen oder sich dort ansiedeln wollten.

Raymond Seger: *Sponsor* für zehn Liechtensteiner Einwanderer

Ray(mond) Seger, das dritte Kind von Rudolf und Bertha, interessierte sich von allen Seger-Kindern am meisten für die Familiengeschichte. Was wir heute über die Liechtensteiner in St. Louis wissen, wurde zu einem grossen Teil durch Ray Seger überliefert. Er war es auch, der behilflich war, die Geschichte der Familie Gassner zu rekonstruieren.

Familienbild der Gassner und Seger in St. Louis; vordere Reihe (v. l. n. r.:) Louise Seger, Emil Joller, Emil Gassner, Elisabeth Seger, Anna Joller (geb. Gassner); mittlere Reihe: Rudolph Seger, Rudy Gassner, Mary Joller, dahinter Agnes Joller, Clothilde Gassner mit Baby Frank Joller, Rose Joller; hinten: Joseph Gassner, Louisa Gassner (geb. Wanger), Helena Gassner (geb. Rypczynski), Franz J. Gassner, Bertha Seger (geb. Walch)

Raymond und Bernadine Seger im Maschinenraum des Riverside Bowl im Sommer 1992

Rechts: Blick in die Riverside Bowl in Dubuque

Raymond Seger (1905-1992) wurde im gleichen Jahr geboren, in dem sein Vater aus St. Louis zurückkam, um seine Familie in die Vereinigten Staaten zu holen. St. Louis wurde der ganzen Seger-Familie zur neuen Heimat. Raymond und seine Geschwister behielten ihren Wohnsitz stets in dieser Stadt.

Nach der Schulzeit erlernte Ray wie schon sein Vater das Schreiner- und Zimmermannshandwerk. Allmählich spezialisierte er sich auf Parkettböden und Kegelbahnen. Jahrelang arbeitete er für die Brunswick-Balke-Collender Co., die in den ganzen USA Kegelbahnen baute. In der Freizeit schreinerte er oft Möbel und verzierte sie mit feinen Intarsien. Noch im Pensionsalter verschönerte er Tische und Kommoden mit geschmackvollen Mustern aus verschiedenen Hölzern.

Nach jahrelanger Tätigkeit als Angestellter machte er sich selbständig. 1958 kaufte er mit einem Partner in Dubuque (Iowa), wo sich bekanntlich auch viele Liechtensteiner niedergelassen hatten, einen grossen Kegelbahnbetrieb, die Riverside Bowl. Er pflegte zu scherzen, er habe den Betrieb für ein Lied gekauft (wie man in Amerika sagt) und dabei könne er nicht einmal singen. Das Geschäft erwies sich als lukrativ. Unter einem Dach sind vierzig Kegelbahnen, ein Tanzlokal und ein Souvenirshop untergebracht. Obwohl Kegeln nicht mehr so populär ist wie in den sechziger und siebziger Jahren, gibt der Betrieb zwanzig Leuten das ganze Jahr über Arbeit. Im Winter arbeiten hier bis zu 45 Männer und Frauen. Sowohl unter den Gästen wie auch unter den Angestellten finden sich zahlreiche Leute, die von Liechtensteinern in Dubuque abstammen. James G. Vogt, der von Anfang an bei Ray Seger arbeitete und lange Zeit Geschäftsführer der Riverside Bowl war, erklärte in einem Interview im Sommer 1992, die Liechtensteiner in Dubuque hätten sich immer als «Swiss» bezeichnet, bis 1955 Ray Seger aus St. Louis kam und sie über ihr wahres Herkunftsland aufklärte.

Im Jahr 1937 hatte sich Ray Seger mit Bernadine Immken verheiratet. Die beiden bereisten zusammen nahezu alle Kontinente. Oft waren sie Monate lang unterwegs. Eine besonders beliebte Destination war für die beiden Liechtenstein, Rays alte Heimat. er konnte sich in einem Interview kurz vor seinem Tod im Sommer 1992 nicht mehr genau erinnern, aber er glaubte, er habe Liechtenstein insgesamt 27 Mal besucht, zum ersten Mal im Jahr 1951. Im Protokollbuch der «Bier-Boys» (einem Stammtisch im Gasthaus Engel) wurde am 20. April 1951 vermerkt: «*Heute grosser Stamm mit den Gästen aus USA und zugleich Abschiedsvorstellung ... Raimund Seger führt uns noch einige Filme vor aus den USA. Wir alle sind begeistert von diesem Märchenland, wenn man es so nennen darf, obwohl wir selber wissen: es ist nicht alles Gold, was glänzt.*»

Rays und Bernadines erste Reisen durch Europa in den fünfziger Jahren erregten Aufsehen. Mit einem Nash, einem grossen amerikanischen Automobil, fuhren sie durch Frankreich und Deutschland. In Deutschland hätten sich die Leute um das Auto geschart und um Zigaretten oder Lebensmittel gebeten. Bernadine habe so manchen Mantel weggegeben. Auch in Liechtenstein war Rays grosser Wagen eine Sensation. Bald wurde er von jungen neugierigen Liechtensteinern angesprochen. Eugen Hemmerle zum Beispiel, der 1952 auswanderte und heute in Colorado lebt, kann sich noch an diese «Auftritte» von Ray Seger erinnern.

Der von liechtensteinischen Einwanderern abstammende James G. Vogt, alias Jim, arbeitete seit 1958 bei Ray Seger, als dieser die Riverside Bowl kaufte. Er war auch Geschäftsführer

Dieser erklärte sich im Lauf der nächsten Jahre bereit, neun Einwanderer aus Liechtenstein in den USA zu *sponsoren,* das heisst für sie zu bürgen. Wenn es den Einwanderern nicht gelungen wäre, sich in Amerika auf eigene Beine zu stellen, hätte er für sie aufkommen müssen. So sah es das amerikanische Gesetz vor. Den folgenden Liechtensteinern stellte sich Raymond Seger als *Sponsor* zur Verfügung (mit dem Jahr der Einwanderung): Emil Walch (1948), Emil Wachter (1948), Anna Pfefferkorn (1953), Elfrieda Pfefferkorn (1953), Hedwig Röckle (1954), Anton Walch (1954), Louisa Röckle (1955), Fritz und Hedwig Seger-Beck (1955).

Emil Walch (1926-1995) bestätigte (in einem Interview im Sommer 1992), dass Ray Seger die Neuankömmlinge unterstützte. «*Ray wollte jeden Liechtensteiner hier rüber bringen. Er war fast besessen von diesem Gedanken*», meinte Emil Walch und erklärte, dass die Auswanderer Rays Schützlinge, vielleicht sogar eine Art Kinderersatz waren. (Ray und Bernadine Seger hatten Ende der dreissiger Jahre einen Säugling verloren und waren danach kinderlos geblieben.) Emil war

Ray und Bernadine Seger kamen insgesamt 27 Mal nach Vaduz, wo sie immer wieder von Amerika-neugierigen Liechtensteinern angesprochen wurden. Hier sitzen sie bei den «Bier-Boys», einem Stammtisch im Gasthaus Engel (1951)

auch überzeugt, dass es nicht für jeden notwendig oder ratsam war, aus Liechtenstein wegzuziehen. «*Not everything is gravy here*» (Nicht alles ist hier Fleisch mit Sauce), meinte Emil Walch. Für sich selbst wollte er das aber nicht gelten lassen: «*Frönds Brot frässa hät miar guat tua. Wenn i doss bleba wär, wär i höt villecht an Moschtkopf.*»

«Die Welt war ihm zu klein»
Im Stammbuch der «Bier-Boys» ist die Auswanderung von Emil Walch so festgehalten: «*22. Juli 1948. Heute fuhren die Bier-Boys mit ihrem Freund Flips nach Zürich auf den Flugplatz, da er nach Amerika gefahren ist. Mit dem Taxi von Otto Frommelt fuhren wir heute früh von Vaduz weg. Durch das schöne Toggenburg ging die Fahrt nach Zürich. In der Stadt angekommen, ging es gleich auf die Suche nach dem Flugplatz, doch oh je, da war der Haken, denn lange fuhren wir in den Feldstrassen herum, ohne etwas von einem Flugplatz zu sehen. Doch alles nimmt einmal ein Ende und auch unsere grosse, lange Irrfahrt nahm das gewünschte Ende.*» An anderer Stelle tönt es weniger heiter: «*Heute ging unser Kamerad Flips über das grosse Wasser, um sich in Amerika ein neues Leben aufzubauen. Wir wünschen ihm ein gutes Gelingen in diesem Unternehmen.*» Und plötzlich liest sich der Eintrag ein wenig wie ein Nachruf: «*Flips war allen ein guter Kamerad und wir hoffen, dass er seine Freunde in Vaduz nie vergisst ... Vieles hat er versucht hier und auch in der Schweiz, doch nirgends gab es für ihn ein längeres Bleiben. Die Welt war ihm zu klein und so fuhr er über das grosse Wasser, um dort das Glück zu versuchen.*»

«*D'Walcha sind Wandervögel*», sagte Emil. Sein Grossvater hatte sieben Geschwister, vier von ihnen seien ausgewandert. Sein Bruder Anton wanderte 1954 aus und liess sich im Bundesstaat Illinois nieder. Warum er selbst 1948 die Koffer gepackt hatte, war ihm immer etwas peinlich zu erzählen. Das Baugeschäft seines Vaters (der in Vaduz das Rathaus und einige Häuser im Villenviertel gebaut hatte) war in Konkurs gegangen. Emil ärgerte sich und war sehr enttäuscht über diesen Verlust. Er hatte die Handelsschule Gademann in Zürich abgeschlossen und war im Geschäft des Vaters als Buchhalter tätig gewesen.

Aus dieser Situation heraus entschloss sich Emil, auszuwandern und nach St. Louis zu ziehen, wo die Familie seiner Tante Bertha Seger-Walch lebte. Allerdings hatte er kein Geld und musste mehrere Männer bitten, für ihn zu bürgen: Eugen Walch (Onkel), Alt-Regierungschef Hoop, Gustav Ospelt und Norman Thöny. Emil sprach nicht gerne darüber, obwohl er wusste, dass er sich für seinen bescheidenen Anfang in den USA nicht zu schämen brauchte. Er kam schon sehr bald voran und gehörte keineswegs zu den gescheiterten Einwanderern.

Emil kam am 23. August in St. Louis an. Er wohnte zuerst bei Ray Seger und dessen Frau Bernadine. Die Segers in St. Louis seien wie eine Familie für ihn gewesen. Er sei froh, betonte Emil Walch mehrmals, dass er in so gute Hände gekommen sei. Ray half ihm, Arbeit zu finden. Zuerst arbeitete er in einer *sheet metal factory* (Spenglerei). 1952 bis 1966 war er wie Ray Seger im Kegelbahnbau bei Brunswick-Balke-Collender Co. tätig. Er war auch Aktionär des Kegelbahnbetriebs von Ray Seger in Dubuque. Nach Rays Tod half er der Witwe Bernadine Seger bei der Verwaltung des Betriebs.

Emil Walch im Sommer 1992 vor seinem Haus in Bonne Terre, südlich von St. Louis

Im Oktober 1948 lernte Emil Walch seine spätere Frau Maria Lidia Haller kennen. Sie war in Chicago zur Welt gekommen, aber bei den Grosseltern in Aich, «*im Schwabenland*», aufgewachsen. Im Jahr 1950 heirateten die beiden. Lidia arbeitete nie ausser Haus. Ihr Mann war dagegen: «*Es musste nicht sein, weil ich genug Geld verdiente.*» Die beiden wohnten zuerst im oberen Stock bei Ray Seger. Sie besassen zwei Stühle und einen Herd, den Emil selbst gemacht hatte.

«This country has been good to me»
Ab 1966 war er als Bauführer für einen *general contractor* (General-Bauunternehmer) tätig. Er arbeitete viel und schwer. Weil er unbedingt vorankommen wollte (als Einwanderer erst recht), lebte er auch sparsam. Arbeitskollegen hätten sich von ihm Geld geliehen, um am Wochenende noch mehr versaufen zu können, sagte er. Sie mussten es ihm mit Zinsen zurückbezahlen. Manche beschimpften ihn deshalb als einen Juden. Weil er als Vorarbeiter kein Faulenzen duldete und einen deutschen Akzent hatte, nannten ihn andere Hitler. Erfolgreiche Einwanderer waren nicht nur bewundert, sondern oft auch als rücksichtslos etc. verschrien.

70   Biographische Beiträge

Am zweiten Wochenende in St. Louis begann Emil, Fussball zu spielen. Er war vorher beim FC Vaduz als guter Dribbler bekannt gewesen. *«Hauen am Wälchli Tschaaka ab»*, hätten seine Gegenspieler gerufen. In St. Louis spielte er *semi-pro, «etwa wie Nationalliga B»*. Zwei Jahre lang spielte er jeden Sonntag zwei Mal und gewann mit den «St. Louis Razors» zwei Mal die nordamerikanischen Fussballmeisterschaften. Als Fussballspieler verdiente er etwa 3'000 Dollars pro Jahr (4'500 Dollars waren damals ein gutes Jahresgehalt für einen Arbeiter). Eine Zeitung habe ihn als *«swift swiss boy»* («Flinker Schweizer Junge») bezeichnet. Nach seinem ersten Besuch in Liechtenstein im Jahr 1952 (zusammen mit seiner Frau Lidia, Ray und Bernadine Seger) spielte er nur noch Amateurfussball, zuerst sechs Jahre lang beim Merimec Sports Club (ein ehemals deutscher Sportclub), danach beim Seniorenteam von St. Louis. Mit 46 Jahren (1972) zog er sich vom Fussball zurück, nachdem ein Spieler während eines Matchs auf dem Spielfeld gestorben war.

Obwohl Emil und seine Familie viele Jahre in St. Louis (heute rund 460'000 Einwohner) lebten, sei er nie ein Stadtmensch geworden. Wo viele Leute aufeinander wohnen, wurde es ihm schnell zu eng. Zuletzt wohnte er in Bonne Terre, einem kleinen Städtchen, etwa eine Autostunde südwestlich von St. Louis. Sein Haus stand im Grünen, man sah und hörte keine Nachbarn. *«Ich bin immer ein bisschen ein Einsiedler gewesen.»* Aber er fand es nie schwer, sich anzupassen. *«Was soll so schwer sein, sich umzustellen, wenn man von einem schönen Ort in*

Emil Walch (stehend, 4. v. l.) mit den «St. Louis Razors»

einen anderen schönen Ort zieht?», fragte er und fügte an: *«This country has been good to me.»* Solche Aussagen sind aber vielleicht schon Ausdruck gemischter Gefühle. Zumindest nachgedacht über Sinn und Unsinn seiner Auswanderung hatte Emil Walch. Besonders nachdem 1992 auch seine zweite Frau Levanda an Krebs gestorben war, wurde er von Heimweh und Zweifeln geplagt. In dieser Zeit besuchte er Liechtenstein mehrmals, kehrte aber immer wieder nach Missouri zurück, wo seine sechs Kinder (Edward, Donna, Emil, Nancy, Susanna, Karin) wohnen.

Jedes Mal, wenn er mit dem Zug bei Sargans *«um's Eck»* gekommen sei, habe er sich gedacht: *«Die Liechtensteiner Berge sind schon maximal.»* Triesen und Balzers gefielen ihm in den letzten Jahren besser als Vaduz und Schaan. *«In Vaduz wird es eng»*, meinte er. Triesen und Balzers seien zwar etwas altmodisch, fand Emil, *«aber döt kunnt ma no hääm.»* Emil hatte sich in Amerika verändert, das war ihm bewusst. Gleichzeitig hatte er aber Mühe, Veränderungen in Liechtenstein und dessen Gesellschaft einfach zu akzeptieren.

Emil Walch starb am 10. November 1996. *«Dahääm»* in Liechtenstein erfuhren seine Verwandten und Freunde erst ein halbes Jahr später von seinem Tod.

Quellen: Robert Behnen verwahrt heute die persönlichen Dokumente seines Urgrossvaters Franz Josef Gassner und ist der *family historian* der Gassner Familie in St. Louis. Pio Schurti weilte im Sommer 1992 in St. Louis und führte längere Gespräche mit Raymond Seger und Emil Walch.

Hans Gruber

Eine Ruggeller Kolonie in Nebraska und Saskatchewan

Vom Pionierleben der Familien Heeb

Im Juni 1860 machte sich der dreissigjährige, aus Ruggell stammende Johann Heeb mit seiner um vier Jahre jüngeren Braut Elisabeth Kühne auf den Weg in die Vereinigten Staaten. Nach einem 17jährigen Leben in der Industriestadt Allentown (Pennsylvania) wagte Johann Heeb 1877 nochmals einen Neubeginn in der Prärie von Nebraska. Hier führte er das rauhe Leben eines Pioniers. Gleichzeitig wirkte er als Wegbereiter für weitere Emigranten aus seiner früheren Heimat. Gemeinsam mit seiner Gattin schuf er die Keimzelle einer kleinen Ruggeller Kolonie in den USA. Bis 1894 siedelten sich mindestens elf Auswanderer aus Ruggell in der näheren Umgebung seiner Farm, in O'Neill, Atkinson oder Emmet, an. Einige davon setzten ihr Pionierleben jenseits der Grenze in Kanada fort.

Wir besitzen keine unmittelbaren Quellen, die den alltäglichen Kampf dieser Siedler im amerikanischen Mittelwesten und in der kanadischen Provinz Saskatchewan, ihre Hoffnungen und Ängste, ihre Mühen und inneren Zweifel dokumentieren. Die schriftlich festgehaltenen Erinnerungen ihrer Nachfahren, die einige authentische Erzählungen aus den frühen Tagen der Auswanderer wiedergeben, ermöglichen aber in groben Zügen eine Rekonstruktion ihres Lebensweges.

Johann und Elisabeth
Heeb-Kühne

Johann Heeb (1830-1895)

Johann kam 1830 als drittes der insgesamt fünf Kinder des Gottfried Heeb und der Scholastika, geborene Büchel, zur Welt. Wie viele Auswanderer des 19. Jahrhunderts hatte auch er in Andreas (geb. 1821) und Martin (geb. 1823) zwei ältere Brüder. Die tristen wirtschaftlichen Verhältnisse in Liechtenstein bis in die frühen sechziger Jahre des letzten Jahrhunderts boten dem jungen Mann wenig Aussichten auf eine gesicherte Existenz. Als gelernter Maurer litt er besonders an der schwachen Konjunktur im Baugewerbe während der Jahre zwischen 1850 und 1860.[1] Zusammen mit seiner Verlobten Elisabeth Kühne (geb. 1834) aus dem vorarlbergischen Bangs beschloss er daher, sein Glück in Amerika zu suchen.

In Bremen bestiegen Johann Heeb und Elisabeth Kühne das Schiff «Herzogin von Brabant» und erreichten am 28. Juni 1860 die Neue Welt. Unmittelbar nach der Ankunft in New York heiratete das junge Paar in der St. Patricks Catholic Church.[2]

Bald darauf liess es sich in der bereits industriell geprägten Stadt Allentown, rund sechzig Kilometer nördlich von Philadelphia, nieder. Da auch spätere Ruggeller Auswanderer meist als erstes Ziel Allentown ansteuerten, liegt es nahe, dass sich hier eine Kontaktperson befand, die den Neuankömmlingen in der schwierigen ersten Zeit der Orientierung und der Akklimatisierung zur Seite stand. So fanden wohl auch Johann und Elisabeth Heeb hier eine Umgebung vor, in der deutsch gesprochen wurde und in der sie bei ihren ersten Schritten in der neuen Heimat neben nützlichen Ratschlägen auch vielfältige Hilfe bekommen konnten.

Am 22. Juni 1861 kam hier ihr erster Sohn, Frank, zur Welt. Der nunmehrige Familienvater Johann Heeb fand aber vorerst nicht die Möglichkeit, sich sein berufliches Fortkommen zu sichern. Denn zwei Monate vor der Geburt seines Sohnes, im April 1861, hatte der Konflikt um die Sklaverei zwischen den industrialisierten Nordstaaten und dem agrarisch geprägten Süden zur Beschiessung von Fort Sumter geführt, was den Beginn des amerikanischen Bürgerkriegs bedeutete. Johann Heeb trat, wie auch andere gebürtige Liechtensteiner[3], unverzüglich als Freiwilliger in die Armee der Nordstaaten ein, der er bis zum Ende des Krieges diente. Im Verlauf der Auseinandersetzungen in Georgia und Virginia stationiert, kämpfte er auch in der berühmt gewordenen Schlacht von Gettysburg: Robert E. Lee, General der Konföderierten, war 1863 mit seinen Truppen in Pennsylvania eingefallen, um den Kriegsschauplatz in die nördlichen Staaten zu verlegen. Mit 75'000 Mann zog er gegen die Staatshauptstadt Harrisburg in der Absicht, diese einzunehmen. Eine Unionsstreitmacht vereitelte dieses Vorhaben, indem sie die Armee Lees bei Gettysburg in einer dreitägigen Schlacht (1. bis 3. Juli 1863) zur Umkehr zwang. Das war die Wende im Sezessionskrieg, und es verwundert nicht, dass sich die Nachkommen Johann Heebs mit Stolz an dessen Erzählungen über diese bedeutende Kriegshandlung erinnern.[4]

Nach Beendigung des Krieges 1865, den er unverletzt überstanden hatte, verdingte sich Johann Heeb als Maurer in Allentown. In den folgenden Jahren vergrösserte sich seine Familie durch die Geburten seiner Söhne John jr. (geb. 16. 11. 1865), David (geb. 3. 3. 1869), Joseph (geb. 5. 9. 1871), Alois (geb. 5. 9. 1873) und Harry (geb. 31. 1. 1876).[5] Die wirtschaftliche Depression aber, die auf den New Yorker Bankenzusammenbruch von 1873 folgte, führte insbesondere in den industrialisierten Städten des Nordens zu massiver Arbeitslosigkeit.[6] Johann Heeb fand kein Auskommen mehr für seine Familie. Nach 17 Jahren in Allentown beschloss er daher, weiter nach Westen zu ziehen. Diese Entscheidung fiel dem sechsfachen Familienvater sicher nicht leicht. Noch einmal liess er eine gewohnte Welt hinter sich, in der Hoffnung, in der ungewissen Ferne ein besseres Los zu finden. Zwar hatte er sich längst auf die amerikanische Lebensweise eingestellt, sprach problemlos die englische Sprache, und die Kinder waren in den USA geboren. Dennoch stellte ein neuerlicher Wohnsitzwechsel ein gewisses Wagnis dar.

1877 zog Johann Heeb mit den Seinen nach Darlington (Wisconsin). Doch auch hier konnte der mittlerweile 47jährige Maurer nicht Fuss fassen. Bereits nach zehn Monaten brach die ganze Familie wiederum auf. In einem von Ochsen gezogenen Planwagen kam sie 1878 nach Holt County (Nebraska) und liess sich zirka zwölf Meilen nordwestlich der Stadt O'Neill nieder.

Gemäss dem *Homestead-Act* von 1862, in dem festgelegt worden war, dass jeder volljährige Bürger der Vereinigten Staaten gegen eine geringe Gebühr Regierungsland im Ausmass von 160 Acres (64,8 Hektar) erwerben konnte, vorausgesetzt, er lebte auf diesem Land und bearbeitete es fünf Jahre lang, suchte Johann Heeb bei seiner Ankunft in Nebraska um einen solchen *Homestead* mit einem bewaldeten Stück Land an.[7] Mit diesem Akt begann Johann Heeb in nun bereits vorgerücktem Alter, ein Leben als Farmer zu führen.

Lange war Nebraska kein *Homesteading Land* gewesen, sondern nur der Korridor, durch welchen die Pioniere auf ihrem Weg nach Westen zogen. Die Routen des Oregon-, Kalifornien- oder Mormonenzugs in den vierziger Jahren des 19. Jahrhunderts hatten alle durch das öde Nebraska geführt. Obwohl das Land seit 1803 zu den Vereinigten Staaten gehörte, als es im Zug des Louisiana-Verkaufs von den Franzosen übergeben worden war, dachte kaum jemand daran, in der «Grossen Amerikanischen Wüste» zu siedeln. Von französischen Forschungsreisenden zwar bereits im 18. Jahrhundert erkundet, waren in der ersten Hälfte des 19. Jahrhunderts lediglich einige Militärstützpunkte zur Sicherung der Trecks errichtet worden. Bis 1854 gehörte das Gebiet zum indianischen Territorium, der Zensus für dieses Jahr zählte lediglich 2'732 weisse Einwohner, wobei es sich mehrheitlich um hier stationierte Soldaten handelte. In der Zeit von 1854 bis 1867, als das Land zum Nebraska-Territorium gehörte, begann allmählich die Erschliessung durch vereinzelte Siedler. 1867 wurde Nebraska auf seine heutige Grösse von 200'358 km^2 beschnitten und als 37. Staat in die Union aufgenommen.[8]

Als Johann Heeb 1878 nach Nebraska kam, fand er ein immer noch dünn besiedeltes, rauhes Land vor. In der Gegend von O'Neill gehörte er zu den ersten Siedlern überhaupt.[9] Das Leben, das er führte, war das eines Pioniers. Er transportierte mit einem Ochsenwagen verschiedene Güter von Battlecreek nach Rushville und in das über dreihundert Kilometer entfernte Chadron, wo er hauptsächlich Rinderfarmen belieferte. Bei seinen Transporten übernachtete er in freier Prärie, weil es zwischen den Orten keine Häuser gab.[10] Während seiner Abwesenheit kümmerten sich die älteren Söhne um die Farm der Familie. 1879 wurde der jüngste seiner nunmehr sieben Söhne, Edwin, in O'Neill geboren.

Die Familie wohnte anfänglich in einem sogenannten *Sod House*. Bei dieser für Nebraska typischen Art des Bauens verwendete man wegen des weitgehenden Fehlens von Bauholz Grasziegel *(Sod)* und fertigte daraus Hütten, die einigermassen Schutz vor den Unbilden der Wildnis boten. Von daher leitet sich der Spitzname «Soddies» für die frühen Pioniere in Nebraska ab.[11] Elisabeth Heeb-Kühne berichtete später vom Leben in diesem *Sod House:* Jeden Abend durchsuchte sie die Betten der ganzen Familie nach Klapperschlangen, die durch das Dach in die Hütte eindrangen.[12] Die Siedler hatten mit «*Hagel, Dürre, Schneestürmen und Überschwemmungen*»[13] zu kämpfen. Im Jahr 1888 tobte ein Schneesturm. Drei der Söhne befanden sich in der recht entfernt gelegenen Schule, als der Sturm losbrach. Die Kinder mussten dort ohne Nahrungsmittel über Nacht ausharren, bis sich der Blizzard gelegt hatte. Dieses Erlebnis scheint grossen Eindruck auf die jungen Knaben gemacht zu haben, so dass dieses Ereignis in der Familienerinnerung geblieben ist.[14]

Die zwanzig Kilometer lange Strecke nach O'Neill legte die Familie stets zu Fuss zurück, bis genug Geld vorhanden war, Pferde und einen leichten Wagen anzuschaffen.

Wie gefährlich dieses Leben sein konnte, dokumentiert auch das Verschwinden des Sohnes John jr. Dieser wollte eines Tages im Jahr 1882 einen Nachbarn auf dessen Farm besuchen. Er erreichte sein

Ziel aber nicht und wurde von diesem Tag an nie wieder gesehen.[15] Allmählich konnte sich Johann Heeb eine bescheidene Existenz aufbauen. Im Jahr 1892 kaufte er ein Stück Land im Ausmass von 160 Acres für 1'000 Dollars.[16] Die Tatsache, dass er auf die tatkräftige Unterstützung von sechs Söhnen zurückgreifen konnte, wird ihm dabei wohl zugute gekommen sein.

Am 26. Mai 1895 starb Johann Heeb im 65. Lebensjahr und wurde in Atkinson beigesetzt. Das Inventar seines Vermögens listet einen beträchtlichen Besitz auf: 18 Rinder, 17 Mastschweine und acht Pferde im Wert von 476 Dollars, ferner 640 Acres Land für geschätzte 2'700 Dollars.[17] Seine Farm wurde von seinen Söhnen und seiner Witwe weitergeführt. Elisabeth Heeb-Kühne folgte ihm 1910 in den Tod.[18] Das Gut blieb bis 1971 im Besitz der Familie Heeb.

Agatha Heeb (1864-1952)
Agatha Heeb, nur entfernt verwandt mit der Familie des Johann Heeb, wanderte 1891 gemeinsam mit Magdalena Öhri von Ruggell in die USA aus. Es heisst, die beiden jungen Frauen hätten sich eines Tages *«wie ein Blitz aus heiterem Himmel»* entschieden, nach Amerika zu gehen. Dies mag zutreffen, doch machten sie sich nicht in ein völlig unbekanntes Land auf. Agatha Heebs jüngerer Bruder Ludwig war nämlich bereits zwei Jahre zuvor in die Vereinigten Staaten aufgebrochen und hatte sich – nach ersten Sondierungen in Allentown – in der Nähe von Johann Heeb in Atkinson niedergelassen.

In Nebraska lernte Agatha den ältesten Sohn des Johann Heeb, Frank, kennen, und die beiden heirateten bereits im August des Jahres 1892. Der Heirat waren aber erhebliche Probleme vorausgegangen: Die Heiratsurkunde wurde von einem Richter und nicht von einem Geistlichen ausgestellt[19], was damals zwar durchaus schon üblich war. Der tiefere Grund für diese Zivilheirat liegt aber darin, dass sich der katholische Priester in O'Neill weigerte, das junge Paar zu trauen, da beide den Namen Heeb trugen, aus der gleichen Gemeinde stammten und deshalb zu nahe verwandt sein könnten. Obwohl Frank und Agatha Heeb nicht näher miteinander verwandt waren, erklärte sich erst im Oktober desselben Jahres ein Priester in Atkinson bereit, die beiden kirchlich zu trauen. Da mehrere Mitglieder der Familie später in hohem Alter an grünem Star erkrankten und erblindeten, hat sich die Legende erhalten, auf der Familie Heeb liege ein Fluch, welcher von dieser Heirat herrühre.[20]

Agathas Ehemann Frank Heeb hatte bereits 1885 um ein *Homestead* in Eagle Creek, nördlich von Emmet, ungefähr eine Meile von der Farm seines Vaters entfernt, angesucht. Ursprünglich bewohnten sie eine Hütte, die mit selbstgefertigten Tischen, Bänken und Schrän-

Frank und Agatha Heeb in Nebraska

ken eingerichtet war. Ihren Lebensunterhalt verdienten sie mit einer kleinen Landwirtschaft, die sie mit einfachsten Geräten betrieben. Agatha Heeb schenkte in diesen Jahren drei Töchtern, Elizabeth, Rose und Mae, sowie drei Söhnen, Harry, Emil und Albert, das Leben.

Deren Kindheitserinnerungen zeugen von einem rauhen Leben in der Prärie. Karten- und Ballspiele, Reiten und Schwimmen unterbrachen nur selten die tägliche harte Arbeit. Auch erinnern sie sich an mehrere Morde in den späten neunziger Jahren sowie daran, dass es um die Jahrhundertwende in Holt County gar zu einem Fall von Lynchjustiz gekommen war.[21]

Agatha und Frank Heeb lebten bis zu ihrem Tod auf ihrer Farm in Eagle Creek. Frank Heeb starb im April 1940, seine Gattin Agatha im Januar 1952.[22]

Ludwig Heeb (1867-1946)

Wie berichtet, war Agathe Heebs jüngerer Bruder Ludwig bereits 1889 nach Amerika emigriert und hatte sich zunächst für kurze Zeit in Allentown und dann in Nebraska niedergelassen. Nachdem er sich von den relativ guten Aussichten eines Lebens in den Vereinigten Staaten überzeugt hatte, kehrte er 1890 nach Liechtenstein zurück, um seine Eltern Franz Joseph und Elisabeth Heeb mit in die Neue Welt zu nehmen. Wiederum ein Jahr später, 1892, entschloss sich auch sein jüngerer Bruder Wilhelm (geb. 1872) zur Auswanderung.

Wir haben es hier also mit einem typischen Fall von Kettenwanderung zu tun. Der Kontakt mit den drei Jahrzehnten zuvor ausgewanderten entfernten Verwandten war nie ganz abgebrochen. Ludwig Heeb hatte daher vor seiner Abreise bereits vage Vorstellungen vom Leben in den USA, die wohl eher der Realität entsprachen als das, was aus den damals kursierenden Reisebroschüren zu entnehmen war. Er profitierte sicher von den Erfahrungen der früher Ausgewanderten und konnte beim Aufbau einer neuen Existenz mit deren Hilfe rechnen. Wahrscheinlich gründete sich sein Entschluss, die Heimat zu verlassen, auf den ermunternden Informationen, die seit den sechziger Jahren von Johann Heebs Familie nach Ruggell drangen. Oft stellten persönliche Beziehungen zu Verwandten, Freunden oder ehemaligen Mitgliedern der Dorfgemeinschaft, die in den Vereinigten Staaten bereits Fuss gefasst hatten, eine wichtige Komponente in der Auswanderungsentscheidung dar.[23]

Man kann davon ausgehen, dass Ludwig Heeb in Amerika die Lage sondierte, Kontakt mit der Familie des Johann Heeb in Nebraska aufnahm, wohl sich auch schon eine längere Zeit dort aufhielt und bald durch seine Nachrichten in die Heimat erste Anknüpfungspunkte für die spätere Ehe zwischen seiner Schwester Agathe und dem jungen Frank Heeb vermittelte.

Nahe bei Atkinson baute Ludwig Heeb ein ansehnliches Haus und erwarb ein Stück Land, auf dem er zusammen mit seinem Bruder Wilhelm eine kleine Landwirtschaft betrieb.[24] Bis er im Jahr 1900 das amerikanische Bürgerrecht erhielt[25], hatte er sich eine bescheidene Existenz aufgebaut. Ein Jahr danach vergrösserte er seinen Besitz um ein Grundstück im Wert von 500 Dollars. 1903 verstarb seine Mutter Elisabeth, 1908 sein Vater Franz Joseph.

Nach dem Tod seiner beiden Eltern dachte der 43jährige Junggeselle offensichtlich an eine Heirat. Zu diesem Zweck kehrte Ludwig Heeb im Frühjahr 1910 ein zweites Mal in die alte Heimat zurück. Am 23. Mai verehelichte er sich in der Pfarrkirche von Mauren mit der von ebendort stammenden Adelina Meier.[26] Die Braut war die 1881 geborene Tochter des Johann Georg Meier und der Krescentia, geborene

Marxer. Wir wissen nicht, wie diese Ehe angebahnt worden ist. Sie ist aber ein Indiz dafür, welch enge Kontakte zwischen der Auswandererkolonie in Nebraska und der alten Heimat in Liechtenstein bestanden. Dass die Heirat und die darauffolgende Auswanderung nach Amerika im voraus genau geplant worden war, ergibt sich auch daraus, dass die beiden jung Vermählten auf ihrer Reise in die USA vom Bruder der Gattin, Jakob Meier, begleitet wurden.

Ludwig Heeb führte seine Gattin und seinen Schwager vorerst in sein Heim nach Atkinson. Die wirtschaftliche Situation in Nebraska hatte sich allerdings in den vorangegangenen Jahren stetig verschärft. Eine jahrelange Dürreperiode «*hatte das Land in eine wahre Wüste verwandelt*».[27] Viele amerikanische Siedler entschieden sich in dieser Zeit für eine Rückkehr nach Europa. Allein im Jahre 1908 traten 395'000 Menschen die Rückreise in ihre alte Heimat an.[28]

Andere ergriffen die Möglichkeit, entlang der *Frontier* in bisher kaum besiedeltes Land weiterzuziehen. In den regionalen Zeitungen Nebraskas erschienen in jenen Krisenjahren Anzeigen, die für die Auswanderung nach Kanada warben.[29] Vermutlich las auch Ludwig Heeb eine solche Anzeige, mit grösster Wahrscheinlichkeit hatte er auch schon vor seinem Besuch in Europa und seiner Heirat mit Adelina Meier mit der Möglichkeit einer Ansiedlung in Kanada spekuliert. Jedenfalls unternahm er schon kurz nach seiner Verehelichung und Rückkehr in die USA zusammen mit seinem Schwager eine Erkundungsreise nach Saskatchewan.

Trauung von Ludwig und Adelina Heeb-Meier am 23. Mai 1910 in Mauren. Neben dem Brautpaar stehen die Trauzeugen Paulina Altenöder, Bendern, und der Bruder des Bräutigams, Lehrer Andreas Heeb, Mauren

Die Familie Heeb, v.l.n.r.: Ludwig Heeb, Jakob Meier, Adelina Heeb-Meier und Wilhelm Heeb. Das Bild wurde wahrscheinlich kurz vor der Abreise nach Kanada aufgenommen

Die kanadische Provinz Saskatchewan, zwischen Alberta und Manitoba gelegen, blieb lange eine Domäne von einigen vereinzelten Pelzjägern und Holzfällern. Erst nach der Erschliessung des Mittelwestens der USA wurde dieses Gebiet leichter zugänglich. Ab den frühen achtziger Jahren zogen dann die ersten Farmer aus den USA in die fruchtbaren Prärien Saskatchewans.[30]

Angelockt von der Möglichkeit eines *Homestead* – die kanadische Regierung hatte den Siedlern freies Land angeboten – und angetan von der schönen Landschaft, beschlossen Ludwig und Adelina Heeb, Wilhelm Heeb sowie Jakob Meier, in Saskatchewan ihr Glück zu versuchen. Ausserdem befanden die Männer, dass sich der Boden dort auch ausgezeichnet für eine «*gemischte Landwirtschaft*» eigne.[31]

Im Mai 1911 verkaufte Ludwig Heeb sein Land in Atkinson, auf dem allerdings eine Hypothek von 1'200 Dollars lastete, für 4'000 Dollars.[32] Im Frühling des darauffolgenden Jahres machte sich die vierköpfige Gruppe auf den Weg. Mit all ihrem Hausrat, der Fahrhabe und einigen Pferden fuhren sie mit der Eisenbahn nach Saskatchewan. In North Battleford unterbrachen sie ihre Reise für einige Wochen. Sie campierten in Zelten, und die Männer arbeiteten beim Wasserrohrbau der Stadt mit.

Danach ging die Reise per Pferdewagen weiter nach Glenbush, wo die drei Männer alle um einen *Homestead* angesucht hatten. Glenbush liegt etwa 45 Meilen nördlich von North Battleford, der nächsten grösseren Stadt.

Den ersten Winter in der eisigen Kälte Kanadas verbrachten die vier Leute in einer Holzhütte. Sie hatten diese von einem Pionier gekauft, der es vorgezogen hatte, das rauhe Leben in Saskatchewan aufzugeben. Die strohbedeckte Hütte bestand aus drei Zimmern, die Adelina Heeb mit Vorhängen an den Fenstern, Teppichen auf dem Boden und Pelzdecken auf den Betten wohnlich herrichtete. In dieser Hütte gebar sie während eines Schneesturms im Februar 1913 ihr erstes Kind, Maria Adelia. Einzig eine Nachbarin stand ihr zur Seite, einen Arzt gab es in der Gegend nicht. Maria Adelia war das erste weisse Kind, das in der Umgebung von Glenbush geboren wurde.[33]

Im Mai des gleichen Jahres ereignete sich eine Tragödie: Wilhelm Heeb, der schon den ganzen Winter über bettlägerig gewesen war, erlitt, während er alleine mit einem Boot auf dem kleinen See hinter der Hütte fuhr, eine Herzattacke und ertrank. Sein Leichnam wurde erst nach einigen Tagen gefunden und in North Battleford auf dem katholischen Friedhof beerdigt.[34] Als Adelina Heeb im Mai 1914 ihr zweites Kind zur Welt brachte, erhielt es nach seinem Onkel den Namen William.

Ludwig Heeb ging nun daran, ein zweigeschossiges Haus zu bauen. Seine Tochter berichtet, dass ihrem Vater unglücklicherweise jede Erfahrung darin fehlte. So waren weder Türen noch Fenster des neuen Hauses sturmsicher, was unliebsame Überraschungen zur Folge haben sollte.[35] Doch 1916 schrieb Ludwig seinem Freund Ulrich Öhri nach Nebraska stolz über seine neue, schön eingerichtete Farm, von guten Ernten und guten Preisen, die dafür bezahlt wurden. Sein neuerdings prosperierendes Leben stand im Gegensatz zu den Vorgängen in Europa, wo der Erste Weltkrieg tobte. Durch die Schwester seiner Frau war Ludwig Heeb über die Vorgänge im Krieg bestens unterrichtet. Er nahm innerlich teil am «*Blutvergiessen*» und «*Kanonendonner*» in Europa, bemerkte aber erleichtert, dass in seiner alten Heimat Liechtenstein niemand an Hunger leide, «*obwohl Schmalz, Butter und Öhl rahr*» seien. Seine heimatliche Verbundenheit belegt seine, eine gewisse Zwiespältigkeit erahnen lassende Bemerkung: «*Wir haben Englische Nachbaren, doch wir sprechen nicht vom Krieg.*»[36]

Das Leben in Saskatchewan gestaltete sich als ähnliches Pionierdasein, wie es Johann Heeb seinerzeit in Nebraska erlebt hatte. So hatten Ludwig Heeb und sein Schwager Jakob Meier andauernde Mühsal und manche Rückschläge zu bestehen.[37]

In den kalten Wintern tobten Schneestürme, manchmal so früh, dass es den Männern nicht mehr gelang, genug Futter für das Vieh einzubringen und viele Tiere an Hunger starben. In Jahren mit frühem Frost reduzierte sich die Roggen- und Haferernte in bedenklichem Ausmass. Wenn deshalb die Lebens- und Futtermittel knapp waren, wurden Mensch und Tier besonders anfällig für Krankheiten. Ludwig Heeb klagte in dieser Zeit immer wieder über seine schlechte Gesundheit: Neben Rheumatismus und Grippe plagten ihn schlechte Zähne, wochenlang musste er das Bett hüten. In den Jahren 1918/19 grassierte wie in Europa die gefürchtete Spanische Grippe. Aus der Heimat erhielt Adelina Heeb-Meier 1918 die traurige Nachricht vom Tod ihrer ältesten Schwester Paulina, die dieser Krankheit erlegen war.

Heim und Existenz bedrohende Präriefeuer waren eine weitere Gefahr und machten die gegenseitige Hilfe von Nachbarn unentbehrlich. Bei einem dieser unkontrollierbaren Brände blieb das Heim der Heebs trotz der Hilfe der benachbarten Farmer nur durch das plötzliche Drehen des Windes verschont.

An den Sonntagen kamen diese Nachbarn im Haus des Ludwig Heeb zum Gottesdienst zusammen, danach waren alle Anwesenden zum Mittagessen eingeladen. Sein Haus war auch regelmässig Anlaufstation für Männer, die aus dem Norden Korn nach North Battleford transportierten. Diese erhielten von Adelina Heeb eine gute Mahlzeit, meist Sauerkraut mit Schweine- oder Rindfleisch, und für die Nacht eine warme Bettstatt. Frauen und Kinder gab es keine in ihrer Nachbarschaft, die meisten Farmer waren Junggesellen. So war es nur natürlich, dass auch diese Männer immer wieder das wohl geführte Heim der Adelina Heeb aufsuchten.

Für die Kinder bedeutete dieses abgeschiedene Leben aber einen täglichen, rund acht Kilometer langen Weg zur nächsten Schule. Bis zum nächsten Markt hatte Ludwig Heeb gar beschwerliche dreissig Meilen zurückzulegen, was ihm – als er kränklich wurde – immer schwerer fiel. Die Aussicht auf Erfüllung des immer wieder versprochenen Anschlusses von Glenbush an das lokale Eisenbahnnetz gab ihm aber Hoffnung auf Erleichterung seiner ermüdenden Arbeit.[38]

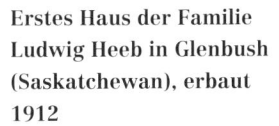

Erstes Haus der Familie Ludwig Heeb in Glenbush (Saskatchewan), erbaut 1912

Die langen Winterabende verbrachte die Familie mit der Lektüre von Büchern, Zeitungen und Magazinen. Da diese rar waren, wurden sie ausgelesen und gegenseitig unter den Nachbarn ausgetauscht.

Einmal in der Woche holte Ludwig Heeb die Post vom weit gelegenen *Post Office*. Nach dem Zeugnis seiner Tochter befanden sich darunter oft Briefe aus der alten Heimat Liechtenstein. Gefürchtet waren Sendungen mit schwarzem Rand, die vom Tod eines Verwandten oder Freundes kündeten. Der Kontakt zur alten Heimatgemeinde brach also nie ab. Einige uns erhaltene Postkarten zeugen auch von den weiterhin lebendigen Beziehungen zu der in Nebraska verbliebenen Familie von Ludwig Heebs Schwester Agathe.

Durch die regelmässige Lektüre der Liechtensteiner Zeitungen informierte sich Ludwig Heeb weiterhin über die Ereignisse in seiner alten Heimat. In langen Winternächten erzählte er von seiner Jugend in Ruggell.[39] Ob die beiden Männer, wie viele Auswanderer vor ihnen, an die Möglichkeit einer Rückkehr dachten, um ihren Lebensabend in Liechtenstein zu verbringen, wissen wir nicht.

Der unverheiratet gebliebene Jakob Meier verschied 1945 in Glenbush. Ludwig Heeb starb im November 1946 ebendort. Seine Witwe Adelina Heeb-Meier lebte daraufhin bei ihrer Tochter in North Battleford, wo sie im Jahr 1969 im Alter von 88 Jahren verstarb.

Loretta Federspiel-Kieber

Frau Elwina Kindle, Triesen: Emigrantin und Heimkehrerin

Wir hatten den schweren Weg

Als Jüngste von neun Geschwistern war Elwina Kindle mit 14 Jahren Vollwaise gewesen. Sie kam mit 17, nach drei Jahren Haushaltsarbeit in Zürich, nach Liechtenstein zurück. Ausser einem Bruder und zwei Schwestern, von denen eine früh verstorben war, waren alle Geschwister nach Amerika, Italien und in die Schweiz emigriert. 1930 begab sich auch Elwina nach Amerika.

Seit ihrer Rückkehr aus den USA vor gut dreissig Jahren (1967) wohnt Frau Kindle wieder in ihrem Heimatort Triesen. Hier ist der kurze Bericht ihrer Emigration und Heimkehr. Besonders beeindruckend und ergreifend wird er durch ihr von einem unwilligen Kopfschütteln begleitete Lebensfazit: «*Äch, i hett nia fort sölla.*» Einige Male, wenn ich nachhakte, schwieg sie. So erfuhr ich von ihr nicht, woran ihre Schwester in jungen Jahren gestorben war. «*Sie ist gestorben.*» Mehr wollte sie nicht sagen. Dabei spricht es von der Not und Waghalsigkeit jener Zeit, die, wie ich aus anderer Quelle erfuhr, im Falle der jungen Josefina Kindle zu folgendem tragischen Unfall geführt hatte:

Vor und während des Ersten Weltkriegs konnte mit Schmuggel über die Schweizer Grenze Geld verdient werden. Das Boot, mit dem vier junge Leute mit Tabak, Gummiwaren und Saccharin den Rhein überquerten, kenterte, drei ertranken, darunter auch die 17jährige Josefina. Nur einer, ein Cousin, konnte sich durch einem Absprung retten.

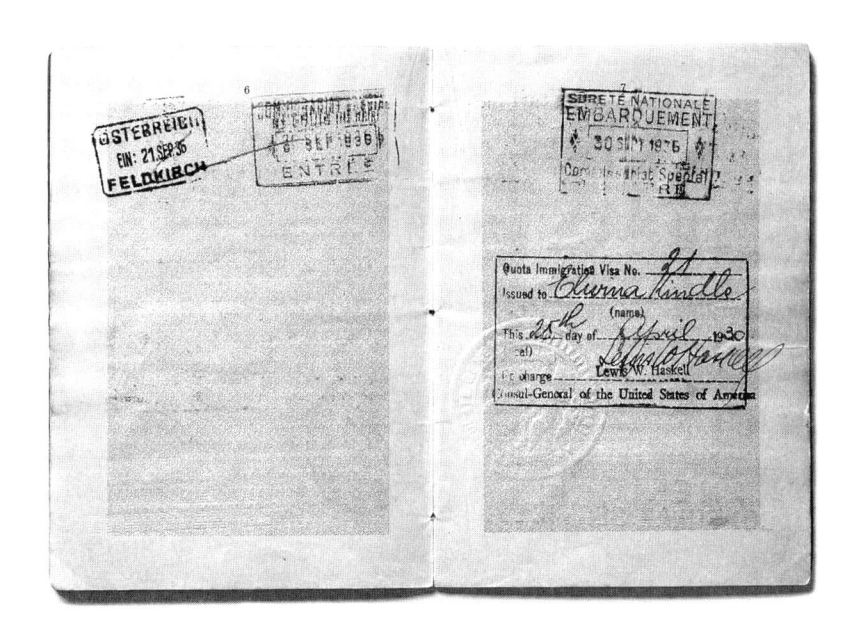

Reisepass von Elwina Kindle mit Visum für die Vereinigten Staaten

Man musste gehen

«Hier gab es keine Arbeit und kein Geld», sagt Frau Kindle am Telefon, *«man musste gehen.»* Die Bemerkung kommt so spontan und vorwurfsvoll, als erinnere sie sich der Auswanderung nicht als eines Ereignisses, das schon bald siebzig Jahre zurückliegt, sondern als fortdauernde Ungerechtigkeit. Die Heimat, das heisst Triesen, Matschels, die Heuwiesen, die Alpen und die Berge verlassen zu müssen, bedeutete, dass das Schicksal ihr *«den schweren»* Weg zugedacht hatte.

In eben diesem Matschels ob Triesen begegne ich einer schlanken Frau mit kurzen Haaren und aufmerksamen, recht skeptischen Liechtensteiner Augen. Ich würde ihr keineswegs die über achtzig Jahre geben, die sie schon hinter sich hat. Ihre Ausstrahlung hat nichts von der sanften Güte einer Frau, die auf dem Land alt geworden ist. Sie wirkt, als stünde sie noch heute Auge in Auge ihrem Schicksal gegenüber, entschlossen, diesem Antwort auf ihre Fragen abzuzwingen. Der Rückblick auf ihr Leben ist illusionslos. Sie meint, die Auswanderung, Leben, Arbeit und Eheschliessung in der Fremde seien ihr zugedacht gewesen. Sich zu beklagen, würde alles nur verschlimmern. *«Man muss sich konfrontieren und das Beste daraus machen.»* Sie denke nicht mehr an das Vergangene. Manchmal bricht Frau Kindle in ein schallendes, ansteckendes Lachen aus. *«I ka doch ned aafanga räära.»* Später sagt sie mir: *«Wenn du in Amerika nicht selbständig wirst, gehst du unter.»*

Wer weiss, ob sie den Kampf nicht auch gesucht hat. Denn mit demselben Scharfblick meint sie: *«In Liechtenstein hat man einem Mädchen nichts zugetraut.»*

In Cincinnati gibt es keine Berge

«Ich lebte 37 Jahre lang in Nordamerika. In Cincinnati gibt es keine Berge. Ich hatte Heimweh nach den Bergen. Als ich mit 17 Jahren von Zürich zurückkam, sollte ich meinen siebenjährigen Neffen, der eingeschult werden musste, hinüberbringen. Das Reisegeld wurde vorgestreckt. Unsere Eltern waren in die Fabrik gegangen, sie hatten wie alle ‹viel Goofa und kä Gäld›. Damals lebte man hinter dem Mond, nein, hinter der Kirche – jedes Jahr ein Kind, ohne Arbeitsentlastung für die Frauen. Fabrikler haben weniger gehabt als die Bauern, die hatten wenigstens immer zu essen, auch wenn sie darauf warten mussten, bis die Hennen ihr Ei gelegt hatten. Im Ersten Weltkrieg hat es gehapert mit dem Essen.» Die schlimmste Erinnerung an diese Zeit der Armut ist ein *«Znacht»* mit einer Mehlsuppe, die ohne Butter und Fett zubereitet wurde. *«Ich habe mein ganzes Leben lang nie wieder eine Mehlsuppe essen können. Die schweren Jahre haben zu lange gedauert, sie waren so prägend, dass man auch später niemals*

Elwina Kindle (ganz links) mit Reisegefährten auf dem Schiff «Bremen», das sie 1930 nach New York brachte

Essensreste wegwerfen konnte. Das Schiff, mit dem ich auswanderte, war die ‹Bremen›. Es gab drei Auswandererschiffe mit diesem Namen. Bis Bremen fuhr ich mit dem Zug.»

Wie kam sie auf dieser Reise zurecht? *«Dumm und unaufgeklärt, wie ich war, brauchte es schon mehr Glück als Verstand. Wenn man ein Kind wie mich wegschickt, muss jemand dafür sorgen, dass es im richtigen Zug sitzt.»* Gefahren sei sie aber immer allein. *«Ich habe alle Stürme mitgemacht, die auf dem Wasser und die in der Luft.»*

Arbeitsjahre

«In New York hat mich ein Verwandter erwartet. Ich kam in Ellis Island an, die Leute mussten zuerst durch das doctor's office. Ich sah gesund und pausbäckig aus, mich hat man sofort durchgelassen. Eine Frau, die so ‹verläbt› aussah, hat man zurückgehalten. Erst später habe ich begriffen, was mit ihr los war. Ich fuhr allein mit meinem Neffen nach Cincinnati, Ohio. Ich konnte kein Englisch. Die Fahrt dauerte 24 Stunden, es war Juli und eine furchtbare Hitze. Schon nach drei Wochen arbeitete ich als Hausangestellte in einer Familie mit vier Kindern. Das letzte hatte die Frau nicht mehr gewollt, deshalb war es Tag und Nacht in meiner Obhut. Der grosse Bub hat alles weggegessen. Es war keine gute Stelle, und ich konnte nie zur Kirche gehen. Mit den Kindern habe ich Englisch gelernt.

1930 war auch in Amerika ein schlechtes Jahr. Für die Männer gab es keine Aussicht auf Arbeit. Die Frauen haben eher etwas gefunden. Ich habe immer gearbeitet, ich war es nicht anders gewohnt.

Eigentlich wollte ich Krankenschwester werden. Aber ohne Sprachkenntnisse und ohne Geld war das auch in Amerika unmöglich. 1932

trat ich eine Stelle bei Millionären an, Fabrikbesitzern in der Autoindustrie. Dort wurde ich anständig behandelt, auch das Essen war gut. Bei diesen Leuten konnte ich in die Kirche gehen. ‹Sie hen s Gäld ned ussigworfa›, für sich selbst zwar schon, dennoch wurden die Angestellten recht bezahlt. Die Frauen hielten sich auf dem Golfplatz auf oder sind ausgeritten. Die Männer haben Karten gespielt. Es gab viele Dinner Parties.»

Frau Kindles Erinnerung, so dezidiert und schlicht dargestellt, scheint mir etwas Prophetisches zu haben. Der 1958 geborene Autor und Kanada-Auswanderer Werner E. Risi behauptet: «*Der Lebensinhalt des Menschen in der Neuen Welt beschränkt sich hauptsächlich auf vier Themen: kids, church, school und fun. Spass (fun) ist das wichtigste. Egal was – es muss Spass machen.*» Die Erwachsenenwelt Amerikas nehme das unwissende Kind als Massstab, und die Erwachsenenwelt passe sich an. «*Die Erwachsenen werden immer kindischer, und sie streiten sich wie die Kinder. Lehre und gutes Beispiel fehlen, da sie selber Kindermenschen sind.*»

Elwina Kindle mit zwei der ihr anvertrauten Kinder in Cincinnati (Ohio)

Neue Bindungen

Frau Kindle bewahrte in den Staaten ihre Identität und Würde als liechtensteinische Frau. Sie kümmerte sich um die Schwachen und um den mitmenschlichen Zusammenhalt. Die Treue und die Verbundenheit über Generationen hinweg ist vielleicht ein Element der bäuerlichen Gesellschaft und mutet beinahe anachronistisch an in einer Welt, in der vor allem die Unverbindlichkeit gegenüber Menschen, Orten und kulturellen Werten ins Auge stach. «*Ein Familienmitglied war körperlich behindert, um diese invalide Frau habe ich mich besonders gekümmert. Ich blieb bis zur Heirat in dieser Familie. Ich habe mit vier Generationen gearbeitet, und ich habe immer noch Kontakt mit einer Tochter der vierten Generation.*»

An dieser zweiten Stelle musste sie auch gleich Autofahren lernen. «*Das sind jetzt über sechzig Jahre her.*» Mit verschmitzter Freude erinnert sie sich: «*Viermal habe ich mit dem Chauffeur geübt, dann konnte ich es.*» Sie ist «*viel herum-*

Biographische Beiträge

gefahren, besonders zur Kirche.» Ihre Kirche war etwas anderes als ein Ort, «*wo die Leute mit viel fun geködert werden*» (Risi), sie war die geistige Nabelschnur zur Tradition in der fernen Heimat, die Möglichkeit, Kraft aufzutanken für das Leben in der Fremde und gegen das nagende Heimweh.

«Jeden zweiten Sonntag hatte ich frei. Dann fuhr ich in die Stadt. Die deutsche Kolping-Gesellschaft besass dort ein Haus, später ein Camp an einem kleinen Fluss – bei Regenwetter war regelmässig die Strasse überschwemmt –, dort kamen am Sonntag die Deutschen zusammen. In der Leihbücherei habe ich Bücher geholt; ich habe alles gelesen, auch den ganzen Karl May. Eines Tages hielt dort eine junge Frau die Leiter besetzt. Da ich wusste, wo die Bücher waren, fragte ich sie: Kann ich Ihnen helfen? Aus dieser Begegnung wurde eine Freundschaft fürs ganze Leben. Die Kolping-Gesellschaft hatte einen eigenen Chor. Ich habe gern gesungen und war später noch in zwei andern Singvereinen und im Kirchenchor.

Ich bin auch oft gereist, von Arizona bis Maine, ich habe etwa zwanzig Staaten besucht, immer mit dem Flugzeug. Neunmal besuchte ich Mexiko, wo meine Schwester Hermine lebt. Man hat mich auch eingeladen, dort Wohnsitz zu nehmen. Ich wollte aber nicht dort bleiben, denn in Mexiko wird es nie richtig kalt. Ich wollte heim. Mexiko hat viele Blumen, deshalb habe ich von meinen Besuchen in Mexiko immer Blumen mitgenommen.

Ohio hat ein ungesundes Klima, es ist feuchtheiss im Sommer und feuchtkalt im Winter. Deshalb zog meine Herrschaft – und ich mit ihr – im Winter in den Süden, im Sommer in den Norden, wo die Verwandtschaft neun Häuser besass, die nur drei Monate lang bewohnt wurden. Man verfrachtete jeweils den ganzen Haushalt, Kind und Kegel, Hunde und Katzen ins Flugzeug.

1935 kam ich nochmals nach Liechtensten zurück. Ich hatte Geld gespart und wollte hierbleiben. Aber ich bekam keine Stelle. Einein- halb Jahre blieb ich hier. Ich konnte nicht mehr in der Schweiz arbeiten, denn wir waren dort Ausländer. Also ging ich wieder zurück nach Cincinnati. Ich bin 37 Jahre lang dort geblieben. Eine Rückreise schien mir zu unsicher, immerhin hatte ich drüben Arbeit, eine Wohnung, ein Auto. Später habe ich selbst eine Familie gegründet. Ich war verheiratet mit einem Deutschamerikaner. Meine drei Kinder, die acht Enkelkinder und die 14 Urenkel sind alle Amerikaner.

Sie wohnen in Ohio und Kentucky. Ich bin oft hin- und hergeflogen, aber heute überlege ich es mir, ob ich die Reise noch einmal machen will. Als ich wieder allein war, gab es für mich nur eines: Zurück in meine Heimat. Das ist es, was ich mir immer gewünscht hatte, aber ich habe auch beobachtet, wie drüben die erwachsenen Kinder ihre

Eltern abschieben und von ihnen profitieren wollen. Hier habe ich mich wieder Kindle genannt. Nun bin ich schon wieder seit dreissig Jahren in Triesen. ‹I hett nia fort sölla›.»

Sie sei froh, dass sie so alt sei, sagt Frau Kindle. Wenn es nach ihr gegangen wäre, hätte sie nur die eine Reise gemacht und wäre schnell heimgekehrt. Nie hätte sie wieder in die Staaten zurückkehren wollen.

Die Amerikanerin
Die Rückkehr und das neue Fussfassen in der alten Heimat ist Teil ihrer Emigrationsbiographie. Um die Leute hier wieder kennenzulernen, trat sie einer Reihe von Vereinen bei. Noch heute ist sie bei den Sängern, den Samaritern, dem Alpen- und dem Turnverein. Durch die lange Abwesenheit und die grossen Unterschiede der Lebensweise blieben die Eindrücke des Dorflebens in der Kindheit und Jugend besonders unverfälscht erhalten.

«Als ich klein war, ging ich mit den Bauern in die Triesner Heuberge, von der Lawenastrasse aus nach Tuas, Platta, Oberplatta, Münz, Kolplätzli, auf die Alp Wang; auf Gorn hatte ich 17 Jahre lang eine Hütte.

Und jetzt, endlich zu Hause, konnte ich nicht mehr bergauf laufen. In den Staaten habe ich verlernt, zu Fuss zu gehen. Es gab ja auch keine Möglichkeit, in die Höhe oder auf Berge zu wandern. Das Auto stand immer vor der Tür, ich ging aus dem Haus, stieg ins Auto, kam zurück und ging ins Haus. Ich bin nie zu Fuss gegangen. Drei Jahre lang habe ich geübt, auf die Heuberge zu wandern. Jeden Sonntag um fünf oder sechs Uhr morgens bin ich losgezogen.

Hier besass ich am Anfang kein Auto mehr. Aber ein Jahr lang habe ich gebraucht, um mich daran zu gewöhnen. Immer habe ich das Auto gesucht. Ich kam aus dem Haus oder einem Geschäft und bin erschrocken: das Auto! Wo habe ich das Auto parkiert? Zuerst wohnte ich beim Bruder, dann hatte ich eine Wohnung, dann war ich im Haus der Schwester. Nun habe ich wieder eine Wohnung im Oberdorf. Das Schlimmste aber war die Sprache. Ich habe nicht mehr verstanden, was am Radio geredet wurde. Auch jetzt noch finde ich oft das deutsche Wort nicht.»

Zurück in die Vergangenheit
Wenn Frau Kindle von ihrer Kindheit und Jugend erzählt, erscheint die Vergangenheit im Licht eines jahrzehntelangen Heimwehs. Da ist einmal der Blick zurück auf das Kind von «Fabriklereltern», das seine glücklichste Zeit bei den Bauern und ihren Tieren verbrachte. Der bitteren Aussichtslosigkeit, sich als Jugendliche eine Existenz in der dörflichen Gemeinschaft aufbauen zu können, stand zwar der Aufenthalt

in den USA gegenüber, der Sicherheit und Arbeit garantierte, aber offenbar tiefe emotionale Bedürfnisse nicht befriedigen konnte, Bedürfnisse, die schon in der Heimat existiert hatten. Denn auch das Kind Elwina scheint eine Wanderin zwischen zwei Welten gewesen zu sein – zwischen derjenigen des durch Mangel beengenden Familienlebens und der Welt der Bauern und ihrer Tiere.

«Auf Matschels bin ich aufgewachsen. Das Haus steht zwar immer noch, aber es ist so verändert, dass ich nicht mehr hingehe, das ist nicht mehr mein Elternhaus. Der ganze ‹Büchel› war einfach ‹Matschels›. Das nächste Nachbarhaus war der Meierhof, ein Doppelhaus mit den Familien Kindle und Nigg. Der Weiherstall unten, der der Spoerry-Fabrik gehörte, war voller Kühe. Dort haben wir die Milch geholt. Ich habe mich immer beeilt, früh genug nach dem Melken unten zu sein, bevor sie die Milch zur Fabrik brachten. Sonst hätte ich nach Triesen gehen müssen, um sie zu kaufen. Zur Fabrik herunter sind die Triesenbergerinnen zu Fuss gekommen und haben unterwegs gestrickt. Und so sind sie am Abend auch wieder zurückgekehrt.

Ich bin im alten Schulhaus zur Schule gegangen. Am Mittag habe ich bei Bauern gegessen. Das Schulhaus hatte hohe Fenster. Ich weiss nicht, warum man es abgerissen hat. Viele Generationen vor und nach mir haben dort gelernt.

Damals hatte man Zeit. ‹Komm i höt ned komm i morn›. Man sass auf dem ‹Benkli› und am Brunnen. Im Dorf holten die Frauen das Wasser beim Brunnen. Auf Matschels hatten wir ein Rohr mit fliessendem Wasser im Haus.

Ich hatte Tiere immer gern, und deshalb hielt ich mich auch gern bei den Bauern auf. Man war gut zu den Tieren. Nur ein Triesenberger hat sie grob behandelt, ‹Schinderlig› habe ich ihn getauft. ‹Er hani ned möga›. Kühe, oder auch Ochsen, hat man als Zugtiere vor die Wagen gespannt. Die Kühe waren schneller, ‹eni hend wella häm›.

Ich bin auch als ‹Veseter›[1] gegangen. Im Hälos[2] brauchten sie jemanden, der die Kühe hütete und um sie auf dem Platz zusammenzutreiben. Man ging über den Steinbruch auf Matruela, von Matruela in die Lawena und den Wang. Dorthin bringt man vor allem das Galtvieh[3], die Kühe gehen in die Valüna. Auf Matruela gehen sie jetzt noch mit dem Hirt. Man ist auch Forst gefahren; das heisst, man trieb das Vieh, vor allem das Galtvieh, in die Waldweide. Mein Bruder war Hirt, mit ihm verbrachte ich einmal einen Sommer lang auf der Alp Wang. Herunter kam ich nur, um Brot oder Mehl zu holen. Jetzt fliegen sie mit dem Helikopter hin und her, man hat heute das Geld dafür. Wir haben über dem Stall im Heu geschlafen. Gewaschen hat man sich nicht viel, es gab nur einen Brunnen vor der Hütte; als ich nach diesem Sommer heimkam, ‹bini gschtanda vor Dreck› und war braunge-

brannt. Ich war, wie andre drei Schwestern, schon von Natur aus braunhäutig. Wir hatten lange, dicke schwarze Haare. Ich konnte sitzen auf den Zöpfen und ‹di ää› (ihre Schwester, die in Zürich lebte) *konnte die Haare wie einen Mantel bis auf die Füsse hinunter um sich herumlegen. Unsere Mutter hat uns den Kopf regelmässig mit selbstangesetztem Brennesselwasser gewaschen. – ‹I ha viel gschaffat füar dia graua Hoor wo n i höt ha…›»*

Von einer Frau in Triesen, etwa im Alter von Frau Kindle, hörte ich, dass die drei Schwestern die schönsten Mädchen weit herum gewesen seien. «*Die Schönste ist aber unsere Mutter gewesen.*» Schönheit war immer schon eine Herausforderung an sich selber. Der Sonntag wenigstens bot Gelegenheit, ihr den gewünschten Tribut zu entrichten. «*Am Sonntag zog man sich schön an. Man war froh, wenn man ein gutes Kleid und schöne Schuhe hatte. Den Stoff hat man in der Fabrik gekauft. Es war guter Stoff, und wenn das Kleid gar nicht mehr passte, machte man etwas anderes daraus. ‹D'Määtla hen nüt dörfa maha›, auch nicht studieren. Wir durften auch nicht baden gehen in den Fabrikweihern. Ich habe mit 14 in Zürich schwimmen gelernt. Einmal, ich war etwa 15 oder 16, haben ein paar von uns berichtet: ‹Jetzt gehen wir baden.› Ein Oberdörfler kam vorbei. ‹So, jetzt werdet ihr auf dem Kirchenplatz verrüaft›, hat er gedroht. Das ist etwa so, wie wenn man heute eine Mitteilung ins ‹Kästle› hängt. Er hat uns beim Weibel verklagt. Ich bin erschrocken. Am nächsten Sonntag habe ich mich nicht getraut, in die Kirche zu gehen. Ich hoffe, er hat lang genug gelebt, um zu sehen, dass Kinder, auch die Mädchen, baden dürfen.*» Ob sie heute noch baden und schwimmen gehe, möchte ich wissen. «*Oh ja, jede Woche einmal nach Bad Ragaz.*»

Loretta Federspiel-Kieber[1] **«Jeder schmiedet sich seine Heimat selbst, denn die wahre Heimat ist das Innenleben»**

Eine Begegnung mit Hermine Kindle de Contreras Torres

Als Kind hörte ich Erzählungen von einer geheimnisvollen, immer abwesenden Schlossbesitzerin, der Herrin der Burg Gutenberg, die Mehl auf die Fenstersimse der Burg streute, damit Einbrecher darin ihre Spuren, besser noch ihre Fingerabdrücke, hinterlassen würden. Da ich nie die Burg von innen gesehen hatte, war sie in meiner Vorstellung ein Märchenschloss in Gold und Purpur, alles von schneeigem Weiss überstäubt, so wie das Schloss Dornröschens nach dem hundertjährigen Schlaf seiner Bewohner ausgesehen haben mag. Die Persönlichkeit der Besitzerin, Frau Hermine Kindle de Contreras Torres, mit Künstlernamen auch Medea de Novara oder «La Condesa» («die Gräfin») und «La Dama de la Pantalla» («Die Dame der Leinwand») genannt, ist aus dem Stoff gemacht, der Legenden nährt und Bilder für Märchen liefert. Die Anzahl ihrer Namen ist Omen, sie sind zugleich Schlüssel zu ihrer Lebensgeschichte und Türen zu ihrer Persönlichkeit.

Eine Legende wird lebendig
Viele Jahre später höre ich wieder von Hermine, es ist wiederum eine Legende, wenn auch von etwas anderer Art als diejenige vom Mehl auf den Simsen. Der Zürcher Journalist und Cabaret-Texter Werner Wollenberger, der in Vaduz aufgewachsen und vor seinem Tod Redaktor bei der Zeitschrift «Annabelle» gewesen war, riet mir, über die Schlossbesitzerin zu recherchieren, denn was er selbst von ihr zu wissen glaubte, war geheimnisvoll genug, um ihn eine spannende Geschichte ahnen zu lassen: *«Sie war noch ein kleines Mädchen, barfuss und schmutzig wie alle Kinder aus den armen Fabriklerfamilien in Triesen; bei Föhn hat sie nach Balzers hinaufgeschaut, das Schloss ins Visier genommen und sich gesagt: ‹Dieses Schloss werde ich einmal kaufen, wenn ich gross bin.› Das hat sie angestrebt und erreicht.»* Wollenberger glaubte auch zu wissen, wie es dazu gekommen sei: *«Nach der Schulentlassung kam sie als ‹Mädchen für alles› in ein Gasthaus in der französischen Provinz. Eines Tages logiert dort ein reicher mexikanischer Filmproduzent. Er erblickt die schöne junge Frau beim Gemüseputzen, verliebt sich in sie und heiratet sie. Dann erfüllt er ihr den sehnlichsten Wunsch, nämlich Besitzerin der Burg Gutenberg zu werden.»*

Frau de Contreras Torres sieht mich einen Moment lang entgeistert an, als ich ihr diese Geschichte erzähle. *«Nein, so ist es nicht gewe-*

Luis Alcoriza und Medea de Novara im Film «Die Sünderin von Magdala»

sen», sagt sie dann, und sie braucht etwas Zeit, bis sie, nicht gerade fröhlich, darüber lachen kann.

Morgens um sieben Uhr war ich in Begleitung von Manolo, einem mexikanischen Freund, der mir half, mich zurechtzufinden, in Cuernavaca losgefahren, um in Mexiko City Frau Kindle de Contreras Torres zu besuchen. Der Pullmann-Bus war bis auf den letzten Platz besetzt. Viele Leute hatten sich Pullover oder Jacken über den Kopf gezogen und schliefen, obwohl zeitweise ein ohrenbetäubender Lärm herrschte. Während der ganzen Fahrt lief ein amerikanischer Horrorfilm, dessen Geschrei, aufheulende Autoreifen, kreischende Sägemaschinen und Knattern der Maschinengewehre schmerzhaft an die Ohren drang. Manolo meinte, die USA schleusten vor allem Kriminalfilme in Mexiko ein, um zu demonstrieren, wie effizient die amerikanische Polizei arbeite. Er verriet damit etwas vom tiefen Misstrauen der Mexikaner gegenüber den USA.

Die Gegend von Chimalistac, wo Frau Kindle de Contreras Torres wohnt, nimmt uns aus dem Verkehrsbrausen und dem Smog der Stadt auf wie eine Insel, ruhig und baumbewachsen, mit schmalen, kopfsteingepflasterten Strassen und kleinen, moosigen Brunnen an den Strassenecken. Nachdem ich den Türklopfer am Tor des langgestreckten, zweistöckigen Hauses in der Callejón del Huerto betätigt habe, öffnet eine Frau, deren ungewöhnliche Erscheinung und Ausstrahlung mich beim ersten Anblick beeindruckt. Am nächsten Tag, als ich wieder an ihre Türe komme und klopfe, höflich und etwas zaghaft, hört sie mich nicht. Später demonstriert sie mir, wie zu klopfen ist: päng, päng, päng – mit kräftigen Schlägen pocht sie aufs Holz. Sie ist eine kräftige, resolute Frau. Schon am Telefon bei meiner Ankunft war mir ihre Stimme aufgefallen: Sie war robust und zeugte von einem starken Körper und einer intensiven Lebenskraft.

Unter ihrem Pelzmantel in der rot-orangen Farbe ihrer Haare, den sie über die Schultern gelegt hat und bei unseren beiden Treffen nie ablegt, trägt sie ein gold- und silberbesticktes, beiges Jersey-Hosenkleid, an den Füssen goldfarbene Schuhe. Ihre Finger sind geschmückt mit dicken goldenen Ringen. In ihrem Gesicht, das geschminkt und dessen Falten überpudert sind, leuchten die Augen. Hier, im fernen Mexiko, nach zwölfstündigem Flug, in einem Zimmer, dessen Einrichtung mir nicht fremder sein könnte, gegenüber dieser mit keiner andern Begegnung vergleichbaren Frau, tritt mir aus ihren Augen der Widerschein von Altbekanntem entgegen: die helle, bäurische Wachsamkeit, das Unverrückbare von kantigen Felsen, der Charme des Rheintals.

Nach 73 Jahren Distanz von ihrer Muttersprache, dem Triesner Dialekt, spricht sie nur noch Schriftdeutsch. Die Sprache ihrer Kindheit ist ihr abhanden gekommen, die Bilder von damals sind ihr geblieben: «*In Gedanken können wir sein, wo wir wollen – auf Matschels, auf dem Rappenstein, ich sehe das Schneekreuz dort oben,*[2] *ich höre die Glocken der Kirche von Triesenberg, sehe die Blumen, die Hündlein balgen sich auf der Wiese. Sie brauchen sich in ihrer Vorstellungskraft nicht zu begrenzen.*»

Wir sitzen auf farbigen, samtüberzogenen Sesseln mit hohen verzierten Lehnen in der Ecke des Raumes mit dem dunklen wuchtigen Mobiliar der spanischen Kolonialzeit und theatralisch drapierten schweren Vorhängen. «*Das Leben ist sehr einfach*», sagt sie, und auf die Frage nach ihrem Alter meint sie: «*Ich bin zeitlos. Zu sagen: Ich habe noch zehn Jahre vor mir, ist eine Sünde gegen Gott.*»

An der Wand lehnt ein Bild von ihr, ein wunderschönes Porträt, das sie als Maria Magdalena zeigt, «La Pecadora de Magdala» – «Die Sünderin von Magdala». «*Ich habe den Text und die Filmbearbeitung selbst geschrieben. Diese Geschichte, die die meisten Menschen, vor allem die Christen kennen, musste stimmig sein. Aus diesem delikaten Thema wurde ein spiritueller Film. Mein Mann sagte, ohne seine Frau Medea hätte er diesen Film nicht realisieren können. ‹Sie ist eine Studentin der Bibel›, sagte er. Der Film wurde in neun Sprachen gezeigt. Er lief zur Zeit des Papstes Pius XII. Die Prinzessin Pacelli, eine Verwandte des Papstes, sorgte dafür, dass er im Vatikan gezeigt wurde.*»

Nach einer Produktionszeit von einem Jahr wurde der Film am 10. Oktober 1946 im Kino «Iris» in Mexico City uraufgeführt und lief sechs Wochen lang. Der mexikanische Filmdokumentarist Emilio García Riera schreibt in seinem Kommentar, dass der Filmtext ihr als

Regisseursgattin und Hauptdarstellerin erlaubt habe, das Leben Maria Magdalenas darzustellen, bevor sie als reuige Sünderin, wie wir sie von der Bibel zu kennen glauben, in Erscheinung tritt. Besonders eindrücklich sollen die Bilder vom Palast der Kurtisane Maria von Magdala sowie des alten Ägypten mit all seinen Pyramiden sein.

Die Filmkopie, erklärt Hermine, liege fest verschlossen auf «Schloss Matschels», wie sie ihr Liechtensteiner Domizil oberhalb von Triesen nennt. Da komme niemand dazu. Früher wurden einige ihrer Filme in Liechtenstein gezeigt – zum Beispiel «La Paloma» und eben «Maria Magdalena» –, aber heute wird auf eine Vorführung verzichtet.

Ihr Neffe Wilfried Kindli erklärt, dass heute niemand die Acetatkopien der Filme in einen Filmprojektor einlegen würde, denn das Material würde die Hitze der Projektorlampen nicht mehr vertragen. Televisa in Mexiko übernehme aber die Rollen, dann würden sie umkopiert und auf Video verfügbar gemacht.

Völlig überrascht stellen wir fest, dass am Tag vor dem Besuch bei Frau Kindle de Contreras Torres in einem Filmstudio in Cuernavaca «La Paloma» gezeigt worden ist, ein berühmt gewordener Film ihres ersten Mannes, in dem sie als Kaiserin Carlota ihre Lebensrolle spielte. Die Legende lebt, nicht nur in Fleisch und Blut, sondern auch im Kino.

«Es ist schon so lange her»
Ich reiste nach Mexico City, um mir von Frau Kindle über ihre Auswanderung und ihren Start in Hollywood erzählen zu lassen. Wie kommt eine junge, unerfahrene Frau aus Triesen dazu, Hollywood zu ihrem Ziel zu erklären? Was erwartete sie?

1925 ist das Auswanderungsjahr Hermines. Sie ist gerade zwanzig Jahre alt. Mit ihrem Bruder Engelbert reist sie nach New York und fährt gleich allein weiter nach Kalifornien.

Das Hollywood des Films existiert seit dem Ersten Weltkrieg. Cecil B. De Mille, 1881 in den USA geboren, gilt mit dem Film «Die zehn Gebote» als Gründer Hollywoods. Neben andern wird ein russisch-jüdischer Einwanderer und Altwarenhändler, Luis B. Mayer, der ein Jahr älter als Hermine ist, die grösste Filmgesellschaft aller Zeiten aufbauen: Metro-Goldwyn-Mayer. Vorsorglich kauft er kleine Kinos auf, in denen später die Filme mit dem brüllenden Löwen im Vorspann gezeigt werden und Verbreitung finden. MGM liess keinen Zweifel daran, dass ihr Hauptanliegen die Eroberung des grössten Marktanteils war und nicht die Förderung von Filmen zu differenzierten oder gar nonkonformistischen Themen und Persönlichkeiten. Die Filmgesellschaft überschwemmte auch die nationale Filmindustrie des benachbarten Mexiko, besonders nach der Einführung des finanziell aufwendigen Tonsystems.

Eine junge, geheimnisvoll-schöne Schwedin, wie Hermine Jahrgang 1905, wird von Luis B. Mayer nach Hollywood geholt und feiert 1926 als Greta Garbo einen Grosserfolg im Film «The Torrent» («Der Sturm»). Auch sie ist die Tochter armer Arbeiter, hat jedoch schon in Schweden in einigen Filmen gespielt. Es ist der Beginn einer Ära, in denen schöne Frauen auf der Leinwand einen göttlichen Nimbus erhalten. Sie scheinen überirdisch zu sein, von den Sternen zu kommen, aber ihre Landung ist bestens organisiert: Das *Star System* ernährt und zementiert in der Filmwelt die weltweite Vormachtstellung Hollywoods.

Schön und jung ist auch Hermine. Dass sie aus armen Verhältnissen kommt, unterscheidet sie nicht von den hoffnungsvoll heranschwärmenden jungen Leuten, die in der Traumfabrik mitspinnen möchten. Schon kurz nach ihrer Ankunft gelangt Hermine in verschiedene Kreise mit religiösem Hintergrund. Nach einem Vortrag von Mia Hayworth zu einem metaphysischen Thema lernt sie beim anschliessenden Empfang ihren zukünftigen Mann Miguel Contreras Torres kennen. Religiosität und Vertrauen in Gottes Fürsorge waren ihr von zu Hause mitgegeben worden. «*Du stehst unter Gottes Schutz*», mit diesen Worten, so erinnert sich Hermine, hatte ihre Mutter sie verabschiedet.

Von ihrer Mutter sagt sie weiter, dass sie eine wunderbare, kluge Frau gewesen sei. Jedes ihrer neun Kinder habe von ihr bekommen, was es gebraucht habe. Liebe sei eine Sache der Anerkennung, nicht der Intelligenz. Ihre Mutter, Amalie Futscher aus dem vorarlbergischen Frastanz, hatte ihr auch den österreichischen Hintergrund mitgegeben, den sie später als Darstellerin der Kaiserin Carlota in den Filmen ihres Mannes herauskehrte. Charlotte war Belgierin, aber die Gemahlin des habsburgischen Kaisers Maximilian. *Austriaca* (Österreicherin), und damit – warum auch nicht? – im Film wie auch im wirklichen Leben eine *Condesa* (Gräfin) zu sein, hat Hermines Image gefördert und ihrer Karriere gedient. Miguel Contreras Torres hat sie, wie es scheint, nach dem erfolgreichen hollywoodschen *Star System* «aufgebaut». Als Kaiserin oder vielmehr «Mama Carlota» mit einem eigenen Auftrittssong *(«Adios, mamá Carlota»)* personifiziert sie im mexikanischen Bewusstsein bis heute die Frau Maximilians.

Als ich sie nach den ersten Jahren in Hollywood frage, meint sie zu Recht: «*Ach, das ist alles schon so lange her.*» Überlassen wir deshalb das Wort dem Filmdokumentaristen Emilio García Riera: 1930, fünf Jahre nach ihrer Ankunft gehört sie zu einer der Darstellerinnen im Film «Soñadores de la gloria» von Miguel Contreras Torres und Alfred T. Mannon. García Riera: «*Zwei Damen teilten das heroische Schicksal ihrer Männer: Eine war die brasilianische Schauspielerin Lia Torá und die andere war Medea de Movarry (vorher Hermine), geboren im kleinen Fürstentum Liechtenstein (zwischen der Schweiz und dem österreichischen Tirol), im wirklichen Leben mit Contreras verheiratet und – mit neuem Namen Novara – Schauspielerin in späteren Filmen ihres Mannes.»*[3]

«Eine Sache fürs Leben»

Terco – starrköpfig, zäh, hart, und *alucinado* – inspiriert, faszinierend sind die Adjektive, mit denen der Filmchronist Juan Bustillo den jungen Miguel Contreras Torres beschreibt. Die Filmfotos zeigen ihn als blendend aussehenden Mann mit pomadiertem schwarzem Haar, er entspricht dem Bild des *Latinos,* der das Herz jeder Frau schmelzen lassen könnte. 1899 geboren, Sohn wohlhabender Grundbesitzer, Veteran der mexikanischen Revolution, in deren Armee er bis zum Major befördert worden war, lernt er den Filmbetrieb in Hollywood von Grund auf kennen. Schon 1914 *«beginnt er die Klappe zu bedienen»* und spielt gelegentlich Nebenrollen in Stummfilmen. 1924 tritt er immerhin im Streifen «Three Jumps Ahead», einem Western von John Ford, auf. Bereits 1920 produziert und interpretiert er den Film «El Zarco» («Der Helläugige»), *«der vielen als das beste Werk des Beginns des mexikanischen Romantizismus gilt»*. Darin nimmt er das Thema auf, das ihm in «El Caporal» (1921), «De raza azteca» (1921), «El Hombre sin Patria» (1922), «Revolución» (1932) und weiteren, rasch aufeinanderfolgenden patriotischen Filmen, in denen er gleichzeitig

Miguel Contreras Torres (mit Gitarre) in einer Szene des Filmes «Revolución»

Produzent, Drehbuchautor und Hauptdarsteller ist, das grösste Anliegen sein wird: Der neue mexikanische Mensch, der aus der Revolution hervorgehen soll. Sein Langspielfilm «Revolución» ist der erste Tonfilm über die mexikanische Revolution, womit Contreras Torres das «*Verdienst zukommt, Begründer des mexikanischen Tonfilms zu sein*».[4]

«*Mexiko beherbergt unbeschreibliche Schönheiten, und die Menschen auf dem Lande sind nicht Exponenten einer degenerierten oder unnützen Rasse*», ereifert sich Contreras Torres gegenüber dem Filmchronisten Juan de Ega. Mit seinen Filmen tritt Contreras Torres gegen das schlechte Bild, das Hollywood von den Mexikanern verbreitet, an: Wie für die mexikanische Oberschicht ist auch für Hollywoods «Herrenmenschen» die mexikanische Bevölkerung eine zweit- und drittklassige Rasse und «*viele der 660 Langspielfilme, die in den zwanziger Jahren in Hollywood entstehen, werfen einen demütigenden und unnatürlich entstellenden Blick auf den Mexikaner*».[5]

Der junge Regisseur muss durch sein Aussehen, seinen Charakter und Erfolg auf die ihm an Persönlichkeit, Vitalität und Ehrgeiz in nichts nachstehende Hermine wie ein Magnet gewirkt haben. Die beiden scheinen auch einen ausgeprägten patriotischen Impetus geteilt zu haben. Bei ihm ging sein Einsatz sogar soweit, dass er als «Aufrührer» in ein mexikanisches Gefängnis gesteckt wurde.

«*Dieser Mann war eine Lebenssache*», sagt sie, «*wir waren uns gegenseitig das Wichtigste, und eine solche Liebe hört nie auf. Man zieht an, was man denkt und fühlt.*»

Wie im Leben spielt sie bald schon in seinen Filmen die Hauptrolle. Unter dem Künstlernamen Medea wird sie 1930 in ihrem ersten Film mit Contreras Torres als «La Dama de la Gardenia» vorgestellt. Sie habe mit ihrer eigenen Stimme gesprochen, «*nach absolut unbefriedigender Art der ersten spanischen Streifen, in denen Nordamerikaner sich in ‹Castellano›* (der gepflegten spanischen Hochsprache), *ausdrückten*». Der Film hatte keinen Erfolg in Mexiko, erschien aber 1938 wieder in New York, diesmal vertrieben von United Artists, «*wo der Name Contreras in illustrer Gesellschaft erwähnt wird, nämlich zusammen mit Chaplin, Griffith, Fairbanks, Pickford und Swanson*».

Das Wirken der Vorstellungskraft
In Mexiko fand sich die Geschichte des unglücklichen Kaisers Maximilian und seiner belgischen Frau Charlotte. Der Habsburger war von den europäischen Grossmächten zum Kaiser Mexikos ernannt worden, 1864 in der mexikanischen Hauptstadt eingezogen, wo er später auf Veranlassung Juarez', des Präsidenten der neuen Republik, erschossen wurde. Vergeblich hatte seine Gemahlin in Europa den Papst und Napoleon III. um Hilfe gebeten.

Medea de Novara, wie sie nun hiess, war genau aus dem Stoff, der Charlotte – in Mexiko Carlota – die Reinkarnation auf der Leinwand ermöglichte. 1933 produzierte Contreras Torres den ersten mexikanischen Superfilm, «*la primera superproducción del cine méxicano*», und seine Frau spielte die Hauptrolle darin. Am 28. Juni 1934 lief der Film «Juarez y Maximiliano» im Kino Principal an und wurde sechs Wochen lang gespielt – ein riesiger Publikumserfolg.

Die Zuschauer schien es offenbar nicht zu kümmern, dass beim Betrachten dieses Filmes ihr Herz unversehens für die Kaiserlichen schlug. Nur die Presse fragte sich: Was ist in Contreras Torres gefahren, dass er sich mit solcher Schwärmerei auf die Seite der Imperialisten begibt? Nie hatten in Mexiko Zweifel geherrscht, dass der ihnen aufgedrängte Kaiser zu Recht umgebracht worden war und dass Juarez im Namen des Volkes gehandelt und die Urteilsvollstreckung daher nichts von einer Greueltat an sich hatte. Und weiter fragt sich etwa der Journalist Luz Alba: «*Hat Contreras Torres die Figur Maximilian nur deshalb so überhöht, um seiner Frau Medea de Novara einen Gefallen zu tun, weil sie Österreicherin ist?*» Schelmisch meint der Filmdokumentarist Riera dazu: «*Luz Alba hat natürlich recht, nur dass Contreras' Frau eine gebürtige Liechtensteinerin und nicht Österreicherin ist. Und den Imperator konnte er nicht überhöhen, weil er viel kleiner war als sie. Der kubanische Darsteller Enrique Herrera ist von schwächlichem Wuchs, hat eine monotone Stimme und einen falschen Bart. Dennoch konnte Contreras Torres annehmen, dass der Film gefiel – drei weitere Verherrlichungen Maximilians und Carlotas bestätigen es: 1937 folgen ‹La paloma› (‹Die Taube›), 1939 ‹La emperatriz loca› (‹Die wahnsinnige Kaiserin›) und 1943 ‹Caballeria del imperio› (‹Die Kaiserliche Kavallerie›).*»[6]

«*Die Leute konnten nicht genug bekommen von der Geschichte*», meint Frau Kindle de Contreras Torres heute dazu.

Der detektivische Luz Alba spürte im Film «Juarez y Maximiliano» noch andere Kleinigkeiten auf: «*Carlota war Belgierin, sollte deshalb mit französischen Akzent sprechen, aber Novara spricht mit deutschem Akzent. Dagegen spricht Maximilian, der Österreicher war, mit französischem Akzent.*»[7] Den Kritikern scheint der Erfolg des Filmes in den falschen Hals gerutscht zu sein, denn ein anderer stänkert: «*Henrique Herreras hat in späteren Filmen nie mehr die Komik erreicht, wie er sie unfreiwillig in diesem Streifen zutage brachte. In einer Szene gibt es einen Ball im Palast, und er fragt seine Kaiserin: ‹Wollen wir tanzen, Carlota?› Zum Glück bleibt es uns erspart, sie tanzen zu sehen.*»[8]

Trotz einiger solcher Lächerlichkeiten löste der Film auch bei Kritikern Erstaunen aus: «*Dieser Streifen ist die seriöseste Seite, die über unsere Geschichte geschrieben wurde»* und *«Endlich ein mexikanischer Film, der auch im Ausland gezeigt werden kann – ein Zeugnis für den Fortschritt der Yankee-Industrie in unserem Land.»*[9]

Das Echo, das der Historienfilm in den USA auslöste, gab Contreras Torres die Gelegenheit, im gleichen Jahr seinen nächsten Streifen durch Columbia Pictures vertreiben zu lassen, «La noche del pecado» («Die Nacht der Sünde»), ein Melodrama, in dem Medea wiederum die Hauptrolle spielte.

Die Schaffenskraft des Ehepaars ist beeindruckend. Oft mit mehreren Filmen pro Jahr beschäftigt, bei denen Miguel nicht nur Produzent und Regisseur, sondern auch Drehbuchautor war, schuf Contreras Torres in seinem Leben 53 Filme. In über einem Dutzend seiner Filme spielt seine Frau Hermine die Hauptrolle. Wie auch der jetzige Mann soll Miguel von seiner Frau gesagt haben: *«Sie ist meine Lehrerin.»*

«Einer mit Gott ist die Mehrzahl»
Meine Erinnerung speicherte diesen Satz um eine Nuance verändert: *«Ich und Gott sind die Mehrzahl.»* Selbst so etwas dürfte Hermine sagen, denn war sie nicht ein Star des mexikanischen Filmes gewesen, *«ohne deren Leuchten, das sie als Maria Magdalena begleitet hatte»*, ein anderer Film ihres Mannes über das Leben der Gottesmutter, «Reina de Reinas» («Königin der Königinnen», 1945) nicht den erwünschten Glanz erreicht hatte?[10]

Als sie mich – anstatt von ihrem Werdegang zu berichten – an ihrem Innenleben, ihrer «geistigen Heimat» teilhaben liess, empfand ich die ungewohnte Formulierung als einen möglichen Schlüssel zur Persönlichkeit von Hermine Kindle de Contreras Torres.

«Einer mit Gott» ist ein Mensch, in dem Gott wohnt. Diesem ist alles möglich und er besitzt den Schlüssel zu allem, was in der Welt erreichbar ist, wenn er den Zugang dazu sucht. Sie jedenfalls konnte niemand aufhalten in dem, was sie anstrebte. Hermine Kindle ist überzeugt davon und hat danach gelebt.

Die Auswanderung habe ihr Glück gebracht, sagt sie. Gott habe sie immer geleitet, immer habe sie sich beschützt gefühlt, so dass sie ihrer Intuition vertrauensvoll folgen konnte.

In ihrem Inneren habe das Verlangen nach Kunst gelebt, deshalb sei sie nach Kalifornien ausgewandert. In Liechtenstein habe es keine Möglichkeit gegeben, die ihr innewohnenden Kräfte und Begabungen zu aktivieren. Sie wollte sich entfalten, verwirklichen, verausgaben. So sei sie auch eine Wanderin zwischen zwei Welten geworden, zwischen der Heimat, die ihr durch Geburt zuteil wurde und der Heimat, die sie sich durch Liebe und Heirat erworben hat.

«Jeder schmiedet sich seine Heimat selbst, denn die wahre Heimat ist das Innenleben», sagt Hermine. Das Innenleben spiegelt sich im Alltag: *«Wir sollten unser Leben mit Liebe füllen. Wir selbst sind die Hauptperson, die Liebe geben kann, und zwar mit vollen Händen. Nur wenn das Leben mit Liebe gefüllt ist, ist es ein wirkliches Leben. Sehen Sie doch eine Blume an: Sie entwickelt sich, entfaltet sich zur Blüte, Sie fühlen, dass sie Sie bereichert, und dann sind Sie auch reich. Die Liebe ist die grösste Kraft. Was man liebt, behält man und es lebt mit uns. Es ist alles für uns da, das Meer, die Berge, die Wüste, in der Nähe von lieben Menschen – oder weniger lieben – in allem lebt Gott. Das Wichtigste ist, gut zu denken. Gedanken sind Dinge und werden Werke. Was Sie besitzen, ist ein Produkt der Gedanken. Im geistigen Denken liegt die ganze Kraft. Sie meinen, der Tisch hier, der Spiegel, der Teppich, also das Materielle, dominiere hier. Falsch. Alles existierte schon in Gedanken. Wer gross denkt, beginnt im Grossen zu leben. Ich habe immer gross gedacht.»*

Solche Aussagen lassen eine U.S.-amerikanisch geprägte Geisteshaltung vermuten. In mir kommt die Frage auf, ob sie zum Beispiel Norman V. Peales Buch «Die Kraft positiven Denkens» gelesen habe. «Nein», sagt sie, *«aber es ist mir schon oft passiert, dass ich etwas erzähle, und es stellt sich heraus, dass die andern Menschen das Gleiche denken oder etwas Ähnliches gelesen haben. Die Wahrheit ist eben immer dieselbe. Was ich sage, berührt sie, weil die Wahrheit sich nicht ändert.»*

Und wie hat sie ihre Gedankenkraft erlangt? *«Schauen Sie doch von Matschels oder Triesenberg hinunter ins Tal und auf den Rhein. Der Blick kann schweifen, die Gedanken sind frei. Das Schlimme ist nur, nicht richtig, nicht gut zu denken. Die Kraft, sich das Positive vorzustellen und den Glauben daran, habe ich von meiner Mutter gelernt. Und eine Mutter kann nicht sterben, ihr Geist lebt im Innern weiter. Liebe Menschen senden uns Liebe von drüben, sie denken mit uns, wenn sie noch nicht weitergegangen sind auf ihrer Reise im Jenseits. Auch Mexiko ist ein interessantes Land, landschaftlich findet sich hier alles: das Meer, Berge, Täler. Ein Mexikaner gibt viel Liebe. Ich bin hier umgeben von Leuten, die, wenn ich sie rufe, nicht kommen, sondern rennen. Natürlich gibt es hier Menschen aller Klassen. Jeder muss versuchen, das Leben in seinem Milieu zu gestalten. Mein verstorbener Mann hatte eine schöne Mentalität. Er hat viel getan für andere Menschen, sonst hätten wir uns nicht gegenseitig angezogen. Seine Güte wirkt heute noch weiter. Er hat viele Schauspieler gefördert und gross gemacht.»*

Hat sie auch Neid erfahren? *«Neid kann man nicht verhindern, aber man muss darauf nicht eingehen. Man soll den Menschen dafür nicht verdammen. Man kann auch teilen, mit jeder Münze ein Lächeln verschenken.»*

Sie lädt mich ein, mit ihr einen süssen mexikanischen Likör zu trinken und schiebt mir in Zucker eingelegte Früchte zu. *«Heute hat mir ein Baum diese Orchidee geschenkt.»* Sie zeigt auf die Blume in der schmalen Vase, die aussieht, als hätte sie unser Gespräch verfolgt. Ich reagiere verwirrt. Ist sie eine Schwärmerin, spielt sie gerade eine Sequenz aus einer ihrer Filmrollen, oder ist diese Bemerkung ihre Art von Gebet? *«Gott hat mir Schönes gezeigt auf seiner Welt. Ich habe mit Miguel Contreras Torres über hundert Reisen gemacht. Es gibt doch ein Lied ‹Wem Gott will rechte Gunst erweisen, den schickt er in die weite Welt›.»* Sie singt einige Töne, und dabei klingt ihre sonst feste Stimme etwas brüchig.

Zum Abschied häuft sie dicke schwere Bücher auf meinen Arm – das schriftstellerische Werk ihres ersten Mannes. Meine Spanischkenntnisse sind dieser Lektüre nicht gewachsen, aber es sollen Schriften sein über Kunst und Künstler, Politik, Film und Religion.

Beim Hinausgehen bleibe ich vor einem Bild an der Wand stehen: einer Fotografie der Burg Gutenberg. *«Natürlich war diese Burg schon immer in meinen Gedanken. Ich habe sie bewundert, sah ihre Türme in der blauen Luft. Als Kinder haben wir mit der Lehrerin einen Spaziergang nach Balzers gemacht. Damals gehörte die Burg noch der Familie Rheinberger. Ich habe die Augen weit aufgemacht und zu Hause alles erzählt. Damals sah ich die Burg sicher noch nicht in meinem Besitz, höchstens im Unterbewusstsein. Ganz bestimmt hatte ich eine geistige Führung. Und mit einer solchen ist das Leben einfach.»*

Die geistige Führung verkörpert sich in Hermines vitalem Naturell. Krank sei man nicht, ist ihre Einstellung. Auch wenn selbst für sie einmal nicht alles glatt läuft, verdrängt sie es und mobilisiert eine ungeheure Energie, mit der sie das Unangenehme, auch körperliche Schwächen, überwindet.

Der Überzeugung, dass man mit Gott zum Beispiel auch gegenüber Einbrechern in der Mehrzahl ist, hat sie konkret nachgelebt: Sie hat sich mehrfach geweigert, sich für ihre Häuser eine Einbruchs- und Diebstahlversicherung verkaufen zu lassen. *«Das nützt nichts. Hier hilft allein das Vertrauen auf Gott.»*

Sie habe Antennen für das, was in der Luft liegt, bestätigen Leute, die mit ihr gearbeitet haben. Dass sie auch eine «Kraft» besitzt, eine Art Zweites Gesicht, bewies sie bei der Renovation eines der ältesten Häuser in Triesen (das sie inzwischen wieder verkauft hat). Obwohl sie nicht gut sieht und aus Eitelkeit keine Brille trägt, forderte sie den Restaurator auf, weiter unter den Schichten des Verputzes zu suchen. *«In dem Haus ist etwas»*, behauptete sie. Und tatsächlich stiess man auf Malereien und Dekorationen. Sie hatte recht. Der Restaurator bestätigte, dass Hermine intuitiv die geschichtliche Bedeutung des Hauses erkannt hatte.

La Condesa
Frau Kindle de Contreras Torres möge verzeihen, wenn nicht alles, was über sie geschrieben wird, der nackten Wahrheit entspricht. Ihre tiefe Überzeugung, etwas Besonderes zu sein – so wie überhaupt jeder Mensch etwas Besonderes ist, unabhängig von Ort und Umstand der Herkunft –, ist eben auch der Stoff und das Mysterium der Märchen. Ob es sich nun um einen kleinen Schneider, um ein Mädchen, das in der Asche sitzt oder um die «echte» Prinzessin handelt, die auch über zehn aufeinandergeschichteten Matratzen noch die kleine Erbse spürt: bei allen schält sich nach Umwegen und bewältigten Hindernissen der wahre Kern ihres Wesens heraus, nämlich ein König oder eine Königin zu sein. Und natürlich steht den Helden und Heldinnen jede Menge Helfer zur Seite.

Dass die kleine Hermine nicht barfuss zur Schule ging, tut der Legende keinen Abbruch, im Gegenteil. Wenn möglicherweise alle Triesner Kinder damals vom Mai bis in den Spätsommer, also in den Monaten ohne «r» im Namen, barfuss gingen, sie, die kleine Hermine, bekam von ihrem Vater Schuhe, sei es, weil sie empfindliche Füsse hatte, sei es, weil sie sich schon als Kind durchzusetzen verstand. Jahre lang sei sie Baron von Falz-Fein böse gewesen, weil er in einer Reportage die Legende vom barfüssigen Fabriklerkind in die Welt gesetzt hatte, wahrscheinlich eine jener Legenden, die von Werner Wollenberger kolportiert wurden.

Zweifellos sorgfältig und solide beschuht ist sie nach Liechtenstein zurückgekehrt, hat Böden und Liegenschaften gekauft und sich bei Anrainern den Ruf erworben, dass sie jedes Klafter hütet. Ohne handfeste Gegenleistung gibt Hermine Kindle de Contreras Torres niemandem einfach so das Wegrecht über ihr Eigentum. Wer derartiges Tauziehen ebenso liebt wie sie, kommt nicht umhin, ihr selbst als Verlierer im Kampf um ein Stückchen Boden Respekt zu zollen.

In jedem Leben gibt es Geheimnisse. Es wäre zuviel anzunehmen, dass Hermine wie Dürrenmatts «Alte Dame» zurückkehrte in ihr Dorf, um sich, inzwischen reich geworden, für vergangene Frevel zu rächen. Die Armut, die damals herrschte, könnte niemandem als persönliche Schuld angelastet werden, aber unterschwellig galt Armut als Schande. Es gab andere Auswanderer, die unverhohlen zugaben, sie wollten «den Alten» zu Hause beweisen, dass man es zu etwas bringen kann.

1951 war es ihr möglich, die Burg Gutenberg zu kaufen und der auf der Leinwand personifizierten Carlota als *Condesa* (Gräfin) die materielle Substanz zu verleihen. Seit 1936 hatten die damaligen Besitzer, die Familie Rheinberger, dem Land Liechtenstein die Burg wiederholt zum Kauf angeboten; bei der Regierung war das Angebot stets auf Ablehnung gestossen. Auch die Gemeinde Balzers wollte weder von einem Kauf noch von einer Beteiligung an einem Kauf etwas wissen. Zwar hatten Egon Rheinberger, ein Burgenbauer, und seine Frau Maria Aloisia, geborene Schaedler, bewiesen, dass in diesem Land Kunstverständnis und leidenschaftliche Liebe zu historischen Denkmälern existierten, aber sollten auch in der Regierung etliche solcher Einsichten und Gefühle vorhanden gewesen sein, so reichten sie nicht als Antrieb, die Burg zu erwerben. Obwohl das Gebäude von der Familie Rheinberger in sehr gutem Zustand und mit kostbarer Inneneinrichtung für nur 200'000 Franken angeboten wurde, schob man noch 1949 bei einer Abstimmung im Landtag «*Sparzwang*» vor. Während der Debatte sei auch von «*den Nazis*» in der Familie Rheinberger die Rede gewesen. Mit dieser Sippenhaftung wurde das Thema «Gutenberg» für mehr als ein Vierteljahrhundert vom Tisch gewischt.

Oft hatten Vandalen die Burg heimgesucht, solche, wie der Kastellan sagt, «*die zur Tür hereinkamen und die Burg durch zerschlagene Fenster verliessen.*» Da es nicht möglich war, die Burg im Winter zu beheizen, war sie nur im Sommer bewohnbar, es blieb also genug Zeit zum «Zläädwärcha». Die Einbrecher, die nie gefasst wurden, schreckten weder vor Brandschatzung, Einschlagen von Türen und Fenstern noch vor Zerstörung von Mauersimsen, Zertrümmern von Schränken, Truhen und Kunstgegenständen zurück. Sie legten ein beschämendes Zeugnis von Unverstand, Bosheit und Respektlosigkeit ab. Es wird auch erzählt, dass Lausbuben die Filmrollen zerstört und sich der Weinflaschen im Keller bedient hätten. Von angeblich gestreutem Mehl zur Identifizierung der Eindringlinge weiss aber in Balzers weder der Kastellan noch der frühere Vorsteher Emanuel Vogt.

Frau Kindle de Contreras Torres bescheinigt der Burg eine gute Atmosphäre. «*In Gutenberg haben viele Menschen ihre Kräfte hinterlassen, ihre starken Gefühle und starken Gedanken sind immer noch spürbar.*» Das Ehepaar hielt sich oft in der Burg auf. Die Burg und seine Umgebung inspirierten Miguel. Seine Underwood-Schreibmaschine stand auf einer Truhe parat, und er hämmerte darauf ein, wenn ihm etwas einfiel.

Als das Land und die Gemeinde Balzers sich schliesslich mit aller Energie für den Erwerb des Kulturguts einzusetzen begannen, war noch einmal für böses Blut gesorgt, obwohl dieses Mal der primitive Vandalismus und kein politisches Zerwürfnis die Zwistigkeiten hervorgerufen hatte. Lobte H. H. (Hubert Hoch, der damalige Chefredaktor) im «Liechtensteiner Vaterland» den Einsatz und den Kunstverstand des Ehepaars Contreras Torres, das im fernen Mexiko diese Zeitung las, so beklagte «Mars von Gutenberg», alias Urs Rheinberger, die vernachlässigte Instandhaltung der Burg.

Der Balzner Vorsteher Emanuel Vogt war es seiner rastlosen und mit Herzblut gewärmten Amtstätigkeit schuldig, das stolze Wahrzeichen zusammen mit dem Land für seine Gemeinde zu erwerben. *«I ha gredt und gredt und gredt»* – doch die Schlossbesitzerin verhielt sich ihm und seinem Anliegen gegenüber frostig. Ihm hätte sie die Burg nie verkauft. Liechtensteiner, die beide kennen, glauben, dass sich hier zwei starke und starrköpfige Persönlichkeiten begegneten, die einander sehr ähnlich seien.

Zu Emanuel Vogts gesammelten Kostbarkeiten gehört eine während kurzer Abwesenheit seiner Frau rasch in die Schreibmaschine getippte Notiz von Miguel Contreras Torres: *«I will sell my part.»* Dem Lateinamerikaner sei es auf der Burg immer zu kalt gewesen, meint Mane Vogt. Es heisst aber auch, Mane habe Miguel «erwischt». Dieser versprach, seinen Anwalt vorbeizuschicken. Das Ehepaar reiste nach Spanien, aber es kam nie ein Anwalt beim Vorsteher in Balzers vorbei. Emanuel Vogt war sich bewusst, dass Miguel Contreras Torres alleine nichts hätte verkaufen können: Hermine und er besassen die Burg gemeinsam.

Hermine soll geschäumt haben vor Zorn, weil hinter ihrem Rücken verhandelt worden war. Dass der Ankauf schliesslich doch noch Wirklichkeit wurde, wird als Verdienst des damaligen Regierungschefs Hans Brunhart gewertet. *«Durch seine ruhige und immer konsequente Verhandlungsmethode hat er 1979 das erreicht, was vor 30 Jahren, am 20. Juli 1949, schon hätte geschehen sollen»,* schrieb Florian Kindle, Hermines Bruder, am 27. November 1979 im «Vaterland». Für die politischen Kontrahenten war das ein Affront aus dem Lager des Regierungschefs. Deshalb unterstellten sie Florian Kindle in der obligaten, aber wenig klärenden Stellungnahme «Ermittlungen in eigener Sache».

Neben Brunharts Verhandlungsmethode mag auch die Verhandlungssumme eine Rolle gespielt und den Verkauf beschleunigt haben. Hatten die Regierung unter Dr. Walter Kieber und der Balzner Gemeinderat noch zwei bis zweieinhalb Millionen als angemessen betrachtet, kam der Vertrag nun mit einem Kaufpreis von 3,8 Millionen Franken zustande. 28 Jahre nach dem ersten Kaufangebot zahlte das Land schliesslich das 25fache des ursprünglichen Kaufpreises an das Ehepaar Contreras Torres. Von dieser Summe widmeten Miguel und Hermine Kindle de Contreras Torres ein Vermögen von 400'000 Franken einer nach ihnen benannten gemeinnützigen öffentlich-rechtlichen Stiftung. Hermine sicherte sich und ihrem Mann zudem lebenslanges Wohnrecht.

Hermine Kindle bereute jedoch den Verkauf. Nach dem Tod ihres Mannes wurde klar, dass sie dem Verkauf nur zugestimmt hatte, weil sie glaubte, dadurch ihrem erkrankten Mann helfen zu können. Durch ihren Verzicht sollte Miguel zu neuer Energie kommen und gesund werden. Doch er starb 1981.

Das Wohnrecht Hermines hat später für Kopfzerbrechen gesorgt. Die Musikschule wollte den Innenhof mit seiner wundervollen Akustik während der Internationalen Meisterkurse für Konzerte nutzen, doch dazu braucht sie Frau Kindles Einwilligung, die sie ungern gibt. Da das Schloss samt Mobiliar und dem kostbaren Inhalt gekauft worden war, drohte Mane Vogt vor der verschlossenen Türe gewaltsames Eindringen in die Privatgemächer an, um zu den Schränken voller Mess- und Fastentücher vorzudringen. «*Wir haben sie herausgeholt. Das gehört ihr nicht.*»

Der frühere Balzner Vorsteher und die Schlossbesitzerin prallten mit ihren harten Köpfen öfter aufeinander. Mane Vogt sorgte aber nach eigener Schilderung auch dafür, dass Frau Kindle bei einem Empfang in der Burg durch rasch herbeigeholte Lampen in einem weichen und günstigen Licht erschien. Als dann die Herrin der Burg Gutenberg der anderen liechtensteinischen Schlossherrin, der Fürstin Gina, «*auf eine liebe Art*» eine silberne Rose überreichte, musste Mane Vogt zugeben: «*Das ist auch Hermine.*»

Von den vielen Menschen, die auf Burg Gutenberg ihre Kräfte hinterlassen haben, ist *La Condesa* Hermine Kindle de Contreras Torres sicher eine.

«Gott lebt in Mexiko»
Am nächsten Tag trug Hermine unter dem fuchsroten Pelzmantel ein türkisfarbenes Spitzenkleid auf seidenem Futter. Sie streifte die goldledernen Pumps ab und legte die Füsse auf den gepolsterten Schemel, den ihr energischer Fusstritt auf den richtigen Platz vor ihrem Fauteuil befördert hatte.

Ich fragte sie noch einmal nach den Filmen, in denen sie mitgespielt hatte: «‹*Juarez y Maximilian*›, ‹*Kaiserin Carlota*›, ‹*La Golondrina*›, ‹*La Paloma*›, *und viele andere. Ach, ich erinnere mich nicht mehr.*»

Da wurde die Tür von aussen aufgerissen, und ihr Mann Boris Reynolds stürmte herein. «*Hilf mir*», rief sie und hob ihre Arme hoch. Hinter ihrem Stuhl nahm er ihre Hände, küsste sie und beugte sich zu ihrem Hals hinunter. Was er sagte, tönte für mich wie: «*Was wollen die schon wieder von Dir. Ich werde Dich beschützen, mein Schatz.*» Hermines Mann ist jugendlich, mit schätzungsweise 45 Jahren etwa halb so alt wie sie, temperamentvoll und schön.

«Genug jetzt», rief er dann, *«ich habe Hunger, gehen wir frühstücken.»*

Wir liessen uns im Fond der Limousine wie in eine Wolke fallen und fuhren die *Insurgentes* entlang: *«Die längste Strasse der Welt»*, wird uns erläutert. Sie beginnt in Kanada. Hier in Mexiko City nehme sie einen beispiellosen Verkehr auf, und sie führt weiter durch ganz Südamerika – durch Städte, Gebirge und Urwälder. Boris erzählt Manolo von den Autos, die er sonst noch fährt, einen Packard, einen Cadillac und einen LeBaron. Während er rasch und wendig überholt, liegt seine Rechte in der Mitte der Sitze auf ihrer Hand. Zwischen seinen braunen Fingern ragt der dicke goldene Vogel auf ihrem Fingerring hervor. Einhändig fahre er sogar die kurvenreiche Strasse von Vaduz nach Triesenberg – mit dramatischen Gesten zeichnet er sie für Manolo in die Luft – nur die Verwandten auf dem Rücksitz seien nervös geworden. Er lacht über diesen offenbar gelungenen Streich. Sein Humor ist ansteckend.

Im Restaurant streicht Boris Butter und Honig auf Hermines Tortilla und schneidet sie in mundgerechte Stückchen. *«Eigentlich bin ich ganz selbständig, aber er lässt mich nichts machen»*, entschuldigt sich Hermine mit gespielter Verzweiflung in meine Richtung. Obwohl Boris gerade lauthals mit Manolo diskutiert, ist ihm ihre Bemerkung nicht entgangen: *«Damit du mich nicht vergisst, wenn ich nicht da bin»*, wirft er zärtlich ein.

Hermine und Boris reisen viel miteinander, jedes Jahr auch mindestens einmal nach Liechtenstein. Aber auf seinen Geschäftsreisen begleite sie ihn nicht. Was er denn verkaufe, fragt Manolo. *«Pepitas»*, lacht er wegwerfend, während er dem Kellner winkt. Mit unbewegtem Gesicht hört der sich die gestenreichen Erklärungen an – der Inhalt des Tellers war offenbar nicht befriedigend. Kurz darauf wird ein neues Gedeck aufgetragen, ein reichhaltiges Gericht auf ovaler Platte. In Mexiko kann man wunderbar essen.

«Pepitas» ist die volkstümliche Bezeichnung für die Kerne der Zucchini. Sie dienen als Grundlage für die Herstellung verschiedener Saucen. *«Pepitas»* sind das, was die ärmsten der Armen verkaufen, mit *«Pepitas»* ist jemand auf der untersten Stufe des Handels. Während Boris Reynolds, der Sohn eines englischen Vaters und einer kubanischen Mutter, mit Manolo über mexikanische Politik debattiert, flüstert Frau Kindle mir zu, dass ihr Mann *«ganz hoch oben»* in der Geschäftswelt tätig ist.

Wir widmen uns den verschiedenen gefüllten Tortillas. *«In Liechtenstein herrscht Diskrimination.»* – *«Wie bitte?»* – *«Ja, Diskrimination, eine, die es in Mexiko nicht gibt.»* Sie hätten in einem Restaurant in Vaduz beobachtet, dass jemand wegen seiner Kleidung nicht bedient worden sei. Seine Liechtenstein-Erfahrungen sind wenig schmeichelhaft: *«Nicht nur die Portionen sind klein – auch das Denken ist klein. Todo es carisimo.»* Hatte nicht Hermine schon gesagt, sie habe immer gross gedacht? *«Dios vive en México»*, sagt Hermines Mann.

Boris und Hermine neigen sich einander immer wieder zu, so, als seien sie frisch verliebt. Er: *«Es ist meine Philosophie, jeden Tag zu geniessen.»* – *«Das ist meine Philosophie»*, erwidert sie. Er lacht: *«Sie ist meine Lehrerin.»* *«Es gehört zu unserer Lebensphilosophie, jeden Tag eine gute Tat zu vollbringen»*, fügt sie an. *«Wir meinen das wirklich so, dass jeden Tag jemand etwas zu seinem Glück von uns erfährt»*, ergänzt er.

Sie sind ein auffälliges Paar, Hermine allein kann nicht unbemerkt bleiben, aber im Restaurant dreht niemand den Kopf nach ihnen um. *«Aus Respekt»*, belehrt mich Manolo. Die Ringe an ihren Fingern blenden mich. Der Adler – Göttervogel und Machtsymbol, auch mexikanisches Wappentier – prangt voluminös an ihrem Zeigefinger. Reynolds hat ihn für sie geschmiedet, Schmuck herzustellen ist sein Hobby. Aus seinem Atelier stammt auch die Goldkette – *«nach Cartier»* –, die bis jetzt verborgen war unter ihrem Kleid. Nur am Hals ist das Glitzern sichtbar. Er fingert die Kette aus ihrem Decolleté; an einer weiteren Kette, die er dort hervorzaubert, hängt ein grosses goldenes Christusgesicht mit einer Dornenkrone aus vielen kleinen Brillanten. Zu guter Letzt findet sich im Ausschnitt noch eine Korallenkette, die Korallen habe er selber aus dem Meer gefischt.

«Ich darf nicht mehr sagen, was mir gefallen würde, sonst besorgt er es mir gleich», jammert Hermine. Ihre Armbanduhr ist eine Goldproduktion *«als Erinnerung an Miramar»*. Nachdem er sie an ihrem Handgelenk herumgezeigt hat, schiebt er sie wieder gebieterisch unter den Ärmel zurück. Alles Glitzerzeug ist wieder verstaut, damit niemand zu Neid oder zu einem Überfall animiert wird.

Frau Kindle zeigt mir noch ihren Ring mit dem Kindle-Wappen. Kindle sei ein altes Geschlecht. Der Name erscheine zusammen mit Marogg als erster in einer Lehensurkunde von 1429 in Triesen.

Sie fühle sich als Liechtensteinerin, sagt Hermine, aber ihr Mann widerspricht vehement. *«Nononono, tu eres Méxicana»*. Seine Hand tätschelt die ihre, die unruhig zuckend, aber auffallend gepflegt, mit rosalackierten Fingernägeln, neben dem noch halbvollen Teller liegt. Das Kauen bereite ihr Schwierigkeiten, entschuldigt sie ihren mangelnden Appetit.

Unvermittelt beginnt sie zu weinen. Die Rede war auf ihren Lieblingsbruder Florian gekommen, der vor wenigen Jahren gestorben ist. *«Meine Gedanken suchen ihn überall in Triesen. Ich erinnere mich an unsere Kindheit – er wollte meine Puppe, ich seine Schaukel. Nach aussen war er ein aufrechter, korrekter Mann, eher trocken, aber ich kannte ihn von innen. Ach, dass er gegangen ist.»* – «Ay, ay», tröstet sie ihr Mann. Seine braunen Finger streicheln ihre Wangen und legen sich beruhigend auf ihren Arm. «*La muerte es una fiesta* – Der Tod ist ein Fest. In zwei Wochen feiern wir die «antepasados», die Vorausgegangenen, mit gutem Essen und Fröhlichkeit.»

Frau Kindle möchte in ihr Büro geführt werden. Beim Aufstehen legt Boris sorgsam den gelb-roten Pelz über ihre Schultern. Sachte nimmt er sie am Arm und passt seine Schritte ihrer zögerlich wirkenden Gangart an.

«*Sie wissen nun, wie ich denke»*, schliesst sie ab. «*Das bin ich. Mein Leben ist einfach. Es besteht aus Arbeit. Ich tue, was ich wünsche, zusammen mit meinem Mann.*»

Rupert Tiefenthaler

«... dass ich mehr Unternehmungsgeist habe, wie ihr alle miteinander»

Biographie der Karolina Lampert, geborene Schädler, anhand ihrer Briefe aus Amerika

Karolina Schädler wurde als viertes Kind von Johannes Schädler (1802-1864) und Kreszenz Sele (1811-1862) am 16. April 1843 in Triesenberg geboren.[1] Die Familie Schädler hatte insgesamt sieben Kinder, fünf Mädchen und zwei Buben, wovon einer bereits im ersten Lebensjahr verstarb. Nach dem frühen Tod ihrer Eltern heiratete Karolina am 27. Februar 1865 im Alter von 22 Jahren den 26jährigen Xaver Lampert, ebenfalls aus Triesenberg. Ein Jahr später kam ihr Sohn Julius zur Welt. 1868 wanderte die Familie Lampert nach Freeport (Illinois) aus.

Karolina blieb in regem Briefkontakt mit ihren Geschwistern in Triesenberg. Vornehmlich schrieb sie ihrer Schwester Juliana (1845-1915), die mit Joseph Sele (1838-1876) verheiratet und später als Witfrau Pfarrköchin in Triesenberg war. Um die Jahrhundertwende war ihre Ansprechpartnerin oft auch ihre Nichte Magdalena Schädler (1877-1945), eine Tochter der Schwester Nothburga (1837-1912) und des Andreas Schädler (1837-1919). Fast achtzig Briefe von Karolina Lampert haben sich am Triesenberg erhalten. Der früheste, von Karolina selbst mit der Jahreszahl versehene Brief stammt aus dem Jahr 1873. Die letzten Nachrichten von ihr lesen wir in einem Brief ihres Sohnes Julius im Frühjahr 1916. Ein Grossteil der Schreiben enthält keine Jahreszahl, so dass eine Datierung erst aufgrund einer Analyse des Inhalts möglich war. Der Bezug in den Briefen auf politische Ereignisse wie den Amerikanisch-Philippinischen Krieg 1899 oder auf gesellschaftliche Schlagzeilen wie die Weltausstellung in Paris 1891 oder den Untergang der «Titanic» 1912 waren markante Punkte, welche eine ungefähre Datierung der Briefe erleichterten. Ebenso dienten die in den Briefen erwähnten Vorkommnisse in Amerika und in Triesenberg der Rekonstruktion von Karolinas Lebensgeschichte.

Der über mehr als vierzig Jahre dauernde Briefkontakt zeigt ein Auswanderungsschicksal, das nicht einfach war. Die Familie Lampert wuchs. Eine Tochter, Theresia, wurde 1869 geboren. Einige Zeit später kam ein drittes Kind namens «Liene» zur Welt. Der Vater Xaver Lampert starb jedoch in der ersten Hälfte der siebziger Jahre. Als Witwe musste sich Karolina in einem fremden Land allein um ihre Kinder kümmern.

Neben biographischen Einzelheiten erfahren wir aus den Briefen auch Sichtweisen und Handlungsmotive, die zwischen den Zeilen stehen. Karolina berichtet von ihrem Umzug von Freeport nach Portland (Oregon), vom Land in die Stadt. Was sie nicht ausdrücklich erwähnt, ist ihr Einlassen auf die städtischen Lebensformen. In den Briefen aber ist deutlich zu spüren, wie sich stadtbürgerliche Charakterzüge – die in Bildungsinteressen, in der Technisierung des Haushalts und im Informationsbedürfnis zum Ausdruck kommen – verstärken und durchzusetzen beginnen.

Da Karolina Lampert in Amerika stets den Kontakt zu ihren vor-, mit- und nachgewanderten Landsleuten wahrte und über sie berichtete, vermag die Briefsammlung über das individuelle Schicksal der Autorin hinaus auch einen Einblick in die Lebenswelt anderer liechtensteinischer Auswanderer zu geben.

Karolina Lampert, geborene Schädler, Triesenberg 1843 bis 1868
Die Beweggründe für die Auswanderung lassen sich in abstossende und anziehende Kräfte unterteilen. Welche Motive führten Karolina aus Triesenberg weg? In ihren Briefen aus Amerika an ihre Geschwister finden sich vereinzelt Hinweise auf ihre Jugendzeit, die geprägt

Karolina Lampert mit ihren Kindern Julius und Theresia

war von einer tristen wirtschaftlichen Lage und von zyklisch wiederkehrenden Ernährungsengpässen. *«Wo ich gesehen habe, dass die Kartoffeln wieder schwarz sind, und dass ihr wieder amerikanischen Türken essen müsst, kam ein solches Bedauern über mich, dass ich in Tränen ausbrach, denn ich dachte wieder an die teuren Zeiten, wo wir noch kleine Mädchen waren.» (29.9.1877)*, schreibt Karolina ihrer Schwester und erinnert damit an die der Revolution von 1848 vorangegangene Hungersnot. Auch in späteren Zeiten konstatiert sie ein Gefälle zwischen der Ernährungssituation in Amerika und in Europa. *«Mein Julius hat schon oft gesagt, ach Mutter lass uns nach Deutschland gehen, aber wenn ich ihm sage, dass er trockenes Türkenbrot ohne Butter und Sirup essen müsse und gar kein Fleisch kriegt, aber dann will er nichts mehr davon hören.» (15.11.1874)*.

Die Verdienstmöglichkeiten in Triesenberg waren begrenzt. Sie waren vornehmlich in der Landwirtschaft und in der Heimarbeit zu finden. *«Ich habe dem Julius schon oft erzählt, wie wir es früher gehabt haben, wo die Eltern noch gelebt haben. Winterszeit beim Spinnen haben wir gesungen und hätten mit den Reichsten nicht getauscht.»* (9.5.1912). Das Aufkommen der Fabrikindustrie in Liechtenstein zu Beginn der sechziger Jahre des 19. Jahrhunderts traf die auf die industrielle Heimarbeit angewiesene Bevölkerung empfindlich. 1861 wurde in Vaduz der erste Fabrikbetrieb des Landes errichtet, 1863 wurde in Triesen eine Weberei gebaut. Die Arbeit konnte nun nicht mehr zuhause, sondern musste an den Fabriksstandorten geleistet werden. *«Draussen müsste ich bis nach Triesen hingehen bis ich nur Arbeit hätte»* (15.11.1874), war sich Karolina über die veränderten Arbeitsbedingungen in Liechtenstein auch nach ihrer Emigration im klaren.

Neben der Landwirtschaft, der Heim- und Fabriksarbeit bildete die zeitlich begrenzte Auswanderung in die Schweiz noch eine Verdienstmöglichkeit, vornehmlich für die Männer. *«Ich habe wieder genug gehört, was man dort alles entbehren muss, was man hier in Fülle hat, und die armen Männer brauchen nicht jedes Frühjahr ihr Bündleli zu packen und ihre Familie zu verlassen auf den ganzen Sommer.»* (26.6. 1881). Die Abwesenheit des Mannes während der Sommerszeit war ein grosser Nachteil der saisonalen Wanderung. Dieser wurde noch dadurch verstärkt, dass das Erwirtschaftete nicht lange vorhielt: *«Draussen müsst ihr im Winter doch wieder alles verzehren, was der Mann im Sommer verdient und habt noch nichts Gutes.» (Sommer 1881, Nr. 21)*.

Die von Karolina Lampert in ihren Briefen geschilderte wirtschaftliche Situation in der Heimatgemeinde Triesenberg wurde von ihr vielleicht überzeichnet, um die neue Heimat Amerika für die in Liechtenstein verbliebenen Geschwister um so attraktiver zu machen. Dennoch zeugen ihre Hinweise von Armut. Naheliegend scheint jedenfalls, dass es wirtschaftliche Gründe waren, welche die Familie Lampert zur Emigration veranlasst hatten.

Karolina Lampert, Freeport, 1868 bis 1884
Im Februar 1868 wanderten Karolina und Xaver Lampert zusammen mit ihrem Sohn Julius nach Freeport aus. Sie zogen in ein ihnen unbekanntes, nicht aber anonymes Land, da sich einige Verwandte des Mannes schon seit 1850 beziehungsweise 1852 dort befanden.

Es waren dies der gleichnamige Onkel Xaver Lampert (1810-1883), seiner Frau Kreszentia (geb. 1816), seine Schwester Josefa (geb. 1817) und sein Bruder Alois (1824-1884), die in der Mitte des 19. Jahrhunderts zu den ersten Liechtensteinern in Freeport zählten. Zwei Brüder des Onkels Xaver Lampert, Josef (1819-1877) und Gottlieb (geb. 1826), folgten zusammen mit ihrer Schwester, der Witwe Barbara Beck (1808-1886) und deren vier Kindern im Jahr 1852.[2] Diese Vorwanderer bildeten mit grosser Wahrscheinlichkeit eine starke anziehende Kraft und waren wichtiges Moment in der Auswanderungsentscheidung von Karolina und Xaver Lampert.

Im ersten datierten Brief von 1873 forderte Karolina ihre Geschwister auf, ebenfalls nach Freeport zu kommen. Als Motivation nannte sie neben den wirtschaftlichen Vorteilen Amerikas auch den mitreisenden Verwandtschaftsverband, welcher die Reisestrapazen und Gefahren mindere. Die Hinweise darauf, dass sie sich bereits fünf Jahre in Amerika wohl befinde und dass sie für die Beschäftigung ihrer Geschwister sorgen werde, sollten ebenfalls die Bereitschaft zur Abwanderung erhöhen. Da Karolina diese Elemente – bessere Verdienstmöglichkeiten, verwandte Vorwanderer in der Neuen Welt und bekannte Mitwanderer – so hervorhob, ist denkbar, dass sie beziehungsweise ihr Mann aus ähnlich gelagerten Motiven die Reise nach Übersee angetreten hatten. Insbesondere kommen die Schwägerin von Karolina, Justina Lampert (geb. 1848) und ihr Gatte Alois Gassner (geb. 1847) aus Triesenberg sowie Johann Luzius Hoch (geb. 1844) aus Triesen als Mitwanderer in Frage, da sie nicht zu der frühen Vorwanderern von 1850 und 1852 zählten, ihre Namen aber schon in den frühesten Briefen von Karolina auftauchen. Deren Auswanderung ist somit auf den Februar 1868 zu datieren.

«Freeport den 23 Jänner 1873. – Vielgeliebte Geschwisterte! Gestern Abend vernahm ich zu meiner grössten Freude, vom Luzius Hoch[3] aus seinen Briefen, welche Ihm seine Brüder übersendeten, dass sich viele am Triesenberg und in Triesen entschlossen haben nach Amerika zu kommen nächstes Frühjahr. Ich hoffe und wünsche daher lieber Bruder und Schwester, dass Ihr auch bei diesen sind,

denn jezt habt Ihr gute Kameradschaft, mit Luzius Brüder[4] dass Ihr keine Ausrede mehr habt und der Luzius wird Euch dann wahrscheinlich abholen in Neujork. Ich und der Luzius freuen uns recht, auf die Ankunft, und es wird Euch nie reuen, ich rate Euch zu Euerem Nutzen nicht zum Schaden, sonst könnte ich auch wieder zurück in die alte Heimat, ich bin jetzt schon bald fünf Jahre hier und ich habe mich noch nie zurückgewünscht um dort zu bleiben, bloss mit meinen lieben Geschwisterten und Verwandten zu sprechen. Liebe Schwester du brauchst hier nicht mehr zu dienen, denn ich habe genug Arbeit für dich, dass du jeden Tag einen Thaler ganz leicht verdienen kanst und auch $1\,^1/_2$ Thaler und du lieber Bruder kannst im Sommer wenn man einmal Mauren kann, jeden Tag $2\,^1/_2$ Thaler verdienen.»

Die Hoffnungen auf eine ökonomische Besserstellung machten Amerika attraktiv. Ein «*gutes Auskommen*» wäre durch Einsatz zu erreichen, wie es in den Briefen hiess. Karolina betrieb in Freeport eine kleine Landwirtschaft. «*Hier habe ich meine eigene Heimat, ich*

Xaver und Karolina Lampert-Schädler

habe eine Kuh, sie kostet mich im Sommer nichts.» (15.11.1874).
Neben der Landwirtschaft arbeitete sie zuhause: *«Hier habe ich meine Arbeit im Hause, man bringt mir alles ins Haus, und ich kann mir jeden Tag ein Thaler nebst meiner Arbeit verdienen.» (15.11.1874).*
Es waren Näharbeiten, welche ein zusätzliches Einkommen ermöglichten. *«Ich habe auch eine Nähmaschine gekauft für 40 Thaler, dass ich meine Kleider geschwind genäht habe, ich kann in einem Tag mehr nähen als ihr in einer Woche.» (Oktober 1875).* Der Anschaffungspreis für die Nähmaschine bewegte sich in Höhe von eineinhalb Monatslöhnen von Karolina. In späteren Jahren webte sie Teppiche: *«Mein Julius hat mir bis jetzt am Webstuhl geholfen.» (28.11.1879).* Für diese Arbeit gebrauchte sie auch unter Verwendung der englischen Bezeichnung *carpet* das Wort «Karbetweben».

Karolina war auf diese Heimarbeit, bei welcher die Kinder mithelfen konnten, angewiesen, denn ihr Mann Xaver starb früh. Über das genaue Datum seines Ablebens fand sich keine Nachricht. Anzunehmen ist, dass es bereits im Jahr 1873 erfolgte. In dieser Situation erfuhr sie die Solidarität der Siedlungsgemeinschaft in Freeport. *«Ich habe zwar hier recht gute Leute und genug Verdienst. Letzte Woche haben mich fremde Leute zu ihnen rufen lassen! Da fragten sie mich: ob ich es nicht annehmen wollte, wenn sie für mich beim Stadtrate sprechen würden, dass ich Holz und Nahrung kriegen würde, welches ich von Herzen annahm und ihnen den grössten Dank sagte. Am letzten Freitag kam ein englischer Mann und fragte mich über alles aus, wie lange mein Mann schon tod sei und wie viel Kinder ich habe, worauf ich ihm alles sagte, da sagte er zu mir, dass ich jede Woche 2 Pfund Fleisch aus der Metzg holen soll, und dass man mir jeden Monat 50 Pfund Mehl bringen werde und genug Holz, da könnt ihr sehen, dass ich gute Leute habe, sie wollen nicht haben, dass ich so hart arbeiten sollte.» (8.11.1873).* Die Unterstützung seitens der Stadt beruhte nicht auf einer gesetzlich geregelten Armenversorgung, sondern auf freiwilliger Hilfeleistung, deren Karolina dringend bedurfte.

Sie hatte beim Ableben ihres Mannes drei Kinder. Ein Jahr nach ihrer Einwanderung wurde im Juni 1869 ihre Tochter Theresia als zweites Kind geboren. Anfang der siebziger Jahre kam ihr drittes Kind, welches sie «Liene» nannte *(8.11.1873)*, zur Welt. Von ihren Kindern schreibt sie 1874: *«Er (Julius) ist schon in der oberen Schule und er lernt recht gut. Der Pfarrer hat ihn schon zur Beicht genommen und die Theres macht mir die Spulen und wäscht mir schon Geschirr, und mein Kleines kann schon lange alles sprechen. Meine Kinder sind mir noch die einzige Freude, wo ich habe.» (15.11.1874).* Doch auch diese Freude wurde ihr genommen. Ihr jüngstes Kind «Liene» starb kurze Zeit darauf: Ihren Schmerz schildert sie nur knapp mit den treffenden Worten: «*Ich habe wohl schon oft gedacht, seitdem mein liebes Kleines gestorben ist, ich möchte die Welt an ein Ende laufen, aber ich muss auch noch für meine zwei anderen sorgen.*» *(8.12.1876).*

In dieser namenlosen Not hätte sie insbesondere ihrer in Freeport siedelnden Verwandten aus Triesenberg bedurft. Doch diese waren bereits 1874 nach Oregon gezogen. «*Aber nun bin ich ganz allein hier, denn Xaver Lampert und Alois Lampert sind mit ihrer Familie nach Oregon. Luzius Hoch ist auch mit ihnen. Der Xaver und Kreszenza sind bei ihrem Schwiegersohn auf das Land 50 Meilen von Portland und die anderen sind in Portland geblieben. Die Josepha ist auch mit ihnen und ihr Mann ist in Iowa. Sie bleibt aber nur ein Jahr dort bei ihrer Tochter Marie und dann kommt sie zurück.*» *(15.11.1874).* Xaver, Alois und Josepha Lampert, die 1850 von Triesenberg ausgewanderten Onkel und die Tante des Mannes von Karolina, zogen nach nahezu 25 Jahren weiter von Freeport nach Portland. Doch nun waren nicht mehr sie die Vorwanderer in ein unbekanntes Gebiet, sondern ihre Kinder und Schwiegerkinder waren bereits als Wegbereiter vorangegangen. Diese Weiterwanderung nach Westen vollzog sich im Gefolge der Wirtschaftskrise, die ganz Amerika seit dem Zusammenbruch eines grossen Bankhauses und der Schliessung der New Yorker Börse im September 1873 erschütterte. «*Industriebetriebe schlossen, der Eisenbahnbau wurde so gut wie eingestellt, in den grösseren Städten standen die Leute vor den Bäckereien Schlange und Landstreicher bevölkerten die ländlichen Gebiete. Die Zahl der Konkurse stieg 1874 auf fast 6000. 1875 betrug sie bereits fast 8000, und 1876 war sie auf über 9000 angewachsen.*»[5]

Noch mehr von den Verwandten Karolinas verliessen Freeport und sie selbst trug sich auch mit dem Gedanken, weiterzuziehen: «*Es sind hier alle meine Verwandte fort, die Barbara[6] ist mit ihren Töchtern nach Oregon und die Josepha[7] ist nach Iowa gezogen, und am letzten Donnerstag ist auch noch die Justina[8] nach Oregon. Wenn ich meine Haus und Lott hätt können gut verkaufen, dann wäre ich auch mit der Justina nach Oregon. Sie hat aber mir versprochen, wenn es für mich viel besser wäre wie hier, das ich mehr verdienen könnte, sie wolle mir schreiben, dass ich auch sobald wie möglich nachkäme, und ich werde es auch tun, denn von Euch kommt doch keines hieher.*» *(Oktober 1875).* Besonders schwer wog, dass die Schwägerin Justina Lampert, welche mit einiger Sicherheit gemeinsam mit Karolina ausgewandert war, nun ohne sie weiterzog. Der Sippenverband blieb trotz dieser Trennung wesentliche Orientierungsgrösse in Karolinas Plänen.

Weshalb aber zog Karolina nicht mit ihren Verwandten? Das Ehepaar Lampert muss sich bereits vor Ableben des Mannes ein eigenes Haus gebaut haben, und dieses Kapital setzte Karolina nicht leichtfertig aufs Spiel. Die Grundstückspreise lagen nämlich entsprechend der allgemeinen Wirtschaftskrise darnieder. Ein Verkauf war nicht gut möglich *«ausser mit grossem Schaden, denn wir haben 800 Thaler daran verwendet, und jetzt würde ich wohl keine 500 mehr dafür kriegen, denn die Häuser sind jetzt viel billiger wie damals.»* (8.11.1873).

Landsleute kommen!
Karolina Lampert blieb in Freeport. Gottlieb Lampert, ein gleichfalls in Freeport verbliebener Onkel von Karolinas verstorbenem Mann Xaver, starb im Sommer 1879 *(25.1.1880),* und zwei Jahre später heisst es in einem ihrer Schreiben: *«Von unseren Verwandten ist noch der Xaver Beck hier mein nächster Nachbar, übrigens habe ich gute Nachbarn.» (1.2.1881).*[9] Die ursprünglich recht grosse Triesnerberger Kolonie war auf zwei zusammengeschrumpft. Da Nachwanderer sich gern einer vorausgereisten Person anschlossen, wurde Karolina zur wichtigsten Anlaufstelle, als im Frühjahr 1881 Landsleute kamen.

Die Auswanderungswelle zu Beginn der achtziger Jahre, in welcher zwanzig Triesenberger[10] nach Amerika emigrierten, scheint ebenfalls in den wirtschaftlichen Schwierigkeiten in Europa begründet. Eine Belegstelle in einem Brief des damals 14jährigen Julius Lampert an seine Tante Juliana Sele zeigt, wie präsent die Krise der Landwirtschaft im ehemaligen Heimatland dem Schüler war: *«Liebe Tante, wir haben hier eine recht gute Ernte gehabt, leider sind die Lebensmittel doch teurer als im vorigen Jahre, da so viel nach Europa verschifft wurde, denn in ganz Europa war eine Missernte und da musste Amerika Europa aushelfen. Hier gehen jetzt die Geschäfte recht gut und dieses Jahr ist ein besseres, denn letztes.»* (7.12.1879). Auch wenn Karolina in vielen Briefen die Vorteile Amerikas herausstrich, um so ihre Geschwister zu überreden, in die Vereinigten Staaten zu kommen, so bestätigt die Diagnose ihres Sohnes Julius, dass im Bewusstsein der Auswanderer der einseitige Güteraustausch und die agrarisch bessere Situation Amerikas fest verankert waren.

Die guten Nachrichten über die Versorgungssituation und die Arbeitsmöglichkeiten waren anziehend genug, und so konnte Karolinas Sohn Julius im April 1881 nach Triesenberg schreiben: *«Vielgeliebte Tante! Wir haben Euer werthes Schreiben mit Freuden empfangen am ersten April, auch von dem Johann Eberle haben wir ein Schreiben empfangen und wir haben daraus mit Freuden ersehen, dass sie nach Amerika kommen würden um hier ihr Glück zu versuchen. Liebe Tante wie würden wir uns freuen, wenn wir auch euch sehen würden! Diesen Sommer wird hier Arbeit in Hülle und Fülle sein, besonders da die Einwanderer Maurer sind, da in unserer Stadt Wasserwerke gemacht werden, welche das Wasser wie andere grosse*

Zwei Seiten des ersten Briefes vom 23. Januar 1873 aus Freeport

Städte aus mangel an Brunnen und gesundes Trinkwasser durch Röhren durch die Stadt geleitet wird. Unsere Kirche, welche schon über fünfzigtausend Thaler gekostet hat, soll dieses Frühjahr ein Thurm gebaut werden da noch keiner darauf war, da unsere Gemeinde bisher zu arm dazu war. Noch mehrere Gebäude werden diesen Sommer aus Backstein aufgeführt werden. Liebe Tante wir haben aus Eurem und dem Johann Eberle sein Schreiben vernommen wie schlecht es in Deutschland ist, während hier ein Arbeiter von gar keiner Proffession 1 $^1\!/_2$ Thaler den Tag verdienen kann mit Grund auswerfen, Pflaster und Backsteine tragen. Während ein Arbeiter von Proffession 2 Thaler verdienen kann. Wir haben letztes Jahr wieder eine recht gute Ernte gehabt theils besser als dass vorige Jahr. Unser Staat Illinois ist der betriebenste Staat der Union im Ackerbau und Chicago ist die grösste Getreidehandelsstadt der Union oder der ganzen Welt, denn es befinden sich dort aufgespeichert sechsmillionen Buschel Weizen, denn Speculanten wollen einen höheren Preis, den die Europäer geben wollen und darum keinen gross genugen Absatz finden kann, ausserdem kommt ungeheuer viel Getreide nach Europa. Auch im Falle einer gänzlichen Missernte wäre Amerika für eine lange Zeit versorgt, denn nicht nur in ‹Chicago› sondern in allen grossen Städten Amerikas liegt Getreide. Wir haben hier einen sehr strengen Winter gehabt. Seit anfangs December liegt der Schnee zwei Fuss tief, *heute wo ich am Schreiben bin, schneit es. Die Eisenbahnen waren mehrere male so tief zugeschneit, dass es jedesmal eine Woche nahm, um ihn hier freizuschaffen und so genug Verdienst war, denn Eisenbahnkompagnien dingten 500 Mann, denn der Schnee lag an welchen Plätzen fünfundzwanzig Fuss tief. Wir freuen uns sehr dass einmal Landsleute kommen und wir wollen unser bestes thun und sie mit Freuden empfangen. Jetzt will ich mein Schreiben schliessen mit vielen Grüssen an euch alle. – Julius Lampert»* (3. 4. 1881).

Julius sprach von mehreren Landsleuten, die erwartet wurden. Tatsächlich reiste Johann Eberle gemeinsam mit seiner Frau Sibylla und seinen drei Kindern[11] nach Freeport. Kurz zuvor schon kamen der gleichfalls aus Triesenberg stammende Franz Josef Frommelt, seine Frau Katharina, geborene Marock, sowie sein Bruder Remigius mit seiner Braut Josepha Beck[12] an. Frommelt und Eberle berichteten in einem gemeinsamen Brief an die lieben Vettern und Basen, dass Karolina Lampert sie gut aufgenommen habe: «*Freeport den 22. 5. 1881 – Lieber Vetter Base & Familie! – Dass wir nun in Freeport gesund angekommen sind am Oster Sonntag Morgens 4 Uhr, dann 7 Uhr die Karolina gefunden haben, sie hat uns gut aufgenommen, war in allen Theilen besorgt für uns, war gegen uns als wie eine Mutter, wir waren eine Woche bei ihr bis wir eingerichtet waren. Ich bin gegenwärtig bei den Maurern, ich kenne zwar Amerika noch nicht, aber so viel sehe ich, dass ein ehrlicher Arbeiter wenn er gesund ist eine Familie erhalten kann und dass hier das bessere Land ist als in Europa, nicht das ich Europa verschmähe den es ist mein Heimathsland. Die Karolina ist in gutem Stande, sie hat es besser als die es gesagt haben ihr sollt ihr Zehrung schicken, wen sie kommen wollte hätte sie eigne Zehrungen – ich schreibe jetzt nichts mehr. Es wundert mich auch was meine Eltern machen, mein Vater wird uns wohl schön ausschimpfen was aber keiner Art nichts hilft. Die Eberle sind vor 14 Tagen gekommen, waren auch eine Woche bei Karolina. Nun werde ich mein Schreiben schliessen, erwarte eine baldige Antwort, werde das nächste mal ziemlich mehr schreiben. – Mit herzlichen Grüssen – Franz Jos. Frommelt & Katharina Frommelt – Auch grüsset mir meine Eltern und Verwandte – Auch grüsst euch Karolina vielmal werde bald schreiben – Die Adresse ist an Franz Jos. Frommelt in Freeport, Illinois, Nordamerika – Johann Eberle und Familie lässt Euch Alle recht herzlich grüssen. Wir arbeiten jetzt und sind schon ziemlich amerikanisch eingerichtet welches mich etwa 60 Dollar gekostet hat. Es ist hier schon heisses Wetter. Ich habe denn Husten bekommen, und der Bruder Remigius die Rothsucht, so wie auch der Ferdinand und der kleine Remigius welche jetzt aber bereits vorüber ist. Grüsst auch besonders die Juli und sagt ihr, sie habe eine gute Schwester in Amerika, wir sind Nachbarn und kommen täglich zusammen, auch hat sie zwei ausgezeichnet gut Kinder. Sie kommen immer zu uns denn das Terese hat unsere Kleinste besonders lieb. Auch sie grüssen Euch recht herzlich und sie wolle recht bald schreiben. Auch meine Verwandten grüsst uns. So lebt denn wohl und glücklich Adee!» (22.5.1881).*

Frommelt nennt Europa sein Heimatland, wie auch Karolina und ihr Sohn Julius von Deutschland sprechen und nicht von Liechtenstein. Dies lässt vermuten, dass sich zum einen die Landesbezeichnungen im Bevölkerungsbewusstsein noch nicht durchgesetzt hatten und dass zum anderen die grössere Gebietseinheit, welche als Sprachgebiet Liechtenstein, Deutschland, die Schweiz und Österreich umfasste, mehr zur Identifikation in der neuen Heimat beitrug. Die Mitgliedschaft Liechtensteins im Deutschen Bund (1815-1866) dürfte ein übriges dazu beigetragen haben, dass sich die Auswanderer auf Deutschland beriefen. «*Entscheidend waren das gemeinsame Erkennungsmerkmal* (sic!), *nämlich die deutsche Sprache, und der allgemeine kulturelle Habitus, der sich den Englischsprachigen vornehmlich in der deutschen Vereins- und Bierkultur offenbarte.*»[14]

Entscheidend war auch die Akkulturation, also die Übernahme von Lebensformen, wie sie in der neuen Heimat angetroffen wurden. Dies kommt in den Briefen von Karolina besonders in den Ausreiseratschlägen für ihre Geschwister zum Ausdruck. «*Wenn Ihr kommet, so bringet gar nichts mit wie einfache Kleider, kein Bett und Bettgewand es ist hier alles zu klein und die Kleider sind nicht Mode wir werden dann hier schon Kleider kriegen, nehmet aber zu essen mit nämlich getrocknetes Fleisch, Wurst, getrocknete Bieren, Zwetschgen, Kirschen und guten Brantwein.» (23.1.1873).* So richtet sich auch Franz Josef Frommelt gleich nach Ankunft «*amerikanisch ein*».

Karolina Lampert hatte für ihre nachgewanderten Landsleute Arbeitsplätze gefunden: «*Der Josepha*[15] *habe ich für einen Platz gesorgt in einem Deutschen Gasthaus, wo sie alle Arbeit lernen kann, wie man es hier macht, der Katharina*[16] *habe ich das Karbetweben gelernt und wir wohnen ganz nahe beieinander, dass wir, wenn es die Zeit erlaubt, täglich zusammen kommen.» (26.6.1881).* «*Sie haben alle Arbeit genug, der Remigi*[17] *arbeitet auf dem Lande und bekommt 2 Thaler den Tag und die Kost, der Johann schafft hier in der Stadt und hat 1 Thaler 80 Sent den Tag bis jetzt, er wird aber später mehr bekommen. 1 Thaler ist 5 Franken und 80 Sent 4 Franken, das macht 9 Franken per Tag, es wird viel gebaut hier dieses Jahr und genug Arbeit für jeden Handwerker.» (Sommer 1881).* So waren die ersten Erfahrungen der Triesenberger in der neuen Heimat durchaus positiv: «*Die Katharina ist recht munter und es gefällt ihr recht gut. Sie sagt immer, sie würde mit dem reichsten Triesnerberger nicht tauschen, sie kann noch immer so viel verdienen was sie zu essen brauchen, und ihr Mann verdient jede Woche 10 Thaler, er schafft als Steinhauer.» (Sommer 1881).*

Karolina erwähnt in ihren Briefen noch weitere Namen von Liechtensteiner Auswanderern: Josef Kindle *(28. 8. 1881)* und Franz Xaver Gassner *(2. 4. 1882)*, Thomas Eberle und Frau, Wille aus Vaduz – der sehr wahrscheinlich identisch ist mit dem von Jansen genannten Emigranten Ferdinand Wille aus Vaduz[18] –, sowie Alexander Lampert und dessen Frau Juliana *(11. 6. 1882)*. Karolina war für die meisten von ihnen erste Anlaufstelle und Station in der neuen Heimat. Sie bot erste Orientierungshilfen und half auch im Krankheitsfall. *«Der Willi aus Vaduz ist noch bei mir, er war krank, ist aber wieder besser aber bis jetzt noch nicht arbeiten können, denn er war zu schwach.» (11. 6. 1882). «Alexander ist verheiratet und wohnt mit seiner Frau bei mir.» (1882).* Vor diesen hätten schon Johann Eberle und Franz Josef Frommelt bei Karolina gewohnt: *«Der Johann Eberle war mit seiner Famili 10 Tage bei mir im Hause, wir hatten es recht unterhaltend, es ist recht ein freundschaftlicher Mensch. Ich hatte meine Häuser dieses Frühjahr schon vermietet gehabt, aber ich habe doch noch für eine Zeit lang Platz gemacht. Der Josef Frommelt war eine Woche hier im Hause mit seiner Frau, diese ist so lustig und froh wie ein König, dass sie hier ist.» (26. 6. 1881).* In diesem Zitat ist von Karolinas Häusern die Rede. Tatsächlich hatte sie sich als Witwe mit zwei Kindern durch ihre Arbeit ein zweites Haus in Freeport erwirtschaften können, welches sie vermietete.

Karolina «stand ihren Mann» und erwies sich als geschäftstüchtige Witwe. Als Hausfrau, Mutter und Geschäftsfrau verstand sie es, Entscheidungen zu treffen. Bei der Berufswahl ihres Sohnes aber waren es die neu zugezogenen Liechtensteiner, die Julius die Entscheidung erleichterten. Julius war schon auf dem besten Weg, Priester zu werden, was seine Mutter und der Priester in Freeport nicht ungern gesehen hätten: *«Ich hatte ihn letztes Frühjahr in die englische Schule geschickt, aber nur drei Monate, denn unser Pfarrer hatte es gar nicht haben wollen, weil es keine Religionsschulen sind und hat er ihm und seiner Schulschwester versprechen müssen, wieder in die katholische Schule zu kommen, und so ist er seit im 1. September wieder gegangen, der Pfarrer hat ihn auch gefragt, ob er nicht Latein lernen wollte, welches er ihm recht gerne einwilligte, was er noch für ein Amt wählen wird, wird sich später zeigen, denn er ist noch zu jung, aber er hat überaus gute Talente.» (25. 1. 1880).* Zwei Jahre später ist die Entscheidung gefallen. Julius absolvierte eine Stein- und Bildhauerlehre *(6. 1. 1882)* von der er selbst berichtet: *«Ich arbeite jetzt schon seit 4 Monaten bei demselben Meister, wo der Franz Josef Frommelt ist, um das Schriftformen zu erlernen, welches ich sehr gern tue.» (5. 2.*

1882). Inwieweit Franz Josef Frommelt hier Entscheidungshilfe für den 16jährigen Julius war, lässt sich nicht feststellen. Aber allein die Erwähnung von Frommelt in seiner Stellenbeschreibung zeigt, dass Julius der gemeinsamen Arbeit einige Bedeutung zumass.

Ein Grossteil der Liechtensteiner Auswanderer bewegte sich auch in der neuen Heimat im vertrauten sozialen Umfeld. Heiraten untereinander waren keine Seltenheit. Remigius Eberle beispielsweise ehelichte die mit ihm ausgewanderte Josepha Beck. Diese argwöhnte, in Karolina Schädler ein Konkurrentin zu finden, was zu unliebsamen Spannungen führte. Katharina Frommelt schrieb an ihre Freundin Juliana Sele, der Schwester von Karolina Schädler in Triesenberg, von diesen Differenzen: «*Wenn der Remigi vor der Sefa so sicher gewesen wäre wie vor deiner Schwester Karolina, dann wäre er heute noch so unschuldig als wie ein Kind, wenn deine Schwester heiraten hätte wollen, so hatte sie nicht auf einen Triesnerberger warten müssen.*» *(Sommer 1882, Nr. 107).*

Der ebenfalls Anfang der achtziger Jahre ausgewanderte Alexander Lampert heiratete eine gebürtige Württembergerin namens Juliana. *(Sommer 1882, Nr. 97).* Alois Gassner verehelichte sich kurz vor der Weiterwanderung nach Portland im Jahr 1873 mit der ebenfalls aus

Erste und letzte Seite des Briefes vom 14. Dezember 1881 aus Freeport

Triesenberg stammenden Justina Lampert, der Schwägerin von Karolina Lampert. Auffallend an diesen in den Briefen von Karolina überlieferten Eheschliessungen ist, dass sie zumeist kurz vor oder nach einem einschneidenden Umbruch der Lebenssituation – Auswanderung, Weiterwanderung – geschahen.

Karolina Lampert, Portland 1884 bis 1890
«Portland den 9. Dezember (1884) – Liebe, theure Geschwisterte! – Aus weiter Ferne muss ich dir zu wissen tun, wie es uns hier in Portland geht. Wir sind gottlob alle gesund und glücklich am 30. September in Portland angekommen wo wir alle unsere alten Bekannten wieder fanden und es geht meist allen recht gut. Ich habe deine 2 lezten Briefe erhalten der eine in Freeport und der andere hier es war aber zu spät, denn ich war schon hier. Liebe Schwester, wo einem sein Ziel gesetzt ist, da muss man halt hin, nie hätte ich geglaubt, dass ich Freeport verlassen könnte mit Ausnahme auf Besuch nach Deutschland, ich habe auch immer noch Hoffnung gehabt, dass vielleicht eins von euch allen nach Freeport käme, aber da habe ich müssen die Hoffnung aufgeben, und somit habe ich mich entschlossen, noch weiter zu reisen, da kannst du auch sehen, dass ich mehr Unternehmungsgeist habe wie ihr alle miteinander. Aber liebe Schwester deshalb ist auch noch nicht gesagt, dass wir einander nicht mehr sehen, denn es gehen viele von hier aus, noch einmal ihre alte Heimath und ihre Freunde zu sehen, es nimmt nur 4 Tage mit dem Schnellzug bis nach Freeport und 9 Tage mit Emigrantenzug. Wir haben die neue Bahn genommen, wo im Norden durchgeht, da sind wir um so viele Berge herum gefahren und über so viele Brücken, dass es schauderhaft war hinauszusehen, wir haben eine Person 53 Thaler bezahlt mit Emigrantzug und waren in 9 Tage hier, wo wir alle bei der Hagbaba[19] uns niedergelassen haben, nachher bin ich bei der Justina[20] geblieben. Die Thresie hätte gleich können in Dienst für 10 Thaler per Monat, und ich selber war 1 Monat im Dienst für 25 Thaler aber ich hätte zu viel lange Zeit gehabt um die Kinder. Ich habe die Thresi die letzte Zeit auch noch bei mir gehabt, da war es besser gegangen und der Juli war bei der Justina in Kost gegangen, jetzt ist sie aber auf das Land gezogen, denn sie hat 60 Acer[21] Land gekauft 12 Meilen von Portland. Ich habe jetzt ein Haus gemietet für 13 Thaler den Monat und habe mich selber wieder eingerichtet, ich habe mir wieder einen Webstuhl gekauft und tue jezt wieder Karbetweben, es wird besser bezahlt wie in Freeport und die Thresi hilft mir wieder zu Hause, der Juli schaft in einem grossen Eisen- und Zinnladen und hat die erste Zeit 1 Thaler per Tag, später kann er es auf 60 bis 80 Thaler per Monat bringen, er sagt aber, er will nächsten Sommer wieder auf seiner Proffesion schaffen, denn die

Steinhauer verdienen hier 4 bis 5 Thaler per Tag, weil es aber im Winter hier fast alle Tage regnet, so ist es mir lieber, dass er am Trocknen ist, denn es ist gesünder für ihn. Hier ist alles theuer, ein Lot[22] 50 bei 100 Fuss kostet 1000 bis 1400 noch neben der Stadt draussen und die Lebensmittel sind auch alle theurer wie in Freeport, und somit habe ich mich entschlossen ein Stück Land zu kaufen nicht arg weit von der Stadt und wenn der Juli älter und kräftiger ist ziehen wir vielleicht darauf, denn es ist gesünder auf dem Land, oder ich kann es später wieder verkaufen, denn das Land wird immer theurer. Es ist nun heute Neujahrstag und wir kommen gerade von der Barbara[23], sie ist recht krank und wird wohl bald sterben. Sie lässt ihre Schwester vielmahl grüssen. Sie wird diesen Monat 76 Jahre alt, ihre Brüder sind ihr alle vorangegangen der Xaver[24] ist leztes Frühjahr gestorben und der Alois[25] im Oktober, sie möchte noch so gerne leben, so ich gekommen bin, damit wir einander noch recht vieles von Deutschland erzählen könnten, aber es wird ihr wohl versagen. Der Joseph Frommelt, und Alexander[26] haben 12 Meilen von der Stadt 118 Aker Land gekauft und sind darauf gezogen. Ich will nun für diesmal schliessen mit viel tausend Grüssen an alle meine Geschwisterte Vetter und Basen und alle Verwandte und ganz besonders bist du und dein Kind gegrüsst von uns allen und ich verbleibe deine dich nie vergessende – Schwester Karolina Lampert». (9.12.1884)

Weshalb zog Karolina nach 16 Jahren Aufenthalt in Freeport weiter in die Stadt Portland im Staat Oregon? Das wesentlichste Motiv war mit grosser Wahrscheinlichkeit der Sippenverband. Die 1874 vorausgewanderten Triesenberger und die 1881 in Freeport angekommenen Landsleute, welche nach drei Jahren Aufenthalt ebenfalls nach Portland gingen, sprachen die gleiche Sprache, stammten aus derselben Gegend und hatten die gleiche Kultur. Da Karolinas Geschwister, die eine wichtige Orientierungsgrösse für sie waren, nicht nach Amerika kamen, wurde der gleichsprachige Personenverband zum wichtigen Bezugspunkt.

Was waren die weiteren Ursachen für ihre Nachwanderung? Die bessere Bezahlung für das Teppichweben wird in ihrem Schreiben ausdrücklich erwähnt, so dass also auch wirtschaftliche Überlegungen sie zu diesem Schritt veranlasst haben dürften. Dazu kam, dass ihr Sohn Julius seine dreijährige Lehre als Stein- und Bildhauer beendet und auch ihre 15jährige Tochter Theresia die Schule abgeschlossen hatte. Sie war somit flexibler in ihrer Entscheidung. Ein weiteres Motiv, welches ihr den Abschied von Freeport erleichterte, war, dass sie ihr Haus in ihr bekannten Händen wusste. Der 1882 seinen Brüdern Johann und Remigius gefolgte Thomas Eberle mietete das Haus und kaufte es schliesslich im Jahr 1888.

Karolinas wirtschaftliche Überlegungen erfüllten sich, so dass sie noch nach vier Jahren in Portland ihrer Schwester berichtete: *«Ich thue noch immer etwas Karbetweben, denn ich habe dabei schnell viel Geld verdient.» (4.5.1887)*. In den Augen ihrer Freundin Katharina Frommelt war sie eine reiche Frau: *«Deine Schwester Karolina und Sohn sind gesund und auch reich, sie hat zwei Häuser, 40 Acker Land neben uns und noch viel Geld in der Bank. Zudem verschenkt sie noch viel. Sie ist die Gutheit selber.» (20.12.1889)*.

Der finanzielle Erfolg der Heimarbeit liess einen Beweggrund des Umzugs in den Hintergrund treten: *«Liebe Schwester, ich habe Freeport verlassen, um noch besser zu sorgen für meine Kinder, nämlich für mein Julius ein Stück Land zu kaufen, damit er nicht sein Lebtag unter fremden Leuten arbeiten muss. Aber bis jetzt hat es mir noch nicht gefallen, denn es ist hart urbar zu machen.» (24.4.1885)*. Das von Kindheit an vertraute Landleben und die durch die Selbstversorgung gewährleistete Autonomie waren erstrebenswert, aber nicht mehr um jeden Preis. Schliesslich kaufte Karolina doch noch Boden, aber nicht mehr um ihn zu bewirtschaften, sondern aus spekulativen Gründen. *«Ich hatte wieder Lotten gekauft, hier ein Haus, da bekomme ich 10 Thaler Hausmiete den Monat, in Austoria habe ich 4 Lotten gekauft, und neben dem Alexander und Franzsepp habe ich 40 Acer Land gekauft, somit habe ich mein Geld alles ausgegeben, ich habe aber gute Aussichten, es wieder gut zu verkaufen, nämlich mit grossem Profit, denn es wird von Jahr zu Jahr theurer hier, das Land und Stadt progrede* (entwickeln sich) *und somit gebe ich es noch nicht auf, dass ich euch nicht noch sehen werde.» (13.12.1890)*.

Während Franz Josef Frommelt und Alexander Lampert sich in Oregon in einer ländlichen Umgebung – zwölf Meilen von der Stadt Portland entfernt – einrichteten, blieb Karolina in der Stadt. Sie hatte sich dort dank ihrer Verwandten auch schnell eingelebt, so dass sie einem geplanten Umzug aufs Land widerwillig entgegensah: *«Das schlimmste ist noch, ich bin bange, dass ich das Heimweh bekomme, wenn ich von meinen Verwandten fortkomme, denn sie sind alle recht gut zu mir und ich habe recht viel Vergnügen hier, und ich habe so viele Plätze wo ich hin muss und deshalb habe ich dir auch so lange nicht geschrieben.» (24.4.1885)*.

Der Sippenverband bildete das integrierende Moment in der für Karolina neuen Situation einer wachsenden Grossstadt. Die städtisch geprägte Lebensform wurde von ihr schnell übernommen. So spricht sie von *«Vergnügungen»*, welche einen Wandel des Naturverständnisses anzeigen und damit die Akkulturation verdeutlichen: *«Wir haben so viel Vergnügen, im* (Sommer) *gehen wir jeden Sonntag Nachmittag aus spazieren, manchmal auf die Berge, manchmal auf den Reber*

(Fluss) *für 25 Cent die Person können wir sechs Meilen hin und zurück auf einem Dampfschiff fahren.» (4. 5. 1887).* Die Natur wird nicht mehr ausschliesslich als Ort primärer Produktion verstanden, sondern in einem ästhetischen Naturempfinden als Erholungsmöglichkeit des Stadtmenschen interpretiert.

Diese Angleichung an städtische Lebensgewohnheiten spiegelt sich in den zahlreichen Bemerkungen zum Wachstum der Gemeinde wider. «*Portland ist eine grosse Stadt, es hat bald einhundert und vierzigtausend Einwohner, es werden wieder neue Eisenbahnen und Brücken über den Colombia gemacht.» (1885).* «*Ich will dir auch eine Karte von Portland schicken, das ist aber nur das Mittel von Portland, da sie nicht die ganze Stadt können darauf tun, die Ostseite ist auch darauf aber auch nicht alles du kannst die Schneeberge sehen in der Ferne, mein Haus kannst du finden, suche das 122 X mit diesem XXX-Zeichen, stelle dich gegen Osten, wenn du die Karte anschauest und dann suche im südlichen Teile von der Stadt das 122 ist den Schwestern ihr Backsteinhaus und meins ist ganz nahe dabei. Becks sind im nördlichen Teil der Stadt gerade in der Ecke nahe am Fluss, wir haben 3 Brücken jetzt über den Fluss und es gibt noch mehr. Portland hat sich ungemein vergrössert seit ich hier bin, man braucht nicht mehr zu laufen, man kann überall hinfahren, bloss kostet es Geld.» (20. 10. 1886).* «*Portland ... ist und bleibt die Hauptstadt in Oregon, es wird noch eine Eisenbahn gebaut, dann kommen vier verschiedene Eisenbahnen zusammen, nebst Schiffahrt ... Es wird eine Eisenbahnbrücke gebaut, eine andere zum Gehen und mit Wagen fahren ist schon gebaut diesen Herbst und Winter, diese werden gebaut zum Auf- und Zudrehen, damit die Schiffe doch vorbei können.» (17. 2. 1887).* Das aufmerksame Kommentieren der Veränderungen der Stadt war nur aufgrund der genauen Beobachtung möglich. Der distanzierte Blick auf die Stadt, die ihrer Grösse wegen vereinnahmend und erschreckend zugleich ist, lässt sich als ein Merkmal für die Übernahme stadtbürgerlicher Lebensformen verstehen.

Die wachsende Stadt und die sich damit bietenden Verdienstmöglichkeiten waren Anlass für Karolina, ihre Geschwister erneut zu einer Reise nach Amerika aufzufordern. «*Für ihren Mann* (i. e. Eberle Lorenz, Mann von Karolinas Schwester Theresia) *sein Handwerk wäre es gut hier, denn weil es hier nicht kalt wird, so werden die Häuser nicht so dick gemacht, ausseit nehmen sie Bretter und inseit werden sie gelättet und gepflästert, also das pflästern und weiss machen könnte er tun, liebe Schwester sage es ihnen, wenn sie kommen, werden sie es gewiss nie bereuen und die Reise ist jetzt arg billig und schnell.» (28. 3. 1886).*

Karolinas Lamperts Akkulturation äussert sich nicht zuletzt auch darin, dass sie Mitbegründerin eines Vereins wird: *«Wir haben einen St. Marian Frauenverein gegründet, jedes Mitglied bezahlt 25 Sent den Monat, und daraus werden Kirchengewänder gekauft und gemacht. Die Ursula Beck ist Präsidentin und ich bin Sekretärin vom Verein, wir müssen somit alles besorgen. Unsere Verwandtschaft, ich, der Lui Lampert und Becks famili, haben ein neues Messgewand auf Ostern gekauft für 50 Thaler.» (4.5.1887)*. Die Kirche und die Religion spielten für Karolina zeitlebens eine zentrale Rolle. Dass nun dieser Einsatz für die Kirche in Form eines Vereins organisiert wurde – mit Statuten, Präsidentin und Sekretärin – ist nur ein Beleg mehr für die Übernahme städtischer Lebensformen.

Der Zusammenschluss zu einem Verein diente der Durchsetzung politischer und religiöser Interessen, wie sie in der Forderung nach einem eigenen Kirchengebäude zum Ausdruck kommen. *«Wir bekommen jetzt auch eine deutsche Kirche hier, am 19. März wird der Grundstein gelegt, wir haben wohl zwei deutsche Priester hier, aber es wird alles englisch gepredigt.» (7.2.1886)*. *«Mit unserer Kirche geht es ziemlich schnell, bis August wird sie eingeweiht, da habe ich auch 30 Thaler dazu gegeben, es kostet aber noch viel, wir haben noch keine Schul und kein Pfarrhaus, und die deutsche Schul muss nach der Kirche das erste sein, und somit kann ich noch ein paar mal 30 geben.» (4.5.1887)*. Dieses aktive und offene Eintreten für die Anliegen der Sprach- und Religionsgemeinschaft zeugt von einer Politisierung des Bewusstseins, das vom städtischen Milieu geprägt wurde.

Der bisherigen Angleichung an die amerikanischen Lebensformen, wie sie in Mode und Hauseinrichtung zum Ausdruck kam, wurde nun durch die institutionalisierte Sicherung der Sprache und Kultur gegengesteuert. Zwar war es nicht die Schule, in welcher die Muttersprache unterrichtet wurde, wohl aber ein vom Pfarrer geleiteter Verein, in welchem auch Karolinas Tochter Theresia Mitglied war. Sie schreibt: *«Liebe Kreszenz, du musst mich entschuldigen für mein schlichtes Schreiben, denn es ist schon lange, dass ich geschrieben habe. Du wirst es wohl sehen an meinem Gekritzel, aber wir haben jetzt einen Verein St. Aloisius, da haben wir 2 mal in der Woche Zusammenkunft, einmal für Geschäfte und einmal für Schule, der Pfarrer lernt uns Deutsch schreiben und lesen. Ich muss jetzt schliessen, denn die Mutter schimpft, dass ich so viele Bocks in meinem Brief habe.» (März 1887)*.

Die Sprachpflege in der organisierten Form eines Vereins lässt zwei Sachverhalte deutlich werden: Einmal zeigt sich dadurch das eigenständige Auftreten einer ethnischen Gruppe innerhalb der Stadtgemeinde, die sich in ihrer Verschiedenheit abzuheben versuchte. Andererseits spricht daraus auch die Angst vor Verlust der ethnischen Identität aufgrund der Akkulturation. Um die Eigenheit zu bewahren, wurden ethnische und religiöse Identität kombiniert, wodurch man eine starke emotionale Bindung innerhalb der Gruppe erreichte.

Ein grosses Anliegen von Karolina war die Ausbildung ihrer Kinder. Nachdem ihr Sohn Julius bereits in Freeport eine Bild- und Steinhauerlehre absolviert hatte, lernte er in Portland in einem Eisen- und Zinnwarengeschäft das Zinnschmieden *(20. 3. 1889)*. Ihre Tochter Theresia lernte das «Putzmachen», also das Hutmachen *(17. 2. 1887)*: Theresia verspricht ihrer Cousine im März 1887: *«Wenn ich kann, bring ich dir der schönst Hut wo es gibt, denn ich habe das Putzmachen gelernt und werde jetzt Lohn bekommen.» (März 1887)*.

Die Bildung war für Karolina ein wesentliches Moment der persönlichen Entfaltung. Von Portland aus riet sie deshalb ihrer Schwester, die Tochter in die Schule zu schicken, um diese von den engen Grenzen des Dorfes unabhängig machen. *«Wenn deine Tochter wieder recht gesund ist, so schicke sie nach Balzers zu den Schwestern ins Institut damit sie alles lernt, was ihr nachher mehr zum Nutzen ist, als manchem Triesnerberger alle seine Büchel, und sie nachher nicht gezwungen ist, ein so grober Triesnerberger zu heiraten, und sie wird dir ihr Lebtag dankbar dafür sein.» (26. 3. 1886)*.

Der Aufenthalt in Portland war also geprägt durch die Übernahme von städtischen Lebensformen, wie sie im veränderten Naturempfinden, im distanzierten und reflektierenden Blick auf die Entwicklung der Stadt oder in der Vereinsorganisation und im zunehmenden Bildungsinteresse zum Ausdruck kommen.

Eine weitere schmerzvolle Zäsur nach dem Verlust ihres Gatten und ihres jüngsten Kindes bedeutete für Karolina das Ableben ihrer Tochter Theresia. Sie war bereits in Freeport im Alter von zehn Jahren schwer an Diphterie erkrankt. *«Da wurde nun die Theresie so krank, dass alles gedenkt hat, sie stirbt, sie hatte sich eine Erkältung zugezogen und diese hat ihr auf die Lunge und in Hals geschlagen, dass sie die Krup verursachte, und so lag sie eine ganze Woche, dass ich nicht wusste, welcher Athemzug der lezte war, ich habe zwei Ärzte gehabt und sie haben sie aufgegeben und dass lezte war, sie wollten eine Operration im Halse vornehmen, welches ich aber nicht zugeben wollte. Sie hatte sich auf den Tod schön vorbereitet sie hatte gebeichtet und empfing die lezte Ölung und alles wer ins Haus kam, musste laut beten für sie, dass sie doch nicht versticken brauche, ich habe ihr auch von dem heiligen Loretta Wasser aus Frankreich gegeben, und so ist sie durch Gottes Hilfe und Barmherzigkeit wieder gesund. Der Doktor hat gesagt es wäre ein Wunder, denn unter 100 könte nur eins kurrirt werden. Ich habe sie den ganzen Winter müssen im Hause behalten, denn ihre Lunge ist noch recht schwach und sie nimt auch noch immer Medizin.» (11.5.1879)*. Theresias Gesundheitszustand blieb in der Folge jedoch angeschlagen. *«Meine Tochter Theres ist nicht recht stark, sie nimmt immer Fischlebertran, der Doktor sagt, wenn sie zwanzig Jahre alt ist, wird sie erst stark, sie ist grösser als ich.» (4.5. 1887)*. Fischlebertran sollte den zu Rachitis führenden Vitamin-D Mangel kompensieren. Doch trat keine Besserung ein. *«Mit schwer erfülltem Herzen schreibe ich dir diese paar Zeilen, denn meine liebe Theresie ist krank, sie hat es an der Lunge. Sie hat schon lange den Husten, und diesen Winter hat sie sich eine starke Erkältung zugezogen und seitdem ist sie recht krank.» (22.3.1888)*. Wenig später starb sie. *«Die Theresia war eineinhalb Monate weniger wie 19 Jahre alt geworden, am ersten Mai Morgens früh starb sie. Jedes Jahr an dem Tag hat sie das Marienlied gesungen: Maria Marienkönigin dich will der Mai begrüssen usw. Sie konnte so schön singen. Wir sangen alle Tage zusammen, es ist aber kein Ton mehr über meine Lippen gekommen, seit dem sie gestorben ist.» (26.8.1891)*. Die Trauer über den Verlust des zweiten Kindes bestimmte die folgenden Lebensjahre Karolinas. *«Letzten Sommer waren wir eine Zeit lang auf dem Lande, wo der Banzer wohnt, die Karolina Beck und Ursula waren auch dort, denn ich dachte es wäre vielleicht besser für mich, ich könnte die Zeit besser herumbringen, aber es war dasselbe überall wo ich bin, und was ich tu habe ich nur ein Gedanke, und der ist bei meiner lieben Theresie.» (20.3.1889)*. *«Ich habe aufgegeben Karbetweben seit dem wie die liebe Theresie gestorben ist, denn ich habe doch an allem keine Freude mehr.» (13.1.1890)*.

In dieser Zeit der Trauer, die in den Briefen in einer bedrückenden und einfachen Sprache zum Ausdruck kommt, widerfuhr ihrer Schwester Juliana Sele, gleichfalls Witwe wie Karolina, das gleiche Schicksal am Triesenberg: Ihre Tochter Kreszentia starb am 12. April 1890. Karolina kündigte darauf ihren Besuch in Triesenberg an: *«Liebe Schwester, ich und Julius werden dieses Frühjahr kommen, wenn uns der liebe Gott gesund erhält und euch besuchen ... ich habe mein Geld zwar alles in Liegenschaften angelegt, aber ich werde nach Neujahr probieren, etwas davon zu verkaufen, dass wir Reisegeld haben hin und zurück.» (13. 12. 1890)*.

Vor dem Hintergrund der alles bestimmenden Trauerarbeit liess sie keinen Zweifel aufkommen, wo sie ihre Heimat nun sah: *«Jetzt liebe Schwester sei recht stark, muntere dich ein wenig auf, bis ich dich selbst sprechen kann und wir uns gegenseitig unser Leid klagen können. Wie lieb wäre es mir, wenn du dich entschliessen könntest mit uns zurückzukehren, dass wir uns in gesunden und kranken Tagen pflegen könnten, liebe Schwester denke, dass ein Schwesternherz schlägt für dich, auch Julius würde wie ein Sohn handeln für dich, und die Trennung würde mir viel schwerer fallen, als wie das erstemal von Euch.» (13.12.1890).* Karolina wollte ihre Schwester abholen, um mit ihr nach Amerika zurückzukehren.

Doch der auf die Reiseankündigung folgende Brief vom Frühjahr 1891 lautete anders als erwartet.

Karolina Lampert, Albina 1891 bis 1892
«Albina den 30 März – Vielgeliebte Schwester! – Ich habe dein liebes Schreiben erhalten, und bedaure es mit Schmerzen, das ich mein Wort wieder zurüknehmen muss, besonders da ich sah, wie ihr euch freuet auf meine Ankunft. Ich will dir auch gleich die Ursache sagen, mein Julius hat gute Gelegenheit gehabt hier ein Geschäft anzufangen, er hat einen Laden mit Zinn und Eisenwar ausgekauft für 2'000 Thaler, ich muss die Reise nun wieder aufschieben, da ich ohne Julius nicht gehen will, bis er einen guten Mann auf seinen Platz bekommen kann, dass er ihm alles anvertrauen kann. Ich bin nun auf die andere Seite vom Fluss gezogen nach Albina wo dem Julius sein Geschäft ist, dass er heimkommen kann für Mittagessen, ich kann aber in einer halben Stunde drüben sein mit der Elektrischen Bahn bei meinen Verwandten und somit gehe ich jede Woche 2 bis 3 mal hinüber, es kostet nur 10 Sent hin und zurück. Liebe Schwester ich gebe aber die Hoffnung nicht auf, dass ich Euch alle nicht noch sehen werde, ich wollte nur wünschen, dass du dich entschliessen könntest herein zu kommen, dann würde ich allein kommen ohne Julius und dich holen.» (30.3.1891).

Julius, der in Portland das Zinnschmieden erlernt hatte, machte sich selbständig. Das dazu benötigte ansehnliche Startkapital von 2'000 Dollars entsprach dem zweifachen Jahresgehalt eines Professionisten. Auch zogen er und Karolina in ein neues Haus in der Nähe des Geschäfts. *«Ich habe mein Haus in Portland vermietet für 25 Thaler den Monat und hier habe ich auch mein eigen Haus, bloss etwas kleiner.» (30.3.1891).* Die Investitionen in Haus und Geschäft liessen kein Kapital mehr für die angekündigte Reise nach Triesenberg.

Der Ort, wohin sie zogen, war ein Vorort von Portland, jenseits des Columbia-Flusses. *«Portland ist jetzt gross geworden, denn Albina und Ost-Portland gehört auch dazu und zählt nun zusammen 80'000 Einwohner.» (22.6.1891).* Er lag etwas in der Anhöhe und schien nicht so dicht besiedelt wie die Stadt. *«Es ist viel schöner zu wohnen als in Portland, denn es ist nicht so eng gebaut und man hat schönere Aussichten, denn es liegt höher.» (30.3.1891).* Auch Karolinas Verwandte, Ursula und Karolina Beck, zogen nach Albina, was es für Karolina *«ein wenig schöner»* machte. Selbst die Kirche fehlte nicht. *«Wir haben auch eine neue Kirche gebaut hier in Albina, aber keine Deutsche, son-*

dern Englisch, ich gehe aber auf die andere Seite in die Deutsche Kirche.» (22.6.1891).

Albina war trotz dieser Vorzüge nicht ihr Ort. Für Karolina wichtige Bezugspunkte wie der Verwandtschaftskreis und die Glaubensgemeinschaft, verblieben in der dicht bebauten Stadt. Dazu kam, dass der ländliche Charakter Albinas Klima und Landwirtschaft wieder wichtig werden liess, ohne die Möglichkeit zu einer entsprechenden Tätigkeit zu bieten. *«Es war diesen Sommer ziemlich heiss hier, wir hatten in zwei Monat nur einmal Regen hier, der Weizen und Kartoffel sind gut geraten und überhaupt alles, denn in Oregon gibt es selten ein Missjahr.» (26.8.1891).* Nach den Jahren ihres Aufenthalts in Portland, wo *«nichts wie Blumen in die Gärten gepflanzt» (24. 4. 1885)* wurde, schrieb Karolina in Albina wieder über den Ackerbau. Sie selbst schien aber nichts angebaut zu haben. Da sie auch das Teppichweben nach dem Ableben ihrer Tochter aufgegeben hatte, stand allein die Beziehung zu ihrem Sohn Julius im Mittelpunkt des Lebensinteresses.

Diese intensive Mutter-Sohn-Beziehung wurde in Albina zu einer einengenden Abhängigkeit, auf die sie reagierte. *«Der Julius hat noch keine Bekanntschaft, er sagt, er hat zu ein gutes Heim, er bekäme es nicht mehr so gut, wiewohl es mir recht wäre, wenn er ein gutes katholisches Mädchen heiraten würde, dann hätte ich nicht mehr aufzupassen auf ihn und könnte gehen, wo ich wollte, denn ich habe immer noch im Sinn, dich, liebe Schwester, noch einmal zu sehen so Gott will.» (26. 8. 1891).* Der Wunsch, dass ihr Sohn heiraten möge, war zum einen in der Sorge um seine Zukunft begründet. Zum anderen war er Ausdruck, der Abhängigkeit zu entkommen und so die Reise in ihre alte Heimat möglich zu machen.

Gemeinsam mit ihrer Schwester Juliana Sele, die ebenfalls die Tochter verloren hatte, wollte sie die alles beherrschende Trauer um Theresia bewältigen. Albina, das nicht mehr Stadt und noch nicht Land zu sein schien und wo Karolina weder Heimarbeit noch Landwirtschaft betrieb, war nicht der rechte Ort für diese Trauerarbeit.

Karolina Lampert, Troutdale 1892 bis 1916
«Troutdale, 27 Februar 1893 – Liebe, Theure Schwester! Schon lange wollte ich dir schreiben, um zu erfahren warum du nicht schreibst, aber immer ist es geblieben. Ich habe deinen lezten Brief bald vor einem Jahr erhalten und dier auch gleich geantwortet, aber leider keine Antwort mehr erhalten, vor allem aber liebe Schwester glaube nicht, dass ich euch alle vergessen habe. Ich bin mit Julius seit lezten Sommer auf dem Lande weil er nicht ganz gut fühlte, nahe bei der Katharina[27], und Alexander, ich habe dort ein Haus gebaut und wier haben im Sinn hier zu bleiben, der Julius ist wieder ganz gesund, es ist

viel gesünder auf dem Lande wie in der Stadt. Aber nun möchte ich so gerne bald hören wie es bei euch in der alten Heimath geht – und täglich denke ich, und wünsche dich bei mir zu haben, wir könnten unsere wenigen Jahre was wir noch zu leben haben, recht schön haben. Was macht nun mein lieber Bruder und seine Kinder, ich wünsche ihn so oft hieher aufs Land, dan braucht er nicht mehr in die Schweiz zu gehen auf dem Lande ist Arbeit genug und zu essen hat man hier auch genug, denn es wächst hier alles ausgezeichnet, blos haben wier keine Kirche hier, jedoch hoffen wier, dass es bald auch eine gibt, ich gehe jeden Monat einmahl nach Portland, es ist 20 Meilen von hier auf der Eisenbahn in die Kirche und dan mache ich auch meine anderen Geschäfte ab, ich habe meine 2 Häuser vermiethet dort, eine Meile ist aber nur 20 Minuten, folglich nimt[28] es nicht lange bis ich dort bin. Die Katharina ist recht froh, dass ich hier bin wier sind täglich beieinander und ihr Bruder auch ich glaube seine Frau hätte es recht gut hier er hat ein schönes Stück Land hier und 4 Kühe, auch Alexander ist gesund, hat aber eine grosse Famili 7 Kinder. Ich habe gehört, dass der Lehrer Lampert[29] letzten Sommer wieder draussen war. Es wundert mich auch was für eine, der Base Agatha ihr Thochterman wieder geheirathet hat. Jezt liebe Schwester schreibe mir recht viel, und alles was du mir irgend mitheilen kanst, ich würde dier viel mehr schreiben, von hier, aber ich denke du hast nicht viel Intresse an demselben, ich weiss wo deine Gedanken am meisten weilen, ich hoffe jedoch, dass sich dein Schmerz ein wenig gelindert hat, wier wollen es nicht haben wie die Heiden, die keine Hoffnung haben, sondern wier wissen wo wier einst unsere Lieblinge finden werden. Was machen meine anderen Geschwister? und alle meine Bekante, ich habe die Hoffnung noch nicht aufgegeben, dass ich euch alle noch einmal sehen werde. Jezt liebe Schwester schreibe mir gleich, denn ich warte mit schmerzen, warum du mich so lange ohne Nachricht liessest, hoffentlich wirst du doch nicht krank sein, schreibe mir was macht auch das Theresi Beck und seine Kinder, und alle meine lieben Freunde grüsse mir alle; heute am 5 März wo ich diesen Brief schliesse bin ich in Portland ich war in der Kirche und besuche meine lieben Freunde nächsten Dienstag gehe ich wieder Heim. Jezt viele grüsse an Euch alle meine Geschwisterte und Verwandte besonders bist du gegrüsst von Julius und mir Deiner dich liebenden Schwester – Karolina Lampert – Meine Adresse Troutdale Oregon North-Amerika»

Karolina nennt in ihrem ersten Brief aus Troutdale, wohin sie mit ihrem Sohn Julius im Sommer 1892 zog, zwei Motive für den Neuanfang in einer agrarisch geprägten Umgebung: erstens die Gesundheit des Landlebens, welche insbesondere für ihren Sohn von Vorteil sei und zweitens die Nachbarschaft zu den Triesenberger Verwandten beziehungsweise Bekannten Katharina Frommelt, geborene Marock, und Alexander Lampert.

In einem späteren Brief kommt ein ursprünglich nicht genannter Aspekt hinzu, nämlich die wirtschaftliche Lage der Stadt. *«Die Geschäfte liefen sehr schlecht in Portland ... Damals waren bessere Zeiten, und dann habe ich mein Geld in schlechte Spekulation gesteckt, und somit muss ich warten bis es wieder bessere Zeiten gibt.» (21.1. 1896)*. Die schlechten Spekulationen bezogen sich auf die Landkäufe aus dem Jahr 1889, die sie aufgrund des schnellen Wachstums von Portland gemacht hatte. Die Hoffnungen auf den grossen Profit erfüllten sich nicht. Auch dürfte dem Eisen- und Zinngeschäft von Julius wenig Erfolg beschieden gewesen sein. Die Ursachen waren struktureller Natur. Amerika litt unter einer der stärksten Wirtschaftskrisen seit dem Bürgerkrieg 1860. *«Im Jahre 1893 fallierten über 600 Banken und im Sommer gerieten 74 Eisenbahngesellschaften, denen ein Schienennetz von fast 50'000 Kilometern gehörte, unter Zwangsverwaltung ... Die Eisen- und Kohleproduktion flaute ab und zur Steigerung der allgemeinen Not kam 1894 noch eine schlechte Maisernte und eine verminderte europäische Nachfrage nach Weizen. Arbeitslosigkeit, Streiks, Unzufriedenheit und viele Leiden kennzeichneten die Winter 1893/94 und 1894/95.»*[30] In dieser Krisensituation kehrte Karolina Lampert der Stadt den Rücken. Ihre Überlegung, Land sowohl aus spekulativen als auch aus Versorgungsgründen zu kaufen, machte sich nun bezahlt. Konnte das Land nicht verkauft werden, so diente es doch als Grundlage für die Landwirtschaft und sicherte damit die Existenz. Zudem dürften die Erfahrungen der Kindheits- und Jugendjahre in Triesenberg, die bäuerlich geprägt waren, die neuerliche Entscheidung für das Landleben erleichtert haben. Die Abwanderung aus der Stadt schien weite Kreise zu erfassen.

«Ich glaube wirklich, dass in Deutschland mehr Verdienst ist wie hier, denn in den Städten sind so viel arbeitslose Leute, dass sie die Stadt ernähren muss, darum kann man auch nichts mehr verkaufen an Grundeigentum, man würde nicht die Hälfte dafür bekommen, was es Wert ist, denn die Leute haben kein Geld. Es sind darum viele Leute auf das Land gezogen. Die Lebensmittel sind billig hier.» (16.2. 1897). Die Sicherstellung der eigenen Versorgung durch selbständige Bodenbewirtschaftung und Viehhaltung zeigt sich somit als zentrales Motiv des erneuten Wohnungswechsels. *«Auf dem Lande ist Arbeit genug und zu essen hat man hier auch genug, denn es wächst hier alles ausgezeichnet.» (27.2.1893)*.

Die stets wiederkehrenden Nachrichten über die Grösse der eigenen Landwirtschaft widerspiegeln Karolinas Unabhängigkeit. Sie nennt beinahe in jedem Brief aus Troutdale die Anzahl ihrer Kühe,

Hühner und Pferde sowie ihre Ernteergebnisse. «*Wir haben 8 Acker kultiviertes Land und pflanzen Kartoffel zum verkaufen, Weizen für die Hühner, denn ich habe bald 80 Stück und Hafer für das Pferd und alles andere was wir brauchen. Wir haben vier Kühe und verkaufen den Rahm beim Haus alle zwei Tage. Ich mach nur Butter, was wir brauchen.*» *(6. 9. 1907).*

Die Landwirtschaft war Garant für die Autarkie. Diese wirtschaftliche Unabhängigkeit als Karolinas Lebensideal kam auch in anderen Zusammenhängen zum Ausdruck. So riet sie ihrer Nichte Magdalena in Triesenberg, welche in der Fabrik in Triesen arbeitete, die ungesunde Fabrikarbeit zu lassen. «*Wir beide bedauern dich, dass du in die Fabrik musst, denn das ist Sklaverei und verkürzt das Leben.*» *(6. 9. 1907).* Von ihren Nachbarn in Troutdale schrieb sie: «*Der Frommelt kommt fast jeden Abend zu uns, er wohnt ganz nahe. Er hat nur den jüngsten bei sich, die anderen Söhne sind alle fort, sie lieben besser[31] für andere zu schaffen als daheim.*» *(9. 5. 1912).* Freiheit und Selbständigkeit als treibende Handlungsmotive begegnen in den Briefen Karolinas immer wieder. Nahezu klischeehaft zeigen sich darin ihre Wurzeln – eine Nachfahrin der freien Walser am Triesenberg.

Umstellungsschwierigkeiten: Langeweile und Schlaflosigkeit
Karolina fiel die Umstellung von der in Portland und Albina gepflegten urbanen Lebensform auf den agrarisch durchformten Lebensrhythmus in Troutdale nicht leicht. Sie klagte über Langeweile auf dem Land während des Winters, die nur durch Lesen zu überbrücken sei. Dies zeigt bereits die städtische Prägung ihrer Lebensform. «*Es ist im Winter wohl recht langweilig hier, denn man ist zu viel ans Haus gefesselt.*» *(21. 1. 1896).* «*Es ist hier recht langweilig auf dem Lande, wenn wir nichts zu lesen hätten, wäre es nicht zum Aushalten, aber wenn ich nach Portland gehe, bringe ich immer viele Bücher mit zum Lesen. Da sitzen wir Abends und lesen bis 10 Uhr.*» *(18. 11. 1897).* «*Sonntags und Abends sind wir beschäftigt mit Lesen, denn wir haben drei Zeitungen die Woche.*» *(13. 2. 1904).* Der städtische Einfluss kam immer wieder zum Tragen, und auch wenn Karolina betonte, wie sehr es ihr auf dem Land gefalle, so nannte sie im gleichen Satz den urbanen Charakter dieses Landlebens: «*Wir haben es recht schön auf dem Lande, unser gutes Auskommen, wir haben 3 Kühe, 1 Pferd, 40 Hühner. Ich brauche kein Butter mehr machen, denn wir haben eine Maschine, wo gleich nach dem Melken den Rahm von der Milch sondert. Den kommt jede Woche zweimal ein Mann, wo wir den Rahm zu ihm verkaufen, er bringt uns alles, was wir brauchen, wir haben freie Postlieferung bis zum Haus jeden Tag, freie Bibliothek, aber nur Englisch, somit ist es fast schöner wie in der Stadt, bloss die Kirche sollten wir näher*

haben.» (13.2.1904). Tatsächlich hatte die amerikanische Landwirtschaft seit 1860 eine Agrarrevolution durchgemacht, die auf einen Technisierungsschub zurückzuführen war. Elektrisch betriebene Milchseparatoren, Butter- und Waschmaschinen trugen dazu bei, auch den Landleuten die *«Vorteile des Stadtlebens zu verschaffen und damit die frühere schwere Arbeit im Haushalt zu vermindern.»*[32] Karolina Lampert und ihr Sohn Julius bedienten sich dieser durch die Technik bereitgestellten Möglichkeiten. Da auch eine mit der Stadt vergleichbare Infrastruktur gegeben war – Bibliothek, Zeitungen, Postzustellung waren vorhanden – und der Informationsfluss nicht an ihnen vorbeiging, wogen die Unterschiede von Stadt und Land nicht so schwer. *«Wir halten die tägliche Englische Zeitung von Portland und 2 Deutsche jede Woche, der Briefträger kommt jeden Tag zum Haus und so wissen wir alles was vorgeht in Portland und überall.» (6.9.1907).* Es ist dennoch bezeichnend, dass Karolina zehn Jahre nach ihrer Übersiedlung immer noch Vor- und Nachteile von Stadt und Land gegeneinander aufwog und sich nur zurückhaltend für das Land entschied, wie obiges Zitat zeigte: *«… somit ist es fast schöner wie in der Stadt, bloss die Kirche sollten wir näher haben.» (13.2.1904).* Selbst noch im Jahr 1910, als sie Pfarrer Müller einen Brief schrieb, bezog sie sich mehr auf Portland als auf Troutdale: *«Portland ist sehr gross jetzt, denn es hat einen guten Seehafen, es kommen grosse Schiffe hin um Getreide zu holen und feines Bauholz. Es hat zehn bis zwölf Stock hohe Gebäude dort, aber ich möchte selbst nicht mehr dort wohnen, wir haben es so still hier.» (7.3.1910).*

Ein Problem von Karolina Schädler, welches ihr Wohlbefinden stark beeinträchtigte, hob erst nach der Übersiedlung auf das Land an: *«Noch eins, ich leide an Schlaflosigkeit, ich kann manchmal die ganze Woche kaum eine Stunde schlafen, übrigens bin ich gesund und so habe ich es schon bald 2 Jahr. Ich habe schon viele Medizin genommen, aber es hat nichts geholfen. Wenn du ein Mittel weisst, so schreibe mir, du glaubst nicht wie langweilig es ist, so ganze Nächte nicht schlafen, und über mein Schicksal nachdenken. Ich habe schon dem Pfarrer Kneip aus Wörrishofen, Bayern, seine Wasserkur probiert, aber es hat nichts geholfen.» (21.1.1896).* Die Schlaflosigkeit machte ihr über Jahre hinweg zu schaffen. Zehn Jahre lang bekämpfte sie mit allen medizinischen Mitteln das Problem, dann schrieb sie: *«Ich leide immer noch an Schlaflosigikeit, ich habe alles gebraucht, hat alles nichts geholfen. Jetzt habe ich mich in mein Schicksal ergeben.» (13.2. 1904).*

Portland – alte Freundschaften

Die Bindung an Portland blieb bestehen. Zunächst ging Karolina jeden Monat nach Portland. Die Gründe waren materieller, emotioneller und religiöser Natur: Einerseits hatte sie ihre zwei Häuser in Portland vermietet, andererseits nützte sie ihre Aufenthalte zum Mess- und Freundesbesuch. In den späten neunziger Jahren des 19. Jahrhunderts wurden die Besuche in Portland seltener: «*Ich gehe alle zwei bis drei Monate einmal nach Portland zu meinen Bekannten für ein paar Tage, dann muss sich der Julius selbst kochen.*» *(16.2.1897)*. Die Beziehungen Karolinas zu ihren Freunden in Portland rissen durch ihre seltener werdenden Visitationen nicht ab. «*Ich werde der Juliana[33] schreiben, wenn ich von Portland komme, wie ich dort alle meine Freunde getroffen habe*» *(22.12.1909)*, versprach sie 1909, nachdem sie schon nahezu 15 Jahre in Troutdale gewohnt hatte.

Die Besuche waren gegenseitig. Karolinas Landhaus war im Sommer Anlaufstelle für die städtischen Freunde: «*Im Sommer haben wir viel Besuch von Portland gehabt, fast jeden Sonntag*». *(16.1.1898)*. «*Im Sommer habe ich viel Besuch von Portland, sie bleiben gewöhnlich 2 bis 3 Wochen.*» *(13.2.1904)*.

Das Haus in Troutdale

Wie wohnte Karolina Lampert auf dem Land? In einigen Briefen findet sich eine Beschreibung ihres Anwesens: «*Wir wohnen hier auf einer Anhöhe und haben schöne Aussicht auf den Fluss Colombia-Fluss. In der Nacht können wir die elektrischen Lichter sehen von Portland. Es ist 20 Meilen von hier. Eine Meile ist 20 Minuten. Es fahren jede Stunde elektrische Wagen von Troutdale nach Portland, und Abend und Morgen gehen die Eisenbahnzüge … Das Vieh haben wir das ganze Jahr zu Hause, denn es hat keine Alpen hier, wir können den Rahm beim Haus verkaufen, haben alle Monat Zahltag. Wir haben fünf Küh und ein Pferd, drei Schweine und Hühner. Wir pflanzen jedes Jahr Kartoffel zum Verkaufen. Sie haben gewöhnlich einen guten Preis, sie werden gewöhnlich nach Kalifornien, St. Franzisco geschickt. Wir können sie in Troutdale einladen auf die Eisenbahn. Es ist nur 3 Meilen bis Troutdale und eine gute Strasse.*» *(21.2.1910)*. Neben den zum Verkauf bestimmten Kartoffeln und den Zwiebeln bauten Karolina und Julius hauptsächlich Obst an: «*Wir haben auch alle Sorten Obst, nämlich: Apfel, Birnen, Zwetschgen, Kirschen, Pfirsiche, Chiwten.*» *(25.4.1910)*. «*Wir haben sechs grosse Kirschenbäume um das Haus herum, es macht Schatten und im Sommer schöne Frucht.*» *(22.12.1909)*. Auf dem Speiseplan stand oft Hühnerfleisch: «*Ich habe noch 80 Hühner, wir essen jede Woche ein paar. Das andere Fleisch ist teuer.*» *(8.1.1913)*.

Über die technische Ausstattung des Heimes finden sich immer wieder Berichte: *«Wir haben ein gutes Licht, es kommt von Deutschland, Glühlicht heisst es und macht mehr Helle als sechs andere und wir brauchen dasselbe Kohlenöhl.» (22.12.1909)*. Es muss auch ein Telefon im Haushalt vorhanden gewesen sein, denn 1910 bat Karolina ihren Sohn telefonisch, sie von Troutdale abzuholen: *«Wo ich von Portland kam, habe ich in Troutdale dellefohnt zum Julius, er soll mich holen. Bis in einer Stunde war er dort mit Pferd und Wagen.» (7.3.1910)*. Mit Pferd und Wagen legte man die drei Meilen zwischen Troutdale und dem Haus von Karolina in einer Stunde zurück. Vier Jahre später besassen die verwandten Nachbarn bereits ein Auto, das wesentlich grössere Strecken in kürzerer Zeit bewältigen konnte: *«Der Julius ist heute mit dem Ferdinand Lampert Automobil gefahren. Ich war am Sonntag zuvor mit ihnen in die Kirche gefahren bald 10 Meilen von hier. Es hat nur 35 Minuten genommen ein Weg.» (12.7.1914)*.

Wohn- und Arbeitssituation verdeutlichte Karolina mittels der Fotografie. *«Ich schicke dir auch ein Bild von uns und ein Teil von unserem Haus und unseren Kirschen. Es war ein Mann hier, hatte die Maschine bei sich, ich kam gerade aus der Kirche, machte Mittagessen, somit habe ich mich nicht anders gekleidet und der Julius sitzt dort mit seinem Hund, das andere ist ein Ast von unseren Kirschen.» (22.12.1909)*. Diese Fotografien stellten kein idealisiertes Abbild der Wirklichkeit dar, sondern waren Schilderungen eines zufälligen Lebensmomentes. *«Ich will dir ein Bild schicken, es waren Bekannte von hier und Portland hier und nach dem Essen hat eine Frau von denen uns alle abgenommen, ich denke du kannst mich kennen, sonst mache ich noch ein X-Zeichen.» (8.1.1913)*.

Die Bilder, welche Karolina aus ihrer alten Heimat erhielt und mit welchen sie ihre Wohnung schmückte, spielten dagegen eine ganz andere Rolle. Dienten die Aufnahmen aus Amerika der anschaulichen Information über die Lebensumstände in der neuen Welt, so waren die Bilder aus Triesenberg Ausgangspunkt für die Erinnerung an die gemeinsame Vergangenheit. Sie dienten als Andenken. *«Ich bin froh, dass ich noch ein Bild hab von ihr, ich schaue es oft an und denke an sie.» (21.7.1912)*, schrieb Karolina nach dem Ableben ihrer Schwester Nothburga Schädler. Die Fotografien aus Triesenberg hatten die zeitliche Lücke zwischen der Auswanderung und der Gegenwart fiktiv zu schliessen. So vermittelten sie Nähe. *«Ich habe gar keine Fotografie von der Schwester Sofina, ich kann sie nur sehen wie sie aussah, als ich fort ging.» (24.9.1911)*. Das erinnerte Bild des Abschieds von Triesenberg wurde mit jeder Fotografie wieder hervorgerufen. Insofern stellte jedes Bild ein Andenken dar, bei welchem der bildnerische Informationsgehalt zweitrangig war. *«Das Bild von der Musikkapelle hat mich recht gefreut, wiewohl ich die meisten nie gesehen habe, der Kapellmeister sieht seinem Vater Ferdinand so ähnlich wie er war, wo ich nach Amerika ging und das wird bald 42 Jahre.» (22.12.1909).*

Der Sippenverband als Siedlungs- und Sprachgemeinschaft

Neben dem Leitmotiv der durch die Landwirtschaft gegebenen wirtschaftlichen Unabhängigkeit kam der Nachbarschaft zu den Verwandten eine wesentliche Bedeutung bei der Entscheidung zu, die Neuorientierung auf dem Lande auf sich zu nehmen. Die nächsten Nachbarn Karolinas waren die aus Triesenberg stammenden Verwandten Franz Josef und Katharina Frommelt, geborene Marock, deren Bruder Joseph Marock und Alexander Lampert. Die Kontakte wurden gegenseitig gepflegt. *«Die Katharina ist recht froh, dass ich hier bin. Wir sind täglich beieinander und ihr Bruder auch.» (27.2.1893). «Manchmal kommt der F. Frommelt oder seine Söhne, wir wohnen ganz nahe zusammen, dem Alexander Lampert seine Familie auch, in zehn Minuten lauft man hin.» (21.2.1910).* Weiter entfernter Landbesitz diente nicht Versorgungs- sondern Spekulationszwecken und wurde bei Bedarf verkauft. *«Der Julius hat 40 Acer verkauft, es war eine Meile von hier für 2000 Thaler, es ist aber noch nicht urbar, sondern noch grosse und kleine Bäume darauf, fünf bis sechs Fuss dicke Tannenbäume, mit Dynamit werden jetzt die Stumpen herausgeblasen, das war im Anfang nicht, wo wir angefangen haben, da hat man alles von Hand ausgegraben.» (25.4.1910).* Der Sippenverband hatte die Funktion einer Siedlungsgemeinschaft, so dass Karolina in kein anonymes Niemandsland zog, sondern in ein durch Triesenberger Auswanderer bereits erschlossenes Territorium.

Gegenseitige Hilfestellung und Arbeitsteilung kennzeichneten die Gruppe. So arbeitete Franz Josef Frommelt als Saisonarbeiter in der Stadt, während sein Schwager Joseph Marock die Landarbeit verrichtete: *«Der Franzsepp kommt im Sommer immer in die Stadt arbeiten und im Herbst geht er wieder heim. Sein Schwager tut für ihn die Arbeit dort im Sommer.» (13. 1. 1890).*

Der Sippenverband hatte auch eine wichtige Sozialfunktion, was insbesondere im Krankheitsfall zum Ausdruck kam: *«Verzeihe mir vor allem»*, schreibt Karolina ihrer Schwester Juliana Sele, *«dass ich dich so lange ohne Nachricht liess, denn ich habe ihn* (den Brief) *erhalten in der Zeit, wo dem Alexander Lampert sein Kleines so krank war, welches auch gestorben ist, du wirst es wohl gehört haben, und somit habe ich alle übrige Zeit verwendet, dass ich ihr* (der Witwe von Alexander Lampert, R.T.) *beigestanden bin, denn hier auf dem Lande ist es sehr einsam wenn man Kranke hat und nicht nahe beieinander wohnt.» (16. 2. 1897).*

Der Sippenverband war als ethnische Gruppe vor allem definiert durch die gemeinsame Sprache und Kultur. Karolina Lampert bezog in Troutdale gleich zwei deutsche Zeitschriften. «*Der Julius kann so gut Deutsch wie Englisch lesen, denn wir halten die tägliche englische Zeitung von Portland und zwei Deutsche.» (6. 9. 1907). «Er liest so viele deutsche Zeitungen und somit weiss er alles, wie es dort zugeht.» (21. 7. 1912). «Ich habe ... die Zeitung von Mels erhalten und somit kann ich jede Woche sehen, wie es dort zugeht, es interessiert mich und Julius sehr, besonders das Triesnerberger Deutsch.» (12. 7. 1914)*. Die Sprachpflege wurde zumindest von den noch in Liechtenstein geborenen Auswanderern hochgehalten. «*Ich und mein Sohn Julius haben noch nie Englisch zusammen gesprochen, es würde uns ganz lächerlich vorkommen, wenn eins das andere Englisch anreden würde, so auch meine liebe Theresia, wir haben auch nie Englisch zusammen gesprochen, wo sie klein waren oder in die Schule gingen habe ich es nicht gelitten, und somit haben sie es nicht mehr angefangen.» (18. 10. 1894)*. Die in Amerika geborene zweite Generation verfügte dagegen schon nicht mehr über dieselbe Kenntnis der Muttersprache ihrer Eltern. «*Die Kinder vom Alexander Lampert bekamen einen schönen Brief von ihren Verwandten. Da sie des Deutschen nicht mächtig sind, konnten sie ihn nicht beantworten, ich sollte ihn schreiben, bin aber wie du weisst selber nicht der beste, somit danken sie herzlich für den schönen Brief, sei so gut und sag es ihnen.» (18. 2. 1916)*. Neben der Sprache als Ausdruck der kulturellen Identität kam auch der Musik einige Bedeutung zu. «*Auch habe ich vernommen, dass der Lehrer Josef Lampert seine Mutter besuchen will, sollte er kommen, so sei so gut und schicke für den Julius eine Zitter, wie* (wir) *sie in frühren Zeiten gehabt haben, denn solche kann man hier nicht bekommen.» (7. 2. 1886)*. Waren die Sprache und überhaupt die Kultur zunächst die erfahrbaren einheitsstiftenden Merkmale der ethnischen Gruppe, so erhielten sie im Verlauf der nächsten Generation immer artifiziellere Züge. Sie wurden ideologisch überhöht und sollten zum Kennzeichen einer politischen Gruppe werden. Dieser Wandel zeigt sich im ersten Brief des Sohnes Julius, den er während des Ersten Weltkriegs schrieb, da die Mutter Karolina bereits zu sehr zitterte. «*Wir bekommen sehr viel Schriften und Zeitungen, meistens in Deutsch. Der Krieg hat auch sein Gutes hier bezweckt, alles mit deutschem Blute schliesst sich mehr zusammen, so dass die von Deutschem Abstamm bald eine starke Partei bilden können, so dass bei den kommenden Wahlen wir ein Wort mitzureden haben, und hoffentlich den Ausschlag geben können.» (18. 2. 1916)*. Die Herkunft des Einzelnen wurde damit aus der Lebensgeschichte herausgelöst und zum überindividuellen Abstrakten der Rasse stilisiert. Julius schien sich davon konkrete Interessenspolitik zu erwarten. «*Die von Deutschem Abstamm*» sollten, als politische Partei auftretend, im Wahlkampf mitagieren können. Ihre Ziele aber blieben unbestimmt. Der Sippenverband, der als Sozial- und Siedlungsgemeinschaft konkret erfahrbar war, hatte mit diesem abstrakten Nationalismus nur mehr wenig zu tun.

Vor dem Sippenverband aber kam – zumindest für Karolina – die Religion. Ihr Eintreten für die Deutsche Kirche in Portland wurde bereits geschildert. Bei ihr in Troutdale fanden Hausmessen statt. «*Wir haben unser gutes Auskommen hier, bloss keine Kirche, ich gehe bald fünf oder sechs mal nach Portland im Jahr in die Kirche und ein Benediktiner Priester kommt bald vier mal im Jahr von Portland und liest Messe in meinem Hause, da laden wir denn die Katholiken ein zu kommen, es ist ein Württenberger, hat in Einsiedeln studiert und seine Profess abgelegt.*» *(28. 1. 1900)*.

Die Kombination von ethnischer und religiöser Identität schuf eine enge Bindung an die Kirche. Hielt sich ein Mitglied nicht an die durch Konfession vorgeschriebenen Normen, brach Karolina die Kontakte ab. «*Der Joseph Marok oder der Katharina ihr Bruder hat eine Russin geheiratet und in der Lutherischen Kirche, es ist schon ein Jahr im November gewesen. Sie ist 53 Jahre alt und hat schon 14 Kinder gehabt. Ihr habt es wahrscheinlich schon gehört, denn die Katharina hat es gleich ihren Schwestern geschrieben. Wir wohnen ganz nahe beisammen, aber wir haben seitdem keinen Verkehr mehr mit ihm.*» *(28. 1. 1900)*. Ähnliches dürfte auch Franz Joseph Frommelt widerfahren sein, als er sechs Jahre nach dem Ableben seiner Frau Katharina im Juni 1907 nochmals heiratete: «*Der J. Fromelt hat letztes Frühjahr geheiratet, eine Schweizerin aus Altstädten, nicht so weit von uns daheim, aber seine Kinder sind alle fort, denn sie wollen keine Stiefmutter haben. Das Jüngste ist 15 Jahre. Er hat 2 Mädchen und 5 Buben. Sie ist bald 36 alt und protestantisch.*» *(2. 1. 1914)*. Karolina verwendet in diesem Schreiben auffallenderweise nicht mehr den Namen Franzsepp wie in zahlreichen früheren Briefen, sondern den Nachnamen. Es war dies das letzte Mal, dass sie ihren Verwandten am Triesnerberg über Franz Josef Frommelt berichtete.

Zwei Sachverhalte lassen sich aus diesen wenigen Zitaten herauslesen: Erstens kam der Sippe eine hohe soziale Bindekraft zu. Die Regeln dieser Gemeinschaft wurden durch die Religion beziehungsweise durch kirchlich-konfessionelle Normen bestimmt. Wurden die Regeln übertreten – was zum Beispiel bei konfessionellen Mischehen der Fall war –, hatte dies den Ausschluss aus der Sippe zur Folge.

Zweitens: Trotz dieser Sanktionen zeigt sich in Karolinas Umfeld, dass diese Konventionen gerade im Heiratsverhalten immer mehr ausser acht gelassen wurden und keine Scheu vor konfessionell gemischten Ehen mehr herrschte. Dies mag als Emanzipation von kirchlicher Restriktionspolitik gewertet werden. Es lässt aber noch einen weiteren Aspekt deutlich werden: das Modell der patriarchalen Ordnung, in welcher der Vater die Braut bestimmte, griff nicht – der Vater fehlte! Die Emigranten hatten ihre familiären Bindungen hinter sich gelassen. Die patriarchal ausgerichtete Familie als die Institution, in der die Zukunft der Familienmitglieder durch Heirat und Berufswahl entschieden wird, hatte durch die Auswanderung einiger ihrer Mitglieder ihre «Plazierungsfunktion» in gesellschaftlicher Hinsicht eingebüsst. Den Emigranten kam so eine erhöhte Selbstbestimmung zu, durch eine Berufs- beziehungsweise Ehe-Entscheidung den sozialen Status zu verändern. Dass diese Möglichkeit auch entgegen der Sippennorm wahrgenommen wurde, lässt auf eine erhöhte Durchlässigkeit des gesellschaftlichen Ganzen schliessen.

Julius

«Ich bin mit Julius seit lezten Sommer auf dem Lande weil er nicht ganz gut fühlte, nahe bei der Katharina[34], und Alexander[35], ich habe dort ein Haus gebaut und wir haben im Sinn hier zu bleiben, der Julius ist wieder ganz gesund, es ist viel gesünder auf dem Lande wie in der Stadt.» (27.2.1893). Die Sorge um ihren Sohn Julius war nach dem Verlust ihres Mannes und ihrer beiden jüngeren Kinder zum Hauptanliegen von Karolina geworden. Julius war bei der Übersiedlung nach Troutdale 26 Jahre alt und aufgrund der Wirtschaftskrise ohne Arbeit. *«Wir haben es besser wie in Portland, denn hier hat Julius seine eigene Arbeit und braucht nicht welche suchen.» (10.1. 1895)*. Nach der Überwindung der Depression der neunziger Jahre des 19. Jahrhunderts scheint er wieder Arbeit in seinem Beruf gefunden zu haben: *«In der Zwischenzeit schafft Julius noch auf seinem Handwerk. Er ist Zinnschmied.» (13.2.1904)*. Ansonsten arbeitete er in der Landwirtschaft. *«Julius macht die Kartoffel raus, sie haben guten Preis.» (24.9.1911)*. *«Ich war bald drei Wochen, das ich nichts tun konnte, denn ich hatte so Reumathismus im Genick, der Julius hat müssen die ganze Arbeit tun im Haus und Stall.» (2.1.1914)*.

Die Sorge um ihren Sohn liess auch Karolinas Wunsch immer stärker werden, dass er heiraten möge. *«Julius ist noch immer ledig, er wird wohl Pätschler[36] oder Junggeselle bleiben.» (28.1.1900)*. *«Ich wünschte noch, er würde sich mit einem redlichen guten Mädchen verheiraten ehe ich sterbe, aber hier auf dem Lande hat es keine.» (13.2. 1904)*. Insbesondere bei ihren Portlandaufenthalten störte sie die Ehelosigkeit ihres Sohnes, denn dieser musste dann selbst kochen. Die häufigen Belegstellen in den Briefen zeigen, dass dies nicht in das Geschlechter-Rollenbild passte. *«Es nimmt mich[37] immer drei Tage, bis ich alles besorgt habe und meine Freunde gesehen, und so lange muss der Julius allein bleiben und selbst haushalten.» (21.1.1896). «Der Juli muss dann selbst kochen und er hasst es zu tun.» (21.2.1910).*

Die Berichte Karolinas über ihren Sohn Julius standen oft in Zusammenhang mit der alten Heimat in Liechtenstein. «*Julius hätte recht Lust nach der alten Heimat zu gehen, aber ich fühle mich zu alt, hin und her zu reisen, denn er würde nicht draussen bleiben, und ihn allein könnte ich nicht ziehen lassen, denn er ist noch alles was mir geblieben ist, und somit will ich mich nicht von ihm trennen, wenn ich nicht muss.» (13.2.1904). «Der Julius sagt, er gehe nicht mit, wenn ich nicht wieder mit ihm zurückgehe. Er sagt, er bekäme Heimweh dort, wenn er müsste dort bleiben, denn die hiesige Lebensweise und Erleichterung ist zu einladend.» (25.4.1910).* Für ihren Sohn, zwar in Triesenberg geboren, aber in Amerika aufgewachsen, war die Neue Welt bereits zur Heimat geworden. Diese stand ihm emotional näher als die alte Heimat, die er nur aus Gesprächen und Briefen kannte. Sein Bezug zu Liechtenstein war mehr ästhetischer Natur. «*Der Julius möchte so gerne euere Musik hören, ich denk immer, wenn ich nicht mehr bin wird er hinaus kommen, aber nicht für bleiben, denn er hat zu gute Heimat hier.» (2.1.1914).* Dieser ästhetische Bezug, der auch im Interesse für den Triesenberger Dialekt zum Ausdruck kam, wurde abstrahiert zu einem ideologischen Rassenbegriff – «*die von deutschem Abstamm*», wie es in seinem Schreiben von 1916 hiess –, der mit Liechtenstein als Geburtsort nichts mehr zu tun hatte.

Die alte Heimat

Ganz anders war der Bezug zu Liechtenstein und Triesenberg bei Karolina Schädler. «*Wenn du wüsstest, wie ich mich über alles, und nach allen dort meinen Geschwisterten mich sehne und so gerne was von ihnen hören möchte.» (21.1.1896).* Während bei Julius das Interesse für die alte Heimat ideologisch überhöht und zum gesellschaftspolitischen Programm wurde, war das Interesse von Karolina emotional geprägt und zutiefst persönlicher Natur. Für sie war Heimat zunächst der Personenverband, in welchem sie aufwuchs. Alle Neuigkeiten und Änderungen in den persönlichen Verhältnissen ihrer Verwandten in Triesenberg wollte sie erfragen. Immer wieder schrieb sie, dass sie von ihnen hören – nicht lesen – möchte. In ihrer Wortwahl zeigte sie damit, wie sehr es sie nach der Anwesenheit der Verwandten verlangte. In ihren Fragen nahm sie Anteil am Leben in ihrer Heimat Triesenberg. Diese aber war mehr als der geographisch festgeschriebene Ort, dessen Gemeindegrenzen auf den Landkarten eingezeichnet sind.

Heimat war für Karolina der Ort der gemeinsamen Erinnerung. Die ersten Lebenserfahrungen ihrer Jugend waren von der rauhen und harten Arbeitswelt am Triesenberg geprägt. Mit zunehmender zeitlicher Distanz verklärten sich diese Erfahrungen. *«Ich habe dem Julius schon oft erzählt, wie wir es früher gehabt haben, wo die Eltern noch gelebt haben. Winterszeit beim Spinnen haben wir gesungen und hätten mit den Reichsten nicht getauscht.» (9. 5. 1912)*. Die Strapazen der Arbeitswelt traten gänzlich in den Hintergrund. Im Gedächtnis geblieben waren vielmehr die Eltern, die Geschwister sowie das gemeinsame Singen. Diese durch die Musik erlebte Verbundenheit überwog in der Erinnerung die Kälte des Winters und die Arbeitsmühsal. Im Gespräch mit ihrem Sohn hielt Karolina diese Bilder wach.

Heimat war aber auch der Ort der Auseinandersetzung und der Abrechnung. Triesenberg wurde in der Neuen Welt nicht zum gelobten Land. Karolina differenzierte sehr wohl zwischen dem Triesenberg, an den sie sich erinnerte, und der von ihren Verwandten erlebten Realität. Sie riet ihrer Schwester, die Tochter in die Schule nach Balzers zu schicken, um sie unabhängig von den engen Grenzen des Dorfes zu machen. Als ihre Schwester in Erbschaftsfragen Probleme mit Verwandten hatte, schrieb Karolina wütend: *«Warst dumm genug, dass du dich so lange abgeschunden hast für eine solche Nation» (30. 3. 1891)*, wobei mit «Nation» die dörfliche Nachbarschaft und Personengemeinschaft gemeint war. Und sie erklärte: *«Wir können doch nicht dort bleiben, denn unter einer solchen Nation Menschen wie sie dort welche sind, könnten wir doch nicht mehr leben.» (30. 3. 1891)*.

Es zeigt sich in den Briefen eine Ambivalenz zwischen dem von den Geschwistern erfahrenen und mitgeteilten Lebensumfeld und der von Karolina erinnerten Welt, die zugleich zukünftiger Ort des Wiedersehens sein sollte. *«Was machen meine anderen Geschwister? und alle meine Bekannte? Ich habe die Hoffnung noch nicht aufgegeben, dass ich euch alle noch einmal sehen werde.» (27. 2. 1893)*. Heimat war für Karolina der Ort der Sehnsucht, wobei diese Sehnsucht vor dem Erreichen des Begehrten zurückschreckte. Die oftmaligen Reiseankündigungen von Karolina und die Zurücknahmen dieser Versprechen lassen die Ambivalenz von Wunsch und Erfüllung deutlich werden. *«Wenn wir einmal gut verkaufen können, haben wir doch noch im Sinn, Euch noch einmal zu sehen, wenn uns der liebe Gott so lange gesund bleiben lässt.» (16. 2. 1897)*. Da eine Reise nach Triesenberg mit dem Verkauf des Ersparten und Erwirtschafteten verbunden gewesen wäre und ihr Sohn Julius bereits in Troutdale heimisch geworden war, zögerte Karolina, die Überfahrt in die alte Heimat zu unternehmen. So blieb das Nebeneinander entgegengesetzter Gefühle bestehen. Immer wieder sprach sie von ihrem Kommen, welches über Jahre hinweg im Bereich des Möglichen lag, bis zu dem Zeitpunkt, als ihre körperliche Verfassung sie allmählich an der Fahrt hinderte. *«Ich war vor einer Woche in Portland und habe wollen den Doktor sehen, aber er war verreist für Gesundheit, er kommt aber bald wieder zurück, sobald er kommt werde ich mit ihm sprechen, was er denkt, ob ich die Reise hin und zurück machen kann.» (25.4.1910)*. Selbst als sie bereits zu zitterig zum Schreiben war, schrieb ihr Sohn im Jahr 1916: *«Wenn die Mutter nach dem Kriege reisefähig und in guter Gesundheit ist, dann kommen wir wahrscheinlich auf Besuch in die alte Heimat.» (18.2.1916)*. Diese späte Bekundung der Reiseabsicht legt nahe, dass es in diesen oftmals gleichlautenden Formulierungen des Reisewunsches um das Wachhalten einer Lebensmöglichkeit ging, die nicht der Verwirklichung bedurfte. Diese immer wiederkehrende, fast rituelle Formel galt dem imaginativen Triesenberg, jenem Triesenberg, den Karolina im Alter von 25 Jahren verlassen hatte.

Der in der Vergangenheit entschwundene Triesenberg war zugleich der Ort einer zukünftigen Begegnung, eines möglichen Wiedersehens. Die Fülle von Bedeutungen des Heimatbegriffs – Heimat als Elternhaus, als real lokalisierbare Örtlichkeit, als Personenverband, als erinnertes Beziehungsnetz und zukünftige Lebensmöglichkeit – brachte Karolina anlässlich ihrer dreissigjährigen Abwesenheit von Triesenberg zum Ausdruck. 1898 schrieb sie an ihre Nichte: *«Ich mache mir jedes mal, wenn ich wieder einen Brief bekomme, Pläne, wie ich euch überraschen wollte, und wohin ich erst wollte, natürlich würde es mich erst in mein väterliches Haus ziehen, wo meine Wiege gestanden, und meine Jugendjahre verlebt habe, und wo unsere lieben Eltern gelebt, und gestorben sind. Wir sprechen viel von Euch hier, meine Geschwister würden mich vielleicht nicht mehr kennen, aber ich glaube, ich würde die Burga, Sofia und Juliana kennen, aber nicht mein Bruder, und die Theres, denn sie waren noch nicht ausgewachsen, wo ich nach Amerika ging, es werden schon 30 Jahre im Februar, als ich meine Heimat verliess, und ich glaube, es hat sich viel verändert dort, aber ich würde Euch auch in der Nacht finden.» (16.1.1898)*.

Karolinas letzte Briefe
Troutdale wurde zu Karolinas Alterssitz. In ihren Briefen berichtet sie vom Ableben einiger Verwandter. Alexander Lampert hatte bei seinem Tod im Jahre 1896 acht Kinder hinterlassen. Ein Jahr später starb Franz Xaver Beck, der Sohn von Barbara Beck. 1908 starb Karolinas Freundin Katharina Frommelt. *«Sie hat sieben Kinder hinterlassen, sie war lange krank und hat schrecklich gelitten.» (28.12.1909)*.

Karolinas letzte erhaltene Briefe fallen in die ersten beiden Jahre des Ersten Weltkriegs: *«Es ist uns nun wieder vergönnt, Briefe zu schicken, denn das ist ja schrecklich mit dem Krieg, weiter brauch ich nichts zu schreiben ... Jetzt schreibe mir alles, wie es dort ist, müssen doch keine von unseren Leuten Not leiden, wenn die Briefe nicht mehr geöffnet werden, so schicke ich Papiergeld, denn es ist so gut wie Gold und ich denke, es wird dort auch so sein, wenn du diesen Brief bekommst, schreibe gleich, man kann Geld nach der Schweiz schicken, aber nicht nach Österreich.» (11.10.1914).* Karolina sorgte sich um ihre Geschwister und unterstützte sie. Da die Antwort auf ihre Geldsendung ausblieb, fragte sie in ihrem letzten eigenhändigen Schreiben von 1915 nach, wodurch ihre Fürsorge und verlässliche Geschäftstüchtigkeit nochmals zum Ausdruck kam. *«Jetzt schreibe gleich, ob du den Brief erhalten hast und das Geld, es tut mich immer daran denken machen, der Brief könnte verloren sein. Jetzt viele Grüsse an alle, bis das nächste mal. (Unterschrift:) Karolina Lampert. (Postscriptum:) Sevelen[38] auf dem Postamt ist das Geld zu holen.» (Mai 1915).*

Zwei Briefe nach 1915 haben sich von ihrem Sohn Julius erhalten, in welchen er über Karolina berichtet. *«Die Mutter tät dir gerne schreiben, aber sie ist so zitterig, dass es noch eine Weile dauert, bis sie so weit ist, dass sie es fertig bringt.» (April 1916).*

Ob Karolina auch noch den fünfzigsten Jahrestag ihrer Auswanderung im Februar 1918 erlebt hat, ist nicht bekannt.

Erste und letzte Seite des Briefes vom 18. Februar 1916 aus Troutdale

146 Biographische Beiträge

Florin Frick
Thomas Kuhlman, Omaha (Nebraska)

«Gentlemen, Sie kennen mich nicht und ich kenne Sie nicht, aber wenn Sie gestatten, trage ich meine Sache vor»

John Latenser, Architekt in Omaha (Nebraska)

«Manche unserer amerikanischen Jungen – die mit unserer Sprache und unseren Bräuchen vertraut sind und von ihrer Familie und ihren Freunden umgeben sind – mögen eine Lektion lernen aus dieser Geschichte eines eingewanderten Burschen, der arbeitete und als Gewinner hervorging trotz grosser Hindernisse.»[1] So fasste 1928 eine Zeitschrift in Omaha (Nebraska) die Lebensgeschichte eines der bedeutendsten Architekten dieser Stadt im amerikanischen Mittelwesten zusammen. Sein Name war John Latenser, vormals Johann Laternser. Er war um 1880 in die USA eingewandert. Die zweifelsohne beeindruckende Laufbahn des Einwanderers wurde noch zu seinen Lebzeiten als vorbildlich dargestellt und in den grossen Einwanderermythos der USA eingefügt.

Die Wiege des späteren Architekten stand am Fusse des Dreischwesternmassivs in Nendeln. Johann Laternser (1859-1936) war das fünfte von sieben Kindern des damaligen Nendler Engelwirts und Postmeisters Franz Josef Laternser und seiner Frau Josepha Schlegel aus Triesenberg. In den Memoiren, die Johann Laternser kurz vor seinem Tod in Omaha zu diktieren begann, berichtet er mit Stolz, dass «Hauptmann» Peter Rheinberger (1831-1893) ein Vetter seiner Mutter gewesen sei. *«Dieser Hauptmann war mein Idol und nach dem Verschwinden des Kinderwages (nachdem meine jüngste Schwester ihn nicht mehr brauchte) eine meiner frühesten Erinnerungen.»*[2] Die Rheinberger würden etwa ein Drittel seiner gesamten Familiengeschichte ausmachen, diktierte der 78jährige weiter, über einen von ihnen, nämlich Joseph Gabriel Rheinberger, einen berühmten Komponisten am bayerischen Hof, habe er sogar in der «Encyclopedia Britannica» einen Eintrag gefunden. John Latenser suchte offenbar gerne die Nähe von berühmten Leuten. Es mochte dies für ihn sogar eine wichtige Antriebskraft gewesen sein. Auch von der Familie seiner Mutter notiert er, die Familie der Schlegel sei *«die bekannteste»* in Liechtenstein gewesen. Im späteren Leben begegnete er immer wieder «hoch angesehenen Herren», wie aus den Memoiren hervorgeht. Dagegen heisst es in den Memoiren von der Familie seines Vaters, sie sei arm

Johann Laternser; bzw. John Latenser

gewesen. *«Es waren drei Brüder in der Familie meines Vaters, die in jedem Frühling ihr Bündel schnürten und in die Schweiz gingen, um sich dort bei Neubauten zu verdingen.»*[3] In den USA wurden die Bauhandwerker zu Architekten. So heisst es etwa in einem Artikel zum 75. Geburtstag Latensers: *«Es war unvermeidbar, dass Frank und John Latenser jun. Architekten werden würden. Ihr Vater, Grossvater, zwei Grossonkel, ein Onkel und zwei Cousins zweiten Grades waren Architekten.»* Liechtenstein *«war mit Architekten gut versorgt, als John Latenser sen. vor 75 Jahren geboren wurde – die Latenser deckten den Bedarf. Nichtsdestotrotz studierte er in Stuttgart, Deutschland, Architektur.»*[4]

Lehrjahre in Strassburg und Stuttgart

Tatsächlich besuchte Johann Laternser eine technische Hochschule in Stuttgart. Ein Jahr nach dem Tod des Vaters (1873) sei er aus der Schule in Vaduz entlassen worden, heisst es in den Memoiren. Danach sei er zu seinem Bruder Heinrich nach Strassburg gezogen. Dieser hatte in München Architektur studiert, *«schloss sich der deutschen Armee an und ging nach der Kapitulation* (Frankreichs, 1871) *nach Strassburg»*, hielt Johann in den Memoiren fest. Er *«schloss mit den deutschen Militärbehörden in Strassburg einen Vertrag, wonach er sich dafür einsetzen musste, eintausend Arbeiter und Mechaniker von der Schweiz und Norditalien zu beschaffen ... Mein Bruder benötigte auch Aufseher und das war der Grund, warum er nach mir sandte»*, erläutert Latenser.[5]

Und weiter heisst es in den Memoiren: *«Ich blieb vier oder fünf Jahre bei meinem Bruder Heinrich, arbeitete als Aufseher und Hausverwalter im Sommer und ging im Winter in Stuttgart in die Schule. Nachdem ich das vierte Schuljahr abgeschlossen hatte, verliess ich die Schule, obwohl ich die Chance hatte zu promovieren, was ich heute als absolut notwendig ansehen würde»*. In den biographischen Beiträgen, die über John Latenser später in Omaha erschienen, hiess es, er habe 1879 abgeschlossen *(graduated)* und sei noch im gleichen Jahr in die USA gekommen. In Stuttgart konnte nicht mehr eruiert werden, an welcher Hochschule und in welchem Jahr er zum letzten Mal eingeschrieben war. Die entsprechenden Dokumente in den Archiven der Universität und der Hochschule für Technik wurden im Zweiten Weltkrieg zerstört.

Nachdem Latenser *«einen ganzen Winter»* in Nancy verbracht hatte, um Französisch zu lernen – so hielt er 1936 in den Memoiren fest – und sein Bruder Heinrich ihm keine Arbeit mehr besorgen konnte, besuchte der gut zwanzigjährige Architekt seine Schwester Amalia Karolina, die in Altenstadt mit Franz Josef Bickel verheiratet war.[6]

Johann *«versuchte (sein) Glück in der Schweiz und in Südfrankreich»*[7], aber ohne Erfolg. *«Ich kehrte zu meiner Schwester zurück, wo ich einige Wochen blieb, um mit ihr meine Probleme zu besprechen»*, erinnerte sich Latenser über fünfzig Jahre später. *«Das Ergebnis war, dass ich auswandern sollte.»*[8] Offenbar hatte er als rund Zwanzigjähriger ein enges Verhältnis zu seiner älteren Schwester. Nach seiner Auswanderung liess er die Verbindungen mit den Geschwistern abreissen, bis er 1907 erstmals wieder nach Feldkirch zu Besuch kam. In einer von Hand geschriebenen Notiz der Nachkommen von Amalia Karolina Bickel heisst es: *«Im Jahre 1907 kam er plötzlich mit seiner Frau und den beiden jüngsten Kindern Josefine und William auf Besuch.*[9] *In imposanter Grösse und von sich selbst eingenommen. Ein richtiger Amerikaner. Trotzdem war er liebenswert und nett.»*[10] Weitere Besuche folgten 1913 und 1920.

Wie war Johann zu einem Amerikaner geworden? Aus keinem Dokument geht schlüssig hervor, wann er wirklich auswanderte – möglicherweise noch 1879, wie es in manchen amerikanischen Texten

John Latenser mit seiner Familie und seiner Schwester Amalia Karolina Bickel (2. v. l.) während eines Besuches in Zürich im Jahr 1908

heisst, möglicherweise aber auch erst Anfang der achtziger Jahre. Er reiste zuerst nach Liverpool und bestieg dort das erste Schiff: Bis zu seiner Ankunft in der Hafenstadt hatte er sich noch nicht entschieden, ob er nach Australien oder Amerika auswandern würde. Das Schiff, das am nächsten Tag auslief, fuhr nach New York. *«Das besiegelte mein Schicksal»,* kommentierte Latenser.[11]

Erste Jahre in Chicago
Von New York fühlte er sich nicht angezogen und reiste bald weiter, angeblich weil er sich bei einem Sturz vom Gehsteig auf die Strasse verletzt hatte.[12] Er beabsichtigte, nach Dubuque (Iowa) zu ziehen, wo sich ein Onkel und eine Tante drei Jahrzehnte zuvor niedergelassen hatten.[13] Allerdings legten die Nachkommen von Onkel und Tante keinen *«Wert darauf, mit (ihm) irgendeine Verbindung zu halten.»*[14] Johann Latenser blieb vorerst in Chicago.

Diese Stadt war 1871 fast vollständig abgebrannt. Zeichner und Planer konnten hier leicht Arbeit finden. Nach einer Anstellung für *«einige Monate»* bei einem Architekten, den Latenser nicht näher bezeichnet, trat er eine Stelle im Architekturbüro von John A. MacMellon an, *«das sich hauptsächlich mit der Errichtung von Lagerhäusern und Getreidesilos befasste... Entwerfer* (Zeichner) *gab es nicht sehr viele»,* hielt Latenser in den Memoiren fest, *«und die Gehälter waren gut. Ich verdiente U$ 4.00 pro Tag und arbeitete auch viele Überstunden, für die ich über dem regulären Tarif bezahlt wurde.»* Latenser blieb zweieinhalb Jahre dort.[15]

Er verliess MacMellons Büro, weil die Arbeit *«immer schleppender»* wurde, und *«arbeitete in verschiedenen anderen Architekturbüros.»*[16] Offenbar hatte er in Chicago nicht mehr soviel Glück wie gleich nach seiner Ankunft. Sechs Monate lang fand er Arbeit (*«eine einzige Detailarbeit»*) in Indianapolis (Indiana) auf einem Bau der Bundesregierung. Er sei auch *«lange arbeitslos»* gewesen, erinnerte er sich 1936. Zudem hatte er gesundheitliche Probleme: ein chronisches Drüsenleiden machte ihm zu schaffen und Typhus brachte ihn schliesslich ins Spital. Im Herbst 1884 zog er auf Anraten der Ärzte westwärts, wo das Klima trockener ist. *«Ca. ein Jahr»* arbeitete er in Marshalltown (Iowa) für F. M. Ellis, mit dem er am Anfang des Jahres 1886 nach Omaha (Nebraska) übersiedelte. Gesichert ist nur dieses letzte Datum. Während Latenser in seinen Memoiren kaum genaue Zeitangaben macht, hält er mit Bestimmtheit fest, dass er am *«Silvester-Morgen 1886»* in Omaha eingetroffen sei.[17]

Dies ist nicht unbedeutend, heisst es doch, dass Latenser annähernd sechs Jahre in Chicago verbrachte und mehrere Architekturbüros kennenlernte. Für den jungen Architekten dürften diese Jahre prägend gewesen sein. Leider berichtet er in den Memoiren sehr wenig über allfällige Vorbilder oder Kollegen, die ihn in seiner Arbeit beeinflusst hätten (vgl. den letzten Teil dieser Kurzbiographie über Latensers Bauwerke).

Superintendent und Erbauer von über dreissig Schulen

Mitte der 1880er Jahre wurde Omaha noch zum amerikanischen Westen gezählt. Es war eine schnell wachsende *Frontier*-Stadt, ein Aussenposten und Knotenpunkt in der Expansion nach Westen. Erst 1854 (also vier Jahre vor Latensers Geburt) gegründet, benötigte Omaha noch zahlreiche öffentliche Gebäude und Infrastruktur. Zuerst zeichnete Latenser für F. M. Ellis Entwürfe für das Hauptgebäude der Brownell Hall, einer Elite-Akademie für die Töchter wohlhabender Anhänger der Episkopalkirche. Nachdem er mit seiner Arbeit den Auftrag für Ellis gesichert hatte, wollte er sich selbständig machen. Er war der erste Mieter im neuen Merchants-Nationalbankgebäude. Er plante vor allem kleinere Privathäuser im «Cottage-Stil», bis er den Auftrag erhielt, drei Apartmenthäuser zu bauen. Zu diesem Zeitpunkt begann Johann Laternser, sich John Latenser zu schreiben: Um als selbständiger Geschäftsmann voranzukommen, war er offensichtlich bereit, seinen Namen für die Amerikaner leichter aussprechbar zu machen. 1888 heiratete er die gebürtige Irin Anna Nestor.

1887 schrieb Omahas Schulbehörde einen Wettbewerb für die Errichtung eines neuen Schulgebäudes aus, an dem sich renommierte Architekten aus Chicago, Des Moines und Minneapolis beteiligten. Latenser machte in Nachtarbeit ebenfalls Pläne für ein neues Schulhaus. Nachdem alle Architekten je eine halbe Stunde Zeit gehabt hatten, ihre Projekte der Schulbehörde zu erläutern, meldete sich Latenser zu Wort: «*Je länger es dauerte, umso aufgeregter wurde ich*», hält Latenser in den Memoiren fest.[18] «*Ich ging mit den Worten hinein: ‹Gentlemen, Sie kennen mich nicht und ich kenne Sie nicht, aber wenn Sie gestatten, trage ich meine Sache vor.› Das alles in gebrochenem Englisch. Sie lachten alle und das Eis war gebrochen. Natürlich hatten sie sofort wegen meiner Aussprache festgestellt, dass ich nicht geborener Amerikaner war.*[19] *Ich fuhr fort: ‹Gentlemen, ich habe jedes Backsteinschulhaus in Omaha angesehen und genau studiert, ich habe von jedem auch eine Zeichnung und einen Grundriss angefertigt. Wenn Sie nun erlauben, möchte ich Ihnen zeigen, was bis heute gemacht wurde und welche Verbesserungen möglich wären.›*» ... Ich «*zeigte ihnen nun die Treppenaufgänge, die Risiken bei Feuerausbrüchen, die Beleuchtung, die Lüftung und mit der Feststellung, dass ich gegen Türme an Schulgebäuden und gegen Schulräume im Keller sei, zeigte ich nun meine eigenen Pläne.*»[20]

Latensers Präsentation machte offenbar Eindruck: Er bekam den Auftrag, die Webster School zu bauen – aber nicht ohne zusätzliche Schwierigkeiten. Die ansässigen Architekten protestierten bei der Schulbehörde, der Auftrag müsse an einen lokalen Steuerzahler vergeben werden. Latenser sei ein Fremder, der heute hier und morgen da sei. Schliesslich verlangte die Schulbehörde von ihm eine Sicherheit in Höhe von U$ 50'000, eine Summe, die der junge Architekt unmöglich aufbringen konnte. Doch es gelang ihm, zwei Bürgen zu finden, die «*Schuldscheine in Höhe von $ 50'000 für einen Mann unterschrieben, den sie kaum kannten.*» Latenser schliesst in seinen Memoiren lakonisch: «*Die Schulbehörde musste diese Pille schlucken.*»[21]

Mit diesem Schulprojekt schloss er zu den erfolgreichsten und bekanntesten Architekten Omahas auf, doch er wählte einen vorerst anderen Weg als den eines unabhängigen Architekten. Er war der Demokratischen Partei beigetreten und 1892 vom (demokratischen) Präsidenten Grover Cleveland zum Oberaufseher *(Superintendent)* für den Bau des US-Postamtes in Omaha ernannt worden. Ein Jahr später bestellte ihn der Präsident gar zum *Superintendent* aller Bauprojekte der Bundesregierung in sieben Bundesstaaten des Mittleren Westens. Ausschlaggebender Grund, weshalb Latenser für dieses «Bundesamt» ausgewählt wurde, dürfte gewesen sein, dass es ihm davor gelungen war, ein Postgebäude in Chicago, das im seenahen, morastigen Grund zu versinken drohte, zu sichern und wieder instandzusetzen. Als mit William McKinley 1896 ein Republikaner zum Präsidenten gewählt wurde, musste Latenser eine Prüfung für Staatsbeamte ablegen, um seine Stelle behalten zu können. Er habe diese Prüfung mit Auszeichnung bestanden.

Die Familie von John Latenser im August 1923 im Garten ihres Sommerhauses nördlich von Omaha;
v.l.n.r.: Josephine Clare, Frank Joseph, Anna Nestor, George Wilhelm, Anna Ruth, Marie Louise, John und John Henry

1898 quittierte er den Posten als Superindendent der Bundesregierung, wie es scheint, weil er sein eigenes Architekturbüro in diesen sieben Jahren hatte vernachlässigen müssen. Möglicherweise wollte er sich den Bau der *Central High School* nicht entgehen lassen, eines Gebäudes, das für viele Jahre die Skyline der Stadt beherrschte. Nach diesem Erfolg soll seine Firma die Pläne für über dreissig weitere Schulen gezeichnet und deren Ausführung geleitet haben. Latenser arbeitete zumindest teilweise für die Schulbehörde der Stadt, wobei nicht klar ist, ob er nicht wenigstens eine Zeitlang auch Beamter war. *«Latensers Ideen, die vielfach auf eigenen originellen Überlegungen und Studien beruhten, wurden in hunderten von Schulgebäuden im ganzen Land umgesetzt»,* heisst es in einer Würdigung.[22]

Latensers wohl bedeutendster Auftrag war das *Douglas County Court House,* das noch heute in seiner ursprünglichen Funktion als Verwaltungsgebäude genutzt wird. Die Bauarbeiten wurden 1908 aufgenommen und im Oktober 1912 beendet. Das Gebäude kostete 1'007'505 Dollars, Latenser soll ein Honorar von 50'000 Dollars bekommen haben, was damals eine hohe Summe war.

Für sich und seine Familie erbaute er eine herrschaftliche italienische Villa auf einem grossen Anwesen unweit westlich vom Missouri-Fluss in den *Florence Hills* nördlich der Stadt.

Als lebenslanger Musikliebhaber nahm Latenser aktiv teil am kulturellen Leben Omahas. Seit über hundert Jahren existiert in Omaha der Ak-Sar-Ben (Neb-ras-ka rückwärts) Club, dem führende Köpfe des Kultur- und Geschäftslebens in Omaha angehören. Sowohl John Latenser wie auch seine Nachkommen waren prominente Mitgieder dieses Clubs und nahmen immer wieder an Aufführungen teil, die der Club veranstaltete. Jedes Jahr gibt Ak-Sar-Ben einen opulenten Krönungsball nach dem Muster des berühmten Mardi Gras[23] in New Orleans. Prominenz und gesellschaftlicher Rang der Latenser-Familie zeigte sich darin, dass mehrere Generationen der Latenser-Kinder zu Prinzen gekrönt wurden.

Die beiden Söhne John junior und Frank traten in die Fusstapfen ihres Vaters. Beide studierten an der Columbia University in New York Architektur und schlossen 1912 respektive 1914 ab. Zu dieser Zeit hatte die Universität eine der angesehensten Architekturabteilungen und viele der berühmtesten amerikanischen Architekten entwarfen in New York Geschäftshäuser und auch kulturelle Gebäude im Beaux-Arts-Stil, den auch Vater John Latenser bevorzugte.[24]

Als Latenser & Sons firmierend, planten Vater und Söhne zahlreiche Elemantar- und Sekundarschulen – sowohl öffentliche wie auch kirchliche –, Theater, Hotels und Spitäler. Das Latenser Architekturbüro entwarf die Gebäude der Zahnheilkunde- und der Jura-Fakultät sowie das *Football*-Stadion der jesuitischen *Creighton University*. Alle Gebäude der städtischen Universität von Omaha sind Latenser-Gebäude. Andere bedeutsame Bauten aus der Hand des älteren John Latenser waren die *Scottish Rite Cathedral,* das Omaha City Auditorium, zwei jüdische Synagogen in Omaha und Kearney sowie das Brandeis Gebäude, das grösste Warenhaus der Stadt Omaha. Nach seinem Tod im Jahre 1936 fand die Trauerfeier in der *St. Peter's Catholic Church* statt, einer katholischen Kirche im Basilika-Stil, die John Latenser gezeichnet hatte.

«*Im alten Zentrum von Omaha*», fasst Frank Nestor Latenser, ein Enkel Johns, zusammen, «*enthielten 89 von insgesamt 98 Blocks[25] mindestens ein Gebäude von John Latensers Architekturbüro. Im ganzen Bundesstaat Nebraska konnte man seine Bauwerke finden.*»[26]

John Latenser mit seinen Söhnen John und Frank in ihrem Architekturbüro

John Latenser als Architekt – Ein Kommentar von Florin Frick

Es genügt, sich die ausserordentliche Schaffenskraft und Produktivität John Latensers vor Augen zu führen, um seine Bedeutung als Architekt für die Stadt Omaha abschätzen zu können. Allein die grosse Anzahl errichteter Gebäude ist imposant. Latensers zahlreiche Bauten prägten zweifelsohne das Antlitz der Stadt. Es gilt nun, an dieser Stelle – aus beträchtlicher zeitlicher und geographischer Distanz – eine vorläufige Einschätzung seiner Arbeit zu wagen.

John Latensers Werk ist – aus europäischer Sicht – weitestgehend dem Historismus zuzuordnen, der sich durch Stilpluralismus und eklektische Stilvermischung auszeichnete. Dabei wurden die Stile sowohl nach formalen wie auch inhaltlichen Kriterien ausgewählt. Beispielsweise wurde die Gotik für Kirchenbauten gewählt, weil man darin die entgültige Form des Sakralbaus zu erkennen meinte. Die Renaissance galt als Ausdruck des Humanismus und der Aufklärung, weshalb ihre Formen an Universitäten und Museen wiederverwendet wurden. Und das Barock wurde für Schlösser, Residenzen und auch Theater wiederentdeckt.[27]

In den siebziger Jahren des letzten Jahrhunderts konnte man in Stuttgart an zwei Schulen Architektur studieren. Aus den vorhandenen Quellen kann nicht entnommen werden, an welcher Schule der junge Johann Laternser lernte. Die heutige Fachhochschule Stuttgart – Hochschule für Technik, war 1832 als Winterbaugewerbeschule gegründet worden. Latensers Aussage in seinen Memoiren, dass er im Winter in Stuttgart die Schule besuchte und im Sommer auf Baustellen seines Bruders in und um Strassburg arbeitete, könnte ein Hinweis darauf sein, dass er sich an diesem Institut ausbilden liess. Die andere Möglichkeit bot die heutige Universität, 1829 als Real- und Gewerbeschule gegründet. Zwischen 1860 und 1890 galt ihre Architekurabteilung als ein Zentrum der Architekturausbildung.[28]

Es wäre verwegen, etwas über Johann Laternsers Vorbilder zu sagen, denn es ist nicht bekannt, wer genau seine Lehrer und Vorbilder waren. In seinen Memoiren ist neben ein paar allgemeinen Äusserungen über die Qualität der Ausbildung in Stuttgart einzig vermerkt, dass er für die praktische Ausbildung im Sommer das Steinmetz-Gewerbe auswählte, «*ein Lieblingsfach von (ihm), das Steinmetzarbeiten und Bildhauerarbeiten einschloss.*»[29]

Aus der Autobiographie geht hervor, dass er länger in Chicago tätig war, als er in Stuttgart Unterricht genoss. Das Chicago des ausgehenden 19. Jahrhunderts war ein, wenn nicht *der* Ausgangspunkt für die moderne Architektur. Nachdem Latenser in Stuttgart dem Historismus ausgesetzt, bestimmt aber begegnet war, wurde er hier mit dem Funktionalismus konfrontiert, wie man ihn in Europa noch kaum kannte. Die Architekturszene in Chicago wurde nach dem grossen Brand von 1871 bis zur *Columbian Exposition* 1893 von Ingenieuren und nicht von Architekten geprägt. Die Ingenieure hatten sich noch im Bürgerkrieg beim Brückenbau mit Stahlkonstruktionen beschäftigt. Einige Jahre nach dem Sezessionskrieg war die Qualität des Stahls erstmals so gut, dass die ersten Hochhäuser gebaut werden konnten. Fortschritte in der Hydraulik machten Aufzüge möglich. 1889 brachte die «Chicago Tribune» das Wort *skyscraper,* also Himmelskratzer, in den Umlauf, womit sie den Ehrgeiz der Ingenieure und Bevölkerung zum Ausdruck brachte. Louis Sullivan formulierte 1896 als Grundsatz der «neuen» Ästhetik den berühmten Satz *«Form follows function»* und referierte über die *«Loftiness»,* das Hochragende, im neuen Bautyp, dem Wolkenkratzer. Alte Form- und Stilelemente schoben diese Erneuerer beiseite.[30]

«Mr. Latenser hat die Revolution in den Baumethoden in Amerika mitverfolgt, er hat miterlebt, wie sich der Wolkenkratzer entwickelte, und die Veränderungen in Baumaterialen kommen sehen», notierten 1924 die «Bee News» in Omaha.[31]

Diese Bemerkung charakterisiert Latensers architektonische Arbeit vielleicht besser als gewollt. Latenser hatte die neuen Entwicklungen tatsächlich «nur» beobachtet, beeinflusst haben sie ihn kaum. Seine zweite Arbeitsstelle in Chicago war, wie erwähnt, bei John A. MacMellon, der zur Hauptsache Lagerhäuser und Getreidesilos errichtete. Derartige schlicht-funktionale Bauten inspirierten Jahre später die moderne Architektur und den internationalen Stil. Doch Latenser erwähnt seine Erfahrung bei MacMellon mit keinem Wort mehr. Stattdessen hebt er hervor, dass die meisten «Entwerfer» und Architekten in Amerika zu jener Zeit deutscher Abstammung waren – obwohl aus heutiger Sicht die «grossen» Namen der Architektur im Chicago jener Tage amerikanischer Herkunft sind: William LeBaron Jenney, Louis Sullivan, etc.

Dennoch lag John Latenser im Trend. Die Architektur der *Columbian Exposition* im Jahre 1893 verdrängte den Funktionalismus. Der hauptverantwortliche Planer dieser Weltausstellung pflegte wiederum historische Stile. Die vergleichsweise schmuckvollen Stile vergangener Epochen trafen den Geschmack der Geldgeber und Aussteller besser. Schliesslich traf das auch auf das übrige Amerika zu. Einerseits plante man streng pragmatisch und rational (wie etwa die konsequent quadratische Strassenführung in den neuen Städten), andererseits begrüsste man ein buntes Nebeneinander von Architekturformen und -stilen.

Wen wundert's, dass auch John Latenser keinen eigenen Stil entwickelte, sondern vielmehr mit einer Palette von Stilrichtungen spielte.

Douglas County Court House in Omaha, erbaut im Jahr 1912

Douglas County Court House (1912)
Dieses Gerichts- und Verwaltungsgebäude dürfte eines der wichtigsten Werke von John Latenser sein. Das Gebäude ist symmetrisch angelegt und stellt insgesamt einen typischen Büronutzbau dar, der mit neobarocken und klassizistisch anmutenden Bauelementen in Naturstein verkleidet wurde. Zwischen zwei vortretenden Risaliten mit eher geschlossenen Fassaden und Dreiecksgiebeln, spannt eine Grossordnung mit vorgelegten Pfeilern vor einer weitgehend mit Glas aufgelösten Fassade über einem Rustikasockel. Den oberen Abschluss bildet eine Balustrade vor einem zurückgesetzten Dachgeschoss. Alle vier Hauptgeschosse weisen die gleiche Höhe auf, weshalb der von drei Rundbögen gebildete Eingang im Sockelgeschoss ziemlich mickrig wirkt. Latenser verwendet wohl historische Zierelemente, verzichtet aber auf die dieser Stilepoche entsprechende Baukörpergliederung in ein etwas erhöhtes Sockelgeschoss, das überhohe Hauptgeschoss und das darauffolgende, merklich niedrigere Geschoss unter dem Dach.

Central High School (um 1900)
Dieses Schulgebäude plante John Latenser 1898, es dürfte Anlass für den Wiedereinstieg in die freiberufliche Tätigkeit gewesen sein. Das Gebäude steht westlich der «alten» Innenstadt auf dem Capitol Hill auf einem prominenten Platz in Omaha mit (ursprünglich) wundervollem Ausblick. Das Gebäude umschliesst einen quadratischen Grundriss um einen Innenhof und weist zwei senkrecht aufeinanderstehende Mittelachsen auf, die jeweils durch einen vorgerückten Säulenvorbau betont werden. Ähnlich werden auch die Eckpunkte durch Risalite hervorgehoben, wobei zwei Fassaden durch aufgesetzte Dreiecksgiebel betont werden. Es entstehen dadurch vier nahezu gleichwertig axialsymmetrische Fassaden mit jeweils einem prägnanten Haupteingang, was der

Die Central High School auf dem Capitol Hill in Omaha, erbaut um 1900

topographischen Situation eines Hügels über einer Stadt gut entspricht. Die Baukörpergliederung orientiert sich an klassizistischen und neubarocken Vorbildern. Der Fassadenaufbau mit Souterrain, Sockelgeschoss mit zurückhaltender Rustika und Arkaden sowie zwei Obergeschossen, gegliedert durch eine Grossordnung mit Vorlegepfeilern, zeigen Anklänge an den in den USA zu jener Zeit häufig angewandten Beaux-Arts-Stil wie er zum Beispiel in Paris an der Place Vendôme vorzufinden war.

Untited States Post Office of Omaha

Der Entwurf für das Hauptpostamt von Omaha stammt nicht von John Latenser. Er leitete jedoch von 1891 bis 1894 als *Superintendent of Construction* dieses Bauvorhaben. Das Gebäude entsprach mit seiner Steinfassaden aus grobgehauenen Steinquadern dem in jener Zeit in den USA recht gängigen *Monumental Romanesque Style,* einer relativ freien Anwendung mittelalterlicher Bau- und Stilelemente in Kombination mit damals neuen Baukonstruktionen.

United States Post Office in Omaha, erbaut in den Jahren 1891 bis 1894; Latenser leitete das Bauvorhaben als *Superintendent of Construction*

J.L. Brandeis & Sons – Departmentstore

Dieses Warenhaus dürfte in den ersten Jahren dieses Jahrhunderts entstanden sein und dürfte heute noch das grösste seiner Art in Omaha sein. Das Gebäude erinnert mit seinen Arkaden und Verzierungen an einen überdimensionalen mitteleuropäischen Palast. Der Fassadenaufbau lässt klar erkennen, dass es hier galt, einen ingenieurmässig ausgeklügelten Skelettbau mit einer monumentalen Fassade zu verkleiden. Über einem Sockelgeschoss mit barockartigen Arkaden folgt ein Zwischengeschoss mit einer grobgeliederten Rustika, darüber eine Grossordnung mit Vorlegepfeilern über drei Geschosse, welche dann durch ein feiner gegliedertes Attikageschoss abgeschlossen wird. Es entsteht der Eindruck, dass dieses Gebäude nachträglich noch aufgestockt wurde.

Das Warenhaus von J.L. Brandeis & Sons, erbaut zu Beginn des 20. Jahrhunderts

Unten: Die Scottish Rite Cathedral in Omaha, erbaut um 1915

Scottish Rite Cathedral

Das Gebäude entstand zwischen 1915 und 1920. Es ist eine Freimauerereinrichtung. John Latenser entwarf Bauten für die verschiedensten Glaubens- und Gesinnungsgemeinschaften (griechisch-orthodoxe und römisch-katholische Kirchen, Synagogen usw.). Der relativ klare Baukubus wird in Anlehnung an klassizistische Vorbilder mit Eckrisaliten und Gesimsen gegliedert. Der Eingang wird durch zwei ionische Säulen betont, welche während längerer Zeit die grössten monolithischen Steinsäulen zwischen Chicago und Denver waren.

St. Peter's Catholic Church

Diese Kirche hat John Latenser erst nach 1920 errichtet. Hier fand 1936 seine eigene Trauerfeier statt. Das Gebäude weist in seiner Grundform als Saalkirche mit Westwerk und additiv angesetzter Apsis romanische Ansätze auf, welche jedoch durch das zaghaft angedeutete Querhaus und den klassizistisch anmutenden Vorbau mit weissen Doppelsäulen und einen Balustraden-Dachabschluss wieder ziemlich verwischt werden. Der weitgehend freistehende Glockenturm erinnert hinsichtlich seiner Stellung zum Hauptbaukörper wie auch seiner Gestaltung an italienische Kirchenbauten. Während in Europa in der vergleichbaren Stilepoche des Historismus Gebäudestruktur wie auch Zierelemente gerade bei Kirchen möglichst in einen Einklang in sich wie auch zu historischen Vorbildern gebracht wurden, kann bei diesen Beispielen von einem recht unbefangenen Umgang mit Stilelementen gesprochen werden.

Möglicherweise liegt es am Mangel einer klaren stilistischen Handschrift, dass John Latenser trotz der grossen Anzahl geschaffener Gebäude keinen herausragenden Platz in der Architekturgeschichte einnimmt. Anders ist wohl nicht zu erklären, dass bis heute keine gründliche Studie über sein Werk vorliegt. Auch dieser Beitrag stützt sich notgedrungen fast ausschliesslich auf teils wenig zuverlässige Zeitungsberichte und wenige Bücher, in denen Latenser am Rande erwähnt wird. So kann denn dieser Beitrag vorerst nicht mehr als ein möglicher Zugang zu John Latensers Leben und Werk sein.

Die St. Peter's Catholic Church, erbaut nach 1920

Thomas Kuhlman, Kulturhistoriker und Professor an der *Creighton University* in Omaha, schrieb über Latensers Leben und Werk in Omaha und stellte Fotos der beschriebenen Gebäude zur Verfügung. Florin Frick, Architekt, verfasste Texte über die Ausbildung von und mögliche Einflüsse auf John Latenser. Pio Schurti führte die Beiträge der beiden Autoren zum vorliegenden Portrait John Latensers zusammen.

Arthur Brunhart

Die Auswandererfamilie «Manzele-Büchel» aus Balzers

Am 25. Juni 1949 verstarb in Milwaukee im amerikanischen Bundesstaat Wisconsin der 71jährige Balzner Josef Büchel, genannt «Manzele-Sepp». Er war von Beruf Koch gewesen und hatte als solcher auch die Fürstlichen Herrschaften versorgt. «Manzele-Sepp» war am 26. April 1948 mit seinem Sohn Werner, der 1927 in die Vereinigten Staaten ausgewandert war und seine alte liechtensteinische Heimat besucht hatte, zu einer Reise in die USA aufgebrochen. Die Geschichte seiner Familie war mit Nordamerika in fast schicksalhafter Weise verknüpft.

Amerika! Amerika!

In der Zeit zwischen dem 18. Januar 1949 und Juni 1949 bereiste Josef Büchel zusammen mit seinem Sohn Werner im Wohnwagen den Westen der USA: Wisconsin, Illinois, Missouri, Arkansas, Texas, New Mexico, Arizona, Kalifornien, Nevada, Colorado, Oklahoma, Kansas, Nebraska, Iowa, Ohio. An Maria Lichtmess, seinem Geburtstag, erblickte er erstmals den Pazifischen Ozean: Ein Moment, der ihn bewegte. Er traf auf der Reise eine ganze Reihe von ausgewanderten Liechtensteinern und Liechtensteinerinnen mit ihren Familien, darunter Ernst Schurte und Max Gerster (Chicago), Bertele Seger und Emil Walch (St. Louis), Konrad Sele, Xaver und Gottlieb Beck (Los Angeles), seinen Schulkameraden Elias Wille (San Francisco), Andreas Brunhart (Colorado), Leo und Emil Nigg und Nachkommen von Balznern in Guttenberg (Iowa), Ferde Büchel, die Familie Biedermann, Johann Hilty, Florian Feger und Julius Hoch, Paula Thöny (Wisconsin), Josephina Hemmerle (Indiana) und Simon Brunhart (Ohio).

Mit diesem Wohnwagen reisten Josef und sein Sohn Werner durch die Vereinigten Staaten

Über diese Reise, wie auch über die Auswanderung verschiedener Familienmitglieder, legte Josef Büchel eine Bild- und Textchronik an. Das letzte, auf den 20. Juni 1949 datierte Bild der Chronik zeigt ihn, wie er, hinter dem Haus seiner Söhne sitzend, in dieser Chronik liest. Einer der letzten Einträge lautet: «*Obwohl sie* (die Söhne) *mir das Flugbillett zurück nach Balzers auf Ende der nächsten Woche bestellt haben, kommt mir das Reisen gar nicht in den Sinn.*» Fünf Tage später, am 25. Juni 1949, ist der «Manzele-Sepp» in Amerika gestorben. Schon sein Vater, Fidel Büchel, war 68 Jahre zuvor an einem unbekannten Ort in den USA bestattet worden. Die Reise von Josef Büchel hatte auch damit zu tun, weil viele Fragen unbeantwortet geblieben waren: Wie war der Vater wirklich verstorben, hatte ein Unfall, ein Unglück seinen Tod herbeigeführt, wo lag er begraben? Mit der Reise nach Amerika erfüllte er sich den lebenslangen Wunsch, die «*Stätte meines Vaters Lebensende selbst zu besuchen*» und gleichzeitig die neue Heimat von fünf seiner Söhne kennenzulernen. Nicht zuletzt wird «s Manzeles» eine gewisse Wander- und Reiselust nachgesagt.

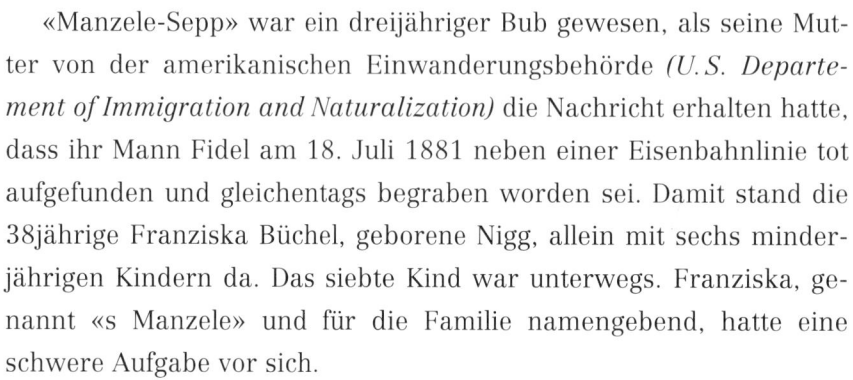

Josef Büchel bei der Ortstafel von Guttenberg

«Manzele-Sepp» war ein dreijähriger Bub gewesen, als seine Mutter von der amerikanischen Einwanderungsbehörde *(U.S. Departement of Immigration and Naturalization)* die Nachricht erhalten hatte, dass ihr Mann Fidel am 18. Juli 1881 neben einer Eisenbahnlinie tot aufgefunden und gleichentags begraben worden sei. Damit stand die 38jährige Franziska Büchel, geborene Nigg, allein mit sechs minderjährigen Kindern da. Das siebte Kind war unterwegs. Franziska, genannt «s Manzele» und für die Familie namengebend, hatte eine schwere Aufgabe vor sich.

Ihr Mann war im Frühjahr 1881 mit mehreren anderen Personen aus Balzers – Albert und August Wolfinger, Andreas Kaufmann, Heinrich Büchel, Josef Nigg, Casimir Frommelt mit Frau und zehn Kindern, Franz Anton Nigg mit mehreren grossen Kindern sowie Josef Tschol mit Frau und Kindern – nach langem Zögern in die USA abgereist. Auf dem Schiff befanden sich zahlreiche Auswanderer aus Liechtenstein, von denen 21 identifiziert werden konnten. Fidel war ein Sohn des Glasers Franz Michael Büchel («Glaser-Büchel») und der Anna Maria Wolfinger. Seine eigene Familie wollte Fidel so bald als möglich nachkommen lassen. Am Abschiedstag trafen sich die Auswanderer beim Zughüsle und wurden vom «Postfranz» und vom «Mölehans» zum Bahnhof gebracht. Bei Trübbach warf der «Manzele-Sepp» die Jasskarten, die er vom Auswanderungsagenten erhalten hatten, zum Zugfenster hinaus; er brauche sie nun nicht mehr. Zum Entschluss auszuwandern, könnte auch beigetragen haben, dass sein älterer Bruder Johann Georg (1823-1894) zeitweise in Amerika gelebt haben soll. Am 13. April 1881 trafen die Auswanderer auf der «Labrador» in New

York ein. Fidel Büchel reiste nach Guttenberg (Iowa), wo ihn jedoch das Heimweh immer unbändiger zu plagen begann. Er wollte zurück zu seiner Familie nach Balzers. Weil er wenig Geld hatte, entschloss er sich, den etwa 1800 Kilometer langen Weg von Guttenberg nach New York zu Fuss hinter sich zu bringen, immer entlang der Eisenbahnlinie. Nachdem er etwa zwei Drittel des Weges gegangen war, machte er einen kurzen Halt bei der Familie des ausgewanderten Schmieds Franz Kriss in Primrose nahe bei Pittsburgh (Pennsylvania). Am nächsten Tag zog er weiter. Wenige Tage später wurde Fidel Büchel tot neben der Bahnlinie gefunden. Die Todesursache ist nicht bekannt.

Goldene Zähne!
1907 heiratete Josef Büchel, der Sohn von Fidel und «Manzele», Magdalena Nigg. Die Kinderzahl vermehrte sich nach und nach auf zehn Köpfe, acht Söhne und zwei Töchter. Weil die grosse Familie den Vater zuhause erforderte – er hatte zuvor oft im Ausland, in der Schweiz und in Deutschland gearbeitet und im Hotel Wanner in Zürich eine Lehre als Koch absolviert – eröffneten sie eine kleine Lebensmittelhandlung.

Im Sommer 1913 kam ein «*besser gekleidetes Paar mit einem Buab ins Geschäft*». Es war der nach Amerika ausgewanderte Balzner Schmied Franz Kriss mit Frau und Kind. Kriss war mit Josefs Mutter «Manzele» verwandt und schon 1869 in die Vereinigten Staaten ausgewandert. Die Familie folgte 1872 nach. Sie liessen sich in Primrose in der Nähe von Pittsburgh nieder, wo ein Schmied die Werkzeuge der Bergleute und Ölarbeiter schmieden und reparieren konnte. Bei ihrem Heimatbesuch 1913 wohnten sie im Gasthaus zur Post und kehrten im Juli nach Amerika zurück. «Manzele-Sepp» berichtet in seiner Chronik, dass der junge Josef Kriss goldene Zähne im Mund gehabt hatte, was seinen fünfjährigen Sohn Werner so beeindruckte, dass dieser danach ständig von Amerika redete. Amerika erschien als ein Land von Milch und Honig.

1925 verstarb die Mutter der grossen Familie. Schmalhans war Küchenmeister. «Manzele-Sepp» arbeitete als Koch beim Lawenawerk und im Fürstlichen Absteigequartier. Die Tochter Magdalena ging einem Verdienst in der Fabrik nach, und Werner begann eine dreijährige kaufmännische Lehre beim Unternehmen Bachert & Co. in Trübbach. Die Lehre erschien weniger als eine Zeit, in der man sich ausbilden und etwas lernen konnte, sondern vielmehr als Ausbeutung der Arbeitskraft. Werner musste für zwanzig Franken pro Monat täglich zwölf Stunden Taschentücher verpacken. Diese Verhältnisse führten den 18jährigen zum Entschluss, die Lehre nach zwei Jahren aufzugeben und zusammen mit seinem Vetter nach Amerika auszuwandern. Der «Manzele-Sepp», sein Vater, hörte dies nicht gerne, weil die

Familie auf den Lohn angewiesen war. Doch mit dem Sprichwort *«Die Erfüllung des Menschen eigner Wünsche ist sein Paradies»* und der Bemerkung *«Muascht Koga macha lo, was se wend, sie folgend äm ja doch net»* fügte er sich in das Schicksal. Morgens um fünf Uhr, am 6. April 1927, nahm Werner von seinen kleinen Brüdern und den beiden Schwestern Abschied, als diese noch alle im Schlaf waren. «S'Engelwörts Franz» und der Götti fuhren den jungen Auswanderer auf den Sarganser Bahnhof.

Mit der Auswanderung von Werner Büchel begann ein neues Kapitel in der Geschichte der Familie von «Manzele-Sepp». Es erfolgte nach und nach die Auswanderung der Mehrzahl seiner Kinder: Leni 1928, Josef 1937, Eugen 1939, Louis 1947, Walter 1948. Schliesslich nahm Werner Büchel nach einem Besuch in der Heimat im Jahr 1949 auch seinen 70jährigen Vater, den «Manzele-Sepp», mit nach Amerika. Wenig später – 1950 – eröffneten Werner, Eugen, Walter und Louis in Mequon nahe Milwaukee (Wisconsin) in einer alten Poststation aus dem Jahre 1843 ein Restaurant, das für viele Liechtensteiner ein Anziehungspunkt wurde. Unter dem Namen «Alpine Village» entstand ein Gasthaus, das heute in verschiedenen, in folkloristischem Stil eingerichteten Räumen eine grosse Anzahl von Personen zu beherbergen vermag.

Im Oktober 1974 besuchte eine grosse Reisegruppe aus Liechtenstein das Restaurant «Alpine Village» der Gebrüder Büchel in Mequon (Wisconsin)

Werner Büchel, ein Pionier

Zwölf Tage nach seiner Abreise, am 18. April 1927, landete Werner in Amerika. Die ersten Tage verbrachte er bei seinem entfernten Verwandten Franz Kriss in Primrose. Arbeit war kaum vorhanden, Streiks in den Kohlengruben hatten alle Geschäfte lahmgelegt. Werner zog weiter und fand in Canton (Ohio) Arbeit an einem Hochofen. Die fürchterliche Hitze, die der Stahlofen entwickelte, war jedoch nicht auszuhalten. Er bekam Arbeit in einer Spedition, wo er bis zum Bankenkrach 1929 bleiben konnte. Im Juli 1928 war auch Simon Brunhart bei ihm angekommen, der danach lange Jahre in der gleichen Fabrik sein Auskommen fand. Bei ihnen war zudem auch Werners Schwester Magdalena, die 1928 Balzers verlassen und in Canton in einem Haushalt als Dienstmädchen Arbeit gefunden hatte. Der Börsenkrach, der eine weltweite Wirtschaftskrise einleitete und millionenfache Arbeitslosigkeit bewirkte, bedeutete das Ende von Werners Arbeitsverhältnis. Er verdingte sich im Hotel Onesto in Canton als Geschirrwäscher und erwarb sich dort in den Jahren von 1929 bis 1932 beim deutschstämmigen Koch Karl Weidlich seine beruflichen Kenntnisse als Koch. Damit war eine entscheidende Weiche für den weiteren Lebenslauf gestellt. Die nächste Station war Milwaukee (Wisconsin). In Mequon, wo er ein grosses Restaurant eröffnete, sollte er bis zu seinem Tod am 22. Dezember 1985 bleiben und Wurzeln schlagen. Er verheiratete sich mit Jermaine Meyer.

Wie die meisten «Manzele» war Werner ein überaus musikalischer, ja musisch veranlagter Mensch. In Liechtenstein drehte er nach dem Zweiten Weltkrieg einen Film. In den Vereinigten Staaten führte er immer wieder seine Landsleute zusammen. Im «Alpine Village», das er zusammen mit seinen Brüdern seit 1950 führte, gab es einen *Saloon* von Malbun, eine *Portale Palazoles* und einen Vaduzer Saal. Werner spielte Violine und unterhielt die Gäste in einem eigenen kleinen Theater mit selbstkomponierten Operetten und selbstgeschriebenen Theaterstücken. Die skisportlichen Erfolge Liechtensteins inspirierten ihn zur Komposition «Das neue Lied von Liechtenstein». Seine Gastfreundschaft zeigte sich darin, dass er jährlich die Kinder aus umliegenden Indianerreservaten zu sich einlud. Die Vereinigten Stämme der amerikanischen Indianer ernannten ihn 1967 zum Ehrenmitglied, die *Menominee* zeichneten ihn mit der Häuptlingswürde und dem Namen «*Ma Konse*» («Kleiner Bär») aus.

Werner überraschte immer wieder mit neuen Ideen. So etwa mit einer Hochzeitsglocke, die bei jeder Hochzeit läutete, dem «Fakala Sunntegs Kaffee», oder der «Brautschau des Jahrhunderts», zu der er alle Paare, die in seinem Betrieb Hochzeit gefeiert hatten, einlud. Mit fortschreitendem Alter und nach einer schweren Erkrankung zog sich

Titelseite des Librettos zur Operette «Das neue Lied von Liechtenstein» von Werner Büchel

Werner aus dem Geschäftsleben zurück. Der Hotelbetrieb wurde in eine Stiftung umgewandelt. Trotz gesundheitlicher Schwierigkeiten nahm er noch im Oktober 1985 am Liechtensteiner Treffen in New York teil. Am 22. Dezember gleichen Jahres starb er im Alter von 77 Jahren.

In den Bereichen Musik und Film hat Werner Büchel Bleibendes geschaffen. 1965 komponierte er die musikalische Komödie «Wisconsin sings in Café International», 1968 das Musical «Virgin Timber», 1976 die Operette «Still 39, Operetta Laugherama Nostalgiko», 1980 schliesslich «Das neue Lied von Liechtenstein» – «Congratulations Hanni Wenzel». Über diese Aufführungen wurde in der Presse von Milwaukee berichtet. Noch mit 76 Jahren, krank im Spital, komponierte und textete er.

Magdalena Büchel

Die 19jährige Magdalena (Leni) Büchel, die älteste Tochter von «Manzele-Sepp», folgte Werner 1928 in die Vereinigten Staaten nach. Zielort war Canton in Ohio, wo ihr Bruder Werner damals arbeitete. Schliesslich zog sie nach Pittsburgh in Pennsylvania, also ganz in die Nähe des Ortes, wo ihr Grossvater Fidel 1881 tot aufgefunden und bestattet worden war.

Leni war nach einer stürmischen Schiffahrt über den Atlantik auf der alten «Deutschland» am 6. März 1928 in New York an Land gegangen. Bis zum letzten Tag vor ihrer Abreise hatte sie in Embrach gearbeitet. Die unruhige Fahrt verursachte starke Seekrankheit, an deren Folgen sie noch eine geraume Zeit leiden musste. Zuhause in Balzers gab es mit der Auswanderung von Leni wieder einen frauenlosen Haushalt, weil auch ihre jüngere Schwester Anna in der Schweiz arbeitete. Angesichts seiner ungenügenden Haushaltskenntnisse und der allgemeinen Mangelsituation war «Manzele-Sepp» manchmal nahe dran, einen Schandbrief nach Amerika zu schreiben, *«dass sie einem nur grad vertlaufen»*. Wenn aber ein paar Dollars einliefen und wieder eine Zeit überbrückt werden konnte, war der Zorn verraucht.

In Canton, und später in Pittsburgh, arbeitete Leni als Haushaltsangestellte. Der Lohn, von dem sie immer wieder etwas nach Hause schickte, war ordentlich, bis die Weltwirtschaftskrise nach 1929 diese Quelle versiegen liess. Schliesslich hatte sie einen Lohn für 34 Wochen nicht ausbezahlt bekommen. Im Jahr 1937 erhielt sie die rückständigen Lohngelder auf einmal (*«in einem Klümpchen»*, wie man sagte) und verfügte damit über eine ansehnliche Summe Geld. Kurzentschlossen entschied sie sich, während dreier Monate die alte unvergessene Heimat zu besuchen. Sie kaufte ein Billett, aus Kostengründen auch gleich die Rückfahrtkarte. Vor der Abreise besuchte Leni ihre Brüder Werner und den soeben (1937) eingewanderten Josef, einen gelernten Koch, die beide im *Club Forest* in Wisconsin tätig waren. Gleichzeitig traf sie auch andere dort ansässige Liechtensteiner und Liechtensteinerinnen: Ferde Büchel, Andreas Brunhart, Julius Nipp, Paula Thöny, Hedwig Sprenger und andere. Am 2. September 1937 bestieg sie das Schiff, und schon zehn Tage später stand sie im Hof des Elternhauses in Balzers.

Aus dem «Klümpchen» Geld stellte sie eine Kuh in den Stall und machte verschiedene weitere Anschaffungen, etwa ein neues Kanapee, weil das alte seit Jahren Bretter anstatt Federn unter dem Überzug

Magdalena Büchel bei ihrer Ankunft im Hafen von New York

hatte. Die Burschen kamen zu Besuch – was die Frauen der Nachbarschaft aber «*Stoberte*» nannten. Der «Manzele-Sepp» lachte darüber nur, er habe seine Tochter Leni auf sicher, weil diese ja ein Retourbillet in der Tasche hätte – «*und sowas Teures könnte man doch nicht zum Fenster hinaus werfen an einem Pfoehnigen Tage*»!

Nun, die geplanten drei Monate verflossen, und die «*Stoberte*» wurde reger. Leni, die Amerika nicht vergessen hatte, fragte ihren Bruder in Milwaukee um Rat. Dieser sah die Sache pragmatisch und riet: «*Pack der Kerle, so lang er warm ist, Amerika ist ein schlechtes Land für eine altledige Jungfer*». Leni hielt sich an den Ratschlag, und wenig später heiratete sie den «*Stobertebuab*» Erwin Ospelt am 21. November 1938 in der Pfarrkirche Balzers bei Musik von Vinzenz Kaiser und Severin Brender. Amerika lag hinter ihr.

Josef Büchel

Kurz zuvor war ihr Bruder Josef im Alter von 23 Jahren nach Milwaukee ausgewandert. Die vorausgegangenen Jahre in Liechtenstein waren schwierig gewesen. Arbeit für wenig Lohn, keine Frau im Haus. Ein Fussballspiel am hellen Nachmittag war oft der einzige Zeitvertreib für die heranwachsende Jugend. Die Zukunft erschien wenig aussichtsvoll. Josef entschloss sich deshalb, dem Beispiel seines Bruders Werner, der im Sommer 1936 Balzers besucht hatte, und seiner Schwester Leni, die 1937 zurückkehrte, zu folgen. Von Werner wurde er zu diesem Schritt ermuntert, obwohl das amerikanische Konsulat in Zürich mit Einreisebewilligungen geizte. Josef hatte eine Kochschule in der Schweiz absolviert und erhielt schliesslich die Einwanderungserlaubnis der amerikanischen Behörden. Es wurde jedoch eine bedeutende Bürgschaft verlangt, welche sein Bruder Werner dank seines Arbeitgebers aufzubringen vermochte.

In Amerika fing er praktisch am Tag seiner Ankunft in Milwaukee mit der Arbeit an und konnte nach rund einem Jahr die Stellung seines Bruders als Küchenchef übernehmen. Werner machte sich selbständig und kaufte ein eigenes Geschäft. Die Brüder Eugen, Josef (Joe) und Werner Büchel waren auch im Supermarkt-Geschäft tätig und verkauften als «*the singing butchers*» frisch zubereitete Fertigspeisen, darunter auch die beliebten Kutteln an Kümmel und Wein.

Als der Zweite Weltkrieg ausbrach, leistete Josef, wiewohl noch liechtensteinischer Staatsbürger, als Mitglied der 18. Infanteriedivision Militärdienst und

Josef Büchel (auf dem Jeep) als amerikanischer Besatzungssoldat in Kaiserslautern

kämpfte in Europa – zum Beispiel während der grossen deutschen Ardennenoffensive – gegen Hitlerdeutschland. Nach dem Waffenstillstand war er Besatzungsmitglied in Kaiserslautern. Bevor er jedoch einen Besuch in Liechtenstein machen konnte, wurde seine Division nach den Vereinigten Staaten abkommandiert, um sie im Fernen Osten einsetzen zu können, wo der Krieg noch andauerte.

Im Dezember 1946 konnte Josef zusammen mit seiner Frau Anna Schlapbach den Besuch in Liechtenstein verwirklichen. Der Aufenthalt dauerte bis anfangs Juni 1947, dann musste Josef saisonbedingt wieder seine Stelle als Küchenchef antreten. Beim Abschied spielte die Blechmusik im Hof des Elternhauses und im Wirtshaus, wo Josef dirigierte. Als Reisegefährten nach Amerika konnte er Josef Marogg aus Triesen und Gustav Real aus Vaduz mitnehmen. Josefs Frau Anna blieb noch bis zum 8. September in Europa.

Eugen Büchel
Zwei Jahre nach seinem Bruder – also 1939 – wanderte «Manzele-Sepps» Sohn Eugen in die Vereinigten Staaten aus. Der Koch hatte als erstes Ziel ebenfalls Milwaukee in Wisconsin. Die Einwanderungserlaubnis erhielt er nur unter der Bedingung, dass er in New York 12'000 bis 15'000 Dollars vorweisen könne. Die Brüder in Amerika schickten ihm diesen beträchtlichen Betrag, und er nahm ihn, «*im Brusttuch eingenäht»*, wieder zurück in die Vereinigten Staaten mit. Am 10. August 1939, wenige Tage vor Ausbruch des Zweiten Weltkrieges, erreichte er auf dem letzten deutschen Schiff New York.

Schon zwei Jahre nach seiner Ankunft in Amerika leistete Eugen in der 94. Division der Armee der Vereinigten Staaten den aktiven Militärdienst. Er wurde als Sanitäter in Schottland und nach der Invasion in Frankreich, Belgien und Deutschland eingesetzt, ebenso als Dolmetscher für General Patton. Ein Lichtblick während des Krieges war die Geburt seiner Tochter Mary-Jean am 2. Dezember 1943. Eugen hatte sich am 14. Juli 1942 mit Milly Loehlein vermählt.

Ein anderer Lichtblick in diesen düsteren Zeiten war ein Besuch, den Eugen im August 1945, also kurz nach Kriegsende, in der alten Heimat machen konnte. Er tauchte unverhofft in Trübbach auf, durfte aber zuerst nicht über die Grenze nach Liechtenstein. Postmeister Clemens Brunhart meldete den Sachverhalt dem «Manzele-Sepp». Dieser fuhr sogleich Richtung Schweiz, traf Eugen aber schon beim Brückle in Mäls, das im Nu voller Leute war, die den ausgewanderten Balzner, der in einer amerikanischen Militäruniform steckte, bestaunten. Sein Vater meinte: «*Als ein Dürlegieger von 20 Jahren verliess er seine Heimat und kehrte nach 6 kurzen Jahren als ein wackerer welterfahrener Mann zurück.*» Nach einer Woche war der Urlaub zu Ende, und Eugen musste wieder zu seiner in Pilsen stationierten Truppe einrücken.

Während eines späteren Besuchs in Balzers starb Eugen Büchel am 22. November 1995, für seine Frau Milly, die Kinder Mary, Barbara, David und Carol sowie für seine Verwandten und Freunde völlig unerwartet.

Begrüssung von Eugen Büchel (in amerikanischer Uniform) am Bahnhof Sargans; neben ihm die Geschwister Vinzenz, Leni, Louis und David, hinter ihnen der Vater Josef Büchel

Eugen Büchel mit seiner
Frau Milly (geb. Loehlein)

Louis Büchel

Im Jahr 1947 entschloss sich ein weiterer Bruder, Alois (Louis), zur Auswanderung nach Amerika. Er reiste ebenfalls nach Mequon in Wisconsin, wo seine Brüder geschäfteten und wo er im Restaurant und im Club mitarbeiten konnte. Louis hatte in Nendeln bei der Firma Keramik Schaedler eine Keramikerlehre gemacht. Nach dem Start des «Alpine Village» widmete er sich dem Innenausbau und beschäftigte sich mit der Töpferei, deren Produkte im Restaurant verkauft wurden. Louis war auch zeichnerisch begabt und illustrierte unter anderem die von seinem Vater «Manzele-Sepp» verfasste Chronik. Im Mai 1968 schliesslich kehrte Louis wieder nach Balzers zurück.

Walter Büchel

Ein Jahr nach Louis wanderte Walter Büchel, der jüngste Sohn von «Manzele-Sepp», im Alter von 25 Jahren in die USA aus. Sein Ziel war ebenfalls Milwaukee. Bald führte er zusammen mit Eugen ein schönes neues Restaurant in Port Washington (Wisconsin). 1950 schliesslich gründeten Werner, Eugen, Walter und Louis in Mequon, wie schon erwähnt, das «Alpine Village», für das sie eine 1843 gebaute alte Poststation erwarben und diese nach und nach ausbauten. Die Restaurantanlage hat heute etwa 600 Sitzplätze und ist damit für grössere und kleinere gesellschaftliche Anlässe geeignet.

Was bleibt!

Am 16. April 1946 kam der älteste Sohn von Josef Büchel, Werner, aus Amerika zu Besuch in seine ehemalige Heimat. In den Koffern, die einen ganzen Leiterwagen füllten, brachte er Filmkamera, Apparaturen, Samen, Cowboy- und Indianerkleider und viele andere Sachen mit sich. Im Gepäck hatte er auch die in Amerika gedrehten Filme über die Familien von etwa 200 Liechtensteiner und Schweizer Auswanderern dabei. Diese Filme, zum Beispiel den Streifen «Söhne der Alpen», zeigte er in allen liechtensteinischen und in verschiedenen Schweizer Gemeinden mit grossem Erfolg. Im Film «Die Auswanderer» thematisierte er in der Einleitung den Tod seines Grossvaters Fidel Büchel vor damals rund 65 Jahren. Als «Manzele-Sepp» diese Geschichte sah, begann es in ihm, wie er schrieb, *«wieder zu wühlen. Von neuem plagte der Wunder in mir, ein Verlangen, einmal nach Amerika zu reisen. Doch was will ein 70jähriger noch weite Sprünge machen?»*. «Manzele-Sepp» wagte jedoch den weiten Sprung und beschloss sein Leben in den Vereinigten Staaten.

Anlässlich seines Aufenthalts 1946 in Liechtenstein drehte Werner Büchel auch einen Film über Liechtenstein. Sein Vater «Manzele-Sepp» meinte, dass er *«mit der Aufführung desselben ähnliche Umstände hatte, wie ich sie einst hatte, als die ersten Theater vor 25 Jahren auf die Bühne von Balzers gelangten.»* Wie sich herausstellte, beinhaltete der Film keine sittenwidrigen Szenen, so dass er schliesslich in allen Gemeinden den Kindern vorgeführt werden konnte.

Werner Büchel, ein grosszügiger Mann, galt, wie Altvorsteher Emanuel Vogt anlässlich des Todes von Werner Büchel im Jahresbericht 1986 der Gemeinde Balzers schrieb, *«als einer der grossen Vermittler zwischen der alten Heimat und den Liechtensteinern in den USA, ebenso aber auch ein Bindeglied zwischen diesen USA-Liechtensteinern, unserem Lande und seinen Mitmenschen. Seine Filme über Liechtensteiner in USA und das frühere karge Leben in Liechtenstein und sein musikalischer Nachlass werden auch späteren Zeiten von seiner geschäftigen, sprühenden, aber immer fröhlichen und für die Mitmenschen sehr eingenommenen Lebensart künden.»*

Das gleiche gilt auch für «Manzele-Sepp», der die Geschichte seiner Familie und die Auswanderung einiger seiner Söhne sowie einer Tochter in der Chronik «Von Heimat zu Heimat» in den wichtigsten Stationen auf humorvolle und eindrückliche Weise schildert. Seiner Chronik setzte er eine Widmung voran: «*Meinen Kindern und Geliebten unseres Verwandtschaftskreises sowie meinen Freunden und Bekannten am Rhein und über dem grossen Wasser, wo ich in weiter Ferne auch ‹Wahre Heimat› fand (...) gewidmet dem Bande treuer Freundschaft, Frieden zwischen Völkern und gegenseitiger Behilflichkeit*».

Werner Büchel macht Filmaufnahmen beim Schloss Vaduz

Quellen: Chronik «Von Heimat zu Heimat», von Josef Büchel, Balzers/USA
Familienbuch Balzers, von Fridolin Tschugmell. Dossier Büchel, von Norbert Jansen

Rudolf Rheinberger

Alois Rheinberger – Weinbaupionier in Illinois

Alois Rheinberger aus Vaduz wanderte im Jahr 1848 nach Nordamerika aus.[1] Er wurde am 5. Juni 1827 als Sohn des Josef Ferdinand Rheinberger und der Anna Maria Schneider in Vaduz geboren. Der Vater war ein Sohn des reichen Löwen- und Adlerwirts Johann Rheinberger, der im Jahr 1807 die «St. Johanner Güter» mit dem Roten Haus gekauft hatte. Josef Ferdinand wohnte zwanzig Jahre lang im Roten Haus und bewirtschaftete seinen Anteil am Abtswingert, doch brachte er es nie auf einen grünen Zweig; er muss ein verschlossener und recht umständlicher Mann gewesen sein und geriet bald in wirtschaftliche Not. Die Mutter starb schon früh, so dass Alois sich kaum mehr an sie erinnern konnte. Er bekam einen Vormund und wurde mit äusserster Strenge erzogen.[2] Nach der Volksschule in Vaduz besuchte der talentierte Junge die Klosterschule in Disentis, wo zu jener Zeit der Liechtensteiner Peter Kaiser als Rektor wirkte.

Alois Rheinberger erlebte als 19jähriger den verheerenden Rheineinbruch von 1846 oberhalb Vaduz,[3] der so viel Not und Elend zur Folge hatte und die wirtschaftliche und politische Lage im Lande auf Jahre nachhaltig beeinflusste.

Die trüben wirtschaftlichen Aussichten liessen dann im 21jährigen Alois den Entschluss reifen, nach Nordamerika auszuwandern. Dies geschah Ende Februar, Anfang März des Revolutionsjahres 1848. Er schiffte sich auf der «St. Nicolas» in Le Havre mit sieben weiteren Liechtensteinern[4] ein und kam am 28. April im Hafen von New York an.

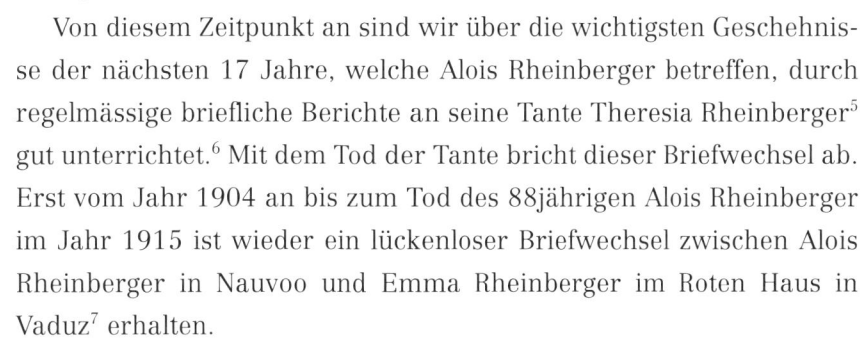

Alois Rheinberger, geboren in Vaduz am 5. Juni 1827, gestorben in Nauvoo (Illinois) am 27. November 1915

Von diesem Zeitpunkt an sind wir über die wichtigsten Geschehnisse der nächsten 17 Jahre, welche Alois Rheinberger betreffen, durch regelmässige briefliche Berichte an seine Tante Theresia Rheinberger[5] gut unterrichtet.[6] Mit dem Tod der Tante bricht dieser Briefwechsel ab. Erst vom Jahr 1904 an bis zum Tod des 88jährigen Alois Rheinberger im Jahr 1915 ist wieder ein lückenloser Briefwechsel zwischen Alois Rheinberger in Nauvoo und Emma Rheinberger im Roten Haus in Vaduz[7] erhalten.

Ende Februar, Anfang März 1848 verabschiedete sich Alois Rheinberger von der Heimat. Es muss in Vaduz ein kleines Ereignis gewesen sein, denn in seinem hohen Alter erinnerte er sich noch daran *«dass Josef Rheinberger, ein Bübchen, uns zum Abschied ein Stück auf dem Klavier spielte».*

Sein erster Brief an die Base Theres Rheinberger ist vom 1. Juli 1848 datiert und in Germanstown (Ohio), nordöstlich von Cincinnati, geschrieben. Es war die erste Station, wo er in einer Destillerie Arbeit gefunden hatte und dort auch über ein halbes Jahr blieb. Danach trug er sich mit dem Gedanken, eine eigene Branntweinbrennerei aufzuziehen, liess dann diesen Gedanken wieder fallen, da ihm die zu diesem Zweck nötigen 2'500 Dollars fehlten. Er zog über Dayton weiter nach Nordosten, wo er eine Zeitlang mit Ferdinand Frick aus Balzers zusammen war, und fand im Staate Ohio Arbeit als Küfer.

Der Umstand, dass Alois Rheinberger die liechtensteinische Revolution vom März 1848 in seinen Briefen nie erwähnt, ist darauf zurückzuführen, dass seine Abreise aus Vaduz schon vor den turbulenten Tagen um den 20. März erfolgte. Zudem war er mit Sicherheit durch die Reisevorbereitungen so sehr in Anspruch genommen, dass ihn die gespannte Stimmung des Vormärz höchstens noch am Rand miterfasste. Rheinberger kommt in seinen Briefen auf die Wurzeln der Revolution und den Vormärz indirekt zu sprechen, indem er die persönliche, politische und wirtschaftliche Unfreiheit in seiner alten Heimat den in Amerika angetroffenen Verhältnissen gegenüberstellt. So schreibt er etwa in seinem ersten Brief vom 1. Juli 1848: «*...Glücklich und gesund erreichte ich dieses schöne Land, wo sich die Menschen nur als Menschen, nicht nach ihrer Stellung achten, wo der freie Gebrauch der Kräfte das Leben leicht und das Fortkommen sicher macht, wo keine Nahrungssorge die edleren Gefühle erdrückt, wo der Landmann unter dem Segen des tiefsten Friedens ruhig mit seiner Familie lebt und vergnügt über seine üppigen Felder hinschauen kann, weil hier nicht geistliche und weltliche Herren auf seine Äcker kommen und einen Teil dieses Segens, die Frucht seines Schweisses, holen, noch ehe sie reif ist*».[8] Und in einem Brief vom 20. März 1849 heisst es: «*...ich bin glücklich und zufrieden und möchte um keinen Preis wieder in meine alten Verhältnisse in Vaduz zurück*». Später sah er dann wohl, dass seine anfänglichen, idealen Vorstellungen von Amerika nicht ganz der Wirklichkeit entsprachen.

Am Anfang des Jahres 1850 fasste Alois Rheinberger dann den Entschluss, vorübergehend nach Hause zurückzukehren, um dort seine Braut Margaretha Brasser aus Churwalden zu heiraten. Danach wollte er wieder in die Neue Welt zurück.[9]

Sein Plan war, ausser seiner Frau auch den alten Vater und seine Schwester Anna Maria mitzunehmen. Die Schwester hatte mit 16 Jahren den Engelwirt Andreas Marxer in Nendeln geheiratet. Dieser war aber ein Trinker, und sie führte einen leichten Lebenswandel. Die Ehe war bald zerrüttet, und Alois glaubte, die Schwester unter seiner Aufsicht wieder «*auf die rechte Bahn*» bringen zu können.

Die Seereise zurück erfolgte mit dem Schiff «Baltimore» und dauerte bis New York 38 Tage. Und wieder begleitete sie eine Gruppe von

Liechtensteinern.[10] Am 27. September kamen sie «*nach einer ordentlichen Seereise*» in New York an. Von dort ging es auf einer langen Landreise, die etwa dreissig Tage in Anspruch nahm, nach Nauvoo, 1'200 Kilometer weiter westlich am Mississippi. Dort lebte seit vier Jahren eine Tante der jungen Frau Margaretha, welche die Reisegesellschaft freundlich aufnahm und beherbergte, bis sie eine eigene Unterkunft gefunden hatte.

Und Alois schreibt über Nauvoo: «*Die Gegend hier ist sehr schön, fruchtbar und gesund, bildend eine Landzunge am Mississippi, dem Flusse nach mit waldigen Hügeln, landeinwärts aber mit flachem Wiesenland*».[11] Aber nicht nur die Schönheit der Gegend fesselte ihn. Denn dieser Platz hatte Zukunft: «*Nächstens beginnt der Bau einer Eisenbahn zwischen hier und einem 20 Meilen weiter unten am Mississippi gelegenen Städtchen, was für diese Gegend und besonders für die beiden treffenden Ortschaften von ungeheurem Werte werden wird, weil uns dadurch ein grosser Teil des immer wachsenden Verkehrs auf dem oberen Missisippi gesichert wird. Warum unmittelbar am Mississippi eine Eisenbahnlinie errichtet werden muss, hat die gerade in dieser Strecke sich befindenden vielen hochliegenden Felsen im Strome zum Grunde, wodurch während fast 9 Monaten des Jahres die Dampfschiffahrt nicht nur sehr erschwert und übermässig verteuert, sondern auch den ganzen Herbst, wie dieses Jahr, unmöglich gemacht wurde, während gerade oberhalb an unserem Städtchen der Strom keine Hindernisse zur weiteren Beschiffung mehr bietet. Wir erhalten also zunächst ein Eisenbahn-Depot und eine Dampfschiff-*

Etwas ausserhalb der Stadt, auf einer Anhöhe mit Blick auf den Mississippi, erwarb Alois Rheinberger dieses stattliche Wohnhaus. Im Südhang unter dem Wohnhaus pflanzte er 500 Rebstöcke

Landung. Dazu kommt noch die Gewissheit, dass diese Bahn in wenigen Jahren von hier 200 Meilen landeinwärts nach einem Punkte geführt wird, wo sie sich mit der Centralbahn dieses Landes vereinigt und alsdann haben wir eine offene Handelsstrasse nach allen ob uns liegenden Landschaften bis nach St. Louis und Orleans per Dampfschiff und Eisenbahn und von da über Chicago und New York eine ununterbrochene Eisenbahn. Wir werden in Zukunft statt einem verdienstlosen Nestchen eine aufwachsende Stadt bewohnen; und wir alle, die ein Eigentum unter dem Preise kaufen, werden mit Freuden wahrnehmen, wie dieses Eigentum alljährlich wertvoller wird.» Alois Rheinberger hatte Glück, denn schon bald konnte er in Nauvoo ein von den Mormonen vor wenigen Jahren verlassenens, gut gebautes Haus mit einem Umschwung von fünf Acres (20 Hektaren) um 500 Dollars kaufen. Das Grundstück lag *«am Abhange eines Hügels: in Schussweite des Flusses Mississippi»*. Der südliche Abhang eignete sich seiner Ansicht nach hervorragend zur Anpflanzung von Weinreben, einer Arbeit, mit der er aufgewachsen war. Zu diesem Zweck hatte Rheinberger ein Säckchen voll Traubenkerne aus Vaduz mit über das Meer gebracht und zog daraus in seinem Garten Rebensetzlinge. Die ersten Reben, mit denen er in Nauvoo die grosse Weinbautradition begründen half, waren also aus Vaduzer Traubenkernen gezüchtete Reben. Er kaufte dann jedes Jahr noch Reben dazu und vergrösserte auch seinen Landbesitz, bis er zwölf Acres (48,5 Hektar) mit 8'600 Weinstöcken besass. Diese brachten ihm dann bis zu 30'000 Liter Wein jährlich.[13]

Aber Alois Rheinberger betrieb nicht ausschliesslich Weinbau. Im Frühjahr 1851 legte er einen grossen Obstgarten an und *«setzte 55 Apfelbäume und 25 andere, worunter Birnen-, Kirschen-, Zwetschgen- und Pflaumenbäume»*. Als Selbstversorger hatte er auch einige Kühe. Dazu pflanzte er Weizen, Türken, Kartoffeln und Gemüse.

Im ganzen musste Alois Rheinberger, als er sich im Herbst 1850 endgültig in Nauvoo niederliess, über etwa 1'000 Dollars in barem Geld verfügt haben. Davon waren ihm nach dem Land- und Hauskauf, der Hauserweiterung, den Anpflanzungen und anderen Investitionen noch 290 Dollars übriggeblieben. Daher hoffte er auf einen guten Herbst,[14] um noch eine Reserve behalten zu können.

Grosse Sorgen machte er sich um seine Schwester Anna Maria, die während des ersten Jahres in seinem Haushalt lebte. Kurze Zeit später aber löste sie sich aus dem Familienverband und trat der Methodistenkirche bei. Sie heiratete dann auch bald einen Amerikaner, der derselben Kirche angehörte.

Am 7.Oktober 1852 starb der stets kränkelnde Vater Josef Ferdinand Rheinberger im Alter von 65 Jahren.

Wohnzimmer im Haus von
Alois Rheinberger

Die Familie vergrösserte sich rasch. Margaretha gebar zwischen 1851 und 1870 zehn Kinder, von denen nur fünf den Vater überlebten. Margaretha war eine tüchtige Hausfrau und Mutter. In den ersten Jahren in Amerika litt sie noch unter Heimweh, und gerne wäre sie wieder in die alte Heimat zurückgekehrt. Doch schliesslich war sie mit den Kindern und mit dem grossen Haushalt so verwachsen, dass sie ihr Heimweh vergass. Margaretha starb im Jahr 1902 im Alter von 74 Jahren in Nauvoo.

Alois Rheinberger ging mit unerschütterlicher Zuversicht an sein grosses Aufbauwerk heran und liess sich auch durch Rückschläge nicht entmutigen. Er war ein nüchterner Rechner und hatte sich die Verwendung der ihm anfangs zur Verfügung stehenden 1'000 Dollars genau eingeteilt. Und immer, wenn er später einen grösseren Überschuss erarbeitet hatte, kaufte er wieder ein Stück Land dazu, doch entblösste er sich nie von einer gewissen Reserve, die ihm auch in Not- und Katastrophenjahren das Überleben sicherte.

Das Klima in Nauvoo war durch grosse Gegensätze gekennzeichnet. Langen Hitzeperioden folgten Dürre und Missernten, später Frost vernichtete die Traubenernte oft schon im Ansatz. Doch gab er nie auf, denn die reichen Erntejahre waren in der Mehrzahl. So stieg der Ertrag aus dem Weinbau von 175 Dollars im Herbst 1853 auf 700 Dollars im Jahr 1858 und auf 1'100 Dollars im Herbst 1862.

Aus den Briefen nach Vaduz zu schliessen, drängte ihn seine Tante Theresia schon früh zur Rückkehr nach Liechtenstein. So machte sie ihm offenbar im Jahr 1855[15] den Vorschlag, das Haus zur Linde,[16] das ihr Bruder Johann Nepomuk Rheinberger 1843/44 erbaut hatte, zu übernehmen, denn der Erbauer dieses schönen Hauses war schon kurz vor dessen Vollendung 1844 gestorben.

Blick vom Torkelraum in den Weinkeller

Alois Rheinberger wog in Nauvoo alle Möglichkeiten einer Berufsausübung in Vaduz ab. Ein Bauernhof wollte ihm nicht ganz passen, *«in einem Lande, wo man den Zehnten nicht erntet, wo bald Rhein, bald Rüfe die Ernte samt dem Boden verderben, wo die Staats- und Gemeindelasten ausserordentlich und der Bettelstand zahlreich ist.»* Ein Krämer zu werden, sei auch nicht sein Lieblingsgeschäft. Einen Wirt könne man aus ihm schon gar nicht machen, denn, er *«verstehe es nicht, alle Augenblicke die Maske zu ändern, bald ein gestrenger Herr seiner Untergebenen, bald ein freundlicher Bauernwirt, und im nächsten Zimmer der gehorsame Diener besäbelter und unbesäbelter Herren zu sein ... Eine Mühle wäre vielleicht ein gutes Geschäft, aber ...»* Man merkt aus jedem Satz, dass ihm das freie Leben in Amerika über alles geht, obwohl er dann gestehen muss: *«Meine Liebe zu diesem grossen überseeischen Lande geht in Wahrheit nicht über meinen Zaun* (hinaus)*...»* und dieses gespaltene Verhältnis zur neuen Heimat begleitete ihn bis ins hohe Alter. Seine Familie bedeutete ihm alles, nur in seiner Familie fühlte er sich wirklich zu Hause. Er hing besonders auch an seinen Kindern. Er schildert ihre Eigenschaften liebevoll anhand einer Fotografie, die er der Base in Vaduz zusandte.[17] *«In der Mitte sitzt das Älteste, das Mädchen Josepha. Sie ist ein talentvolles Kind, sehr flink, sehr flüchtig, gutmütig, und wenn sie aufpassen will, zu gar vielem brauchbar. In der Schule lernt sie ausgezeichnet, begreift schnell und lernt den Katechismus auswendig zum Spass. Sie kann ordentlich nähen und stricken, aber lässt sich nicht lange daran halten. Wenn es aber die Not erfordert, besorgt sie auch die Küche, und für ihre kleinen Geschwister ist sie ein wahres Mütter-*

chen. Sie bleibt aber nicht gerne lang am gleichen Platze, verlässt ihre Arbeit oft viel zu früh, und wenn man sie eben noch neben sich glaubte, so kann sie schon weit weg sein, über alles hinweg, auf alles hinauf, ohne irgendwelche Rücksicht auf die Kleider, was denn viel Löcher und Tadel ergibt.

Neben ihr sitzt der grössere Knabe Alois; er ist mägerlich, schwächlich, etwas zaghaft, furchtsam, aber er ist ein wenig grösser als das Mädchen. In der Schule lernt er etwas schwer, wird aber einmal sehr schön schreiben und hat auch Fähigkeiten zum Zeichnen. Im Umgang mit anderen ist er zu empfindlich, leicht beleidigt, weint nur zu gerne. Sich selbst überlassen aber ist er der zufriedenste Knabe, schneidet mit seinem Messer allerhand Figürchen zurecht, formt allerhand Gegenstände aus Lehm und trocknet sie im Ofen oder an der Sonne. Wenn er etwas von Maschinen sieht, abgebildet oder wirklich arbeitend, denkt er lange nach über deren Bau und deren Ineinandergreifen. Er pflanzt gerne, scheut keine Mühe, wenn es zu seiner Liebhaberei gehört. Sein Gang ist etwas schleppend, sinnend und die Hände stets im Sack. Man kann neben ihm stehen und ihn anrufen und er hört es nicht, weil er eben ganz einem Gegenstande seiner Liebhaberei gehört. Er ist recht gut, aber an Arbeiten, die Ausdauer verlangen, wird er sich kaum je gewöhnen und es wird alles darauf ankommen, für ihn den passenden Stand zu finden.

Auf der anderen Seite des Mädchens sitzt der kleinere Knabe Ferdinand. Er ist immer fett, gutherzig, gefühlvoll, verträglich und auch arbeitsam. Er geht noch nicht zur Schule, aber wir hoffen, dass er gut lernen wird, denn er ist verständig. Zur Zeit, als sein kleines Schwesterchen starb, hatte er grosses Bedauern und weinte noch nach einem halben Jahre, wenn man davon sprach. Er verspricht oft aus freiem Antrieb, recht helfen zu wollen, wenn er gross sei, damit wir nicht mehr so viel zu arbeiten brauchten. Im übrigen ist er selbständiger als sein grösserer Bruder, und wenn ich auf irgendeinem Gange beide bei mir habe, wird er seinen eigenen Weg gehen, während der andere nicht aus meinen Fussspuren geht.

Vom Kleinsten ist noch nicht viel zu sagen; wenn es einmal ruhig sitzen kann, wollen wir auch sein Bild dorthin schicken.»

Elf Jahre, nachdem er sich in Nauvoo niedergelassen hatte, berichtet Alois Rheinberger seiner Tante: «*Wir fangen an, materiell uns recht wohl zu finden.*» Doch zu dieser Zeit zeichnet sich schon der kommende Bürgerkrieg zwischen den Nord- und Südstaaten ab. Schon 1862 fürchtete Alois, dass ihn das Los zum Kriegsdienst treffen könnte[18] und er sah sich bereits um einen Ersatzmann um, welcher 200 Thaler für neun Monate Kriegsdienst gefordert hätte. Später, im Jahr 1864, verlangte dann ein solcher Ersatzmann das Vierfache.[19]

Der letzte Brief Rheinbergers an Tante Theresia ist im Februar 1864, also ein Jahr vor dem Ende des Bürgerkriegs, geschrieben.

Einen breiten Raum in den Briefen Alois Rheinbergers an seine Base Therese nimmt ab Oktober 1853 das Schicksal Heinrich Rheinbergers, eines Cousins, ein. Heinrich war ein Sohn des «Löwenwirts» Rheinberger in Vaduz. Er war fünf Jahre jünger als Alois und hatte eine Gerberlehre in Rankweil gemacht.[20] Gleich nach Abschluss der Lehre machte er sich auf die Wanderschaft. Zuerst in den Jahren 1851/52 durch die Schweiz nach Genf, wobei er längere Zeit in Helfenau und Carouge als Gerbergeselle arbeitete. Weiter zog es ihn dann durch ganz Österreich bis nach Kärnten und Wien.

Im Sommer des Jahr 1853 brach er nach Amerika auf, womit ihm ein alter Traum in Erfüllung ging. In New York angekommen, nahm er den üblichen Weg nach Westen und fand im Spätsommer einen ersten Arbeitsplatz in Cleveland am Eriesee im Staat Ohio. Es war zunächst seine Absicht, dort bis Frühjahr 1854 zu bleiben, doch als er um sein erstes dort verdientes Geld geprellt wurde, entschloss er sich, zu seinem Vetter Alois Rheinberger nach Nauvoo weiterzuziehen. Dort traf er noch im Dezember 1853 ein. Die Vorstellungen, welche er sich von dem Besitz seines Vetters Alois aus dessen Briefen in die Heimat gemacht hatte, wurden dann offenbar erheblich übertroffen dementsprechend lautet auch sein Rapport nach Vaduz,[21] der hier in seinen wesentlichen Teilen wiedergegeben werden soll: «*Als ich wieder auf die Reise kam, zog es mich nach Nauvoo, denn ich wollte Alowisis Reben einmal selbst besichtigen, von denen Ihr mir selbst einen kleineren Begriff machtet, als es in der Wirklichkeit ist. Ich wurde daselbst gut aufgenommen und alles war recht, nur den Seppli*[23] *konnte ich nicht mehr in dem fremden Weltteil treffen. Alois selbst und seine Frau sind gesund und wohl, sowie sie auch zwei gesunde und recht hübsche Kinder haben. Dieses alles wisst Ihr schon und ich will Euch daher mit der Gegend und den Umständen bekannt machen. Dieses Städtchen liegt zerstreut, etwas erhöht, sehr lieblich und gesund; war früher eine Mormonenstadt, in der Handel und Gewerbe schon blühten. Diese Mormonen sind eine eigene, borniert Sekte; sie halten sich allein ans alte Testament, haben ihren Propheten etc. Jedoch die Hauptsache für andere Leute war, dass sie diese in ihrem Eigentum oft störte und die Gesetze der Vereinigten Staaten weder annahmen noch hielten. Da wurden sie gewaltsam verjagt und ihr früherer, unsterblich geglaubter Prophet erschossen, nachdem sie ein blutiges Scharmützel geliefert hatten. Natürlicher Weise gingen hier Handel und Gewerbe aus. Es kamen zwar wieder frische Ansiedler, jedoch wäre Nauvoo noch lange nicht aufgekommen, hätte sich nicht etwas anderes eingestellt. Es wird nämlich eine Eisenbahn gebaut, so wie auch zur Sommerszeit die Schiffahrt auf dem Missisippi schon hergestellt ist. Nun wird Nauvoo amerikanisch aufschiessen. Für einen Europäer ist es freilich fabelhaft, wenn man ihm erzählt, dass an einem Platze, wo vor 50 Jahren noch Wälder standen, sich aber für Schiffahrt eignete und aus dem Inneren des Landes mit Eisenbahnen verbunden wurde, und auf diese Art die amerikanische Spekulation auf sich zog, nun Städte sind von 50, 60, 70 und 100'000 Einwohnern, wo es selten ist, dass man den Himmel sehen kann, von dem Dampf und Rauch der Maschinen. Auch jeder, ob er denn viel oder wenig denkt, muss darüber erstaunen, und jeder, der es sieht, hat sich's nicht so vorgestellt. Wo man denn aber den Acer Land für 1 Thaler kaufte, kostete dieser nachher einige Hunderte. Eine solche Spekulation scheint mir auch der Alois gemacht zu haben und deren Gelingen ist ziemlich annehmbar.[24] Sein Anwesen ist jetzt schon um die Hälfte gestiegen.*

Was den Weinbau anbelangt, so verhält es sich ebenfalls anders als ich und Ihr es uns vorstellten; denn es ist hier nicht mehr die zweifelhafte Probe zu bestehen, sondern diese ist glücklich abgelegt. Alois hat schon einen regelmässigen[25] Wingert, der im ganzen etwa 1'000 Reben inne hat. Er ist freilich noch nicht gross, aber es sind schon wieder einige Hunderte weiter gesetzt. Auch muss man hierzulande die Reben viel weiter auseinander setzen, da in Amerika alles einen überaus starken Trieb hat und die Reben hier viel grösser und stärker werden; so zwar, dass dreijährige hiesige Reben, zehnjährigen draussen gleichkommen. Ihr werdet ein Rebenblatt gesehen haben, welches der Alois hinausschickte. Es ist aber nicht nur der Unterschied in den Blättern, sondern auch in den Trauben, sodass es auch nicht übertrieben ist, wenn man sagt, dass hier eine Rebe soviel Nutzen gibt, als draussen ihrer zwei. Der Wein hier ist ausgezeichnet und da ich jetzt den Vaduznern nicht vor den Kopf stossen will, so werde ich in zwei Jahren Proben mit mir bringen. Gegenwärtig erregt der Weinbau in Amerika viel Aufmerksamkeit. Er fängt schon an, an manchen Orten sich zu verbreiten und trotz Unkenntnis und verkehrter Behandlung, manchem Eigenthümer befriedigende Resultate liefern. Somit muss der Besitz Alowisis in ein paar Jahren ein ganz anderes Aussehen haben. Jedenfalls wird ihm bis in einigen Jahren eine ungleich höhere Summe geboten, als er bezahlt hat. Was er aber nachher tun wird, ist mir noch unbekannt, denn seine Anhänglichkeit ans Liechtensteinische konnte er bisher nicht unterdrücken, besonders da seine Frau darin noch mehr übereinstimmt als er. Ich kann keinen anderen Grund finden, als die Hinneigung zur Heimat, die allen besseren Gemüthern eigen ist, und was die Hauptsache ist, so will und kann er sich den englischen Sitten und ihrer Sprache nicht anschliessen. Amerika muss sich kein Mensch als Ideal vorstellen und mir selber waren gleich in der ersten Zeit die Leute und auch ihre schlecht tönende Sprache zuwider. Deshalb könnte vielleicht mit der Zeit der Fall noch eintreten, wo er sich entschliessen würde, mit einem schönen Stück Geld wieder nach Vaduz zu kommen. Ich suche ihn dabei durchaus nicht zurückzuhalten, weil wir mitsammen im Liechtensteinischen wieder festeren Fuss fassen könnten obschon ich ihm Liechtensteins Verhältnisse nackt und durchaus nicht glänzend beschrieb.

Was das Meili[26] betrifft, so sind zwar die vorgefallenen Geschichten nicht mehr gutzumachen, und ich muss mich daher auf die Gegenwart beschränken. Es hat einen nach meiner Ansicht und Alois Aussagen guten und braven Mann, macht keine Nendler Geschichten mehr, und ist nach seiner Aussage glücklich und scheint es auch insoweit zu sein, als es nach meinen Ansichten möglich ist. Ich musste ihr von Karoline so viel erzählen, als ich immer wusste. Ich hätte dadurch die meisten Mütter befriedigt, welche die Umstände und überhaupt das wahre Wohl der Kinder im Auge haben. Meili wünscht aber immer das Kind zu sich, obschon es an dessen Wohlergehen durchaus nicht zweifelte. Für dieses Mal will ich schliessen. Neuigkeiten möchte ich gern alle wissen. Mit herzlichstem Gruss unserer ganzen kleinen liechtensteiner-amerikaner Gesellschaft verbleibe ich dankbarst Ihr Vetter – Heinrich Rheinberger, Gerber. – N. B. Alois wünschte eine Familienchronik, vielleicht dass Ihr einige Auskunft geben könntet. Das Meili wünscht recht viel von Karolina zu hören und ich wünsche Euch zum neuen Jahr Gottes Segen und dauerhafte Gesundheit.»

Ich will hier nicht ausführlich auf das weitere Schicksal Heinrich Rheinbergers eingehen. Dazu nur noch einige Sätze, obwohl es viel darüber zu berichten gäbe. Im Jahr 1854 arbeitete er in der Gerberei einer Witwe im Staate Illinois und verlobte sich dort mit deren Tochter Kristin. Es gab aber bald Spannungen mit der Witwe, und Heinrich machte sich im Frühjahr 1855, nachdem er sich nochmals einige Monate bei seinem Vetter Alois in Nauvoo aufgehalten hatte, wieder auf die Wanderschaft weiter nach dem Westen. Er wollte noch etwas

Das Familiengrab der Rheinberger in Nauvoo (Illinois) wird von einem grossen steinernen Kreuz beherrscht, das von den Gräbern einzelner Familienmitglieder umgeben ist

von Amerika sehen und dann nach etwa zwei Jahren nach Liechtenstein zurückkehren. Doch er fand keine passende Arbeit und musste in der Prärie im Westen von Missouri Transportfahrten machen, in einer unwirtlichen Gegend, mitten unter den Indianern, mit denen er auch ein Abenteuer erlebte, «*das ihm beinahe den Scalp gekostet hätte*».[28] In dieser rauhen und ungesunden Gegend wurde er krank und starb am 12. November 1855 in Jasper, ganz im Westen des Staates Missouri. Es dauerte zehn Jahre, bis die amtliche Todesbestätigung in Vaduz eintraf.

Fünfzig Jahre später schreibt Alois Rheinberger über seinen Cousin: «*Der Heinrich Rheinberger, Sohn des Alois Rheinberger, dem der Löwen mit allem gehört hätte, starb in Lorenz County, Staat Missouri, fremd, arm und verlassen. Er wollte nicht in Amerika bleiben, aber, ein wenig abenteuerlich gesinnt, sich ein Weilchen unter den Indianern in Kansas herumtreiben, dann wieder zurückkehren und Besitz von seiner Heimath nehmen.*»[29]

Wie schon erwähnt, ist der letzte Brief von Alois Rheinberger an seine Tante in Vaduz vom 28. Februar 1864 datiert. Diese Tante Theresia starb dann am 6. Juni 1867 im Roten Haus in Vaduz, dieses ging teils durch Erbschaft, teils durch käufliche Auslösung an Hauptmann Peter Rheinberger und seine Frau Theresia Rheinberger[30] über.

Für Alois Rheinberger ging das erfolgreiche Leben als Grossweinbauer in Nauvoo weiter. Es sind uns aber von ihm schriftliche Nachrichten erst wieder ab dem Jahr 1904 erhalten. Zu dieser Zeit hatte nämlich Emma Rheinberger[31] im Roten Haus den Kontakt mit Alois Rheinberger in Nauvoo wieder aufgenommen, und es entwickelte sich daraus ein reger Briefwechsel.

Aus diesen Briefen ist manche interessante Erinnerung an seine Jugendzeit in Vaduz zu entnehmen. Er erzählt, wie er seine Frau Margaretha, die aus Churwalden stammte, kennengelernt hatte,[32] oder über den grossen Rheineinbruch im Jahre 1846.[33] In einem Brief schildert er seinen Tagesablauf im Alter von achtzig Jahren: «*Ich selbst bin gesund und zu jeder Arbeit viel fähiger, als es Leute meines Alters gewöhnlich sind. Jeden Morgen während der wärmeren Jahreszeit erhebe ich mich um vier Uhr, mache mein Frühstück, esse um fünf Uhr und um sechs Uhr kann man mich an der Arbeit finden, Feld oder Keller, und verliere das ganze Jahr keinen Tag. Zur Winterszeit bin ich um sechs Uhr auch schon fertig. Ich wohne und verpflege mich ganz allein, wie mein Vater selig, der war auch 20 Jahre einsam im rothen Haus.*»[34]

Im Jahr 1903 hatte Alois seine Frau verloren. Sie hatte zehn Kinder geboren, zwei waren ihr im Tod vorausgegangen, drei folgten ihr innerhalb von vier Jahren. Die anderen fünf überlebten ihren im Alter von 88 Jahren gestorbenen Vater und lebten in besten wirtschaftlichen Verhältnissen. Sie waren schon über ganz Amerika zerstreut, kamen aber oft zu ihrem Vater auf Besuch.

Alois Rheinberger lernte trotz 67jährigem Aufenthalt in Amerika nie richtig Englisch. Einmal beklagt er sich in einem Brief: «*Sie stellen sich das Verhältnis zwischen Grosseltern und Enkeln gar schön vor; ich wollte, es wäre so! Aber, wenn ich Ihnen sage, dass wir einander nicht verstehen, ich kann nicht viel Englisch, und die anderen kein Wort Deutsch. So ist es nicht allein in meinem Haus, sondern in tausenden eingewanderter Leute.*»[35]

Emma Rheinberger hatte für ihren Vetter in Amerika das «Liechtensteiner Volksblatt» abonniert. Es ist für ihn bezeichnend, was er dazu in jener Zeit zu sagen hat: «*Die Liechtensteiner Zeitung kommt mir recht regelmässig zu. Ich finde sie recht gut geschrieben und die Beilage unterhaltend, besonders finde ich darin zuweilen ein Gedicht, wie aus meinem Herzen klingend. Was nicht ganz nach meinem Geschmack ist, sind die hochwohlgeborenen, hohen und allerhöchsten Herrschaften, die da immer vor Augen gehalten werden. Ich kenne nur Menschen als Kinder desselben himmlischen Vaters. Achtens- und liebenswert. Meine besondre Schätzung des in der gesellschaftlichen Ordnung Höhergestellten richtet sich nach der Erfüllung seiner Pflichten gegen die ihm Untergeordneten.*»[36]

Die Altersbriefe Rheinbergers lassen erkennen, dass sein Geist bis zum Schluss rege war. Doch die körperlichen Kräfte nahmen immer mehr ab, so dass er zuletzt nur noch mit Hilfe von zwei Stöcken einige Schritte gehen konnte. Seit dem Herbst 1912 wohnten die älteste Tochter Josepha, deren Mann gestorben war, und die Enkelin Maria bei ihm, so dass für ihn gut gesorgt war. Alois Rheinberger starb am 27. November 1915 im 89. Altersjahr.

Wir können uns die Frage stellen, ob wir es bei ihm mit einem typischen Einwandererschicksal zu tun haben. Diese Frage ist mit Ja und mit Nein zu beantworten. Das Nein mag insofern zutreffen, als er sich wohl in der Neuen Welt nie vollständig eingliedern und zu Hause fühlen konnte. Er bemühte sich auch nie, die englische Sprache richtig zu erlernen, so dass er sich im Alter nicht einmal mehr mit seinen Enkelkindern verständigen konnte. Seine «*Heimath*» reichte nicht über seinen Zaun hinaus, wie er selbst einmal schreibt.

Über seine Absicht, in Amerika zu bleiben, oder eines Tages wieder zurückzukehren, finden wir in den Briefen widersprüchliche Aussagen. Da war er wohl am Anfang noch schwankend. Als er dann aber sein Weingut auf die gewünschte Grösse gebracht hatte und die Kinder ihre Heimat in Amerika gefunden und dort auch ihre Familien gegründet hatten, fiel eine Trennung ausser Betracht.

Die positiven Möglichkeiten eines Einwanderers nützte er aber voll aus. Er kaufte Land in einer aufstrebenden Gegend und begründete eine grosse Weinbautradition im Herzen der Vereinigten Staaten und leistete so echte Pionierarbeit. Fundiertes Wissen auf diesem Gebiet hatte er schon aus der Heimat mitgebracht. Die laufende Erweiterung seines Wissensstandes und dessen praktische Anwendung war für ihn eine Selbstverständlichkeit. Er hatte eine gute Beobachtungsgabe und gewann so mit der Zeit auch eine grosse Erfahrung. Mit zähem Fleiss erweiterte er seine Weinberge Stück um Stück und liess sich auch durch Witterungsunbilden und Missernten nicht von dem einmal ins Auge gefassten Ziel abbringen.

Aber schon die nächste Generation verlegte ihr Leben vom Land in die Stadt und demgemäss von der Landwirtschaft auf das Geschäftsleben. Fast alle Nachkommen Alois Rheinbergers sind heute erfolgreiche Geschäftsleute. Sie leben schon in der fünften Generation in den Vereinigten Staaten.

Und wie stand es mit dem Heimweh der Auswanderer? Alois Rheinberger leugnete in seinen Briefen immer, es zu kennen. Und doch schimmert immer wieder etwas durch, was auf ein verdrängtes Heimweh schliessen lässt.

In den Briefen Alois und Heinrich Rheinbergers nach Vaduz sind noch viele wichtige Hinweise auf das wirtschaftliche, gesellschaftliche und religiöse Leben in den Vereinigten Staaten der zweiten Hälfte des 19. Jahrhunderts enthalten. Besonders eingehend sind natürlich die Ausführungen Alois', die sich auf die Landwirtschaft, und hier speziell auf den Weinbau, beziehen. Das relativ häufige Eingehen auf Fragen der Religion ist dem Interesse der Adressatinnen an diesen Fragen zuzuschreiben. Sowohl Therese als auch später Emma Rheinberger waren äusserst fromme Frauen.

Sowohl Forscher als auch Laien, die sich für die Auswanderung nach Amerika im 19. Jahrhundert interessieren, werden in den Briefen auf Unbekanntes, aber Wissenswertes stossen.

Jürgen Schindler

Eine Eschner Grossfamilie in Oklahoma

Stephan Schächle und seine Nachkommen

Vor gut 120 Jahren verliess der junge Eschner Stephan Schächle sein Dorf, seine gewohnte Umgebung, Familie und Freunde, um im fernen Amerika einen neuen Anfang zu wagen. Was mag in ihm vorgegangen sein, wie hat er seine neue Heimat empfunden? Wir wissen es nicht. In Liechtenstein sind keine Briefe erhalten, in denen er Eltern, Verwandten oder Freunden von sich berichtet hat. In den Vereinigten Staaten hinterliess er eine grosse Familie, deren Mitglieder heute in verschiedenen Bundesstaaten von Kalifornien über Oklahoma bis Alaska leben. Es ist – wenn man die Grösse der Familie betrachtet – eigentlich erstaunlich, wie wenig wir heute über den Liechtensteiner Auswanderer Stephan Schächle wissen. Das Material, das für diesen Artikel zur Verfügung stand, stammt hauptsächlich von Stephans Enkeln, der «*Third Generation*», die mühevoll Geschichten, Daten und Bilder über die Grosseltern zusammengetragen hat. In der Familie Schächle geschah, was in Einwandererfamilien oft beobachtet wird: In der «*Second Generation*» geht die Familiengeschichte, die Tradition verloren, wird dann aber von der «*Third Generation*», also den Enkeln, wieder rekonstruiert. Auch Stephan Schächles Enkel begaben sich auf die Suche nach ihren europäischen Wurzeln und nahmen wieder Kontakt zum Herkunftsland ihres Grossvaters auf. Dank ihrer Bemühungen können wir heute wenigstens einige Stationen dieses Unterländer Auswandererlebens nachvollziehen.

Stephan Schächle wurde am 26. April 1860 als ältester Sohn aus der zweiten Ehe seines Vaters Thomas Schächle (1825-1898) mit Maria Magdalena Marxer (1821-1906) in Eschen geboren. Aus der ersten Ehe des Vaters hatte nur der älteste Sohn Johann Vinzenz Schächle (1849-1890) überlebt, aus der zweiten Ehe gesellte sich zu Stephan noch der jüngere Bruder Martin Schächle (1863-1930). Sein Elternhaus mit der Nummer Eschen 31 neu (59 alt) stand nördlich der Pfarrkirche St. Martin und wurde in den sechziger Jahren abgebrochen. Heute befindet sich an dieser Stelle der hintere Teil beziehungsweise die Küche des Gemeindesaals. Über Stephans Jugendzeit ist uns nichts bekannt. Als junger Mann erlernte er – so will es die Familientradition – das Steinmaurerhandwerk und übte es vermutlich als Saisonarbeiter im Elsass aus, wie viele seiner Landsleute auch.

Im Jahr 1877 wanderte Stephan Schächle nach Amerika aus. Weder das Schiff noch der Ankunftshafen sind bekannt. Auch unterscheiden sich die Angaben über das Auswanderungsjahr hüben und drüben.

Die Eltern Stephan und Katherina Schächle-Klein mit ihren Kindern vor ihrem Haus in Pendleton (Kentucky); die Kinder v. l. n. r.: Stephen, Joseph, Aloysius (auf dem Schoss der Mutter), John, George, Ferdinand. Die Aufnahme entstand um 1900 (Fotoarchiv Gemeinde Eschen)

Während in Liechtenstein als Auswanderungsjahr 1877 eruiert werden konnte, finden wir in Stephans Nachruf in den USA das Jahr 1882. Von zuhause nahm er ein kleines Kruzifix mit, das heute noch von der Familie aufbewahrt wird. In den USA angelangt, muss er sich den zweiten Vornamen *(Middle Name)* Augustine zugelegt haben, um der amerikanischen Gewohnheit, zwei Vornamen zu führen, zu entsprechen. (Im Taufbuch der Pfarrkirche Eschen ist noch kein zweiter Vorname verzeichnet.)

Über die erste Zeit in den USA ist sehr wenig bekannt. Stephan muss sich im Bundesstaat Ohio aufgehalten haben, wo er im Jahr 1884 die am 19. Dezember 1861 in Stepstone/Montgomery (Kentucky) geborene Quäkerin Katherina Maria Klein heiratete. Katherina war die Tochter des Andreas Klein und der Katherina Rademacher aus dem Herzogtum Nassau.

Der Aufenthaltsort der jungen Familie Schächle ist bis 1896 nicht gesichert. Stephan scheint in der Zeit nach seiner Heirat als Baumeister tätig gewesen zu sein. So sollen auf einer alten Steinbrücke in Cincinnati (Ohio) heute noch seine Initialen SAS zu finden sein. Aus einem Brief, den der Eschner Auswanderer Dominikus Gerner 1889 aus Elmwood Place, einem Vorort von Cincinnati, an seine Schwester in Eschen schrieb, geht hervor, dass Stephan Schächle in dieser Zeit zusammen mit einem der aus Eschen stammenden Gebrüder Ritter ein Baugeschäft betrieb. Leider ist diese Stelle im erwähnten Brief der einzige Beleg für Stephans berufliche Tätigkeit um 1890. Im Jahr 1896 erbaute Stephan in der Gegend von Butler bei Pendleton (Kentucky) ein grosses Steinhaus, wo die Familie über zehn Jahre lebte.

Stephan hatte jedoch nach Angaben der Nachfahren den Wunsch, in eine Gegend zu ziehen, die von mehr Katholiken bewohnt war. So zog die Familie im April 1909 auf eine Farm fünf Meilen südlich von Elk City (Oklahoma), wo es eine katholische Schule und Kirche gab. Nach dem Umzug war Stephan hauptsächlich als Farmer tätig. Im Jahr 1915 berichtet ein Artikel in der Zeitung «Falmouth Kentucky Outlook» über die Familie Schächle: «*Am Sonntag besuchten wir die Familie von Stephan Schackle, vormals wohnhaft in Pendleton. Wir trafen sie fünf Meilen südlich von Elk City auf einer Farm von 320 Acres an. Es schien ihnen gut zu gehen. Sie haben 14 Ballen Baumwolle vom letzten Jahr, über 1'000 bushels (8000 gallons) Kaffir corn und maize im Speicher und etwas noch nicht geerntet, etwa 65 Stück Schlachtschweine (und hatten schon 60 fette verkauft), 13 Maultiere und 5 oder 6 Pferde und einige Stück Vieh, Früchte, Äpfel aus eigener Aufzucht und sie sagten, sie seien sehr zufrieden.*»[1]

Die Nachkommen

Stephan und Katherina Schächle-Klein hatten acht Kinder:

Ferdinand Schächle (1886-1955), heiratete Dorothy (Nachname nicht bekannt). Das Ehepaar lebte in St. Louis (Missouri) und hatte eine Tochter. Ferdinand arbeitete bei der Post.

Stephen Alexander Schächle, (1888-1969), ehelichte Laura (Nachname nicht bekannt). Die Frau brachte eine Tochter mit in die Ehe, das Paar selbst blieb kinderlos. Stephan ging aufs College und erwarb sich einen *Engineering Degree* (Ingenieurdiplom). Er arbeitete für den Bundesstaat Iowa, zuerst als Strassen-Vermesser, dann für das *Highway Department*.

George William Schächle (1891-1970), heiratete Genevieve May «Vivie» Cox. Das Ehepaar hatte elf Kinder. George arbeitete bis Ende der zwanziger Jahre als selbständiger Bauunternehmer. Danach erwarb das Ehepaar eine Farm in Biglerville (Pennsylvania) und betrieb dort eine Milchviehwirtschaft. 1955 verkauften sie die Farm und zogen nach Florida.

John Thomas Schächle (1893-1971). John war während des Ersten Weltkriegs US-Soldat in Europa. Nach seiner Rückkehr nach Amerika heiratete er 1919 Teresa Marie Simon. Der Ehe entsprossen acht Kinder. 1925 kauften John und Teresa eine Farm mit einer Grösse von 145 Acres südwestlich von Canute (Oklahoma). Nach dem Anstieg des Baumwollpreises im Jahr 1933 konnte das Ehepaar ein stattliches Farmhaus bauen. Neben seiner Tätigkeit als Farmer war John Versicherungsagent.

Joseph Augustine Schächle (1896-1964), verheiratet mit Urilla Elizabeth Toelle. Von den vier Kindern des Ehepaars beschäftigt sich heute vor allem Katherina Scott-Schächle zusammen mit ihrem Mann mit der Erforschung der Familiengeschichte der Schächles in den USA. Im März 1997 besuchte das Ehepaar Scott-Schächle die Heimat ihres Grossvaters und traf sich mit Verwandten aus Eschen, Nendeln und Vaduz. Joseph Schächles Witwe Urilla ist die einzig noch lebende Schwiegertochter des Ehepaars Schächle-Klein und kann sich noch gut an ihre Schwiegereltern erinnern. Von ihr wissen wir, dass Stephan Schächle zeit seines Lebens kaum Englischkenntnisse erwarb und praktisch nur Deutsch sprach. Wenn nötig, musste seine in den Staaten aufgewachsene Ehefrau als Übersetzerin einspringen. Grosses Leid traf diesen Zweig der Familie Schächle im Jahr 1995. Josephs Enkelin Valerie Jo Koelsch kam am 19. April 1995 beim Sprengstoffanschlag auf das Murrah-Gebäude in Oklahoma City ums Leben.

Aloysius Henry «Allie» Schächle (1899-1966), heiratete Flora Ione Walker. Das Ehepaar hatte fünf Kinder und betrieb eine Farm südwestlich von Elk City, Oklahoma.

Katherine Magdalena Schächle (1901-1939), verheiratet mit Robert Roy Rowland.

Charles Martin «Charlie» Schächle (1904-1983), heiratete Florence Audra «Audrie» Rowland. Der Ehe entsprossen sechs Kinder.

Nachdem alle Kinder in den frühen zwanziger Jahren aus dem Elternhaus ausgezogen waren, beschlossen Stephan und Katherina Schächle, in eine Wohnung in Elk City zu ziehen. Stephan erkrankte jedoch anfangs 1926 und wurde bettlägerig. Am 10. Oktober 1927 starb er in Elk City. Seine Frau starb zwanzig Jahre später, am 12. Mai 1946. Von den acht Kindern leben heute zahlreiche Nachkommen in Oklahoma und in den restlichen Teilen der USA. Ein Zweig der Familie hat sich in Alaska niedergelassen. Alle zwei Jahre versammeln sich die Nachfahren des Ehepaars Schächle-Klein zu einem grossen Familientreffen, der *Schachle Family Reunion*.

Grosse Familienversammlung der Familien Schächle in Amerika (1990) (Fotoarchiv Gemeinde Eschen)

Pio Schurti

«...aber ich nehme es spielend»

Konrad Sele in Los Angeles

Wozu hatte Kondrad Sele sich eine gute Ausbildung erworben? Wozu, wenn es keine Arbeitsplätze gab? Derartige Fragen mögen dem «Balischguad Konrad» durch den Kopf gegangen sein, als er 1929 arbeitslos dastand. Mit fünf Geschwistern war er auf dem «Balischguad», dem Gehöft zwischen der «Masescha-Chrüüzig» und der Samina aufgewachsen. Vater hatte Vieh verkauft und seine Geschwister hatten mitgeholfen, dass Konrad *etwas lernen* konnte: Im Institut Stavia im westschweizerischen Estavayer-Le-Lac hatte er 1929 die Handelsschule abgeschlossen. *«Es hat damals nicht viele Bürostellen gegeben»*, ruft seine Schwester Hedwig Beck in Erinnerung. Eine freie Stelle bei der Landesverwaltung habe ein anderer bekommen, wenn sie sich richtig erinnere, ein Triesner. Konrad zog sich auf dem elterlichen «Balischguad» zurück. Für die Eltern Holz gescheitet und aufgeschichtet habe er. *«Är hed schi asoo gschinierd, är ischt gar nümma fürha cho»*, erinnert sich Hedwig Beck. Da kam ein Cousin, Franz Xaver Beck, «ds Jachama Xaveri», der heute als Frank Beck in Los Angeles lebt, aus den USA zu Besuch...

«Viel eigni sind ganga», weiss Hedwig Beck. Sie kann sich noch erinnern, wie es 1922 geheissen habe, «ds Jachama Xaveri» gehe nach Argentinien. «Ds Jachama» wohnten im Gufer und wirtschafteten auf der Foppa. Der Weg auf die Foppa führt am «Balischguad» vorbei. *«I ha immer ättas z Ässa oder z Drincha ubercho»*, erinnerte sich

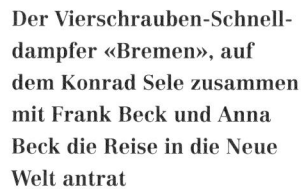

Der Vierschrauben-Schnelldampfer «Bremen», auf dem Konrad Sele zusammen mit Frank Beck und Anna Beck die Reise in die Neue Welt antrat

Frank in einem Interview in Los Angeles im Dezember 1995. Auch Hedwig Beck erinnert sich, man sei immer «*beianand gsi*».

Doch dann ging der Xaveri. 1927 machten es ihm andere nach: ein Vetter, Gottlieb Beck, «dr Profatschenger Eugen» (Eugen Gassner), und «dr Samina Franz» (Franz Beck), dessen Bruder Egon später Hedwigs Mann werden sollte, wanderten nach den USA aus. «*Viel eigni sind ganga*», wiederholt Hedwig versonnen. «*Ich weer au mitganga, wenn ich daheimat gsi weer*», sagt sie noch heute mit Gewissheit. Als Bruder Konrad mit Frank Beck und Anna Beck, einer weiteren Cousine, im Februar 1930 auswanderten, verdingte sich Hedwig als Küchenhilfe im Hotel «Angleterre» in Montreux (das damals von Eugen Wolfinger aus Balzers geführt wurde).

«*Äs hed gheissa, wir seien Grossbuura*», lacht sie heute. Das «Balischguad» hatte tatsächlich eine ansehnliche Grösse, aber Vieh hatte die Familie nur ein paar «Häuptli» — in jedem Fall zu wenig, als dass Eltern und alle Kinder Arbeit und Auskommen hätten finden können.

Wenn man bei Konrad Sele nachfragte, wie er denn den Entschluss gefasst habe, auszuwandern, sagte er, «ds Jachama Emil», also Franks Bruder, der selbst nicht auswanderte, habe ihm zugeredet und zur Auswanderung geraten. Im September 1970 schrieb Konrad an seine Schwester Hedwig: «*Habe gestern vernommen, dass Emil Beck gestorben ist. Habe öfters an ihn gedacht, er war ja am meisten verantwortlich, dass ich nach Amerika kam.*»

Das hört sich so an, als wäre ihm die Entscheidung zuerst nicht leichtgefallen. Nachdem er den Entschluss gefasst hatte und nach Amerika unterwegs war, verflüchtigten sich offenbar die Zweifel, die er gehabt haben mochte. Das geht aus den zahlreichen Briefen hervor, die Konrad Sele seiner Familie auf «Balischguad» schrieb. Bereits am 12. Februar 1930 schickte er eine Postkarte mit einem Bild von der «Bremen», dem «Vierschrauben-Schnelldampfer», auf dem die drei Cousins nach New York reisten. Am 10. März 1930 – er schreibt bereits «*March 10, 1930*» – schickt Konrad aus Los Angeles einen Reisebericht: «*Meine Lieben!... Wir waren 8 Tage in New York und sind dort in der ganzen Stadt herumgefahren und uns um Arbeit umgesehen, aber es war leider nichts los.*» Er berichtet, wieviel zum Beispiel Übernachtungen und das Essen kosten, schildert die Fahrt von der Ost- an die Westküste, hält fest, was auf ihn Eindruck machte, und kommt zum Schluss: «*Am besten gefielen mir die Orangengärten. Da gibt's ganze Felder, wo nichts als Orangenbäume gepflanzt werden.*» Das warme Südkalifornien hat es ihm bereits angetan.

Der 10. März 1930 war ein Montag. Es war Konrads erster Arbeitstag in Los Angeles. Wenn er seine Einwanderungsgeschichte in späteren Jahrzehnten erzählte, fasste er zusammen: «*Wir sind an einem*

Nach der Einwanderung in New York im Februar 1930 reisten Anna Beck, Franz Xaver Beck (auf dem Rücksitz), Konrad Sele und Gottlieb Beck (der bereits in New York war) zusammen nach Los Angeles, wo sie am 6. März 1930 ankamen

Mittwoch angekommen, am Samstag ging ich zum Tanz bei einem deutschen Fest, wo ich den Besitzer eines ‹speakeasy› (Lokal, in dem während der Prohibition Alkohol ausgeschenkt wurde) kennenlernte. Am Montag begann ich zu arbeiten.»

Konrad war zuerst, was die Amerikaner *busboy* nennen. Im Brief vom «*March 11, 1930*» erklärt er den Angehörigen in Triesenberg seine Tätigkeit: «*Ich bin in einem Restaurant und (muss) da allerhand arbeiten. Am Morgen muss ich zuerst die Tische und Stühle ordnen und ein wenig abstauben, dann die Servietten, den Zucker, Pfeffer, Salz und noch allerhand Zeug hinstellen. Etwa um 11 Uhr kommen dann die Gäste. Vorher muss ich noch Semmeli auseinanderschneiden und dann Butter dazwischen streichen – das ist ja eine schöne Arbeit.»* Servieren musste Konrad als *busboy* nicht, dafür aber abräumen. Er verdiente für diese Arbeit einen Dollar pro Tag, was damals ganz gut gewesen sei, wie er bestätigt. Und: «*Um halb vier Uhr kann ich immer nach Hause, brauch also nicht so lang zu schaffen»*, hält er im Brief vom 11. März 1930 fest. Dazu konnte sich Konrad im Restaurant noch gratis verköstigen.

Offenbar liessen seine Schilderungen auf dem «Balischguad» aber allerhand Fragen aufkommen. In einem Brief vom 17. April 1930 führt Konrad weiter aus: «*Die schmutzige Wäsche habe ich waschen lassen. Kommt so teuer, wie neues kaufen – wer hat Euch das gesagt? Die Taschentücher und Socken waschen wir selber, denn die kosten so viel fürs Reinigen, dass man sich neue kaufen könnte. Das Restaurant, wo ich arbeite, ist etwa 15 Minuten von meinem Zimmer. Ich steh immer so um 6 Uhr auf, dann lerne ich Englisch und etwa um halb acht Uhr mach ich mich reisefertig. Habe immer guten Appetit. Morgens, bevor*

Sele **195**

ich beginne, nehme ich gewöhnlich Milch, Brot, Butter und Käs und Pie, das sind Torten oder Pasteten – ich weiss nicht, wie man sie nennt auf Deutsch. Es gibt Apfelpie, Bananenpie, Citronenpie, Kirschenpie, und noch etwa 20 Sorten, aber die schreib ich nicht, die ess ich lieber. Mittags esse ich immer etwas anderes, also unmöglich zu schreiben. Letzte Frage: Mir kam es zuerst auch komisch vor, dass die Leute das Essen selbst holen, aber das ist überall so, ausser in den feinen Hotels. Warum das so ist, das ist leicht zu begreifen, denn in Amerika muss alles möglichst schnell gehen, so auch das Essen.»

Die drei Auswanderer Frank und Anna Beck und Konrad Sele hatten Glück. Sie kamen in die USA, als die Weltwirtschaftskrise schon ausgebrochen war und viele Arbeitslose auf Amerikas Strassen sich die Tage um die Ohren schlagen mussten und nicht wussten, wie sie für sich und ihre Familien sorgen konnten. Doch die drei aus Triesenberg waren nie arbeitslos. Wie verheissungsvoll mochten da Konrads Briefe auf dem «Balischguad» getönt haben?

Etwas weiter unten am Hang, in der Samina, trafen andere Briefe ein. So hatte «dr Samina Franz» bereits am 26. Februar 1928 aus Morton Grove bei Chicago geschrieben: «... *wenn es dann gar nichts mehr ist, dann werde ich mein Köfferchen packen und zu Euch kommen, aber ich denke, dass ich auch nicht lange in Triesenberg bleiben würde, denn so gut wie es auf dem bugelden (gebuckelten) Berg ist, ist es überall. Ihr wollt auch wissen, ob ich noch keine Liechtensteiner getroffen habe. Ja, meine Lieben, ich will auch keine treffen, den die besten Freunde sind die ärgsten Feinde. Denn am besten ist, wenn man für sich allein ist.*» Franz Beck, «dr Samina Franz», hatte es lange schwer, Arbeit zu finden. Heimweh plagte ihn. Nach Jahren wurde er in der städtischen Gärtnerei eingestellt, wo er dann 35 Jahre blieb. 1937 heiratete er. Heimweh, das unterschwellige Bewusstsein, dass es ihn eigentlich nur der schlechten Unstände halber nach Amerika verschlagen hatte, liess ihn aber nie ganz los. Franz Beck starb 1964, kurz bevor er seine viel vermisste Heimat wieder besuchen wollte.

In Kalifornien besuchten derweil Konrad und Anna (die bei einer wohlhabenden jüdischen Familie eine erste Stelle bekommen hatte) die Abendschule, um möglichst rasch Englisch zu lernen, und hielten sofort nach besseren Arbeitsplätzen Ausschau. Bereits am 4. Juni 1930 konnte Konrad nach «Balischguad» schreiben: «*Geht mir ganz gut und bin gesund und munter. Den ersten Platz hab ich schon vor 14 Tagen abgelegt, denn dort hatte ich nicht genügend Lohn ... Auch lernte ich Auto fahren, denn das muss man können hier in Amerika ... Bin in einem feinen Hotel beschäftigt und bekomme mehr als doppelt so viel Lohn als vorher. Das Hotel liegt an einem schönen Park ... Der Speisesaal liegt an einer Strassenecke und so sieht man von 2 Seiten hinein, denn die 2 Wände sind aus dicken Glasscheiben. Die besseren Leute wollen eben, dass man sie sieht, wie fein sie essen ... Ich muss die Tische abräumen; dazu habe ich eine grosse Platte, die ich auf einer Hand trage und zwar so hoch, dass die Kellnerinnen unten durch kommen. Es braucht schon ein wenig Balangsierung, aber ich nehme es spielend.»*

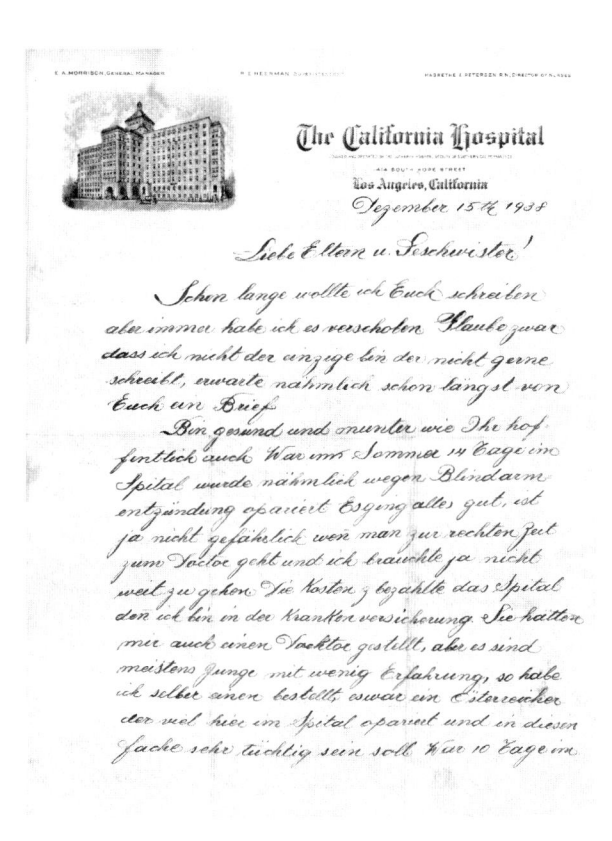

Neben dem Inhalt von Konrads Briefen, aus dem deutlich hervortritt, was ihm wichtig war und seine Verwandten im Triesenberg am meisten interessierte, geben Form und Sprache der Briefe Auskunft über den Einwanderer Konrad Sele. Etwas von seinem heiteren Temperament steckt im Ton seiner Sätze. Die Munterkeit, von der er in fast jedem Brief schreibt, sie und die Gesundheit seien das wichtigste, hat ganz offensichtlich die Niedergeschlagenheit, die er als arbeitsloser Bürolist in Liechtenstein durchlebte, abgelöst. Immer stärker und häufiger auftretende Anglizismen in seinen Briefen sind ein Hinweis darauf, dass Konrad nicht nur die englische Sprache leicht erlernte, sondern sich auch schnell in die neue Umgebung und Kultur einlebte. *«Den ersten Platz habe er abgelegt»*, schreibt er und meinte damit, er habe die erste Stelle aufgegeben. Wenige Monate nach seiner Einwanderung ist aus «vor drei Tagen» schon das amerikanisch angehauchte

Konrad Seles Schwester Hedwig Beck auf Rotaboda hat Dutzende Briefe von Konrad aus über sechs Jahrzehnten aufbewahrt. Diese Briefe geben einen guten Eindruck von dem, was einen jungen Einwanderer am meisten bewegte

«*drei Tage zurück*» geworden. Später kommen «neue» Wörter aus dem Amerikanischen in sein Deutsch, wie «*Wertweiles*» *(worthwhile =* etwas, was sich der Mühe lohnt) oder «*babysitzen*» oder «*bin heute frei*» im Sinne von «ich habe heute frei». Und Konrad beginnt seine Verwandten manchmal zu siezen, vermutlich weil im Englischen «Sie» und «Ihr» *(=you)* der Form nach nicht unterscheidbar sind. Als er im August 1945 als amerikanischer Soldat erstmals nach Triesenberg zu Besuch kam, habe man ihn kaum mehr verstanden, bestätigt seine Schwester Hedwig Beck. «*Är hed Englisch gredt.*» Seine Briefe an die Eltern oder Geschwister verfasste er jedoch immer auf Deutsch: «*Meine lb. Eltern & Geschwister*» oder «*Liebe Schwester Hedwig*».

Konrad Sele war bewusst ausgewandert und auch bewusst Amerikaner geworden. Er gehörte noch nicht zu jener späteren Generation von Auswanderern, die von sich sagen, sie seien ausgezogen, um mal etwas Anderes zu sehen, und seien dann hängengeblieben. Das geht aus Konrads Briefen deutlich hervor. Schon in den ersten Jahren schreibt er «*bei Euch*», das heisst, er sieht sich nicht mehr als einer vom Triesenberg. Am 30. August 1930 resümiert er: «*Nun ist es schon mehr als ein halbes Jahr her, seitdem ich die heimatliche Scholle verlassen, bin mich auch schon so angelebt, dass man mir kaum mehr anmerkt, ich komme aus Europa und zudem noch vom Triesenberg.*» Was er sagt, wird durch seine Sprache bekräftigt: Er verwendet einen ausserhalb der Literatur doch eher ungewöhnlichen, quasi «fremden» Ausdruck «*heimatliche Scholle*» für «*schini Heimat*» und vermischt das englische «*I am accustomed*» mit dem deutschen «Ich habe mich eingelebt» zu «*ich bin mich angelebt*».

Konrad Sele beginnt auch schon bald, sich Rechenschaft über seinen Werdegang zu geben. «*Will Euch diesmal mit einigen Bildchen überraschen*», schreibt er am 29. Oktober 1930. «*Wie Ihr seht, bin ich im allgemeinen noch der alte Konrad. Zwar habe ich 6-7 Pfund zugenommen, seitdem ich in Los Angeles bin, das ist wenigstens ein Zeichen, dass ich kein Heimweh habe.*» Und am «*December 8th, 1930*» notiert er: «*Ist wohl das erste Mal, dass ich Weihnachten nicht mit Euch auf Balisgut feire. Aber mögen Meer und Weltteile uns trennen, in Gedanken sind wir und doch nahe ... Habe schon etwas Geld auf der Bank, wenigstens soviel, dass ich wieder zurückkehren könnte, von wo ich gekommen ... Wieviel Lohn ich bekomme, habe ich Euch bereits mitgeteilt, will es aber auf Wunsch nochmals schreiben, nämlich 85 Dollars im Monat.*» («*Das würde also über 400 Fr. ausmachen*», hatte er bereits im August vorgerechnet.) Dass er zurückkehren könnte, erwähnt Konrad Sele nach knapp einem Jahr also nur mehr als theoretische und finanzielle Möglichkeit. Auch wenn das Geld für eine Rückreise reichen würde, geht für ihn diese Rechnung nicht mehr auf:

In Kalifornien ist der Verdienst bei leichterer Arbeit besser. Noch etwas kommt hinzu: «*Den Taschenkalender braucht Ihr mir nicht zu schicken, denn solche gibt es hier in Amerika auch.*» Und: «*Kein Schnee, wie Bruder Johann schreibt, denn die Lust danach ist mir vergangen. Sonnenschein ist halt doch lieblicher wie Schneestürme.*» Kurz: In Kalifornien hat Konrad, was er will.

Er setzte das Briefschreiben fort und berichtete immer wieder, «*zwar nichts Neues, nur Steigerungen und Wiederholungen desselben Inhaltes*» (Brief vom 30. August 1930). Er hatte immer einen Arbeitsplatz. Vom Hotel in der Downtown wechselte er in ein Sanatorium, wo er im wesentlichen ähnliche Arbeit verrichtete. 1932 führte er zusammen mit Gottlieb und seiner Schwester Anna Beck eine Zeit lang – «*während der Olympischen Spiele*», erinnerte er sich – das «Café Beck». In den vorhandenen Briefen ist diese offenbar glücklose Unternehmung nie erwähnt, allerdings existiert ein eindrückliches Photo mit Gottlieb und Anna Beck und Konrad hinter der Theke.

Es verwundert nicht, dass er in den dreissiger Jahren keinen Anlass sah, nach Liechtenstein zurückzukehren. 1941 wurde er eingezogen und er tat bis Kriegsende als Militärkoch und Dolmetscher Dienst. 1945 kam er dreimal nach Triesenberg zu Besuch, im August, im November und auf Weihnachten/ Neujahr. Seine Schwester Hedwig Beck ist noch heute gerührt, wenn sie sich an das erste Wiedersehen

Die Geschwister Gottlieb und Anna Beck sowie Konrad Sele im «Café Beck», das sie 1932 kurze Zeit – während der Olympischen Spiele – führten. Die Namen der Gäste sind nicht bekannt

zwischen ihren Eltern und Konrad in der amerikanischen Uniform erinnert: «*I chönt hüt no räära*», sagt sie mit Tränenglanz in den Augen. Mutter habe dazumal schon gesagt, sie würde es keinem Kind mehr empfehlen, auszuwandern. 1929 hatte auch sie ihren Sohn noch zur Auswanderung ermuntert, doch fünfzehn Jahre danach zerriss ihr das Abschiednehmen fast das Herz. «*Jedas Maal das Adia säga, hedsch gseid*», erinnert sich Hedwig Beck und zählt auf: «*Im August, im November und wider im Dezember.*»

Konrad kehrte 1946 an seine alte Stelle im California Hospital der Lutheranischen Spitalgesellschaft zurück, die er 1932 angetreten hatte. Hier arbeitete er sich sich von einer Küchenhilfe zum Chefkoch hinauf. Von 1948 bis zur Pensionierung im Januar 1977 leitete er die Grossküche und war für die Zubereitung von täglich über tausend Mahlzeiten verantwortlich. Er wurde eine kleine Berühmtheit in Los Angeles. Bei seiner Pensionierung lautete die Schlagzeile: «Nach 4 $^1/_2$ Millionen Mahlzeiten hört Chefkoch auf.»

Nach seiner Auswanderung führte Konrad in L.A. ein vielleicht überraschend sesshaftes Leben. Er blieb nicht nur seinem Arbeitgeber über Jahrzehnte hinweg treu, sondern bewohnte mit seiner Familie auch immer das gleiche Haus auf einem Hügel nordöstlich vom Stadtzentrum. 1946 heiratete er Margaret Kaelin, die er noch vor dem Krieg im Schweizerverein kennengelernt hatte. Mit Hilfe von Verwandten und Freunden baute er in der Freizeit und in den Ferien sein eigenes Haus. In verschiedenen Briefen berichtete er der Familie in Triesenberg von der «leichten» amerikanischen Bauweise. Er arbeitete gerne am Haus. Immer wieder änderte er etwas ab oder baute etwas aus. Margaret und Konrad hatten drei Kinder: Francis (1948), Mary Anne (1950) und Anthony (1953). Konrad schrieb gewöhnlich noch zweimal pro Jahr nach Triesenberg, zu Ostern und zu Weihnachten. Inhalt und Grundtenor der Briefe bleiben in all den Jahren im wesentlichen gleich: Er preist weiterhin direkt oder indirekt die Vorteile Kaliforniens und berichtet über die Fortschritte der Kinder, wann sie anfangen zu laufen, wann und wo sie zur Schule gehen, etc. Todesfälle in kalifornischen Teil der Familie werden kurz berichtet. Später wiederholt sich alles nach der Geburt der Enkel. In den Briefen aus über sechzig Jahren zeichnet sich das Kommen und Gehen der Generationen ab.

In manchen Jahren gibt es auch Ungewöhnliches oder Dramatisches zu berichten: «*Das Erdbeben war 20 Km von hier, hatten keinen Schaden zu Hause. Das Hospital, wo ich arbeite, war ziemlich beschädigt*» (Brief vom 10. Juni 1971). «*Kein Regen seit letzten Mai. Hatten vor zwei Wochen ein grosses Feuer, war sehr windig und warm am Fusse der Berge. Wir sahen es von unserem Haus. Über 50 Häuser niedergebrannt*» (Brief vom 14. Dezember 1975).

Im August, November und Dezember 1945 besuchte Konrad Sele in amerikanischer Uniform seine Angehörigen in Triesenberg

Kaum einmal berichtete Konrad Sele in seinen Briefen über gesellschaftliche oder politische Ereignisse: 1936 erwähnt er, er habe seine Stimme für Präsident Roosevelt abgegeben. In den fünfziger Jahren beruhigt er die Familienmitglieder am Bärg, er werde bestimmt nicht wieder eingezogen (Koreakrieg). Und am 25. November 1963 schreibt er: «*Unser beliebter President Kennedy wurde am Freitag in Dallas, Texas, von einem Fenster im 6ten Stock in den Kopf geschossen und (ist) leider 30 Minuten später in einem Spital gestorben ... Man fühlte so wie ein Mitglied der eigenen Familie ermordet (worden wäre). Haben die letzten 3 Tage den Fernsehapparat kaum verlassen.*»

Nach seiner Pensionierung verbringen Margaret und Konrad Sele mehrere Jahre nacheinander ein paar Tage in Las Vegas. Er kann jedes Mal über schöne, wenn auch nicht grosse Glückspielgewinne berichten. Auch hier scheint ihm besonders nennenswert, wieviel die Übernachtungen kosten oder wie günstig dort das Essen sei. Man bekommt einen Eindruck davon, wie tief in einem Menschen, der wie Konrad Sele einmal Arbeitslosigkeit und Mangel erlebt hat, diese Erfahrung steckenbleibt, auch nachdem die finanzielle Sicherheit längst erreicht worden ist. Die Erfahrung materieller Not – der ursprüngliche Grund für die Auswanderung – bestimmt so auch Jahrzehnte später noch die Wahrnehmung der neuen Heimat. Konrad Sele entdeckte täglich neue Beispiele dafür, um wieviel besser es ihm in den USA ergangen war. So erstaunt es denn auch nicht, dass er am 9. November 1990 mit spürbarer Verwunderung von den jüngsten Sparmassnahmen der Stadt Los Angeles berichtet: «*Wir müssen jetzt Wasser sparen, nicht zu viel brauchen. Los Angeles hat jetzt ein Recycling Programm. Wir müssen den garbage separieren (Abfall trennen). Zeitungen, Glas, Aluminium und Stahlbüchsen werden jede Woche gesammelt. Sie können damit Profit machen.*»

Konrad Sele und Frank Beck im Dezember 1995 in Los Angeles

Auf die Frage, ob er wieder auswandern würde, sagte Konrad Sele beim Interview im Dezember 1995 kurz und bestimmt: «*Yes.*» In Liechtenstein war vieles besser geworden, das hatte er beim Besuch 1977 gesehen. Besonders die vielen neuen und schönen Häuser machten damals Eindruck auf ihn. «*But they still make hay mid dr Sägessa*», wandte er ein: «*Aber sie machen immer noch mit der Sense Heu.*»

Konrad Sele starb am 12. Juli 1998 in Los Angeles.

Quellen: Briefe von Konrad Sele an seine Eltern und Geschwister aus dem Besitz von Hedwig Beck, Triesenberg. Rechtschreibung und Zeichensetzung wurden in den Zitaten behutsam den heutigen Regeln angepasst. Pio Schurti interviewte Konrad Sele am 17. Dezember 1995 in seinem Haus in Los Angeles.

Beatrice Noll

Ein abenteuerliches Leben in Kanada

John Thoeny aus Schaanwald

Schon in seiner frühesten Jugend hatte Johann Thoeny Auslandserfahrung gesammelt. Als er 15 Jahre alt war, arbeitete er bereits in der Schweiz, in Untervaz, auf dem Bau und schleppte für die Gipser Pflastersteine. Auch die Abenteuerlust kam schon früh zum Vorschein: Zusammen mit seinem Freund Hugo Ritter, dem «Bascha-Welti Hugo», wilderte er als Jugendlicher auf der Plankner Hochalp Alpila. Erwischt wurde er dabei nie. Der damalige Plankner Jagdaufseher hegte zwar einmal den Verdacht, der junge Thoeny habe ihm seinen Rehbock geschossen, beweisen konnte er jedoch nichts. Ausgenommen wurden die Tiere bei Johann zu Hause. Sein Bruder Guntram, der später selbst Jagdaufseher wurde, erfuhr nie von Johanns verbotenen Aktivitäten als Weidmann.

Die erste Auswanderung

Der am 18. September 1903 in Schaanwald geborene Johann (Eltern: Josef und Paulina Thöny-Matt) verliess mit knapp zwanzig Jahren das erste Mal seine vertraute Umgebung. Zusammen mit fünf Gleichgesinnten, darunter der «Bascha-Welti Hugo» (Hugo Ritter), Ernst Müssner (Sohn des damaligen Nendler Lehrers) und Johann Nägele, schiffte er sich im Sommer 1924 auf der «Melita» ein. Ziel der Reise: Kanada.

Johann fand Arbeit bei einem Farmer in der westkanadischen Provinz Saskatchewan. Dort, mitten in der weiten Prärie, arbeitete er, bis die Erntezeit vorbei war und es keine Arbeit mehr für ihn gab.

Ansicht von Prince George (British Columbia), Canada, 1924

Während Ernst Müssner, der ebenfalls in Saskatchewan Arbeit gefunden hatte, sich definitiv in Vibank niederliess, zog es Johann Thoeny weiter nordwärts. In Hutton, einem kleinen Örtchen zirka sechzig Meilen von Prince George in der Provinz British Columbia entfernt, schlug er einen kalten kanadischen Winter lang zehn Stunden am Tag Holz und arbeitete in einer Sägerei. Johann Thoeny erinnert sich: Die Arbeiter hätten unter den härtesten Bedingungen «gekrampft». Bei Temperaturen bis zu 45 Grad Kälte hätten sich jeweils 25 Mann ein Zimmer in einer Blockhütte geteilt. Die Löcher in den Wänden versuchten sie mit Mist zu stopfen, und zum Heizen machten sie ein Feuer in einem Benzinfass. Der Lohn für ihre Mühe war gering: 30 Cents pro Stunde. Einen Dollar mussten die Arbeiter für die Verpflegung bezahlen. Da blieben gerade noch 2 Dollars pro Tag übrig.

Als Schwarzfahrer nach Prince Rupert
Im Frühjahr 1925 zog Johann mit nur ein paar wenigen gesparten Dollars, versteckt in seinen Socken, nach Prince George. Zusammen mit dem «Bascha-Welti Hugo» kletterte er eines Abends auf das Dach eines Passagierzugs, der Richtung Prince Rupert an der Pazifikküste unterwegs war. Der Zug, von einer Dampflokomotive gezogen, hatte in Prince George Station gemacht, um Wasser zu fassen. Auf den Waggondächern waren Stäbe, an denen sie sich festhalten konnten. Viele Männer reisten damals auf diese Weise, Geld für eine Fahrkarte hatte kaum einer. Irgendwo unterwegs sprangen die beiden vom Zug. Sie erjagten einen Hasen und verzehrten ihn, nachdem sie ihn ohne viele Küchenutensilien zubereitet hatten. Bei einem Bauern kauften sie sich Eier. Dessen Nachbarn halfen sie beim Ausgraben von Baumstümpfen, wofür sie wiederum Verpflegung bekamen.

Zu Fuss setzten sie ihre Reise bis zur nächsten Stadt fort. Die Übernachtung im Hotel hätte sie 50 Cents pro Person gekostet, da zogen sie es vor, in einem leeren Passagierwagen zu schlafen. Am frühen Morgen wurden sie von Bahnarbeitern aus dem Schlaf gerissen und weggejagt. Mit einem Güterzug ging es weiter nach Prince Rupert. Obwohl sie wiederum als Schwarzfahrer unterwegs waren, zeigte ein Kondukteur Herz. Bei einem Zwischenhalt irgendwo unterwegs bezahlte er Johann eine Mahlzeit und warnte ihn vor der Polizei, die in Prince Rupert auf die Schwarzfahrer warte. Der Kondukteur drosselte dann kurz vor der Stadt die Geschwindigkeit des Zuges, damit die Männer abspringen konnten.

Nun ging es mit dem Schiff weiter nach Anyox, wo Johann Thoeny zwei Jahre lang in einem grossen Kupferbergwerk arbeitete. Bis zu 1'500 Männer waren dort beschäftigt. Johann arbeitete jedoch nicht in den Minen selbst, sondern erledigte verschiedene Aufgaben im Freien.

Oben: vor der Auswanderung 1924
Unten: auf der Überfahrt nach Kanada

John Thoeny in Kanada, um 1944

Als Bergwerksarbeiter in Stewart

1928 zog es ihn weiter, wieder nach Norden, bis nach Stewart an der Grenze zu Alaska. Johann war nicht der einzige Liechtensteiner, der in den Bergwerken bei Stewart arbeitete. Der «Bascha-Welti Hugo» und Johann Nägele waren ebenfalls da. Trotz der harten Arbeit hatten die drei auch viel Spass. Manchmal ärgerten sie Bären, von denen es viele gab in dieser Gegend. Einmal kletterte Hugo hinter einem Bären auf eine Tanne hoch und versuchte, dem Bären einen Strick um den Hals zu legen. Das gelang ihm auch tatsächlich, so dass Johann und Hugo den Bären vom Baum herunterziehen konnten. Einem anderen Bären, der öfters zu ihrer Hütte kam, banden sie den Hinterfuss an einen Baumstumpf. Ein kleines Bärchen, das neugierig um ihre Hütte strolchte, fing Johann ein und baute ihm ein Nest in einem Fass. Das Bärchen blieb bei den drei Liechtensteiner Bergwerksarbeitern, die es auch gerne fütterten und pflegten.

Zurück in Liechtenstein

Zwei Jahre später, also 1930, kehrte Johann zum ersten Mal nach Liechtenstein zurück. Er überquerte den Atlantik auf der «Bremen». Zurück in der Heimat, lernte er bald Elisabeth Söllner kennen, die sich zu dieser Zeit zufällig in Liechtenstein aufhielt. Im August 1931 heirateten die beiden. Kurz nach der Hochzeit, im September 1931, nahm Johann Thoeny zum zweiten Mal die lange Reise nach Stewart im Norden von British Columbia auf sich, um dort neuerlich Geld zu verdienen. Seine Frau Elisabeth liess er bei seiner Mutter in Schaanwald zurück. Zwei Jahre lang musste Elisabeth Thoeny warten, bis ihr Mann 1933 wieder zurückkehrte.

Johann Thoeny blieb nun einige Zeit im Land und arbeitete zunächst auf dem Bau. In der Schweiz half er rund um Sargans bei der Renovation von Häusern und in Schellenberg bei der Errichtung der Kapelle. Ungefähr ein Jahr später fand er Arbeit bei einer Versicherung in St. Gallen. Als Kassier musste er im Unterland und in Schaan von Haus zu Haus gehen und Prämien einkassieren. Diese Arbeit verleidete Johann jedoch nach ein paar Jahren. Er habe bald keine Lust mehr gehabt, erklärt er, zum Beispiel wegen 50 Rappen nach Ruggell fahren zu müssen.

Die dritte Auswanderung nach Kanada

Anders als Johann Nägele, der ebenfalls nach Liechtenstein zurückgekehrt war und auch da bleiben wollte, beschloss Johann Thoeny, wieder nach Kanada zu gehen. Diesmal aber nahm er seine Gattin mit. Am 6. April 1937 kam die «Alaudia» mit den Thoenys an Bord in Québec an. Aus Briefen von Franz Fehr, ebenfalls ein Schaanwälder Auswanderer, hatten sie erfahren, dass in Prince George Arbeit zu finden wäre. Deshalb bestieg das Ehepaar Thoeny in Montréal sofort den Zug nach Prince George.

Ein paar Meilen nördlich von Prince George wohnte damals ein Bruder von Franz Fehr, Oskar. Von ihm kauften die Thoenys für 500 Dollars ein Blockhaus mitten im Wald. Den Sommer über schlug Johann Thoeny Holz und verkaufte es an die Sägerei. Im Herbst liess er seine Frau in ihrem Haus in Prince George zurück und zog wieder nach Stewart, um dort in den Bergwerken zu arbeiten.

Arbeit in Lebensgefahr

Johann arbeitete zuerst bei der Seilbahn, die das Erz von den Bergwerken weg- und Material und die Minenarbeiter hinführten. Die Seilbahn führte über rund 11,5 Meilen von kanadischem Territorium aus über Alaska wieder nach British Columbia zu den Bergwerken. Es war ein gefährlicher Arbeitsplatz. Einige Arbeiter mussten wegen dieser Seilbahn verfrüht ihr Leben lassen. Auch Johann Thoeny entging dem Unfalltod mehrere Male nur knapp. John, wie er sich von nun an nannte, war einer Gruppe von Männern zugeteilt, welche die Seilbahn auf der ganzen Strecke kontrollieren und warten mussten. Die Transportbehälter hingen an einem Tragseil, und die Männer sprangen einfach in die vorbeifahrenden Behälter hinein. Einmal musste John zusehen, wie ein Freund von einem Behälter an einen Stützpfeiler gedrückt wurde. Er war sofort tot. Ein anderer Kollege war dabei, an einer der drei Stationen, wo die Bahn die Richtung änderte, Räder zu schmieren, als die Seilbahn plötzlich wieder anlief, ohne dass er es verhindern konnte. Die Speichen schnitten den Arbeiter buchstäblich in zwei Teile.

John Thoeny (rechts) und John Banzer auf der Karibu-Jagd

John und Elisabeth Thoeny, 1960, mit ihren Kindern Ernst, Adina, Eldrid und Leonard (v. l.)

Konstruktionszeichnung eines Transportbehälters der Seilbahn in Stewart

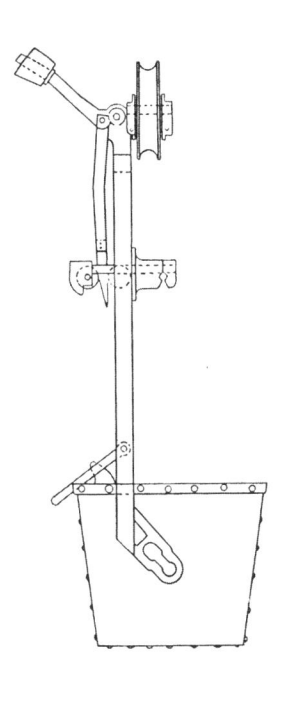

Die Seilbahn war in der Tat äusserst gefährlich. Die Wagen, die beladen bis zu einer halben Tonne schwer waren, wurden von drei Seilen gehalten, die jeweils aus 37 Drähten zusammengeflochten waren. Manchmal brach ein Draht, und dies führte zu Unfällen. Es kam aber auch vor, dass sich ein Wagen in den Drähten verfing, kippte oder aus den Seilen sprang. Einmal konnte sich John gerade noch durch einen Sprung auf einen Stützpfeiler retten, bevor der Wagen, in dem er sass, hinunterstürzte. Einige Stützpfeiler waren bis zu 85 Fuss (knapp 30 Meter) hoch. Mitunter wurden sie bei Zwischenfällen von den schweren Wagen umgerissen. Einer der gefährlichsten Abschnitte war ein Streckenstück über eine tiefe Schlucht. Einmal befand er sich in einem leeren Wagen, der kippte, just nachdem sie die Schlucht überquert hatten. Einmal mehr war er um Haaresbreite dem Tod entronnen.

Der Manager des Bergwerks machte sich weniger um die Männer Sorgen als um die Verluste bei einem Ausfall der Seilbahn. Sie musste einfach laufen, was unter den beschriebenen Arbeitsbedingungen mit den Arbeitern geschah, kümmerte die Geschäftsführung wenig. Es gab immer genug neue Arbeitskräfte, die derartige Risiken in Kauf nahmen, wenn Angestellte verunglückten oder sich verabschiedeten.

Weniger gefährlich war die Arbeit in den Minen, das Gestein war hart und fest. John bemühte sich deshalb, als Mineur beschäftigt zu werden. Selbst die Sprengarbeit war wesentlich weniger riskant als die Tätigkeit auf der Seilbahn.

Die Familie wächst

Als man später von John verlangen wollte, wieder auf die Seilbahn zurückzukehren, weigerte er sich. Er war zu diesem Zeitpunkt bereits

Vater geworden: Seine erste Tochter, Eldrid Elisabeth, war am 3. März 1939 zur Welt gekommen. Und die Arbeit auf der Seilbahn war nicht weniger gefährlich, im Gegenteil: Die Drähte waren alt geworden, so dass Seilbrüche immer häufiger wurden. So kehrte John 1940 Stewart endgültig den Rücken.

Zunächst arbeitete er noch zwei Jahre lang in einem Quecksilberbergwerk in Pinky Lake, etwa hundert Meilen nordwestlich von Prince George. Elisabeth kam mit ihm. Das zweite Kind der Thoenys, Leonard John, kam dort am 10. September 1940 zur Welt. Im März 1943 wurde die zweite Tochter, Adina Maria, geboren und im Mai 1944 der zweite Sohn, Ernst Michael.

Der Grundstock zur heutigen Farm

Die Arbeit im Bergwerk war für einen Familienvater nicht ideal. 1944 verkauften die Thoenys ihr Haus für 400 Dollars und erstanden für 45'000 Dollars eine Farm, die noch immer in Familienbesitz ist und vom ältesten Sohn, Leonard John, bewirtschaftet wird. 160 Acres umfasste die ursprüngliche Farm von 1944, John kaufte aber nach und nach Land dazu, so dass die Familie heute 560 Acres (rund 225 Hektar) ihr eigen nennen kann.

Bevor John etwas anbauen konnte, musste er praktisch das ganze Land roden und räumen. Er fällte die Bäume, riss die Wurzelstöcke aus der Erde und verbrannte sie, sobald sie trocken waren. Nach und nach pflügte er das gerodete Land, säte Gras und Getreide. John züchtete auch Vieh, Rinder und Schweine, die er selbst schlachtete – bis zu fünf Kühe und 18 Sauen zerlegte er an einem Schlachttag. Das Fleisch verkaufte er in der Stadt und an die Sägereien rund um Prince George für zunächst 12 und dann 20 Cents pro Pfund. Während John mit seinem *Pick-up-truck* unterwegs war, um das Fleisch zu verkaufen, kümmerte sich Elisabeth um die Farm und fütterte das Vieh, 125 Kühe und 100 Schweine.

Die kanadischen Winter sind hart und kalt. Während eines der schlimmsten Winter gegen Ende der vierziger Jahre fiel das Thermometer bis auf 56 Grad Kälte. Solche Winter blieben eindrücklich in Erinnerung. Die Tiere im Stall mussten natürlich trotz aller Kälte versorgt werden. Gesät werden konnte erst, wenn der Boden aufgetaut war. War der Winter besonders hart, kam es schon vor, dass John erst Anfang Juni aussäen konnte. Er säte dann Getreide und Hafer und gleichzeitig auch Gras. Das Getreide erntete er im Herbst, das Gras erst im darauf folgenden Jahr. Der Boden ist an sich sehr fruchtbar, und es gedeihen ausser Getreide und Hafer auch Mais, Gerste und Kartoffeln recht gut. Das harsche Klima aber machte die grössten Schwierigkeiten.

Anfang der sechziger Jahre, erinnert sich John Thoeny etwas wehmütig, gab er die Viehzucht auf und verkaufte die Tiere auf einer Gant in Vancouver.

Ein Jäger aus Passion
Die Jagd blieb John auch in Kanada sein liebstes Hobby. Hier konnte er es auch ohne gesetzliche Restriktionen ausüben. Rehe, Hirsche, Elche jagte er. Einmal, erinnert sich John, schoss er einen Elch, der 600 Pfund Fleisch brachte. Das Fleisch verschenkte John, denn er hatte selbst genug aus der eigenen Zucht.

Von der Jagd weiss John Thoeny viele schöne Erlebnisse zu berichten. Sein erstes Karibu schoss er beispielsweise, als er mit drei Jagdkollegen, unter ihnen John Banzer aus Triesen, zum Jagen in die Berge gefahren war. Den *Pick-up-truck* liessen sie bei einem Restaurant und setzten ihren Weg zu Pferd fort. Ganz hoch hinauf ritten sie, über die Baumgrenze, bis sie auf Karibus stiessen. John erwischte eines, und sein Freund, ein Jagdaufseher, ein anderes. Sie nahmen die Tiere aus und hängten das Fleisch an Tannenästen auf. Als John Banzer versuchte, einen Vogel zu schiessen, der von dem Fleisch frass, gingen zwei Pferde, die nicht angebunden waren, durch. John Thoeny und John Banzer hatten ihre Pferde noch und konnten zurückreiten, während die anderen beiden zu Fuss gehen und erst noch die schweren Sättel schleppen mussten.

John besass später zusammen mit einem Kollegen ein Jagdrevier, das weit weg von den Strassen gelegen war. Statt zu reiten, liessen sich die Jäger in den siebziger Jahren mit dem Helikopter ins Jagdgebiet fliegen. Auch in hohem Alter ging John Thoeny gerne auf die Jagd.

Schwerer Unfall im hohen Alter
1988, im Alter von 85 Jahren, verlor John Thoeny, als er auf dem Feld arbeitete, vermutlich wegen eines leichten Hirnschlags das Bewusstsein und fiel vom Traktor. Der Traktor fuhr ihm über die Beine, und die Heupresse zog ihn durch einen Zaun. Die Verletzungen waren so schlimm, dass ihm eine Woche später ein Bein abgenommen werden musste. Dieses Unglück ereilte John Thoeny nach einem abenteuerreichen und auch gefahrvollen Leben, auf das er mit freudvoller Erinnerung zurückblickte. John Thoeny hatte viele Geschichten zu erzählen und erzählte sie gerne. Er starb im März 1996 in Prince George. Sein einstiger Auswanderungskompagnon Hugo Ritter starb ein Jahr später in Mauren.

Im Alter von 85 Jahren verlor John Thoeny durch einen Unfall das rechte Bein (Aufnahme Julius Bühler, 1992)

Dieser Bericht beruht auf einen Interview, das Julius Bühler am 17. Oktober 1992 mit John Thoeny geführt und auf Band aufgenommen hat.

Mary O'Brien Migliore

Meine Liechtenstein Connection

Warum treibt man eigentlich Ahnenforschung? In meinem Fall kam das besondere Interesse an den Vorfahren wohl daher, dass wir in der Familie immer gewusst hatten, dass unsere Grossmutter väterlicherseits Cecile White hiess und direkt von Peregrine White abstammte. Peregrine White war das erste Baby, das 1620 nach der Landung der «Mayflower» in der Neuen Welt geboren wurde. Diese Seite meiner Familie, die bis zu den ersten Siedlern zurückreicht, ist in vielen Publikationen festgehalten. Die Abstammung und Familie der Mutter war dagegen fast unbekannt. Nichts war aufgeschrieben oder gar publiziert worden. So begann ich selbst nachzuforschen, und entdeckte die Liechtensteiner rund um Guttenberg (Iowa). Nicht nur meine Mutter stammte von Liechtensteinern ab, sondern, wie sich herausstellte, hatte fast das ganze Städtchen Guttenberg irgendwo einen Liechtensteiner Verwandten. Ich war fasziniert und begann meine Liechtensteiner Ahnenforschung.

Clara Johll (Tschol) mit ihrem Ehemann Johann Friedrich Saeugling und ihren drei Kindern; die Tochter Helen war die Grossmutter der Autorin (Besitzerin: Mary O'Brien Migliore)

Viele, wenn nicht die meisten Liechtensteiner Auswanderer kamen über den Hafen New Orleans (Louisiana) in die Vereinigten Staaten. Die Stadt an der Mississippimündung war in der Mitte des 19. Jahrhunderts eine beliebte erste Destination für Amerikawanderer. Von New Orleans ging die Reise vieler Liechtensteiner 1'000 Meilen weiter flussaufwärts bis nach Dubuque oder Guttenberg, am Westufer des Mississippi. Der Fluss mag den Liechtensteiner Einwanderern wie der Rhein vorgekommen sein, auch wenn er auf der ganzen Strecke von New Orleans bis Guttenberg ein wesentlich mächtigerer Fluss ist als der junge Rhein bei Liechtenstein. Die Reise auf Amerikas grösstem Strom war jedenfalls vergleichsweise sicher und bequem, musste man doch nie umsteigen oder gar das Transportmittel wechseln.

Am 21. April 1855 ging in New Orleans die «Serampore» vor Anker. Wie es die gesetzlichen Bestimmungen der USA verlangten, machten die amerikanischen Einwanderungsbehörden eine Liste aller Passagiere auf dem Schiff. Solche *Passenger Lists* sind heute für die Ahnenforschung amerikanischer Familien wie auch für Auswanderungsforschung von Bedeutung. So auch die Passagierliste der «Serampore», auf der wir unter anderem folgende Einträge finden:

Nig, Joh.	*48*	*U*	*Farmer*	*BD000*
Alois	*23*	*U*	*Farmer*	*BD000*
Anne-M	*24*	*U*	*Farmer*	*BD000*
Balth.	*43*	*U*	*Farmer*	*BD000*
Joh. Ant.	*8*	*U*	*Child*	*BD000*
Maria-G.	*9*	*U*	*Child*	*BD000*
Frz. Mich.	*6*	*U*	*Child*	*BD000*
Crizentia	*.09*	*U*	*Child*	*BD000*
Kaufmann, Joh.	*38*	*U*	*Farmer*	*BD000*
Maria	*36*	*U*	*Farmer*	*BD000*
Joh.	*9*	*U*	*Farmer*	*BD000*
Jos.	*.09*	*U*	*Farmer*	*BD000*
Tschel, Joh. Bapt.	*57*	*U*	*Farmer*	*BD000*
Joseph	*22*	*U*	*Farmer*	*BD000*
Ignaz	*20*	*U*	*Farmer*	*BD000*
Bernhard	*9*	*U*	*Child*	*BD000*
Joh. Bapt.	*6*	*U*	*Child*	*BD000*

Es ist bekannt, dass Johann Anton Nigg bereits 1845 zusammen mit Franz Michael Vogt in Liechtenstein um eine Auswanderungsbewilligung angesucht hatte. Franz Michael Vogt war mit Maria Theresia Tschol, einer Tochter von Johann Baptist Tschol aus erster Ehe, verheiratet. Johann Baptist Tschol, im Alter von 57 Jahren zum zweiten Mal verwitwet, zog mit seinen vier Söhnen Joseph (geb. 1833), Ignaz (geb. 1836), Alois (geb. 1841) und Johann Baptist (geb. 1847) aus zweiter Ehe (mit Katharina Frick) nach Amerika, wo sich rund zehn Jahre davor bereits seine Töchter Maria Theresia (geb. 1822), Maria Juliana (geb. 1824), Franziska Hedwig (geb. 1825) und Scholastica Appolonia (geb. 1827) aus erster Ehe (mit Katharina Foser) niedergelassen und verheiratet hatten.

Johann Kaufmanns Frau Maria Anna war ebenfalls eine geborene Tschol und eine Cousine von Johann Baptist. Man darf also annehmen, dass die Niggs, Kaufmanns und Tschols nicht zufällig alle gleichzeitig auf der «Serampore» waren, sondern die Auswanderung zusammen geplant hatten und durchführten. Ihr Vorgänger Franz Michael Vogt, seine Frau Maria Theresia (geb. Tschol) und ihre Schwestern hatten ein Beispiel gegeben, das offenbar Schule machte. Wie lange sich die enge Verbindung unter den drei Auswandererfamilien nach der Ankunft in den USA hielt, kann heute nicht mehr eruiert werden. Wir wissen nicht, wo sich die Familien Kaufmann und Nigg niederliessen. Die Tschols waren aber bei weitem nicht die einzigen Liechtensteiner im weiteren Umkreis von Guttenberg.

Über Johann Baptist Tschol und seine Nachkommen (zu denen auch ich gehöre) existiert eine Reihe von Dokumenten, die Aufschluss über ihr Leben in der Neuen Welt geben.

Nicht bekannt ist, wie Johann Baptist Tschol mit seinem Tross von New Orleans nach Guttenberg gelangte. Es liegt hingegen nahe, dass sie nach ihrer Ankunft begannen, sich als Farmer eine Zukunft aufzubauen. Die einzigen Dokumente aus dieser Zeit sind Gesuche um die Staatsbürgerschaft. Sohn Ignaz Tschol suchte um 1861 an und Vater Johann Baptist um 1867. Es gibt nichts mehr, was über das weitere Leben von Johann Baptist Tschol Auskunft geben würde. Im Januar 1884 wird er auf dem St. Mary's Catholic Cemetery in Guttenberg bestattet. Sein Grabstein ist einer der ältesten auf dem Friedhof.

Johann Baptists Nachlass wurde von folgenden Erben unterzeichnet: Theresa Vogt, Theresa Fischler, John B. Johll, Juliana Fischler, Louis Tscholl, Francisca Fluchs, Joseph Tscholl.

Das meiste, was wir über die Tschols wissen, wurde über Johann Baptist jun. überliefert. Sohn Johann Baptist Tschol, der in den USA meist als John B. Johll aufscheint, meldete sich mit 15 Jahren bei der Armee der Nordstaaten. Er wurde am 10. August 1864 als Gefreiter in die *Company C* des 15. Regiments der *Iowa Infantry* eingezogen. Im Militär wird Johann Baptist als «Baptist Joel» geführt. Etwas über ein Jahr nach seinem Eintritt in die Armee wurde er am 25. August 1865 ausgemustert.

Der junge Soldat John Baptist erlebte in diesem Jahr wohl genug Greuel und Not. Im Alter erzählte er seinen Enkeln, wie die Soldaten auf ihren Märschen durch die Südstaaten Hunger gelitten hatten. Einmal habe er in der Not unreifen Mais ungekocht verzehrt. Die Magenprobleme, die er sein ganzes Leben gehabt haben soll, habe er immer auf solche Kriegserfahrungen zurückgeführt.

John Baptist Johll heiratete am 19. Januar 1867 Sarah Amanda Fontner aus Grant County (Wisconsin) auf der anderen Seite des Mississippi. Sie stammte vermutlich von englischen, schottischen und deutschen Einwanderern ab, die sich zuerst in Virginia niedergelassen hatten und dann nach Wisconsin weitergezogen waren. Sarah war zwanzig Jahre alt, als sie John Baptist heiratete.

Der Mississippi, auf der Höhe von Guttenberg über zwei Kilometer breit, konnte im letzten Jahrhundert nicht so einfach überquert werden. Es gab nicht an jedem Ort eine Brücke. Anders war das im Winter, wenn der mächtige Strom gefror. Das Eis war oft so dick, dass Pferderennen auf dem Fluss durchgeführt werden konnten. Wahrscheinlich trafen sich auch Sarah und John im Winter, wenn es für beide ein Leichtes war, den Fluss zu Fuss zu überqueren. Es gehört am Upper Mississippi zur Volksüberlieferung, dass Ehen über den Fluss hinweg in der Regel im Winter zustande kamen.

Die Daten der Volkszählung von 1870 deuten darauf hin, dass John Baptist Tschol nach dem Krieg bei seinem Bruder Joseph auf der Farm arbeitete, denn in der Volkszählung wird Josephs Haushalt wie folgt aufgeführt:

Tshol, Joseph	37	M	W	Farmer	Birthplace Licherstein
Elizabeth	42	F	W	Kg House	Birthplace Bavaria
Baptist J.	23			Day Laborer	Birthplace Licherstein

Grabsteine von Johann Baptist Tschohl und dessen Sohn; bereits in der zweiten Generation wurde die Schreibweise des Namens amerikanisiert (rechts)

John Baptist und seine Frau Sarah erwarben mit den Jahren viel Land in Grant County. John Baptist war vermutlich sein ganzes Leben lang Bauer. Vielleicht bekam er eine Pension, weil er sich während des Militärdienstes eine chronische Krankheit zugezogen hatte. Vielleicht wurde ihm aber auch Land als Entschädigung zuerkannt – oder er kaufte es mit seiner Pension. Wie auch immer, bei seinem Tod besass er über 400 Acres (160 Hektar), was nicht wenig ist, wenn man bedenkt, wie kinderreich die Familie war.

John Baptist und Sarah Johll (amerikanisierte Schreibweise) hatten 14 Kinder, das erste im Dezember 1867 und das letzte im Okober 1892 geboren. Meine Urgrossmutter Clara Johll wurde 1882 geboren und starb 1956. Sie ist auf dem Mount Olivet Cemetery in Guttenberg begraben.

Clara Johll heiratete John Frederick Saeugling. Diese Ehe brachte die Nachkommen zweier Einwandererfamilien aus Liechtenstein zusammen. John Saeuglings Mutter war Angeline (Angelika) Biedermann (geb. 1846 in Liechtenstein), die 1852 mit den Eltern Jakob und Maria Agatha und sieben Geschwistern eingewandert war. Jakobs jüngerer Bruder Leonhard war mit seiner Familie bereits 1849 eingewandert. Ab 1858 sind die Biedermanns um Boscobel respektive Bagley (Wisconsin) ansässig. Aus den Volkszählungen ist ersichtlich, dass die Biedermanns und Saeuglings offenbar benachbarte Farmen bewirtschafteten. Angeline Biedermann heiratete Johann Friedrich Saeugling, der 1842 in Württemberg geboren worden war. Auch Johann Friedrich leistete Wehrdienst im Bürgerkrieg, jedoch in einem andern Regiment als John Baptist Johll.

Johann Friedrich Saeugling war nicht katholisch. Bei der Heirat mit Angeline Biedermann unterzeichnete er allerdings ein Abkommen, dass alle Kinder aus dieser Ehe katholisch erzogen würden. Er selbst konvertierte aber offenbar nie, denn während Angeline Biedermann-Saeugling auf *St. Mary's Catholic Cemetery* begraben liegt, befindet sich das Grab ihres Mannes mehrere Meilen entfernt auf dem Friedhof des Städtchens Guttenberg.

Die Kinder der Johll und der Biedermann-Saeugling erbten eine streng katholische Überzeugung von ihren liechtensteinischen Vorfahren. Es ist wohl Angeline Biedermann zuzuschreiben, dass bis heute die meisten Nachkommen dem katholischen Glauben zugehörig sind.

Helen Saeugling, die Tochter von John Saeugling und Clara Johll, war meine Grossmutter. Sie verheiratete sich mit Edward Francis Krogman. Deren Tochter Claire LaMae Krogman heiratete Duane Francis O'Brien. Sie hatten zehn Kinder. Einer meiner Brüder, Joel Arthur O'Brien, erhielt seinen Vornamen in Erinnerung an die Tschol (Johll)-Vorfahren.

Das Beispiel von Johann Baptist Tschol junior, alias John B. Johll, illustriert den Werdegang der Liechtensteiner Einwanderer und ihrer Nachkommen. Ab der zweiten Generation verheirateten sich die Liechtensteiner immer mehr mit Vertretern anderer Nationalitäten: mit Anglo-Amerikanern, Deutschstämmigen oder Iren. So kommt es, dass heute viele Guttenberger und auch Bewohner von ganz Clayton County von sich sagen könnten, sie hätten Liechtensteiner unter ihren Vorfahren – wenn sie es nur wüssten.

Mary Frances O'Brien Migliore ist Ingenieurin bei Merck Corp. Sie wuchs in Elkader, Clayton County (Iowa), auf und lebt heute in Pennsylvania.

Joachim Batliner

«Warum gerade ich? Warum musste ich scheiden?»

Elias Wille aus Balzers in Kalifornien

Elias Wille, der über sechzig Jahre lang in San Francisco lebte, muss sich diese Frage wohl fast sein ganzes Leben lang gestellt haben. Bereits pensioniert, sinniert er 1952 in seiner Schrift «Von Heimat zu Heimat»: *«Ich bin Auswanderer und verliess meine Heimat, das romantische kleine Fürstentum Liechtenstein, April 18. 1906.»*[1] Elias Wille nannte sich zeit seines Lebens einen Auswanderer, orientierte sich aber emotional stärker zur von ihm verlassenen Heimat hin als zu jenem Land, in welchem er Einwanderer war. Amerika hatte ihn zwar adoptiert, aufgenommen und ihm eine materielle Existenz angeboten, was ihm Liechtenstein 1906 nicht hatte geben können. Aber das reichte wohl nicht. Sein Leben spielte sich ab in zwei Welten, im konkreten Alltag in Amerika und im Kopf (Herzen?) in Liechtenstein, nach dem er noch fünfzig Jahre nach der Auswanderung Heimweh hatte.

Elias Wille wurde am 29. Februar des Schaltjahrs 1880 in Balzers geboren. Er wuchs als drittjüngstes Kind zwischen fünf Geschwistern und einem Halbbruder aus der ersten Ehe seines Vaters Anton im «Tappeinerhaus» und – nach dem vierten Altersjahr – in der Iradug in Mäls auf. Nach seiner Lehre als Schuhmacher bei Gebhard Frick in Schaan arbeitete er ein Jahr lang als Geselle im Kanton Zürich und versuchte dann, ein eigenes Geschäft zu eröffnen. Allein das Geschäft war nicht einträglich genug, er musste sich noch nach anderen Einnahmen umsehen und arbeitete als Mesmer in Mariahilf. Dennoch wollte sich die wirtschaftliche Not nicht abwenden lassen: *«Als ich nach etwa sechs Jahren der Meisterschaft als gelernter Schuhmacher Ahle und Hammer beiseite legte und mir Rechenschaft gab von meiner Verwaltung, kam ich zu dem Entschluss, das es besser sei für mich, mein Fiasko als Geschäftsmann anzuerkennen und Schluss zu machen.»*[2] Es habe zwar genug Arbeit gegeben, aber er sei nicht fähig gewesen, bei seinen Kunden das Geld mit derselben Härte einzutreiben, wie es sein Lederlieferant bei ihm getan hatte.

Amerika! – Das war für Elias Wille *«das Land der unbegrenzten Möglichkeiten, das Land, das von Milch und Honig fliesst und das Land der Indianer, von denen ich in den von Karl May verfassten Schriften so viel Zauberisches las.»*[3]

Wille **217**

Elias Wille verabschiedet sich von Balzers zusammen mit August Frick, Heinrich Büchel, Fridolin Gstöhl und Klemens Kindle. Seine Mutter Theresia, geborene Vogt, ist schon seit acht, sein Vater seit drei Jahren tot, als Elias am 18. April 1906 als 26jähriger sein Heimatdorf verlässt. Am gleichen Tag wird Kalifornien, das seine zweite Heimat werden soll, von einem heftigen Erdbeben und den darauffolgenden Bränden schwer verwüstet.

Amerika als Ziel vor Augen, beginnt für die Auswanderer schon nach Zürich die unbekannte, nie gesehene Welt. Nach einer zweitägigen Zugreise gehen die fünf Liechtensteiner in Antwerpen an Bord der «Vaterland». «*Im grossen Ganzen ist eine Seereise langweilig; die Passagiere vertreiben sich die Zeit mit Karten- und Würfelspielen u. dgl., soferne sie nicht seekrank im Bette liegen*»,[4] resümiert Wille lakonisch seine zehntägige Fahrt über den Atlantik. Einzig den Sonnenuntergängen und den Dampfmaschinen vermag er etwas Interessantes abzugewinnen.

Das ersehnte Land zeigt vieren der fünf Balzner seine kalte Schulter: Obwohl sie gehört haben, dass sie auf keinen Fall sagen dürften, dass in Amerika eine Arbeit auf sie warte (was auch nicht der Fall ist), verstricken sie sich auf der Einwanderungsbehörde in widersprüchliche Aussagen, werden daraufhin als Kontraktarbeiter taxiert und auf Ellis Island festgehalten. Alle Einsprachen und Bittschriften bleiben ohne Ergebnis – am 11. Mai, nachdem die vier elf Tage vor Amerikas Küste im Internierungslager gewartet haben, werden sie wieder nach Europa ausgeschafft. Um andere Einwanderer vor einem gleichen Schicksal zu bewahren, spart Elias Wille nicht mit eindringlichen Warnungen: «*Kein Richtigstellen der Tatsachen, kein Bitten und kein Flehen, weder Gesuche noch Appellationen, auch keine Protesteingaben der Mächte, es hilft alles nichts, was einmal protokolliert, das bleibt, Onkel Sam ist unerbittlich. Darum noch einmal: Geistesgegenwart bewahren, sich nicht verwirren lassen; es wird in New-York auf alle mögliche Weise versucht, die Passagiere einzuschüchtern; es wird ihnen gesagt: ‹Wenn ihr keine Arbeit habt, können wir Euch nicht landen lassen, wir wollen keine Landstreicher haben!› Das ist aber eine Finte, die Leute einzuschüchtern, zu einem Geständnis zu verleiten; wer naiv genug ist, darauf hereinzufallen, büsst's mit bitteren Nachwehen. Es kann nicht genug davor gewarnt, den Leuten eingeschärft und ans Herz gelegt werden, doch ja diese Torheit nicht zu begehen.*»[5]

Die vier Liechtensteiner müssen zurück und können doch nicht wieder nach Hause. Ihr Entschluss bleibt fest, sie wollen in Amerika landen. In Basel halten sie sich ein paar Tage auf, erhalten Geld von ihren Familien aus Balzers für eine neuerliche Fahrt übers Meer. Basel ist eine Drehscheibe für Auswanderungswillige, viele Auswanderungsagenturen haben dort einen Sitz. Und so ist Basel voll von verarmten Leuten auf der Durchfahrt, was Elias Wille zum Nachdenken bringt: *«Beim Anblick dieser Massen, die einen nicht selten ganz verwahrlosten Eindruck machen, Männer, Weiber und Kinder, ihr Hab und Gut in Lumpen gehüllt, mit sich schleppend, kam uns wohl der Gedanke, wir hätten's doch nicht nötig gehabt, der lieben Heimat Valet zu sagen. Wie vielen von ihnen mochte auch unser Los beschieden sein.»*[6]

Am 31. Mai 1906 reist das Liechtensteiner Quartett zum zweiten Mal über den Atlantik. Da sie bei den Einwanderungsbehörden der Vereinigten Staaten als *personæ non gratæ* registriert sind, steuern sie diesmal Kanada an. Die Schiffsreise auf dem notdürftig zum Passagierschiff umgerüsteten Frachter «Sarmatian» wird zu einem schrecklichen Erlebnis, da im Nordatlantik ein starker Sturm tobt.

Genau zwei Monate nach ihrem Abschied von Balzers landen die vier am 18. Juni 1906 in Québec. Diesmal sind sie gewitzter: Sie reisen nach St. Armand an der amerikanisch-kanadischen Grenze, arbeiten dort einige Tage und erkunden die Gegend, um sich am Abend des 27. Juni zu Fuss auf den Weg über die grüne Grenze zu machen. Ohne Gepäck, mit verschmutzten Kleidern, erreichen die drei illegal ihr Ziel. Heinrich Büchel bleibt in Kanada zurück.

Ihr weiterer Weg führt sie zuerst nach New York, dort geben sie sich als Schweizer aus, um die Hilfe eines älteren Herrn aus der Schweiz zu erlangen. *«Wir hatten also unser Vaterland verleugnet, hoffen aber, es sei uns vergeben.»*[7] Zusammen fahren die drei nach Pittsburgh (Pennsylvania), ihrem ursprünglichen Reiseziel. Dort trennen sie sich, Elias Wille arbeitet ein Jahr lang auf einer Farm und zieht dann weiter nach San Francisco. Die Stadt ist immer noch gezeichnet vom verheerenden Erdbeben, viele Arbeiter sind dabei, die Strassen wieder instandzusetzen.

Eine merkwürdige Begegnung hat Elias Wille gleich am ersten Tag in den Strassen des fremden San Francisco: *«Bist Du es oder nicht – Schuhmachers Toni. – Ja antwortete er und du bist der – Elias?»*[8] Anton Vogt und Elias Wille treffen sich noch ein paar Mal, verlieren sich dann aber aus den Augen.

Wille arbeitet erst in einer Maschinenfabrik, später in einer Sennerei und einen Sommer lang als Minenarbeiter in Alaska. Bereits im Dezember 1906 erscheint ein zweiteiliger Artikel im «Liechtensteiner Volksblatt», in welchem Wille über die Situation eines Einwanderers berichtet. Es liegt ihm sehr viel daran, den Mythos Amerikas als des gelobten Landes zu entlarven: Er schreibt von den Schwierigkeiten, das amerikanische Bürgerrecht zu erlangen, und den harten Einwanderungsgesetzen, welche kränklichen, unvermögenden oder vorbestraften Leuten, Menschen ohne ordentliche Ausweise die Einreise verweigern. Auch das Kontraktarbeitergesetz kommt zur Sprache: *«Dasselbe Schicksal, um desselben Grundes willen, teilten letzten Mai einige junge Liechtensteiner. Wenn ich diesen Fall hier anführe, so geschieht das ohne jeden Hintergedanken, lediglich zu dem Zwecke, auf diese Gefahr speziell aufmerksam zu machen.»*[9] Bei seiner anschliessenden Beschreibung der Zustände im Deportiertenlager muss den aufmerksamen Lesern doch Willes genaue Kenntnis der Zustände aufgefallen sein. Ansonsten finden sich im «Volksblatt» ein halbes Jahr später die *«Reiseerinnerungen und Erlebnisse einiger Liechtensteiner»*, in denen Wille in der ersten Person von seiner Irrfahrt berichtet.

Es folgen weitere Artikel, Berichte über ausgedehnte Reisen, welche Elias Wille in seinen ersten Amerika-Jahren unternimmt. Er ist begeistert von der Aufbruchstimmung, mit welcher das riesige Land technisch erschlossen wird, rühmt die hervorragenden Leistungen der Ingenieure Amerikas, bei den Landschaftsbeschreibungen schleicht sich aber immer wieder eine Sehnsucht nach dem Rheintal ein, nirgends findet er einen Platz, der schöner sein könnte als seine Heimat. Auch sucht er immer wieder die Nähe zu Menschen seiner Sprache, die in seinem Urteil genügend geschätzt werden und deshalb um so stärker zusammenhalten müssen.

Aus Alaska schreibt er: *«Himmelblau erglänzt der Schnee in den gegenüberliegenden Bergen, während das ganze Land in Sonnenglut getaucht liegt und der Horizont als purpurnes Feuermeer erscheint. Und nach drei Stunden zaubert die neu erstehende Morgensonne dasselbe Schauspiel hervor. Gefühle wahrer Andacht heben die Brust. Da erschallen dann wohl, hingerissen von dieser Pracht in der Natur, die heimatlichen Lieder: ‹Von Ferne sei herzlich gegrüsset›, oder ‹Trittst im Morgenrot daher›, dachte auch ich mehr denn je zurück an mein stilles Gelände am Rhein. Mächtiger regte sich auch das längst verhaltene Sehnen, wieder unter die Menschen unter die Zivilisation zurück zu kehren. Bevor die zweite kalte Periode einsetzte, schnürten wir Deutsche unsere Bündel und zogen frohgemut nach dem 10 Meilen entfernten Eisenbahnstädtchen Cordoba.»*[10] Wenn Elias Wille über den amerikanischen Wahlkampf, über Reisen des Präsidenten, die amerikanische Wirtschaftskrise oder Unfälle und Verbrechen schreibt, so scheint er immer sehr distanziert zu sein. Seine Landsleute nennt er *Yankees,* seine Kommentare sind sehr lakonisch gehalten, bisweilen mit einem sarkastischen Unterton.

Er beginnt, für deutschsprachige katholische Zeitschriften in Amerika Artikel zu verfassen. Das «St. Josefsblatt» wird in ganz Amerika und Kanada gelesen – auch von einer Schweizerin mit Ruggeller Bürgerrecht in Baltimore: Anna Elisabeth Öhri. Sie wird anlässlich eines

Elias Willes Frau Anna Elisabeth, geb. Öhri, mit ihren Söhnen Leo, Marcel und Raimund (Archiv Emanuel Vogt)

Artikels über Liechtenstein von Elias Wille auf diesen aufmerksam, schreibt ihm, besucht ihn in Kalifornien. Die beiden heiraten im Jahr 1910. Anna Elisabeth bringt vier Söhne zur Welt: Heinrich Ernst stirbt schon als Kind, Leo Alois Josef heiratet eine Jugoslawin, Marcel Anton eine Irin und Raimund Heinrich, von dem Elias Wille nicht ohne Stolz berichtet, er habe im Zweiten Weltkrieg vier Jahre lang in der *US Army* gedient, vermählt sich mit einer Malteserin.

1913 erhält Elias Wille das amerikanische Bürgerrecht, lässt sich als Demokrat registrieren und wird auf lokaler Ebene politisch aktiv.

Während des Ersten Weltkriegs arbeitet Wille auf den staatlichen Schiffswerften in San Francisco, von 1918 bis 1956 als Gärtner des katholischen Friedhofs in San Francisco.

In kirchlichen Belangen ist er sehr engagiert: Neben seiner Arbeit für die Frauenseite des «St. Josefsblatt» schreibt er auch noch für das «Katholische Familienblatt von Techy» in Illinois und in englischer Sprache für Kaliforniens Diözesanblatt «Monitor». Seine Texte sind meist kürzere Fortsetzungsromane mit Titeln wie «Das grösste Gebot»,

Elias Wille mit seiner Gattin Anna Elisabeth (geb. Öhri) vor ihrem Haus in San Francisco

«In hoc signo vinces», «Christ und Antichrist», «Das Crucifix auf dem Lerchenhof» oder «Unter deinem Schutz und Schirm». Viele seiner Geschichten spielen in Liechtenstein, so etwa «S'Vreneli vom Rosenbüel (Iradug – California)», «Der Messmer von Mariahilf» und «Die Nachtigall von Profatscheng». Aber sein religiöses Engagement beschränkt sich nicht nur auf die Schriftstellerei: Er ist Präsident des Hl. Namensvereins in seiner Pfarrei Daly City und Gründungspräsident des St.-Vinzenz-von-Paul-Vereins. Weiters ist er Mitglied beim Paulus-Verein und bei den Herrmannssöhnen (einer deutschen Vereinigung). Während und nach den beiden Weltkriegen arbeitet er für die kirchliche Europahilfe, insbesondere für Deutschland und Österreich, wofür er vom Papst einen Rosenkranz zugesandt erhält.

Zu Liechtenstein pflegt er immer regen Kontakt. Er ist Abonnent des «Liechtensteiner Volksblatt» und verkehrt brieflich mit seinen Verwandten, mit dem Reallehrer Franz Biedermann und mit Prinz Emanuel, der verantwortlich ist für die Pfadfinderzeitschrift, in welcher immer wieder Reiseberichte und Gedichte Willes erscheinen.

Dreimal reist er in seine geliebte Heimat zurück, jeweils für mehrere Monate. Das erste Wiedersehen mit Liechtenstein findet 1951 statt: *«Schnellzug Zürich-Chur. Ich war ein sehr schweigsamer Mann auf dieser Fahrt, studierte die schöne Landschaft, die schneebedeckten Berge, die Ortschaften entlang des Zürich- und Walensees – immer wieder die aufsteigenden Tränen gewaltsam unterdrückend. Mein Neffe schien meine Gemütsstimmung zu ahnen und störte mich nicht. Um 12 Uhr erreichten wir Sargans und dort warteten meiner mein noch einzig lebender Bruder und mein Vetter Gregor Wille, also Auto und Lenker desselben.*

Ich überlasse es dem Leser, sich dieses erste Wiedersehen nach 45 Jahren auszumalen. Wir studierten uns erst gegenseitig. 45 Jahre gehen nicht vorüber, ohne den Stempel des Alters in Gesicht und Haltung aufzudrücken und einen zweiten Menschen aus uns zu machen. Das ‹Grüss Gott, Bruder, Grüss Gott, Vetter› klang daher etwas gepresst, doch der Handdruck war firm. Ich hatte mir dieses erste Wiedersehen so viel anders vorgestellt, glaubte die Gemütsbewegung weglachen zu können mit einem leichten: hier bin ich, kennst mich noch.»[11]

Während seiner Aufenthalte in Europa unternimmt Elias Wille ausgedehnte Reisen; nach Wien, Rom, nach Lourdes – selbstverständlich nicht ohne alles schriftlich festzuhalten und zu veröffentlichen.

Elias Wille wünscht sich bei seinem ersten Aufenthalt in Liechtenstein, Fürst Franz Josef II. kennenzulernen, was dank seinem Freund Fürstlicher Rat Josef Ospelt auch in Erfüllung geht. Und als 1956 das Fürstenpaar nach San Francisco reist, trifft er die beiden ein zweites Mal für ein paar Stunden.

1955 stirbt sein ältester Sohn Leo einen plötzlichen Tod. Elias Willes Frau, sechs Jahre älter als ihr Mann, kann den Verlust kaum überwinden, wird zusehends kränker und stirbt wenige Jahre später.

Wenn Wille auch sehr erfüllte Tage erlebt – er schreibt sehr viel, besucht seine Kinder, welche in der gleichen Gegend wohnen, seine runden Geburtstage werden in seiner Pfarrei wie Feiertage gefeiert – so beklagt er doch immer wieder das Schicksal des Auswanderers, der in der Fremde vereinsamt. Mit dem Tod seiner Frau scheint der Abend seines Lebens angebrochen zu sein. Immer wieder bittet er, die Verwandten mögen in der Mariahilf Kapelle im heimatlichen Mäls für ihn beten.

Elias Wille stirbt 1972 in seiner zweiten Heimat Kalifornien und wird auf dem Friedhof, auf dem er jahrelang als Gärtner gearbeitet hat, begraben.

Von Mai bis Oktober 1962 hatte Elias Wille 82jährig zum dritten und letzten Mal Liechtenstein besucht. Im «Liechtensteiner Volksblatt» erschien sein Abschiedsgruss. Elias Wille schreibt vom Scheiden aus der Heimat und vom Scheiden aus dem Leben. Er steht an den Gräbern seiner Jugendfreunde, die von ihm gegangen sind und doch die Heimat nicht haben verlassen müssen. *«Und da drängt sich mir unwillkürlich der Gedanke auf: – Warum gerade ich? Warum musste ich scheiden? Diese Frage stellt sich jeder Ausgewanderte. Meistens ist es umständehalber, die Hoffnung auf bessere Lebensbedingungen im Lande deiner Wahl, verbunden mit der Hoffnung, die Früchte dieses erhofften Glücks später in der Heimat zu geniessen. Hoffnungen und Träume, die leider nur zu oft sich nicht erfüllen und wie Seifenblasen platzen ... Den ‹Auswanderungslustigen› aber möchte ich zurufen: Wäge wohl, eh' Du mit stolz' Gebärden, / der Heimat ‹Lebewohl› für immer sagst. / An fremden Ufern stehest Du und klagst, / Denn Heimat will die Fremde Dir nicht werden.»*[12]

An die Heimat.

Heimat, du am Strande des Rheines,
du mit der Berge mächtigen Höhn,
du mit dem Kranze blühenden Weines,
Heimat, dich möchte ich wiedersehn!

Was ist die Fremde, die so verheißend
mich in ihr rauschendes Leben zog!
Was ist ihr Reiz, der blendend und gleißend
mich um dich, süße Heimat, betrog!

Heimat, du am Strande des Rheines,
wie sehne ich mich nach dir zurück,
du, mein einziges, süßes, reines
und — ach! so früh verlorenes Glück!

Was ist der Städte glänzender Schimmer?
was ist das Meer, das staunend ich sah?
Reizen können sie, fesseln nimmer;
sie rufen nur Sehnen und Heimweh wach.

Heimat, du am Strande des Rheines,
du mit der Berge mächtigen Höhn,
dich, mein Liechtenstein, dich, mein kleines
Vaterland, möcht' ich noch einmal sehn!

Elias Wille.

«Liechtensteinisches Lesebuch», 1938

Zweiter Teil:
Persönliche Beiträge von Auswanderern

«Ich bi albi an Bäärger gsi und ich bliiba an Bäärger»

Frank Beck, Los Angeles (Kalifornien)

1922 packte Franz Xaver Beck die Abenteuerlust. Der damals 21jährige hatte mit wachsender Neugier die Reportagen in den Zeitschriften gelesen, die «ds Härmana Seppli» (Josef Eberle) ihm geliehen hatte. Vor allem Bilder von der argentinischen Pampa liessen das Wanderfieber in ihm ansteigen. Diese Weite! Man kann sich denken, was für Vorstellungen dem jungen Triesenberger beim Heuen an den steilen Hängen von Silum durch den Kopf gegangen sein mögen.

Franz Xaver Beck, der sich heute Frank nennt, «am Bärg» aber noch als «ds Jachama Xaveri» bekannt ist, verbrachte im Sommer 1997 ein paar Wochen bei seinen Verwandten in Triesenberg. Es war gar nicht so einfach, einen Termin für ein Interview mit ihm zu bekommen, denn Frank (Jahrgang 1901) hat in Triesenberg viele Verwandte, die er besuchen wollte, und Energie genug, um jeden Tag etwas zu unternehmen. Als das Treffen schliesslich zustande kam, erzählte er gerne aus seinem Leben in der Neuen Welt.

Das Wandern ist «ds Jachama» wohl im Blut. Von Franks Vorfahren zogen ein paar nach Russland und auch seine Brüder Josef und Emil waren einige Jahre dort.

Auf die Frage nach den Gründen für seine Auswanderung erklärt er: *«Ich musste nicht gehen. Ich hatte hier genug zu tun. Aber ich wollte einmal etwas anderes sehen.»* Zuerst musste er nach Wien, um dort ein Visum abzuholen. Schliesslich schiffte er sich in Bremen nach Buenos Aires ein. Am Abend vor seiner Abreise, daran erinnert sich Frank Beck noch gut, ging er ein letztes Mal vom Gufer in Triesenberg

Vor seiner zweiten Abreise 1930 in die USA liess sich Franz Xaver Beck (rechts) mit seinen Eltern Joachim und Viktoria (geb. Sele) sowie mit seinen Geschwistern Emil, Maria und Josef (v.l.) fotografieren (Archiv Engelbert Bucher)

226 Persönliche Beiträge

Frank Beck lernte in Argentinien zufällig Hugo Kindle aus Triesen kennen (rechts aussen, die übrigen sind nicht bekannt) (Sammlung Dolly Gross-Kindle)

zu Fuss in einen Stall unterhalb von Masescha das Vieh füttern. Den nächsten Posten hatte er auf einer Estancia in Argentinien. *«Ich hatte sofort nach meiner Ankunft in Buenos Aires Arbeit»,* erinnert sich Frank Beck. Die deutsche Einwandererorganisation vermittelte ihm eine Stelle als Käser auf einer *Estancia,* die einem Schweizer gehörte. Während zweier Jahre in Argentinien arbeitete Frank Beck – dort Xavier genannt – an mehreren Orten. *«Ich bi an Freia gsi und ha niamad versoorga muassa»,* erklärt Frank Beck. Er nutzte seine Freiheit gerne. Kurze Zeit arbeitete er beim Eisenbahnbau. Er habe kräftig schaufeln und die Wagen auffüllen müssen. Nach einer Weile habe er gemerkt, dass der Maschinist, der den Zug fuhr, ein Triesner war. Frank konnte sich aber nicht erinnern, wie der Landsmann geheissen hatte. Nachdem eine frühere Version dieses Textes im «Liechtensteiner Volksblatt» abgedruckt worden war, klärte Dolly Gross-Kindle die Frage nach dem Unbekannten: Ihr Vater Hugo Kindle war von 1923 bis 1927 in Argentinien gewesen. Es gibt sogar ein Foto von Hugo Kindle als Maschinist auf der kleinen Transporteisenbahn.

Es waren wiederum Zeitschriften, die Frank Beck in Bewegung versetzten und aus Argentinien weglockten. In einer englischsprachigen Publikation hatte er mehrere Reportagen über die USA gelesen. Diesmal waren es nicht die weiten Ebenen, die es ihm angetan hatten, sondern die Rocky Mountains. *«Diese Berge wollte ich sehen»,* erklärt er kurz und bündig.

Nach einigen Schwierigkeiten bei der Beschaffung eines Visums für die USA kam Frank Beck schliesslich via Chile im Herbst 1924 nach Kalifornien. Seine erste Anlaufstelle ist bei bei Elias Wille, einem Auswanderer aus Balzers, der seit 1906 in San Francisco ansässig war.

Elias Wille wurde sein *sponsor*, das heisst Bürge. Doch auch in den USA brauchte Frank Beck nicht lange Unterstützung: er fand wiederum schnell Arbeit. Nach mehreren Stationen in den Bundesstaaten Kalifornien, Oregon und Wisconsin und wieder Kalifornien reiste er 1929 auf Weihnachten nach Triesenberg zurück. Früher habe er nicht zurückkommen wollen: «*Wenn man zu schnell zurückkommt, sieht das nicht gut aus*», erklärt er das Denken der Auswanderer. Die Zurückgebliebenen waren immer neugierig, wie es den Auswanderern erging. Wenn «*es einer nicht schaffte*», dann gab das natürlich Anlass für allerhand Spekulationen.

Frank Beck war es gelungen, in vier Jahren in den USA festen Fuss zu fassen. Nach seinem Besuch «am Bärg» wanderte er 1930 mit Anna Beck, einer Nachbarin, und Balischguad-Konrad (Konrad Sele), einem Cousin, nach Los Angeles aus. Anna Beck wurde 1935 seine Frau. Zusammen mit Konrad und ihrem Bruder Gottlieb Beck (der bereits 1927 mit «Samina Franz» (Franz Beck) und «Profatschenger Eugen» (Eugen Gassner) in die USA ausgewandert war) führte Anna Beck eine zeitlang das «Café Beck» in Los Angeles. Frank erinnert sich noch, dass damals die Olympischen Spiele in Los Angeles (1932) stattfanden. Aber das Restaurant «*isch neissa nid guat ganga*».

Er und seine Frau sahen sich andernorts um. Frank arbeitete meistens in Milchverabeitungsbetrieben, von 1927 bis 1965 bei Foremost Dairies. Nach seiner Pensionierung war er noch bis 1990 als Gärtner tätig. Bis heute bestellt er seinen eigenen Gemüsegarten.

Frank Becks Frau Anna starb im Herbst 1996. Seine Kinder Frank (geb. 1935), Marianne (geb. 1937) und Helen (geb. 1941) und seine Enkel leben in Los Angeles. Dort ist folglich sein Lebensmittelpunkt. Frank ist natürlich auch seit langem Bürger der Vereinigten Staaten. Aber viele schöne Erinnerungen verbinden ihn noch immer mit Triesenberg. Ob er noch Bürger Liechtensteins sei, wisse er nicht: Seit 1930 hat er den Pass nie mehr verlängert. Aber: «*Ich bi albi an Bäärger gsi und ich bliiba an Bäärger*», sagt Frank Beck mit Bestimmtheit. Er habe nie wirklich Heimweh gehabt, aber Silum vergesse er nie. Allerdings dünken ihn heute die Hänge «geecher» als damals.

Die Pfälzerhütte, 1927 erbaut, sah er im Sommer 1997 zum ersten Mal. Gerne wäre er auf Silum heuen gegangen, aber das Wetter war nicht danach, während er zu Besuch war. Frank gefällt es immer noch sehr gut in Triesenberg, und seine zahlreichen Verwandten sähen es gerne, wenn er zurückkehren würde. Aber da sind seine Kinder und Enkelkinder in Los Angeles. Es ist nicht leicht.

Zum Abschluss des Interviews und der Fragen, wo er lieber wäre, warf Frank einen Fünfliber. Kopf für Triesenberg, Zahl für Kalifornien. Er warf dreimal hintereinander Zahl.

Frank Beck im Sommer 1997 vor dem Stall der Familie auf Silum: gerne hätte der damals 96jährige wieder einmal beim Heuen mitgearbeitet, aber das Wetter war zu schlecht

Interview und Text:
Pio Schurti

Arnold Biedermann, Ventura (Kalifornien)

«Ich wurde von der Neuen Welt verändert – ich glaube zum besseren...»

Monsignore Arnold Biedermann, 1985

Welches waren die Gründe für Ihre Auswanderung?*
Der Grund war der langersehnte Wunsch meines Vaters Dr. Karl Gustav Biedermann. Er war zweimal in Amerika auf Besuch, 1929 in New York und 1936 in San Louis, Missouri. Er war immer begeistert von diesem Land der Freiheit und der unbegrenzten Möglichkeiten.

Der Zweite Weltkrieg war ein weiterer Grund zur Auswanderung. *«Nicht nochmals einen Krieg erleben»*, hat Vater öfters bemerkt. So hat er schon während des Zweiten Weltkriegs um das Visum angesucht, das die Auswanderung nach den USA gestatten würde. Dieses Visum kam 1948, und mein Vater unternahm alles, um die Auswanderung zu ermöglichen. Es war für ihn sicherlich nicht leicht, ein solches Unternehmen zu verwirklichen, mit Frau, vier Söhnen und neun Töchtern, mit Gepäck und allem drum und dran nach Amerika zu reisen und eine neues Leben zu beginnen. Ich hatte nie geträumt, jemals nach den USA auszuwandern, aber mein Vater drängte und versicherte, dass vieles besser sein werde.

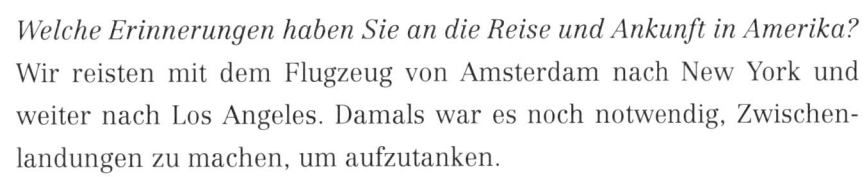

Welche Erinnerungen haben Sie an die Reise und Ankunft in Amerika?
Wir reisten mit dem Flugzeug von Amsterdam nach New York und weiter nach Los Angeles. Damals war es noch notwendig, Zwischenlandungen zu machen, um aufzutanken.

All das Neue, das andere Leben, Leute und Gebräuche waren überwältigend, aber auch erfrischend.

Der Pilot verständigte auf dem Flug von New York nach Los Angeles die «Los Angeles Times», dass eine grosse Auswandererfamilie nach Los Angeles komme. Als wir landeten, waren Reporter und Photograph waren schon zur Stelle. Bild und Bericht erschienen am nächsten Tag in der Zeitung. Die Amerikaner waren fasziniert von der Familie mit zwölf Kindern (die Schwester Isolde kam einen Monat später). Freunde meines Vaters nahmen uns liebevoll auf und halfen uns am Anfang, der sicherlich nicht leicht war und viel Geld, Mühe und Geduld forderte.

Wir kamen Anfang August nach Los Angeles, wenn es in Südkalifornien, wo die Sonne meistens scheint, sehr heiss ist. Nur in den Monaten November bis März regnet es dann und wann.

Welches waren Ihre ersten guten und schlechten Erfahrungen im neuen Land? Haben Sie sich durch diese Erfahrungen in Ihrem persönlichen Verhalten verändert? Machen Sie heute Dinge anders als früher in Liechtenstein?

* Unsere Anfragen um einen persönlichen Beitrag waren von einem Fragebogen begleitet, den Mgr. Biedermann als Grundlage für seinen Beitrag benutzt hat. Die Herausgeber

Gute Erfahrungen waren die vielen Menschen, die mit Interesse, Fürsorge und Aufopferung gaben, was sie konnten. Amerikaner sind im Grunde sehr hilfsbereit und gastfreundlich. Sie hegen keine Zurückhaltung und zeigen kein abweisendes Verhalten. Gute Erfahrungen sind auch die unbegrenzten Möglichkeiten, die sich öffnen. Gastfreundschaft wird gross geschrieben.

Schlechte Erinnerungen habe ich an die Kämpfe, auf die Füsse zu kommen. Wie das Sprichwort sagt: «*Hilf Dir selbst, dann hilft Dir Gott.*» Manchmal kann es so weit kommen, dass man sich «gottverlassen fühlt». Kein Anfang ist leicht, sicher nicht in einem fremden Land, wo Freundschaft notwendig ist für die Existenz.

Eine andere schlechte Erfahrung machte ich mit der Sprache. Jene, die nicht Englisch sprechen, haben es sehr schwer. Mein Vater sprach etwas Englisch mit viel Courage, ohne sich Sorgen zu machen, wie es herauskam. Wir stützten uns auf ihn in jeder Hinsicht: Mein Schulenglisch hielt nicht stand. Amerikaner sprechen und hören anders als Engländer. Als Priester hatte ich meine erste Predigt am Pfingstsonntag 1949. Nach der Predigt kamen Leute zu mir und sagten: «*Wir erlebten heute das Pfingstwunder, Sie predigten in verschiedenen Sprachen, nur verstanden wir nichts.*» Ich als Priester habe die Erfahrung gemacht, der Klerus, besonders damals, irisch oder irischer Abstammung ist. Die Iren halten zusammen wie die Kletten, und es war schwer, bei ihnen Vertrauen und Freundschaft zu finden. Als Liechtensteiner hat man es etwas leichter, das Land ist klein, es gibt keine Feindschaft mit anderen Ländern: Es ist in dieser Hinsicht ein Idealstaat. Liechtensteiner werden bewundert und sind beliebt.

Ich habe mich geändert in meinem Priesterberuf, oder ich wurde von der Neuen Welt verändert – ich glaube zum besseren. Seelsorge ist

Ankunft der Familie Biedermann in Los Angeles, Mitte August 1948.
V.l.n.r.: Dr. Karl Gustav Biedermann mit Klaus, Mutter Sofie, Arnold mit Bernadette, Roland, Margrith, Marie Theres, Günther, Gertrude, Beatrice, Irmgard, Doris und Klara

Persönliche Beiträge

in Amerika anders, freier, vernünftiger und erfreulicher. In den USA, wo Staat und Kirche getrennt sind, redet und fungiert der eine dem anderen nicht ins Geschäft. Pfarrer und Gläubige sind voneinander abhängig, die Pfarrei muss ihre Auslagen selber finanzieren, so ist ein gutes Arbeitsverhältnis vorhanden. Die Ehre des Priesters liegt in seiner Würdigung des Volkes. Die Gottesdienste sind sonntags und werktags gut besucht. Die Leute kommen und sind hungrig nach Religion und praktizieren sie auch im Alltag.

Ist Ihnen die Assimilation leicht gefallen, oder haben Sie sich schwer getan?
Ich benötigte fünf Jahre, bis ich mich zu Hause fühlte. Anspruchsvoll ist das Leben überall, so auch in Amerika. Wer sich aber bemüht, wird auch belohnt – ich denke, in den USA oft besser als anderswo. Jedermann wird geachtet, denn viele sind eben auch Einwanderer oder stammen von Einwanderern ab. Viele tragen denselben Schuh, sagt man hierzulande.

Haben Sie die Bräuche aus Ihrer Heimat beibehalten?
Da so viel verschiedene religiöse Gemeinschaften in Amerika blühen – «Freiheit für alle» –, lebt der Gläubige in einer Art Diaspora und pflegt solche Gebräuche und Feste im Kreis der Familie oder seiner Gemeinschaft. Der Staat freut sich über solche Festlichkeiten und Gebräuche, wenn sie nicht die Freiheit und Lebensweise anderer behindern.

Was haben Sie gearbeitet und wie haben Sie sich im Berufsleben zurechtgefunden?
Positiv in jeder Beziehung: Als Kaplan in verschiedenen Pfarreien lernte ich viel und als Pfarrer von zwei Pfarreien lernte ich noch mehr. Das Leben ist eine Dauerberufsschule. 1957 bis 1966 war ich Pfarrer an der St. Stephen's Kirche in Los Angeles. Diese Pfarrei ist eine ethnisch-national geprägte Kirche mit ungarischen, deutschen und spanischen Gläubigen neben Amerikanern und einer Handvoll von Schwarzen. Da gab es viel zu tun, ohne Ende in Sicht. Ich war damals noch jung und konnte es schaffen. Viele Einwanderer sind altertümliche Gebräuche gewohnt und benötigten einen Ort, wo sie frei sich bewegen können, hauptsächlich in sprachlicher Hinsicht. Viele Gläubige kamen von weit her für Gottesdienste und gemütliches Beisammensein in der Pfarrhalle. Ich war Gründer und von 1966 bis 1992 erster Pfarrer der Herz-Jesu Kirche in Ventura, sechzig Meilen nördlich von Los Angeles. 1966 waren es 2'800 Seelen, heute sind es 15'500 Gläubige, die zur Pfarrei gehören. In Ventura baute ich mit den Pfarreimitgliedern eine Kirche, Schule, Pfarrhaus, Pfarrhalle und Parkplätze für 300 Autos. Die Pfarr-

halle wurde von unserem Kardinal Erzbischof Roger Mahony Biedermann Halle getauft. Seit 1979 arbeite ich auch als Richter beim Ehegericht der Erzdiözese. Ich habe vor allem mit Ehe-Annulierungen zu tun. Das Berufsleben für mich als Priester ist erfreulich, ein dankbarer Beruf, besonders in Amerika. Und die Gegend ist auch schön, sehr angenehm und nur fünf Meilen vom Pazifischen Ozean. Pensioniert seit Juli 1992, habe ich eine Wohnung im Pfarrhaus und helfe in der Pfarrei. Ich bin eine Art «Reservereifen» oder Pensionist mit Berufstätigkeit. Es gibt drei Stationen im Leben: Jugend, Mittelalter und Glücklichsein. Jetzt bin ich glücklich.

Welche persönliche und emotionale Beziehung haben Sie heute noch zu Liechtenstein? Hatten Sie Heimweh, und wie sind Sie damit umgegangen?
Heimweh schon – ein Bild ist mir ins Herz gegraben, das Bild der Heimat. Die Heimat vergisst man nicht. Ich trage und erneuere meinen liechtensteinischen Reisepass immer wieder und bin stolz, Liechtensteiner zu sein. Es gibt nicht viele von uns in der weiten Welt. Alle zwei bis drei Jahre geht es zurück in die Heimat, um das Heimweh abzustreifen und um zu sehen, wie es steht. Ich lese auch gerne das «Vaterland», das mir ständig zugesandt wird durch meinen Schwager Hans Brunhart. So bin ich mehr oder weniger auf dem laufenden. Heute ist es leichter zu reisen als früher, so fährt man öfters ins «*Ländle*». 1998 bin ich seit fünfzig Jahren in Kalifornien.

Welche Beziehung haben Sie zur neuen Heimat? Fühlen Sie sich als Bürger?
Ich bin Bürger von drei Reichen: Liechtenstein, den USA und dem Himmelreich. Ich bin stolz auf alle drei und schätze sie: Liechtensteiner seit Geburt, US-Bürger seit 1954 und Himmelsbürger seit der Taufe 1920. Ich nenne dies «die heilige Dreifaltigkeit». Alle drei Bürgerschaften bringen Freude, Segen und Erfolg. Ich bin glücklich damit. Die Wurzeln in Liechtenstein habe ich nie verloren, habe dort mein Heimatrecht. Ich bin stolz, sagen zu können: «*Ich bin Liechtensteiner.*» Liechtenstein hat einen guten Ruf in aller Welt, ebenfalls das Fürstenhaus, das ich liebe und ehre.

Auf Urlaub in Schaan, 1970. Zur Feier des 25. Priesterjubiläums begrüsst Kanonikus Johannes Tschuor Monsignore Arnold Biedermann (rechts)

Herbert Brunhart
Sogamoso, Kolumbien

«Ich möchte mich heute als intensiverer Liechtensteiner bezeichnen»

Ihre Einladung, einen Bericht über meine Auswanderung und meine Erfahrungen zu verfassen, gibt mir Gelegenheit, über die vergangenen 13 Jahre nachzudenken und eine Bilanz zu ziehen. Eine Gelegenheit, den Wunsch- und den Istzustand zu vergleichen. Da dieser Bericht keine Selbstdarstellung sein soll, müssen natürlich meine Frau Maria und meine Tochter Karin in alles nachstehend Geschriebene miteinbezogen werden, da diese ja meinen Entschluss mitzutragen, um nicht zu sagen, mit auszulöffeln haben. Für meine Person kann, ohne zu zögern, gesagt werden, dass mich mein Entschluss auszuwandern, trotz mehrheitlich schwieriger Zeiten nie gereut hat.

Wieso ich mich entschlossen habe auszuwandern, ist vielleicht für viele nicht verständlich, habe ich doch einiges aufgegeben. Weder wirtschaftliche noch familiäre Gründe gaben den Anstoss. Es kann also nicht von einem klassischen Auswanderungsfall gesprochen werden. Ich möchte mich selbst als einen ein bisschen unruhigen Geist bezeichnen, der sein Glück nicht immer dort suchte, wo er sich gerade aufhielt. Wenn ich das jetzt so schreibe, bin ich mir beinahe sicher, meinen mir zugedachten Platz gefunden zu haben. Auf mich trifft es zu, dass mich der Gedanke an eine grundlegende Veränderung meiner jeweiligen Situation schon immer, in der Schule, später in der Lehre und im nachfolgenden Berufsleben in der Schweiz und Liechtenstein beschäftigt hat. Warum gerade mich solche geheimen Wünsche nicht zur Ruhe kommen liessen, wird auch für mich unbeantwortet bleiben. Nichts und niemand hat mich gezwungen auszuwandern, es galt einfach, eine Entscheidung zu fällen, an der ich nicht vorbeikam. Vielleicht war es mir in Liechtenstein zu eng, um meine Vorstellungen vom Leben verwirklichen zu können, oder ich suchte eine persönliche, unbekannte Freiheit, die ich dort nicht finden konnte. Vielleicht bildete ich mir ein, in jeder etablierten Gesellschaft nicht an die Grenzen meiner Möglichkeiten zu gelangen oder einfach frei und ohne irgendwelchen Zwang das Glück herausfordern zu können.

Dass ich gerade nach Kolumbien gekommen bin, das ja nicht ein Auswanderungsziel im üblichen Sinn ist, ist auf meine Heirat mit einer Kolumbianerin vor mehr als zwanzig Jahren zurückzuführen. Zu alldem ist noch unbedingt beizufügen, dass ich meinen Entschluss mindestens zehn Jahre zu spät gefasst habe. In jungen Jahren ist ein Mensch noch flexibel genug, um sich auf ein neues Leben einstellen zu können. Später – sozusagen schon auf einem festen Gleis eingefahren und die Ideen vom Leben schon einzementiert – wird die Sache

Familie Brunhart mit der Radrennfahrerin Yvonne Elkuch anlässlich der Rad-WM in Kolumbien 1995

schwieriger. Man braucht dann mehr Zeit, um sich vom Bisherigen lösen zu können und neue Sitten zu akzeptieren. Die Umstellung ist hart und mühevoll, da man am Anfang glaubt, dass es immer so weitergehen werde wie gewohnt.

Auf die Frage nach guten und schlechten Erfahrungen kann ich klar feststellen, dass schlechte Erfahrungen im Nachhinein betrachtet nicht vorhanden sind. Missverständnisse mit Einheimischen und Behörden waren immer auf Unkenntnis der Verhältnisse und Sitten zurückzuführen. In diesen Fällen kann nicht von schlechten Erfahrungen gesprochen werden. Es gibt schon Sachen, die man als Europäer nicht verstehen kann, mit der Zeit gewöhnt man sich daran und kann damit leben. Dass man sich mit der Zeit selbst verändert, das heisst, das Leben in einem fremden Land zu Gewohnheit wird, merkt man erst, wenn man danach gefragt wird.

Wenn es nach einigen Jahren Aufenthalt selbstverständlich ist, in der neuen Sprache zu reden, zu lesen, zu rechnen und zu denken, ist die schwierigste Zeit überstanden. Die persönliche Veränderung bezieht sich natürlich nur auf den Umgang mit den neuen Mitmenschen, da man sich eben anpassen muss: Ich stelle bei mir persönlich fest, dass ich bescheidener und geduldiger geworden bin, was nicht heissen will, dass ich etwa zu meiner Liechtensteiner Zeit überheblich gewesen wäre oder gar ein Wichtigtuer war. Diese erwähnte Bescheidenheit ist darauf zurückzuführen, dass man sich in einem Land wie Kolumbien und sicher auch in anderen Ländern, sich manchmal vom hohen «Liechtensteiner Ross» herablassen muss, um persönlich (nicht materiell) Einschränkungen zu akzeptieren, was man sich früher nicht vorgestellt hätte. Als Liechtensteiner sollte man vielleicht eine sicher manchmal vorhandene Überheblichkeit gegenüber ärmeren Menschen und Ländern in einen aufrichtigen und fühlbaren ehrlichen Stolz auf unser Land umzuwandeln versuchen. Wenn dies gelingt, kommt automatisch jene Bescheidenheit, die einem selbst und vor allem den anderen gut tut. Der eigene Charakter ändert sich wohl nie.

Sicher werden hier im täglichen Leben Dinge anders gemacht als in Liechtenstein. In einem Land wie Kolumbien hat man sich zuerst daran zu gewöhnen, dass der Lebensrhythmus langsamer ist. Aus dem einen oder andern Grund Stunden oder Tage zu verlieren ist nicht mehr so wichtig. Auch zwingt einem die Gesellschaft nicht mehr, auf Dinge zu achten, die in Liechtenstein noch wichtig oder sogar Pflicht waren. Man wird hier wahrscheinlich in vielen Dingen oberflächlich. In diesem Land kommt es allerdings sehr darauf an, ob man auf dem Land oder in der Grossstadt wohnt. Die Unterschiede sind riesengross. Um ein Scheitern zu verhindern, heisst es lernen und sich anpassen.

Wenn ich nun auf mein Berufsleben eingehe, muss zuerst gesagt werden, dass es in dieser Hinsicht überhaupt nicht so kam, wie es geplant oder gewünscht war. Nach einer KV-Lehre habe ich einige Jahre in der Schweiz und in Liechtenstein gearbeitet. Dies immer in der Eisenwarenbranche. Es war somit naheliegend, das ich mich in Kolumbien auch in dieser oder einer verwandten Sparte beschäftigen wollte. Mir schwebte vor, einmal die Vertretung einer schweizerischen oder liechtensteinischen Firma zu übernehmen. Um dies verwirklichen zu können, hätte ich unbedingt in der Hauptstadt Bogotá bleiben sollen. Gleich nach unserer Ankunft mussten wir aber aus familiären Gründen nach Sogamoso ziehen, eine Provinzhauptstadt auf 2'600 Metern über Meer mit zirka 100'000 Einwohnern. Wie das Leben halt manchmal so spielt, sind wir hier geblieben. Heute nach Gründen zu suchen, warum es mir nie gelungen ist, nach Bogotá umzuziehen, um in meinem Beruf arbeiten zu können, ist wohl sinnlos.

In Sogamoso habe ich dann mit einem Projekt angefangen, das mir nach Jahren Arbeit viel persönliche Befriedigung gebracht hat. Der finanzielle Erfolg ist leider bis heute ausgeblieben. Was die finanzielle Seite anbelangt, ist unbedingt beizufügen, dass sich Kolumbien schon seit drei Jahren in einer schweren Rezession befindet, aufgrund eines Drei-Fronten-Krieges des Staates gegen die Drogenmafia, Guerilla und Schmuggelbanden. Die Finanzierung dieses Krieges reisst immer grössere Löcher in die Staatskasse und muss mit Steuererhöhungen in Gang gehalten werden, die ihrerseits mehr Arbeitslosigkeit und Firmenschliessungen nach sich ziehen. Die permanente Einmischung der USA in die inneren Angelegenheiten Kolumbiens und eine superpopulistische Regierung tragen das Übrige zu Situation bei. Die Zukunft ist düster.

Vor einigen Jahren habe ich hier ein Haus im spanischen Stil gekauft. Die ältesten Teile dieses Hauses stammen noch aus der Kolonialzeit (vor 1819). Die wichtigsten Teilen des Hauses habe ich stilgerecht restauriert und darin ein Restaurant eingerichtet. Leider habe ich mich bei den Kosten für die Restauration verschätzt und die Arbeit bis heute nicht beenden können. Dieses Haus ist aber heute unser ganzer Stolz, da es sich um ein Objekt handelt, das durch den Standort und seine Architektur einzigartig ist. Beim Kauf dieses Hauses wurde ich noch von den Einheimischen als Verrückter bezeichnet, da es sich in einem Stadtteil befände, der keine Zukunft habe. Überdies kam noch der schlechte Ruf dieser Zone hinzu. Das Viertel befand sich tatsächlich wegen der Vernachlässigung von Seiten der Behörden in einem jämmerlichen Zustand.

Dies war für mich unverständlich, hatte sich doch hier in diesem Gebiet beim Eintreffen der ersten Spanier ein wichtiges religiöses Zentrum der Indios befunden. Dieses Zentrum mit seinem berühmten Sonnentempel wurde dann von den Eroberern auf der Suche nach Gold dem Erdboden gleichgemacht.

Für die Stadt Sogamoso ist dieses Gebiet also von grosser historischer und kultureller Bedeutung und ebenso wichtig für das Ansehen und die Identität der Stadt. Niemand hier hat sich je über die Bedeutung dieser Zone für das Aufkommen des Tourismus oder als Naherholungsraum Gedanken gemacht. In grossen Teilen der Bevölkerung ist allerdings eine Bewusstseinsänderung festzustellen. Mit der Zeit ist es, uns zusammen mit einer Nachbarsfamilie, gelungen, grosse Veränderungen und Verbesserungen herbeizuführen. So wurden zum Beispiel offene Abwasserkanäle in Rohre umgeleitet, Zufahrtsstrassen

Haus und Restaurant von Herbert Brunhart in Sogamoso

geteert, die Kehrichtabfuhr eingeführt usw. Es geht hier eben alles unendlich langsam, da die Behörden immer die gleiche Ausrede bereithaben, nämlich dass kein Geld vorhanden sei. Unsere Bemühungen, diesen Stadtteil in ein kleines touristisches Zentrum zu verwandeln und die Umgebung des hiesigen Museums mit Freizeitpark zum Allgemeinwohl zu gestalten, werden wohl noch einige Jahre dauern, wenn es im gleichen Tempo weitergeht. Geld ist eben kaum vorhanden, und von der Stadt sind nur kleine Beiträge zu erwarten. Ich glaube, sagen zu können, dass wir hier Entwicklungsarbeit in reinster Form machen. Manchmal bedaure ich beinahe, kein gutbezahlter Entwicklungshelfer zu sein (es gibt natürlich auch schlechtbezahlte). Was könnte man hier mit ein bisschen Geld für das Allgemeinwohl leisten! Sollte ich, mit andern, diese Arbeit einmal abschliessen können, wäre dies für mich wohl der beste Beweis, mit meiner Auswanderung den richtigen Entschluss gefasst zu haben.

Um noch auf die persönlichen und emotionalen Beziehungen zu Liechtenstein einzugehen, kann ich das Resultat der nachfolgenden Ausführungen gleich am Anfang bekanntgeben, und dies, ohne lange nachdenken zu müssen: Man bleibt sein ganzes Leben Liechtensteiner.

Persönliche Beziehungen bestehen natürlich mit meiner Mutter und meinen Geschwistern, die ja alle in Liechtenstein oder in der näheren Umgebung wohnen. Durch regelmässige Besuche, Briefe etc. bleibt der Kontakt erhalten. Die Welt ist ja heute durch die zur Verfügung stehenden Kommunikations- und Transportmittel klein geworden. Auch Besuche von Freunden und Bekannten sowie weiteren Liechtensteinern halten den Kontakt mit meiner Heimat aufrecht. Wichtig ist natürlich auch der Erhalt des «Liechtensteiner Vaterlandes» sowie der Informationen, die ich in dankenswerter Weise immer von der Gemeinde Balzers erhalte. Ich muss noch zur eigenen Schande sagen, dass bei der Aufrechterhaltung der Beziehungen meine Brüder, Freunde und Bekannten viel zuverlässiger sind als ich. Vernachlässigungen meinerseits sind nicht etwa auf Annahme kolumbianischer Sitten, sondern vielmehr auf «höhere Gewalt» zurückzuführen.

Meine emotionale Beziehung drückt sich darin aus, dass ich mich heute als intensiverer Liechtensteiner bezeichnen möchte. Die Zeitung lese ich von A bis Z mehr als einmal durch. Von Ruggell bis Balzers interessiert mich alles, Theaterkritik, Bücherbeschreibungen usw., alles, was ich zu meiner Liechtensteiner Zeit regelmässig übersehen habe, lese ich heute genauestens.

Das geschieht auch mit allem anderen, was mir über Liechtenstein in die Hände kommt. Als weiteres Beispiel kann ich anführen, dass ich mich als ehemaliges FCB-Vorstandsmitglied und auch noch heute als Fan desselben sogar freue, wenn der FC Vaduz gewinnt! Es ist so, dass ich mich früher zuerst als Balzner und dann als Liechtensteiner gefühlt habe, heute ist das gerade umgekehrt. Leider ist es mir bis heute nicht gelungen, Kontakt mit weiteren Liechtensteinern in Kolumbien aufzunehmen. Es gibt sicher solche.

Meine Beziehungen zu Kolumbien sind mehr rational als emotional. Da ich mich durch und durch als Liechtensteiner fühle, wäre es mir nicht möglich, Kolumbien als Heimat zu betrachten. Bei meiner Tochter, die hier aufgewachsen ist, verhält sich das anders. Kolumbien ist für mich ein Land, in dem ich mich wohl fühle, wo ich gut aufgenommen und gut behandelt wurde und werde. Wo ich eines Tages hoffentlich sagen kann, eine gute Arbeit geleistet zu haben und wo vielleicht das gleiche von mir gesagt wird. Kolumbien ist für mich ein Land, das ich verteidige, wenn es manchmal zu Unrecht als Drogenparadies bezeichnet wird und unter einem schlechten Ruf leidet, den vor allem die Bevölkerung nicht verdient. Jene Staaten, die sich zum Richter über Kolumbien machen, sollten vielleicht besser einmal im eigenen Haus für Ordnung sorgen. Besonders Europa könnte hier noch viel Terrain gewinnen, da die Europäer noch als Freunde angesehen werden. Wenn man den Einsatz, den asiatische Staaten hier in jeder Hinsicht leisten, ansieht, glaubt man manchmal, dass es die Europäer nicht nötig hätten, ähnliches zu tun.

Zum Schluss komme ich noch einmal auf Liechtenstein zurück. Was ich zu sagen habe, ist weniger als Ratschlag denn als Wunsch aufzufassen. Diese Zeilen gehen jene an, die glauben, am Image und an der Existenz Liechtensteins herumkratzen zu müssen. Erschreckt diese Leute der Gedanke nicht, dass Liechtenstein eines Tages nicht mehr existieren könnte? Sind geschäftliche, politische oder ideologische Gründe oder Vorteile wichtiger als das, was einem all das bedeutet, was es nur einmal gibt, nämlich eine Heimat? Es ist mir schon klar, dass manche Leute mit dem Wort «Heimat» nichts anfangen können oder wollen. Kritisch nachzudenken über Liechtenstein sollte nur ein Ziel haben: den Weiterbestand Liechtensteins und das Wohlergehen der liechtensteinischen Bevölkerung.

«Unseren Vorfahren ist es gelungen, unsere kleine Heimat durch alle Wirrnisse und Nöte der Zeiten ihren Kindern zu sichern und zu einem friedlichen und stillen Glück zu führen. Ihnen, meine Herren Abgeordneten, obliegt es, gemeinsam mit mir und meiner Regierung diese Tradition weiterzuführen und nach bestem Wissen und Gewissen alles zu tun, um diese Heimat uns und unseren Nachkommen zu erhalten» (Fürst Franz Josef II., am 13. April 1939).

Peter Brunhart
La Paz, Bolivien

«Sind die Leute etwa viel anders als wir?»

Peter Brunhart und seine Frau Juana Ambia bei einem Besuch in Balzers

Ich wollte immer Missionar werden. Meine erste Motivation zum Auswandern war also religiös, allerdings verschob sich diese während des Theologiestudiums und wurde immer politisch-sozialer. Dazu kam, dass ich nicht mehr daran dachte, Priester zu werden. Aber immer sah ich mein Leben in einem Land der Dritten Welt.

Ich bewarb mich bei den Immenseer Missionaren für einen Einsatz als Entwicklungshelfer. Da in einem Projekt in Peru ein Platz frei war, ging ich dorthin. Lateinamerika und Peru waren also nicht meine Wahl, aber ich war dennoch froh, dass es ein lateinamerikanisches Land war, denn Spanisch zu lernen traute ich mir eher zu als Mbundu, Kishueli oder irgendeine andere afrikanische oder asiatische Sprache. Mit 28 Jahren war es dann soweit. Nach einem Sprachkurs in Spanien schifften wir uns in Genua für die Reise nach Peru ein. Wir, das heisst zwei Immenseer Patres, meine Ehefrau und ich. Nach dreiwöchiger Überfahrt, auf der ich drei Wochen lang seekrank war, landeten wir in Callao. Am Zoll merkten wir nichts vom südamerikanischen Bürokratismus, alles ging husch husch, denn in jener Zeit war gerade nächtliche Ausgangssperre, und alle pressierten, um noch rechtzeitig nach Hause zu kommen. Diese Ausgangssperren, die dem ganzen Volk zu ausreichendem Schlaf verhelfen, habe ich noch oft erlebt. Wir machten in Lima einen weiteren Sprachkurs und lebten uns langsam ein. Natürlich hatten wir alle einen Kulturschock, aber da wir in der Schweiz gut darauf vorbereitet worden waren, konnten wir damit umgehen, und es gab keine weiteren Probleme.

Probleme gab es hingegen in meiner Ehe, die mit der Heimreise meiner Frau, der darauf folgenden Scheidung und mit meinem Ausscheiden aus dem Projekt endeten. Meine Motivation, doch noch etwas Sinnvolles für Peru zu leisten, war aber immer noch vorhanden, und so blieb ich auf eigene Faust. Die folgenden Jahre waren eher ein Herumhängen. Ich schlug mich als Schreiner, Deutschlehrer und als Mitarbeiter in einem Entwicklungsprojekt durch. Ich merkte, dass ich nichts nützte in Peru und dachte daran zurückzukehren. Aber in dieser Zeit lernte ich meine jetzige Frau Juana kennen, die mir Perspektiven eröffnete in einer politischen-sozialen Arbeit. Meine Motivation war wieder da. Ich gründete eine Exportfirma und arbeitete auch in verschiedensten sozialen Projekten mit, die der LED (Liechtensteinischer Entwicklungsdienst) und andere Entwicklungsorganisationen finanziell unterstützten. Das ging so lange gut, bis der *Sendero Luminoso* (Leuchtender Pfad) seinen Krieg begann. Genau in dem Gebiet, in dem ich viele Kontakte wegen meiner Exporttätigkeit und wegen der Hilfsprojekte hatte, war auch der *Sendero Luminoso* tätig, und so kam ich bald einmal in den Verdacht, mit dieser Organisation etwas zu tun zu haben. Das vor allem, weil die Polizei glaubte, dass der *Sendero Luminoso* hauptsächlich eine vom Ausland gesteuerte Organisation sei, und deshalb jeder Ausländer prinzipiell verdächtig war. Als die Situation immer kritischer wurde, zog ich die Konsequenzen und wanderte nach Bolivien aus.

Das war nochmals ein Anfang. Denn von der Millionenstadt Lima zog ich nach Sajama, ein kleines Dorf an der Grenze zu Chile, vom feucht-heissen Klima am Meer in eine kalte Gegend auf 4'200 Metern über Meer. Sajama ist sehr abgelegen. Der nächste Ort mit Strom und auch das nächste Telefon waren 300 km entfernt. Auch die ökonomische Situation war nicht zu vergleichen mit Lima. Dort herrschte überall Armut und Elend, und das ganze Leben war ein Hetzen nach Geld; hier hatte jeder alles, was er wollte, obwohl das jährliche Pro-Kopf-Einkommen auch heute noch nicht 150 US-Dollars übersteigt. Aber die Ansprüche sind eben bescheiden, sehr bescheiden. Die Häuser werden mindestens zu 95 Prozent aus Materialien gebaut, die in der Gegend vorhanden sind. Möbel gibt es keine, ausser dem Bett, und das wird aus Lehmziegeln gemauert. Der Kochherd wird von einem Handwerker gefertigt, der jedes Jahr für ein paar Wochen ins Dorf kommt und aus einem Fass (und mit den Werkzeugen, die in einem Köfferchen Platz haben) einen Kochherd für drei Pfannen und mit Bratofen macht.

Es ist unwahrscheinlich, mit wie wenig man leben kann. Sajama ist das lebende Beispiel dafür, dass das Glück nicht vom Geld abhängig ist. Aber sind die Leute etwa viel anders als wir? Nein. Sajama kann man gut mit Balzers vergleichen. Es gibt Leute, die sehr religiös sind, und andere, die dieses Thema nicht interessiert. Es gibt Leute, die sich für die Gemeinschaft aufopfern, und solche, die sich immer um die Arbeiten für die Gemeinde drücken. Es gibt Leute, die sehr fleissig, und andere, die im Reden sehr gut sind. Es gibt Leute, mit denen ich mich stundenlang unterhalten kann, und solche, die eine andere Wellenlänge haben. Einen Unterschied gibt es allerdings: Keiner hat den Ehrgeiz, möglichst mehr Geld zu haben als die anderen. Man hat eben, soviel man hat, und es reicht.

Jetzt muss ich aber sofort anfügen, dass Sajama kein Paradies ist. Das spanische Sprichwort «*Kleines Dorf, grosse Hölle*» bewahrheitet sich voll und ganz. Es wird gemunkelt und getuschelt, jeder wird kontrolliert, und Gerüchte kreisen Tag und Nacht. Diese wachsen sich dann oft in handfeste Streitereien aus. Dazu kommt der Machismo, der eine glückliche Ehe fast verunmöglicht. Verstärkt werden alle Probleme durch die vielen Feste, bei denen Alkohol in Mengen fliesst.

Nun, in diesem Dorf begann ich, mit Pflanzen Alpacawolle zu färben. Ich hatte davon ein bisschen Ahnung, weil ich in Peru einen Färber gut gekannt, und ihm manchmal in seiner Werkstätte geholfen hatte. Aber vor allem hatte ich mit Europa geschäftliche Beziehungen, um die Produkte verkaufen zu können. Aber Färben ist auch sehr einfach, und so hatte ich bald eine ansehnliche Farbskala beieinander. Aus der gefärbten Wolle machten wir bald auch Pullover, Wolldecken usw. und exportierten sie vor allem in die Schweiz und nach Liechtenstein, wo sie in Dritte-Welt-Läden verkauft wurden.

Die Ankunft in Bolivien deckte sich auch mit der Zeit der Hyperinflation, die wohl fast jedes lateinamerikanische Land ein oder mehrere Male durchgemacht hat. Wollte man 100 US-Dollars wechseln, brauchte man für das bolivianische Geld ein sehr grosse Tasche. In einem Aktenkoffer konnte man die Pesos nicht verstauen. Für den Einkauf von Wolle nahm ich das Geld in einem Kartoffelsack mit. Die Lösung für dieses Problem war für die unteren Schichten in Stadt und Land der Tauschhandel, für die oberen Schichten war es die «Dollarisierung». Man kaufte und verkaufte nur noch in der US-Währung. Als dann eine neue Regierung den Wechselkurs (mit Hilfe der USA) garantierte, kostete ein US-Dollar etwas mehr als zwei Millionen Pesos.

«Mit 50 soll man aufhören, Krieger zu sein, und der Weisheit nachstreben.» Diesem Spruch der alten Inkas habe ich unbewusst nachgelebt, denn mein Interesse an religiösen Fragen wuchs mit der Zeit wieder, und als sich die Gelegenheit ergab, eröffnete ich eine Buchhandlung für religiös und esoterisch interessierte Leute. Gleichzeitig eröffnete meine Frau ein vegetarisches Restaurant.

Und da stehen wir nun. Die Wollfärberei und das Geschäft mit dem Kunsthandwerk gehen langsam zurück, auch wohnen wir seit acht Jahren in La Paz und nicht mehr in Sajama. Wir beschäftigen uns mit religiösen Büchern und vegetarischer Küche.

Natürlich denke ich nicht an eine Rückkehr. Ich hätte keinen Grund. Bolivien und La Paz ist eine Friedensinsel, und wir geniessen das Leben hier. Die Kontakte zu Europa sind vor allem familiärer und geschäftlicher Art. Die persönlichen Kontakte, die ich hier in Bolivien habe, sind aber nicht weniger intensiv und tief als die europäischen. Im Ganzen gesehen, stelle ich mir das Altern hier in Bolivien viel gemütlicher vor als in Europa. Ich habe deshalb auch die bolivianische Staatsbürgerschaft beantragt: Vor sechs Jahren – hier prüfen sie eben besonders gut, wen sie aufnehmen wollen und wen nicht. Auch wenn ich schmiere, geht nicht alles wie geschmiert. Wenn ich zurückblicke, kann ich mir vorstellen, dass ich all die Erfahrungen, die mich in mei-

nem Leben vorwärts gebracht haben, auch in Europa hätte machen können, ausser vielleicht diese zwei:
- Dass es auch Gesellschaften gibt, bei denen das Geld nicht die Hauptrolle spielt, wie ich oben beschrieben habe, und
- dass man oft Ungerechtigkeiten über sich ergehen lassen muss und dass es sinnlos ist aufzumüpfen.

Peru und Bolivien sind keine Rechtsstaaten, wie wir das kennen. Wenn dir Unrecht widerfährt, so kannst du dich nicht einfach auf dem Rechtsweg verteidigen. Die Gerichte sind äusserst korrupt, und es gewinnt der Rücksichtslosere. Das beste ist, die Ungerechtigkeit anzunehmen und zu vergessen. Wer das nicht glauben will, wird sich den Kopf blutig schlagen, ich spreche aus Erfahrung. Wenn dich ein Polizist auf der Strasse aufhält und er dir ein paar Pesos abnehmen will, bist du völlig machtlos: Er findet immer wieder etwas zu beanstanden. Ich musste schon schmieren, weil das Auto zu dreckig sei oder weil es verboten sei, Hunde im Auto mitzuführen. Aber wenn man lernt, die Polizisten und Bürokraten als Familienväter zu sehen, die am Abend ihren Kindern etwas Besonderes mitbringen wollen und sich dafür Geld beschaffen müssen, dann ist Bolivien ein sehr freiheitliches Land, in dem man seine Wünsche ohne viele Hindernisse verwirklichen kann.

Andrea Eberle
Los Angeles (Kalifornien)

«Do hena machscht scho än met»

Nirgends und nie zuvor habe sie so viel erlebt und mitgemacht wie in Los Angeles, sagt die 1964 in Vaduz geborene Andrea Ruth Eberle. Erdbeben haben sie schon in Angst und Schrecken versetzt, Überschwemmungen haben Häuser in der Nachbarschaft fortgerissen, tagelang war sie mit brennenden Augen und juckender Nase unterwegs, weil Brände – vom föhnwarmen Santa Ana Wind angefächelt – anderswo ganze Stadtteile zerstörten. Von *car jackings* (wobei nicht stehende Autos, sondern solche, die gerade gefahren werden, gestohlen werden) hat sie schon oft gehört, und sie hat auch ein bisschen Angst davor. Schliesslich hat sie auch schon Ausgangssperren miterlebt, und zwar während der Aufstände in South Central Los Angeles.

«*Do hena machscht schon än met*», sagt sie und macht damit zumindest indirekt deutlich, dass ihr Los Angeles zusetzt, dass sie es intensiv erlebt, obwohl ihr durch nichts von all dem Genannten wirklich Schaden zugefügt wurde.

Wenn man Andrea von Los Angeles reden hört, fragt man sich manchmal, warum sie denn weiterhin dort bleibt. Sie kritisiert ja so vieles. Wenn man sie aber sieht, mit ihr zusammen durch die Stadt fährt, Geschichten hört und erzählt, dann merkt man, dieser Frau ist wohl, sauwohl sogar. Los Angeles ist ein Abenteuer für sie. Los Angeles ist ein grosser sonniger Bongert, und Liechtenstein ein wohl behüteter Laufgatter in der warmen Stube.

«*Bei den kulturellen Unterschieden zwischen Liechtenstein und Amerika*», sagt Andrea Eberle, «*fällt mir vor allem auf, dass die Leute in Los Angeles (ich habe leider keine Erfahrung, wie es in andern Staaten ist) fast kein Familienleben führen. Viele Leute arbeiten an mehr als einem Job, rennen nach der Arbeit ins Gym, arbeiten an einer Nebenkarriere (Schauspielerei, Musik etc.). Fast in jeder Familie ist ein Babysitter und/oder ein* Housekeeper *(Haushälterin) beschäftigt. Für die Kinder ist es zu gefährlich, draussen mit den Nachbarskindern zu spielen; sie müssen immer zur Schule gefahren werden, und im Sommer werden sie in ein Sommercamp abgeschoben. Etc.*»

Nach mehreren Jahren in L. A. kann sie weiter berichten: «*Es ist hier schwieriger, Freundschaften zu schliessen. Viele Freundschaften werden sehr oberflächlich gehalten, weil immer ein Konkurrenzkampf herrscht: Jobs, Autos, Karriere ... Man hat keine Zeit für Freundschaften,*» erklärt Andrea Eberle, «*und Freundschaften sind schwieriger, weil sich die Menschen dauernd vergleichen und messen: Lernt man jemanden kennen (normalerweise auf einer Party), wird zuerst nach der Karriere und dem Auto, das man gerade fährt, gefragt. Jeder gibt sich als mehr aus, als er wirklich ist (zum Beispiel ein normaler Verkäufer nennt sich Manager, oder jemand, der eine Minute lang als Statist in einem Film zu sehen war, nennt sich Schauspieler). Aber auch ganz einfach wegen der grossen Distanzen in Los Angeles ist es schwierig, regelmässig Freunde zu treffen.»*

Andrea Eberle hätte noch allerhand zu erzählen über all das, was man in L. A. so mitmacht. Zählt sie Für und Wider zusammen, ist sie nicht immer so ganz sicher, wo sie lieber lebt. Es kommt auf den Moment an, in dem man sich fragt: «*Wenn ich im Moment wählen könnte, würde ich fast lieber wieder in Liechtenstein wohnen – wegen der Sozialleistungen, Gehälter, dem Arbeitsmarkt.*» Das sagte sie vor fünf Jahren, heute empfindet sie anders. Ihr ist wohler in L. A., obwohl sie ihren Job verlieren könnte, wenn er wegrationalisiert wird. Seit sie im Frühjahr 1991 den ersten Arbeitsplatz gesucht und gefunden hat, hat sie mehrmals die Stelle gewechselt. Es gibt keine so grosse Arbeitsplatzsicherheit, wie man es hierzulande noch gewohnt ist. Doch wenn sie zurückkäme, würde sie vielleicht feststellen, dass sich in dieser Hinsicht in Europa und Liechtenstein auch einiges ändert.

«*Ich habe nie geplant, für längere Zeit hier zu leben, höchstens zwei Jahre lang, denn ich wollte vor allem die englische Sprache lernen. Nach drei Monaten Schule in L. A. bin ich auf Jobsuche gegangen und habe bei einem Vorstellungsgespräch einen Mann kennengelernt. Nach einiger Zeit musste ich mich entschliessen, ob ich wieder zurück nach Liechtenstein gehen oder mit dem Mann, den ich kennengelernt hatte, zusammenbleiben wollte. Schliesslich entschied ich mich fürs Heiraten*», erklärt Andrea Eberle.

Was gefällt Andrea Eberle in Kalifornien? «*Es gibt natürlich einige Vorteile. Das Wetter ist meistens wunderschön, nicht so deprimierend wie bei uns. Zum Skifahren ist es trotzdem nicht weit. Die Lebensmittelgeschäfte sind 24 Stunden offen, sonntags kann man zum Friseur gehen, Kleider und Geschenke einkaufen, wenn man die Woche über keine Zeit hat. Kulturell ist in Los Angeles viel los. Ausstellungen, Konzerte etc. Man geht oft ins Restaurant essen, weil es günstig ist, auch für Familien. Man kann von allen möglichen Restaurants auswählen, spezialisiert zum Beispiel auf argentinische, kubanische, chinesische, japanische, thailändische oder indische Küche.*»

In den letzten Jahren wurde in der Region um Liechtenstein eine ganze Reihe unterschiedlichster Restaurants eröffnet. Zum Beispiel in Trübbach und Vaduz kann man chinesisch essen, wenn auch nicht so günstig wie in Los Angeles. Liechtenstein, unser Lebensraum, wird immer internationaler – auch wenn es noch eine ganze Weile dauern wird, bis das Land so weit ist wie L. A. Ob dann Andrea Eberle zurückkommt? Noch bietet Los Angeles mehr Abwechslung und Abenteuer.

Interview und Text: Pio Schurti. Er hat mit Andrea Eberle 1993, 1995 und 1998 mehrere Gespräche geführt.

244 Persönliche Beiträge

Anita García Kaufmann, Key West (Florida)

«Auswanderer müssen mit dem Gedanken leben, ihre Heimat nie wieder zu sehen»

Gegen Ende eines dreimonatigen Sprachaufenthalts in San Diego (Kalifornien) lud ein Schweizer Bekannter Anita Kaufmann aus Balzers und ihre Freundin zu seinen Verwandten nach Florida ein. Die beiden kamen so in den Genuss einer richtigen amerikanischen *Thanksgiving-Feier,* mit Truthahn und allem Drum und Dran. Die jungen Frauen waren beeindruckt.

Vor dem Heimflug wollten sie noch etwas mehr von Florida sehen und organisierten eine Reise nach Key West, dem südlichsten Städtchen der USA. Dort liessen sich Anita und ihre Freundin auf eine weiteres typisch amerikanisches Erlebnis ein: Sie verabredeten sich mit zwei jungen Männern, die sie nicht kannten, ja noch nie zuvor gesehen hatten, zu einem *blind date.* Die beiden Männer, so war es über gemeinsame Bekannte verabredet worden, wollten ihnen den berühmten Sonnenuntergang von Key West zeigen.

Allerdings trafen Scott und Manuel zu spät ein. Die Sonne war bereits verschwunden. Anita sah ihren zukünftigen Ehemann zum ersten Mal bei diesem verpatzten Rendez-vous, Ende November 1984. Zehn Tage später kehrten die beiden Frauen nach Liechtenstein zurück. Manuel García und Anita Kaufmann telefonierten miteinander, schrieben sich Briefe und überquerten einige Male den Atlantik, um sich zu sehen. Nach zwei Jahren beschlossen sie schliesslich, dass Anita zunächst einmal für sechs Monate nach Key West ziehen sollte, «*um zu sehen, ob man sich vertrage*». Im September 1986 traf Anita in Florida ein. Man vertrug sich – gut sogar.

1988 heirateten Anita Kaufmann und Manuel García standesamtlich in Key West. Ein Jahr später folgte dann die kirchliche Trauung in der Mariahilf Kapelle in Balzers, «*wie es sich für eine richtige Balznerin gehört*». Drei Jahre lang, während Manuel in Miami Jura studierte, lebten die Garcías in Fort Lauderdale, bevor sie wieder nach Key West übersiedelten, wo Manuel inzwischen seine eigene Anwaltskanzlei führt. Manuel ist ein echter *Conch* – in Key West geboren und aufgewachsen – und Anita als Zuzüglerin die wohl einzige liechtensteinische *Freshwater-Conch* in Key West.

Im November 1992 wurde Tochter Alicia in Key West geboren. Die Garcias pflegen engen Kontakt mit Liechtenstein, jedes Jahr verbringen sie einige Wochen bei Anitas Familie in Balzers. Die starke Verbundenheit der Familie Garcia mit Liechtenstein zeigt sich auch darin, dass sie ihre kleine Tochter in Balzers taufen liessen. 1997 kam das zweite Kind, Tochter Francesca, zur Welt.

Anita hatte Liechtenstein 1986 mit schwerem Herzen verlassen. Auch ihren Eltern tat es weh, ihre jüngste Tochter gehen zu lassen. Manuels Familie unterstützte Anita stark, vor allem in der ersten Zeit in Key West, als sie mit Anfangsschwierigkeiten zu kämpfen hatte. Die Häuser in Key West schienen ihr klein und eng zu sein, die ständige Gegenwart von Bettlern und Obdachlosen machte ihr innerlich zu schaffen, und sie störte sich daran, dass Key West nicht ganz so sauber war wie Balzers. Anfangs bekundete sie auch Mühe mit dem Konsumparadies USA. Die Gegensätze schienen doch gar zu krass: Auf der einen Seite der Konsum, auf der andern ungewohnte Armut. Die riesige Auswahl machte ihr auch das Einkaufen schwer, sie brauchte «*zwei Stunden, um 15 Sachen in einem Laden zusammenzusuchen*».

Von Anfang an war sie jedoch angetan von Key Wests «Ländlichkeit». Anita – selbst, wie sie sagt, «*kein Grossstadtmensch*» – fühlte sich nie verloren. Es gefiel ihr, dass sie kein Auto brauchte. Alles war mit dem Fahrrad mühelos erreichbar.

Amerika hat Anitas Persönlichkeit geformt. «*Ich getraue mich eher, mich zu wehren, und bin toleranter geworden*», meint sie. Kaum verwunderlich, an einem Ort, an dem Lebens- und andere Künstler aus ganz Amerika leben und arbeiten. Sich nicht daran stören, was der Nachbar tut oder sagt, sondern einander leben lassen, das hat sie in Florida gelernt. Trotzdem oder gerade deshalb ist sie entschlossen, einige für sie wichtige Werte und Gewohnheiten auch im tropischen Key West weiterzuführen. So war es für Anita selbstverständlich, dass sie ihren Beruf als Anwaltssekretärin, den sie zuletzt in der Kanzlei ihres Mannes ausübte, bei der Geburt ihres ersten Kindes aufgab. Anita besteht auch auf einem gemeinsamen Mittagessen mit Mann und Kindern, die – anders als die meisten *little conches* – zeitig ins Bett müssen. Anita ist auch praktisch die einzige in der Familie García, die noch die Kleider ihrer Familie bügelt. Für amerikanische Verhältnisse scheint Anita vielleicht manchmal etwas kompliziert und zu wenig *légère*. So macht es sie nervös, wenn Gäste in ihrem Haus eintreffen, bevor sie mit allen Vorbereitungen für die Einladung fertig ist. Ist man hingegen bei Amerikanern eingeladen, so kann es schon passieren, dass man beim Tischdecken noch helfen muss.

Die allzugrosse Lockerheit und die Schnellebigkeit Amerikas stören Anita manchmal. Anstatt einen Fernseher zu reparieren, wird einfach ein neuer gekauft, auf dem Golfplatz ist es unheimlich wichtig, mit den «richtigen» Schlägern zu spielen, und Weihnachten besteht nur aus Geschenken.

Rückblickend erscheint Anita die Übersiedlung nach Florida jedoch als kein so krasser Schritt, wie man es sich vorstellen könnte. Die Garcías spielen auch mit dem Gedanken, vielleicht einmal nach Liechtenstein zu ziehen, aber damit hat es keine Eile. Anita hat sich an das Leben in Südflorida gewöhnt und fühlt sich wohl. Was ihr nicht passt, braucht sie nicht anzunehmen. Ihr gefällt das kulturelle Durcheinander in Key West, *Anglo-Americans* und *Cuban-Americans,* die ihre Traditionen leben und vermischen, obwohl für ihr Empfinden beispielsweise karibische Tanzmusik *(Macarena)* am Heiligabend nicht angebracht ist.

Anita sieht sich auch nicht als «richtige» Auswanderin, für sie *«sind Auswanderer Menschen, die aus finanzieller, wirtschaftlicher oder sozialer Not ihr Heimatland verlassen haben oder verlassen mussten. Auswanderer müssen mit dem Gedanken leben, ihre Heimat nie wieder zu sehen.»* Anita hingegen ist ihrem «Schatz» nach Amerika gefolgt, ohne Liechtenstein «auf Nimmer-Wiedersehen» zu verlassen. Sie fühlt sich denn auch weniger als Emigrantin, denn als *«Liechtensteinerin mit Wohnsitz in Florida».*

Anita García Kaufmann mit Tochter Alicia

Interview: Beatrice Noll und Pio Schurti

Exitus (Fünf Rekonstruktionen)

Peter Gilgen
Ithaca (New York)

«...und wie gross das innere Ausland ist, dass der Einzelne bewohnt.»
Norbert Haas

I Nach Amerika

Im Herbst 1987 kam ich nach Amerika. Ich hatte nicht die Absicht, länger als ein Jahr in Chicago zu bleiben. Es wäre falsch zu behaupten, dass ich 1987 ausgewandert sei. Ich blieb ein weiteres Jahr. Dann zog ich nach Stanford in Kalifornien, um dort mein Studium fortzusetzen. Das war 1989, als ich wahrscheinlich noch kein Auswanderer war. Im Juni 1997 heiratete ich Brooke Patridge. Seit August lebe ich in Ithaca im Bundesstaat New York. Es ist absehbar, dass ich in den nächsten Jahren nicht nach Liechtenstein zurückkehren werde. Trotzdem weiss ich auf die Frage, wann ich ausgewandert sei, keine Antwort.

Ich spreche oft am Telefon mit meiner Mutter und meinem Bruder. Ein Freund, der selbst für ein paar Jahre in Amerika lebte, hält mich mit e-mail und Fax auf dem laufenden. Manchmal schreibe ich etwas für eine Veröffentlichung in Liechtenstein.

Seit vergangenem November bin ich Liechtensteiner, im Ausland. Vorher war ich Ausländer in Liechtenstein. Ich hatte die genaueren Umstände der Gesetzesänderung nicht verfolgt. Liechtenstein war langsam in die Ferne gerückt. Ich wurde von der Möglichkeit, Bürger meines Mutterlandes zu werden, überrascht. Die Erklärung zu meiner Herkunft wurde einfacher.

II Liechtensteiner Aphorismus

Einmal, während der Zeit am Gymnasium, sagte mein Cousin, der damals noch Österreicher gewesen ist, zu mir, es sei gut, nicht Liechtensteiner sein zu können, damit wir nie vergässen, was es heisse, Ausländer zu sein. Es ist ein leicht dahingesagter Satz gewesen.

III Ausland, Ausländer

Wenn einer das Land Liechtenstein verlasse, schrieb ich, sei es, wie wenn eine Wunde sich auftäte inmitten der Freunde und Nachbarn. Zunächst klaffe diese Wunde und eitere und schmerze, und zur Linderung schrieben die Freunde Briefe jede Woche, und manchmal öfter, und die Nachbarn fragten die Mutter, was denn aus ihrem Sohn geworden sei und wie es ihm gehe und wann er wieder nach Hause zurückkehre. Das könne vielleicht zwei oder drei Jahre dauern, obwohl schon nach dem ersten Jahr die Briefe und Anfragen spärlicher würden und kürzer. Doch lasse sich schon bald ein Punkt in der Zukunft erkennen, an dem die Wunde sich geschlossen haben würde, und nur noch wenige Erinnerungen aufkämen bei einem Klassentreffen, oder wenn die alten Freunde wieder einmal über alte Zeiten redeten und sich an den einen erinnerten, so wie er damals gewesen war, und ihn sich nicht anders vorstellen könnten als genau so.

Gegenseitig von sich wüssten sie weniger zu erzählen, wenn sie sich am Wirtshaustisch gegenübersässen, denn ein klares Bild ihres früheren Lebens stelle sich kaum ein, wenn sie sich, gealtert und schon etwas lebensmüde und gelangweilt, am Wirtshaustisch gegenübersässen und erzählten von alten Zeiten. So brächten sie die Zeit damit zu, von Sandro Klingenschmid zu erzählen, der ein Jahr lang, als sie die dritte Klasse der Volksschule besuchten, im Dorf wohnte und von Religionsunterricht und biblischer Geschichte dispensiert gewesen war. Niemand hatte je wieder von ihm gehört. In ihrer Erinnerung würde er für immer klein und schüchtern bleiben, und sie würden nicht vergessen, dass er nicht Dialekt, sondern mit hoher und leiser Stimme nach der Schrift sprach.

Und ich fragte mich, ob sich noch jemand daran erinnere, dass 1971 eine Familie aus Süditalien in mein Dorf gezogen war, ins Haus, das demjenigen meiner Grossmutter gegenüberlag und als baufällig galt und lange leergestanden hatte. Die zwei Knaben, einer so alt wie mein Bruder, der andere wie ich, hatten Namen, die wie Felsbrocken aus dem Dialekt ragten: Domenico und Antonio Belmonte. Der Lehrer in der zweiten Klasse sorgte dafür, dass Antonio die Klasse verlassen musste und in die Hilfsschule für geistig behinderte Schüler geschickt wurde.

Zwei Jahre später kamen Antonio und Domenico, die wir Toni und Mimo nannten, nochmals für ein paar Jahre ins Dorf zurück. Ich erinnere mich, wie Toni mich einmal seinen Freund nannte, und wie ich mitlachte, als drei Klassenkameraden erzählten, wie sie ihn neben dem verwesenden Kadaver eines Dachses am Boden festgebunden hätten, und wie sie ihn dort liegen liessen, bis bei Einbruch der Dämmerung Antonios Mutter, schon etwas beunruhigt über das lange Ausbleiben ihres Sohnes, ihn dort gefunden haben muss, schon etwas steif in den Gelenken und vom üblen Gestank des Kadavers gewürgt und leise vor sich hin weinend, wie ich mir vorstelle. Das muss sich, denke ich jetzt, 1971 oder 1972 zugetragen haben, noch während Antonios erstem Aufenthalt im Dorf.

Am Samstag ging Toni in die italienische Schule, die es damals in Liechtenstein gab. Er wolle seine Sprache nicht vergessen und sein Land, sagte er einmal, als ich ihn fragte, was er in der anderen Schule mache. Italien sei das schönste Land. Sein Vater müsse hier Geld verdienen. Dann zögen sie wieder nach Hause, und er, sagte Antonio, werde einmal einen Bauernhof haben mit Tieren und mit Olivenbäumen. Vielleicht könne ich ihn dann besuchen kommen.

IV Sprachen

Als mein Vater noch gelebt hat, haben mein Bruder und ich manchmal Mutters und manchmal Vaters Dialekt gesprochen. Manchmal hat es zwei verschiedene Wörter gegeben für die gleiche Sache: «*Butt'r*» hat die Mutter gesagt, «*Anka*» der Vater. Die Vatersprache ist mir immer etwas fremd vorgekommen. Es ist eine andere Sprache gewesen, die nur der Vater richtig gekonnt hat. Die Muttersprache haben alle im Dorf gesprochen.

An einem schwülen Föhntag im August 1969 ist der Vater schon am Mittag nach Hause gekommen. Er ist sehr still gewesen und bleich. Er musste sich hinlegen und ist nicht wieder aufgestanden. Am Grab, wo mein Bruder und ich mit der Mutter jeden Sonntag nach der Messe gestanden sind und gebetet haben, habe ich manchmal noch eine Erinnerung gehabt an die Stimme des Vaters.

Meine Mutter hat im unteren Stock ein Zimmer vermietet. Der erste Mieter ist ein Mann aus Deutschland gewesen. Er hat unseren Dialekt nicht gut verstanden. Mein Bruder und ich haben von ihm gelernt, Hochdeutsch zu reden. Die alten Frauen im Dorf sagten «nach der Schrift». Ich habe gern nach der Schrift geredet.

Einmal habe ich auf dem Estrich meiner Grosseltern ein altes Englischbuch gefunden. Ich habe gelesen und die Wörter gelernt. Es sei vielleicht das Englischbuch meines Grossvaters, hat der Onkel gesagt, als ich es ihm gezeigt habe. Der sei nach Amerika gegangen wie sein Bruder, der Amerikaneronkel, den ich nur einmal gesehen hatte, im gleichen Jahr als mein Vater gestorben war; kurz darauf ist der Amerikaneronkel in Amerika gestorben. Der Grossvater sei nach drei Jahren zurückgekommen. Er habe die Grossmutter schon gekannt. Sie habe ihm geschrieben, sie komme nicht nach Amerika, sie bleibe in Liechtenstein. Da sei er zurückgekommen.

Der Grossvater ist auf dem Kanapee gelegen und hat Jerry-Cotton-Romane gelesen. Er hatte einen Schlagfuss gehabt, als er auf einem Spaziergang ein steiles Bord hinabgefallen war. Jerry Cotton war gut. Ich habe die Romane auch gelesen. Jerry Cotton war ein Detektiv. Manchmal sagte er englische Wörter, und nichts brachte ihn aus der Ruhe. Wenn mein Grossvater aufgestanden ist und die Grossmutter uns einen Znüni gerichtet hat, habe ich ihn über Amerika ausgefragt. Er hat nicht viel davon erzählt. Aber er hat sich gefreut, wenn ich ein neues englisches Wort gelernt habe.

V Exitus

Im äussersten Westen, wo die Küste endet, beginnt der Stille Ozean. Ich fahre die Küstenstrasse hoch nach Oregon und halte manchmal auf einem Ausfahrplatz an, um das graue Meer und die schwarzen Klippen zu überblicken, an die dicht der Nadelwald stösst. Vielleicht könnte ich mir Worte denken, mit denen das Erhabene der Klippen, des Meeres zu sagen wäre; ich müsste sie erfinden in einer unerhörten Sprache. In der Weite des Gewässers geht Artikulation verloren. Der Blick zittert in das Unendliche hinein. Hier ist kein Rhein, der eine mäandernde Spur (von Dämmen begradigt, wie die Schrift des Schülers von den vorgedruckten Linien) durch die Landschaft schreibt, dem mein Blick folgt zum Bodensee hinaus, Versprechen einer Weite. Die Stille des Pazifiks ist dichtestes Gesudel. Hier ist weisses Rauschen auf allen Kanälen. Es gibt keine Gliederung, keine Sprache mehr. Hier wird Auswanderung auf den Begriff gebracht (auf einen widersprüchlichen, unbegreiflichen Begriff). Hier, in der Nähe zum Tod: wenn mein Körper im weissen Rauschen verschwindet, seine Gestalt in fauliges Fleisch zerfällt, vermodert, die morschen Knochen sich zerstreuen, von Moränen und Sturzbächen fortgetragen, von Tieren zermalmt, bedeckt von Kiefernadeln und Laub, überwachsen von Farnen, Staub zu Staub. Hier am Rand der tosenden Stille des Meeres stehe ich zwischen zwei Toden (wie Jacques Lacan sagt). Bin ausgewandert aus der Ordnung, aus der ich komme, bin nicht mehr Ausländer oder Liechtensteiner, nicht Tschügger und nicht Gymnasiast, nicht meines toten Vaters Sohn, nicht ich. So ist meine Auswanderung an ein Nicht-Sein gekommen, den Ort einer umfassenden rauschenden Ruhe, in der jeder Gedanke möglich scheint. Hier hört der Zwang der Selbstgleichheit auf, für einen Augenblick. Es ist eine Zäsur in der Geschichte, ein Augenblick, in dem die Zeit stockt, nicht länger träge vorwärtsrollt, sondern als zähflüssiger Strom seitwärts ausbricht und als glühende Lava bald den ganzen Horizont ausfüllt. In der Schwärze des erkalteten Gesteins sind alle Markierungen verschwunden. Hier gibt es keine Richtung. So müsste Ewigkeit sein. (Von Geschichte ist hier nicht zu reden.) Es ist kein Bleiben hier. Der nächste Schritt nimmt den Vorstoss zurück. Am äussersten Punkt der exzentrischen Bahn ist der nächste Schritt Beginn einer Umkehr. Das Untote ist ich und wird es bleiben.

«Törkabrot hät mer s'Läba lang gfählt, und Suura Kääs»

Paula Godilo-Godlevsky
(geborene Nipp)
White Plains (New York)

Paula Nipp war ein unternehmungslustiges Kind. Man hätte ihr wohl eine abwechslungsreiche Zukunft voraussagen mögen, als sie in den zwanziger Jahren in Vaduz heranwuchs, aber wohl niemand hätte ein so wechselvolles Leben erahnt. Ihre Biographie ist ein eindrückliches Frauenschicksal, und durch die Heirat mit einem der Russen, die bei Kriegsende nach Liechtenstein kamen, wurde sie Teil eines erst jüngst aufgearbeiteten Kapitels der liechtensteinischen Geschichte. Schliesslich kann sie als Auswanderin auf eine ungewöhnliche Vergangenheit zurückblicken, die als Frau eines Flüchtlings begann.

Paulas Vater war Professor Dr. Eugen Nipp, der sich als Lehrer und Politiker in Liechtenstein einen Namen machte. Er war Direktor der Landesschule, Mitbegründer der Fortschrittlichen Bürgerpartei (FBP) und Redaktor des «Liechtensteiner Volksblatt».

Die musisch begabte, sprachlich talentierte Paula und ihre Geschwister Siegbert, Lisel und Hildegard hatten Eltern, die ihre Talente herausforderten: Mutter Johanna (geb. Hilger aus dem Elsass) war sehr musikalisch und eine talentierte Malerin; Eugen Nipp beschäftigte sich immer wieder mit Brauchtum, Geschichte und Sprache.

Wenn man hört, wie Paula die dreissiger Jahre beschreibt, merkt man sofort, was für sie Bedeutung hatte und ihr unvergesslich blieb. *«Die dreissiger Jahre waren meine Teenager-Jahre. Ich besuchte einen Tanzkurs in Vaduz. Ich wurde Tanzkönigin in meinem ersten langen Kleid (dunkelblau). Bis heute tanze ich gerne Walzer. Mein Vater begleitete mich ein paar Mal zum Tanzen ins schöne neue «Waldhotel» und zum Kostümball am Fasching im «Schlössle». Mama ging nur ungern tanzen, Papa tanzte den Walzer aber sehr gut.»*

Die Liebe zur Musik sollte Paula durch ihr Leben begleiten. Sie wollte Opernsängerin werden. Aber das war alles andere als einfach – wie sich herausstellte sogar unmöglich für Paula, obwohl sie sich bemühte. Besonders für Frauen waren die Ausbildungsmöglichkeiten beschränkt. In Liechtenstein gab es auch noch keine Musikschule, und die Kunstgewerbeschule in Zürich, wohin Johanna Nipp ihre Tochter zu einem Vorstellungsgespräch brachte, erklärte, im Kunstgewerbe gebe es schon für die Schweizer zu wenig Arbeit. Weil ihr keine Arbeit in Aussicht stand, wurde Paula kurzerhand auch die Ausbildung vorenthalten. Zudem galt auch für die Tochter des Schuldirektors, was für viele Liechtensteinerinnen zutraf: Wenn überhaupt Geld für ein Studium vorhanden war, dann durfte ein Sohn studieren. So auch in der Familie Nipp: Sohn Siegbert konnte sich zum Arzt ausbilden, die Töchter machten ihren Weg ohne universitäre Ausbildung.

Paula absolvierte die Handelsschule Gademann in Zürich. 1934 war sie im Büro der Landesausstellung tätig und danach in der Bank in Liechtenstein, die damals noch im Vaduzer Rathaus untergebracht war. *«Ich weinte, als ich die Stelle als Buchhalterin antrat, lieber wäre ich zur Schule gegangen»*, denkt sie wehmütig zurück.

An Weihnachten 1938 lernte sie zu Hause Otto Hilger, einen Vetter zweiten Grades, kennen. Er besorgte ihr eine Stelle als Auslandskorrespondentin am Nürburgring, der weltbekannten Rennbahn im Rheinland. Nach der letzten Rennsaison vor dem Krieg kehrte Paula nach Vaduz zurück, Otto folgte ihr, und die beiden heirateten im Herbst 1939 in Feldkirch.

Paula Godilo-Godlevsky wohnt in White Plains, nördlich von New York, wohin sie 1951 mit ihrem inzwischen verstorbenen Mann ausgewandert ist

«Ich liebte die Stadt, die kulturellen Möglichkeiten»

Paula und Otto Hilger wohnten bei seiner Mutter in Ahrweiler im Rheinland. Der Krieg hatte schon begonnen. Das deutsche Militär okkupierte die halbe Wohnung, 1940 wurde Otto eingezogen, und 1941 wurde Paula – weil eine Frau ohne Kind – zur Arbeit «eingezogen» und in die Offiziersschule im Palais Schaumburg bei Bonn geholt. Aber wenigstens bot sich in Bonn die Gelegenheit, Gesangsunterricht zu nehmen.

1943 liessen sich Paula und Otto scheiden. Paula hatte grösste Schwierigkeiten, aus dem Deutschen Reich herauszukommen. Das Militär wollte sie als Stabshelferin an die Ostfront schicken, bei einem Bombenangriff waren ihre Scheidungspapiere verbrannt. Die Deutschen wollten sie nicht gehen lassen, und die Schweiz wollte lange kein Eintrittsvisum ausstellen. Als es dann doch klappte, wurde in Balzers darüber abgestimmt, ob Paula wieder in den Bürgerverband aufgenommen werden sollte. Die Abstimmung fiel nur ganz knapp zu ihren Gunsten aus – und das wohl nur, weil ihr Vater ein prominenter Balzner Bürger war und sich stark für die Wiedereinbürgerung seiner Tochter eingesetzt hatte.

«Nach meiner Rückkehr aus dem Rheinland», erinnert sich Paula, *«verbrachte ich einige Zeit in Liechtenstein mit meiner Familie und alten Freundinnen. Dann zog es mich nach Zürich. Ich liebte diese Stadt, den See, die kulturellen Möglichkeiten. Deshalb suchte ich Arbeit und fand dort eine Stelle als Sekretärin in einem Advokaturbüro. Gleichzeitig nahm ich mein Gesangsstudium wieder auf. Mein Gesangslehrer empfahl mir, eine Halbtagsstelle zu suchen und mich mehr dem Gesang zu widmen. Ich kündigte den beiden Anwälten, fand*

aber keine Halbtagsstelle. Meine Finanzen standen schlimm. Bald musste ich nach Vaduz zurückkehren. Gesangsstudium aufgeschoben, aber noch nicht aufgehoben!»

«Alles in Bewegung gesetzt»

Gut zwei Monate nach ihrer Rückkehr aus Zürich war der Zweite Weltkrieg zu Ende, und russische Flüchtlinge kamen ins Land. Paula half, für die Flüchtlinge Kleider und Lebensmittel zu sammeln. Im Lager in Ruggell lernte sie ihren zukünftigen Mann kennen: Alexander Godilo-Godlevsky. Die beiden wurden einander vorgestellt, weil beide Französisch sprachen.

Dann aber sah eigentlich niemand die Verbindung gerne, die sich anbahnte. Eugen Nipp wollte bald nicht mehr, dass sich seine Tochter mit Alexander traf, nicht zuletzt, weil er vorher so grosse Schwierigkeiten gehabt hatte, sie nach der ersten Ehe nach Liechtenstein zurückzuholen und wieder einzubürgern. Ein russischer Flüchtling schien auch keine gute Zukunft bieten zu können. Vater und Mutter wollten den Mann gar nicht erst kennenlernen. So war Bruder Siegbert, dem die gesundheitliche Überwachung des Lagers anvertraut worden war, der einzige in der Familie, der Paulas zukünftigen Mann kennenlernte.

Bevor Paula und Alexander heiraten konnten, gab es noch einige Hindernisse zu überwinden. Der rührige Pfarrer Anton Frommelt redete gar mit Alexander und verbot ihm, Paula wiederzusehen. Als Alexander nicht gehorchte, sorgte er dafür, dass der Flüchtling das Land verlassen musste. «*Er wies ihn praktisch aus*», sagt Paula Godilo-Godlevsky heute. ‹Le corbeau noir› – so taufte Alexander den Pfarrer Frommelt – *erlaubte mir noch, Alexander Zivilkleidung zu bringen, damit er nicht in Militäruniform weiterflüchten müsse*», erinnert sich Paula. Sie brachte ihm ein Hemd und eine Pfadfinderhose ihres Bruders, die sie noch heute besitzt. In dieser Verkleidung floh Alexander eines Nachts über die Eisenbahnbrücke in die Schweiz. «*Die Wachen in Eschen liessen ihn entwischen, weil Pfarrer Frommelt ihn eigentlich ‹verjagt› hatte.*» Von einigen Freundinnen hatte Paula Schweizer Lebensmittelcoupons bekommen, die sie Alexander zusammen mit etwas Geld mitgeben konnte. Mit Hilfe eines russisch-orthodoxen Priesters (der öfter in die Liechtensteiner Lager kam, um Gottesdienste abzuhalten) schaffte es Alexander bis nach Zürich. Dort wurde er bald aufgegriffen und ins Gefängnis gesteckt. Paula hörte lange nichts mehr von ihm.

Bald danach zog es auch Paula wieder nach Zürich, wo sie eine Stelle als Sekretärin antrat und auch die Suche nach Alexander aufnahm. Der orthodoxe Pfarrer erzählte ihr, was sich nach der Flucht aus Liechtenstein ereignet hatte. Die Schweizer Polizei wollte oder konnte keine Auskünfte geben. Man sagte ihr bloss, dass Alexander an die deutsch-französische Grenze abgeschoben worden war, nämlich in ein Auffanglager in Südbaden. Man hatte ihm einen sogenannten Nansen-Pass (für Staatenlose) ausgestellt.

Anfang 1946 bekam Paula einen Brief von «Ali» (wie sie Alexander immer nannte). Er hatte nach Vaduz geschrieben, und die Mutter hatte den Brief weitergeleitet, obwohl beide Elternteile gegen eine Hochzeit waren. Paula erfuhr nie, warum ihr die Mutter den Brief nachgeschickt hatte, erklärt es aber heute damit, dass es für sie wohl einfach Ehrensache gewesen sei.

Eine Ehrensache, die Folgen hatte: *«Ich habe alles in Bewegung gesetzt, um nach Frankreich zu fahren, wo Ali in einem Lager für polnische Flüchtlinge war»*, erklärt Paula. Für sie gab es keine Zweifel: Sie wollte mit Alexander zusammen sein. In Zürich besorgte sie noch Eheringe und reiste anschliessend nach La Courtine, wo sich das Flüchtlingslager befand.

Paula war nun die Frau eines Flüchtlings. Es war nicht abzusehen, wann sie aus dem Flüchtlingslager entlassen und in welches Land sie kommen würden. Alexander, der vor dem Krieg in Warschau und Paris Romanistik studiert hatte, unterrichtete Französisch. Auch Paula konnte im Lager zeitweise unterrichten. *«Manchmal gab es ein Konzert im Lager»*, erzählt Paula. *«Ich sang dort das Lied von Solveig. Ali begleitete mich am Klavier.»* Es wurde auch getanzt, obwohl es sehr viel weniger Frauen gab im Lager als Männer. *«Der katholische Pfarrer»*, lacht Paula, *«tanzte sehr gut.»*

Alexanders Eltern waren in einem Flüchtlingslager in Lindau. Alexander bekam die Erlaubnis, seine Eltern dort zu besuchen, kurz bevor sein Vater starb.

«Als das Lager in La Courtine aufgelöst wurde», erzählt Paula weiter, *«ging's mit dem Zug und Schiff nach England.»* Sie hatte eine Fehlgeburt erlitten, musste aber dennoch kurz danach die holperige und unangenehme Reise antreten. *«In England wurden die Flüchtlinge von einem Lager ins andere verschoben»*, erzählt sie weiter. Für gewisse Zeit wurde das Paar gar getrennt, Paula wurde in ein Lager für polnische Frauen und Kinder gebracht. Sie lieh sich ein Buch über das Aquarellieren und fing mit der Malerei an, die sie bis heute betreibt. Ihre ersten Arbeiten halfen dem Paar aus finanziellen Engpässen: Sie malte schöne Häuser und verkaufte die Bilder dann an der Tür. Nachdem die Flüchtlingslager 1949 aufgelöst worden waren, wurde ihr Mann als Lehrer und Paula als Hauswartin in einer Privatschule für taubstumme Teenager eingestellt.

«...but we want to give you a chance»

Alexander hatte russische Freunde in den USA. Allmählich kam rege Korrespondenz zustande, und sie fanden schliesslich einen *Sponsor* (Bürge). 1951 reisten Paula, Alexander und seine Mutter auf der «Scythia» (Cunard Line) nach New York. Paula erinnert sich an diese Überfahrt. «*Wir alle waren seekrank. Das einzige, was mich rettete, waren die wunderschönen Filme wie ‹Singing in the Rain› (mit Gene Kelly), die gezeigt wurden.*»

Zuerst wohnten sie etwa zwei Wochen bei russischen Freunden im Keller, in Brooklyn, dann fanden sie ein Apartment in der Lower East Side in New York City, wo sich viele russische und polnische Emigranten niedergelassen hatten. Paula fand noch vor ihrem Mann eine Arbeitsstelle in einem *Advertising Checking Bureau*. Dort wurde in den Zeitungen kontrolliert, ob alle Anzeigen wie vereinbart abgedruckt worden waren. Paula hatte den Job bekommen, obwohl das Vorstellungsgespräch und das Probeschreiben auf der Maschine schlecht verlaufen waren: «*I don't think much of your typing, but we want to give you a chance*», hatte der Personalchef gesagt. Paula schrieb von nun an Rechnungen; ihr missfiel die Arbeit genauso wie damals ihre Stelle bei der BiL (1935-38). Ihr erster Verdienst betrug 34 Dollars pro Woche; sie arbeitete fünf Jahre dort, bis sie im fünften Monat schwanger war. Die Familie zog nach Brooklyn, wo die Zwillinge Alex und Eugene am 13. Juli 1956, auf den Tag zehn Jahre nach der Hochzeit in Frankreich, zur Welt kamen.

Alexander Godilo-Godlevsky (am Klavier) musizierte gerne mit russischen Freunden. Die russischen Emigranten wohnten in den frühen fünfziger Jahren in New York nahe beieinander und trafen sich oft

1959 reiste Paula nach 13 Jahren zum ersten Mal wieder nach Liechtenstein. *«Vater war sehr stolz auf seine Enkel. Mein Mann und mein Vater hatten sich zwar brieflich ausgesöhnt, aber es war leider nie möglich gewesen, dass sich die Eltern und mein Mann besuchten und kennenlernten. Ich bin überzeugt, dass sich mein Vater und mein Mann sehr gut verstanden hätten. Sie hatten vieles gemeinsam.»* Als Eugen Nipp ein Jahr später starb, konnte Paula nicht zu seiner Beerdigung gehen, weil gerade der dritte Sohn Nicolas zur Welt kam.

Nach einigen Jahren zog die Familie in den Stadtteil Queens um. Sobald es finanziell besser ging, kaufte man sich ein Haus und liess sich in einer «besseren» Nachbarschaft nieder. Die russischen Freunde der Familie zogen in das gleiche Viertel. Nachdem die Mutter Johanna Nipp in Vaduz gestorben war, wurde das Elternhaus in Vaduz verkauft, und die Familie Godilo-Godlevsky konnte sich ein Haus in Pleasantville (ausserhalb der Grossstadt New York) leisten.

Alexander fand zuerst eine Stelle als Möbelspritzer in einer Fabrik. Durch Freunde, die als Drucker bei einer russischen Emigrantenzeitung arbeiteten, bekam er dann einen Posten in der Geschäftsleitung dieser Zeitung. Jeden Abend übersetzte er für eine Versandfirma Korrespondenz auf Polnisch, Russisch und Englisch. Schliesslich wurde er Bürochef in diesem Versandhaus. Danach arbeitete er eine Zeitlang beim Zoll und schliesslich bei der *Social Security Administration* (der amerikanischen AHV). Alexander, dessen Familie ursprünglich ein begütertes russisches Adelsgeschlecht gewesen war, aber alles an den Bolschewismus verloren hatte, musste sich mühsam hinaufarbeiten.

Als Alexander zwölf Jahre alt war, hatte er Russland verlassen und war dann in Polen aufgewachsen. Als Student hatte er Theater gespielt und in einem Zirkus gesungen. Mit dem Zirkus und dann als Soldat und Flüchtling war er zu einem unsteten Leben gezwungen. In New York schätzte er sein Zuhause über alles. Im Jahr 1975 bestand Paula darauf, dass sie doch noch zusammen eine Reise machten. Sie besuchten Paulas Geschwister in der Schweiz. Es war ihre einzige Ferienreise mit Alexander.

«Weil Alexander praktisch immer zwei Jobs hatte, hatte er praktisch nur am Wochenende Zeit für die Kinder», bedauert Paula. *«Sein grösstes Vergnügen bereitete ihm, sich mit seinen russischen Freunden zu treffen, zu singen und zu musizieren.»* Sie fühlte sich im russischen oder russisch-amerikanischen Umfeld, in das sie durch ihren Mann geraten war, immer wohl. Besonders angetan war sie vom Kulturbewusstsein ihres Mannes und seiner russischen Freunde. Musik, Literatur, überhaupt die schönen Künste, wurden immer gepflegt. Aus ihrer eigenen Kultur vermisste Paula ironischerweise etwas, was man kaum der «Hochkultur» zurechnen würde: *«Törkabrot hät mer s'Läba*

lang gfählt, und Suura Kääs.» Sie habe es nie bereut, dass sie einen Flüchtling geheiratet habe, sagt Paula, obwohl ihre Eltern heftig dagegen gewesen seien und abgeraten hätten. *«Zurückblickend kann ich den Widerstand meiner Eltern gut verstehen»,* räumt sie heute ein. *«Aber schon bei unserer ersten Begegnung in Eschen fielen mir Alexanders gute Manieren und sein Charme auf. Er hatte, was ich in einem Mann suchte: Er war charmant, gebildet (ein Professor wie mein Vater) und attraktiv.»*

Und so ist Paula Godilo-Godlevskys Auswanderungsgeschichte letztlich eine Liebesgeschichte.

Um Geld zu verdienen, begann Paula Godilo-Godlevsky zu malen, als sie mit ihrem Mann in England in einem Flüchtlingslager interniert war. Heute malt sie vor allem Landschaften

Interview und Text: Pio Schurti

Ursula Gregg-Konzett
Ponte Vedra Beach (Florida)

«Ich bin eine Triesnerin, die zufällig mit ihrer Familie in Amerika wohnt»

Ursula Gregg-Konzett hält sich nicht für eine Auswanderin. Sie hatte eigentlich nie das Bedürfnis auszuwandern, und auch keinen Grund – bis sie ihren Mann kennenlernte. *«Ich bin in Amerika gelandet»*, sagt sie, *«weil mein Mann zufällig Amerikaner ist.»* Jedes Jahr verbringt sie viel Zeit auch in Liechtenstein. Am liebsten wäre es ihr, wenn sie die Hälfte des Jahres in Liechtenstein und die andere Hälfte in ihrer zweiten Heimat Florida verbringen könnte.

Ursulas Leben beginnt am 15. November 1959 in Triesen als Tochter des Alfred und der Marianne Konzett. Die Weichen für ihre spätere «Auswanderung», die sie nicht als solche empfindet, wurden vielleicht in der Jugend gestellt: Die junge Triesnerin war eine der Skirennläuferinnen, die Liechtenstein in den siebziger und achtziger Jahren als Skination weltbekannt machten. 1982 erreichte Ursula Konzett bei der Weltmeisterschaft in Schladming im Riesenslalom den dritten Platz und 1984 holte sie sich an der Olympiade in Sarajewo die Bronzemedaille im Slalom.

Mit Blick in die Zukunft und auf ihr Leben nach der Skirennlaufbahn begann Ursula in Stuttgart die Ausbildung zur Sportlehrerin. 1985 unternahm sie eine Urlaubsreise nach den USA, wo sie in Taos (New Mexico) Jason Gregg kennenlernte (dessen Vater im Autorennsport einen international bekannten Namen hatte). Jason Gregg, ein, wie Ursula meint, typischer Amerikaner, arbeitete zu diesem Zeitpunkt, wie es der Zufall wollte, bei Porsche in Stuttgart, wo Ursula die Sportschule besuchte. Nach der ersten Bekanntschaft in New Mexico konnten sich die beiden in Stuttgart wiedersehen. Nach einiger Zeit in Stuttgart nahm Ursula Jasons Einladung nach Florida an. Sie wollte ihn einmal in seiner Heimat besuchen. Und so kam's: Ursula und Jason heirateten.

Die Hochzeit fand in Liechtenstein statt. Zunächst lebten die beiden ein Jahr in Vaduz, bevor sie ihren (Haupt-)Wohnsitz nach Florida verlegten. In ihrer ersten Zeit in Florida hatte Ursula Heimweh. Die Umstellung war gross: Ursula kannte niemanden und vermisste ihre Familie. Ziemlich rasch nach dem Umzug nach Amerika kam aber Alessandra, Ursulas und Jasons erstes Kind, zur Welt. Erst da wurde Ursula richtig bewusst: Sie war von daheim weggezogen, ihr Leben hatte sich «verlagert»: Sie lebt nicht mehr daheim, sondern anderswo und in einem andern, völlig neuen Umfeld. Es dauerte doch eine gewisse Zeit, bis sich Ursula an diesen Gedanken gewöhnt hatte. Ursula fühlt sich mittlerweile sehr wohl in den USA. Die Amerikaner empfindet sie als angenehme Leute, offen und freundlich, gar nicht so oberflächlich, wie immer wieder gesagt wird.

Ursula vermisst zwar nach wie vor ihre Familie, nicht aber die Heimat. Manchmal gehen ihr die Berge ab, oder *«richtige Dörfer, mit Kirchen in der Mitte»*, oder der Wechsel der Jahreszeiten – alles Dinge, die es in Florida nicht gibt. Mit ihren drei Kindern – nach Alessandra bekam das Ehepaar Gregg-Konzett einen Sohn, Jay-Jay, und eine zweite Tochter, Valentina, – kommt Ursula oft nach Liechtenstein. Die Kinder besitzen auch einen liechtensteinischen Pass, und Ursula möchte, dass sich die Kinder mit ihrer (alten) Heimat verbunden fühlen. Das scheint ihr auch zu gelingen: Die Kinder halten sich gerne in Liechtenstein auf. Deshalb sei sie auch keine richtige Auswanderin: *«Ich bin eine Triesnerin, die zufällig mit ihrer Familie in Amerika wohnt. Das ist alles.»*

Ursula und Jason Gregg-Konzett mit Alessandra und Jay-Jay

Interview: Pio Schurti, Textbearbeitung: Beatrice Noll

Eugen Hemmerle
Niwot (Colorado)

«Es macht mir ja nichts aus, die Uniform der USA zu tragen...»

Nachdem ich in der PAV eine anstrengende vierjährige Maschinenlehre abgeschlossen hatte, fühlte ich mich unabhängig und frei. Ich ahnte, dass es noch viel mehr zu sehen gibt auf dieser Welt. Mit meinen neu erlernten beruflichen Fähigkeiten waren die Chancen gut, in den USA eine Arbeit zu finden. Mein Onkel Julius Nipp (der 1920 ausgewandert war) verbürgte sich für mich. Mit ein paar gesparten Dollars ging ich zur ärztlichen Untersuchung, beantragte ein Visum und kaufte ein Billet für die Überfahrt auf der «Queen Elizabeth». Einige Tage später fand ich mich an einem New Yorker Hafendock wieder (wie sie sagen: *«just off the boat»*), mit zwei alten Koffern in der Hand, ungefähr 200 Dollars in meiner Tasche und ohne Ahnung von der englischen Sprache, als ein New Yorker Taxichauffeur anhielt, mein Gepäck in den Kofferraum warf und wir davonfuhren. Man denke nur: Das war in New York, aber vor mehr als 40 Jahren, 1952. Gott sei Dank war dieser Fahrer ehrlich und nett. Er brachte mich zur *Grand Central Train Station* und zeigte mir eine Reiseinformationsstelle. Schon war ich unterwegs nach Milwaukee (Wisconsin).

Ich lebte zwei Jahre bei meinem Onkel und meinen Cousins in Milwaukee und arbeitete als Werkzeugmacher. Mein guter Freund John Jung und ich genossen unsere neu gefundene Freiheit und den Wohlstand. Jeden Samstag abend zogen wir in Richtung Stadt, um zu feiern. Das einzige Problem war, dass Onkel Julius eine Leidenschaft für die Fischerei besass (das war seine Leidenschaft, sicherlich nicht die meinige!) und mich nach meinem Samstagabend-Ausgang früh am Sonntagmorgen weckte, um fischen zu gehen. Ich erinnere mich, wie ich in diesem Fischerboot sass und ruhig hin- und herschwankte – nur um aufgerüttelt zu werden beim Gerangel mit einem Fisch.

Annamary, meine Cousine, hatte gehört, dass alle Männer über 17 sich für den Wehrdienst melden müssten, und so bestand sie darauf, dass ich dies tat. Sie kümmerte sich stets um ihren Cousin vom Land. Nach kurzer Zeit – ja tatsächlich – wurde ich eingezogen. Die Armee sandte mich nach Bordeaux (Frankreich). Eines Tages, nicht wirklich glücklich mit dem Militärleben, sagte ich zum Vorgesetzten: *«Es macht mir ja nichts aus, die Uniform der USA zu tragen, aber ich bin nicht einmal Bürger.»* Mit grossen Augen antwortete er schockiert: *«Du bist was?!»* Innert Stunden fand ich mich vor einem Staatsbeamten wieder mit der rechten Hand in der Luft. Schnell und ohne grosses Aufsehen wurde ich zum amerikanischen Staatsbürger.

Bevor ich nach Frankreich reiste, hatte ich ein hübsches blondes Mädchen kennengelernt in einem deutschen Vereinslokal in New York.

Ihr Name war Helen Fluegge. Sie folgte mir nach Frankreich, und wir heirateten dort – dreimal eigentlich – zivil, militärisch und kirchlich. Auf der Hochzeitsreise besuchten wir Helens Verwandte in Deutschland und meine Familie in Liechtenstein. Nachdem wir endlich aus den von Mücken geplagten, extrem heissen oder kalten Militärbaracken ausziehen konnten, bewohnten Helen und ich zwei Jahre lang ein angenehmes, kleines, gemietetes Landhaus ausserhalb von Bordeaux. Kurz nach unserer Hochzeit erlitt Helen einen schweren Asthmaanfall und musste für einen Monat ins Spital. Dies war einer von vielen, die sie immer wieder plagten. 1988 waren ihre geschwächten Lungen von Krebs befallen und sie starb im Alter von 58 Jahren.

Nach meinem Dienst in der Armee kehrten wir in die USA zurück und lebten in New York, wo auch unser Sohn Steven zur Welt kam. Ich arbeitete als Werkzeugmacher und leitete den Laden für zwölf Jahre.

1965 entschieden wir, dass wir genug hatten vom New Yorker *rat race* (ständiger Konkurrenzkampf). Wir hatten zuvor die Stadt Boulder (Colorado) am Fuss der Rocky Mountains besucht. Die Gegend erinnerte mich sehr an Liechtenstein. Eher untypisch für mich entschloss ich mich umzuziehen, ohne dass am Ende der Reise eine Anstellung oder ein Haus auf uns gewartet hätte. Ich kündigte kurzentschlossen und verkaufte das Haus in New York. Aber alles ging gut: Ich fand eine Stellung bei Storage Tek. Bei dieser Firma blieb ich insgesamt über dreissig Jahre. Ich fing als Vorarbeiter an, wurde dann Meister der Werkzeugmacher und schloss 1972 die Ausbildung zum Ingenieur ab. Meine Stellung war die eines *Senior Manufacturing Engineer*, das heisst Ingenieur in der Produktion. Storage Tek stellt Aufbewahrungssysteme für Computerdaten her.

Ich freue mich schon auf die Pension mit meiner Frau Mary. Mary arbeitet seit 18 Jahren als Planungsassistentin für den Verkauf von elektrischen Ersatzteilen. Wir sind vor kurzer Zeit in unser selbstgeplantes Haus eingezogen, das nördlich von Boulder liegt. Ich habe eine Werkstatt und freue mich, Zeit zu haben für interessante Projekte. Landschaft gestalten, gärtnern, wandern, Velo fahren, reisen und alles gemütlich nehmen – das sind einige Dinge, die wir vorhaben.

Besonders gerne haben wir unsere Kinder zu Besuch. Mary hat drei Töchter, einen Sohn und drei Enkelsöhne, die alle in der näheren Umgebung von Denver leben. Mein Sohn Steven und seine Frau Karen leben in Boulder. Steven ist Anwalt und arbeitet seit gut zehn Jahren für die Kanzlei Sisson and Barrow.

Ich liebe mein wunderschönes Vaterland und werde dies immer tun. Ich hatte immer eine Doppelbürgerschaft und war oft zu Besuch.

Meine Frau und ich sind beide bei guter Gesundheit, haben tolle Familien und Freunde und danken Gott für diesen Segen.

Gabriella Massaro
New York City

«Aufgewachsen mit zwei Kulturen unterm Dach und einer draussen vor der Tür»

Ich weiss nach Jahren immer noch nicht recht, was ich antworten soll, wenn mich Leute fragen, woher ich komme. Gewöhnlich lautet meine Antwort, dass mein Vater, Franco, aus Italien und meine Mutter, Rita, aus dem Fürstentum Liechtenstein stammen, dass ich grösstenteils in Connecticut aufgewachsen sei, aber auch in Lugano daheim bin, wo ich fünf Jahre lang zur Schule ging. Ich habe etwas geerbt, was meine Mutter als «*Wanderlust*» bezeichnet. Wie meine Mutter «*musste*» auch ich den Ort verlassen, an dem ich aufgewachsen war, denn wie sie sich in Liechtenstein gefühlt hatte, fühlte ich mich in New Fairfield, einem kleinen Ort im Bundesstaat Connecticut – eingeengt.

Ich war anders als die meisten meiner Freunde aufgezogen worden. Bevor wir, meine jüngere Schwester Leonora und ich, den Kindergarten besuchten, wurde bei uns zu Hause nur italienisch gesprochen. Auf Deutsch konnten wir lediglich ein Gute-Nacht-Liedchen und ein Nachtgebet. Mutter fand es immer amüsant, wie wir den ganzen Tag über italienisch sprachen, aber am Abend im Bett «*Jesus Kindlein, komm zu mir*» beteten. Mutter kannte die Gebete weder auf Italienisch noch auf Englisch, deshalb lernten wir auf Deutsch beten. Mit Vater sprachen wir auch später immer italienisch, mit Mutter aber zunehmend mehr englisch. Ich kannte während der Schulzeit nur noch ein anderes Mädchen, das zu Hause neben Englisch eine andere Sprache verwendete. Andere Familien besuchten in den Ferien Disney World, wir fuhren immer zuerst nach Italien und dann nach Liechtenstein.

Der Gotthardtunnel ist für mich bis zum heutigen Tag ein Symbol für den Übergang von einer Kultur in die andere. Mutter wurde immer ganz aufgeregt vor Freude, wenn wir durch den Tunnel fuhren, und Vater wurde nervös, denn er spricht kein Wort Deutsch. Als er seine Schwiegereltern kennenlernte, hatte er ein paar Sätze eingeübt, die er dann aber hoffnungslos durcheinanderbrachte. Anstatt «*Gute Nacht*» zu wünschen, sagte er «*Gute Nackt*», worüber alle lachten. Solches Missgeschick liess seine Nervosität bei künftigen Besuchen natürlich nicht geringer werden.

Ausser dem engsten Familienkreis und einem italienischen Onkel mit Familie und einem Cousin mit Familie lebt die ganze Verwandtschaft in Europa. Wir wuchsen auf, ohne unsere Grosseltern wirklich zu kennen. Ich hatte sie zum ersten Mal gesehen, als ich zweieinhalb Jahre alt war, wir besuchten sie aber erst sechs Jahre später wieder. Ich erinnere mich noch gut, wie ich als siebenjähriges Mädchen versuchte, mir die Namen aller Tanten und Onkel und Cousins in Italien

Rita Massaro-Öhri mit ihrem Mann Eduardo Franco Massaro vor ihrem Haus in New Fairfield

und Liechtenstein zu merken. Wiederholt bat ich Mutter, mir die Namen aller nach Alter geordnet aufzuzählen, bis ich sie mir merken konnte. Vater stammte aus einer Familie mit zwölf, Mutter aus einer mit sechs Kindern. So war es gar keine leichte Aufgabe für eine Siebenjährige, sich alle Namen zu merken. Aber ich wollte so viel wie möglich über meine Verwandten wissen, bevor ich sie kennenlernte.

All diese Leute waren Fremde, aber sie umarmten und küssten mich, sobald wir eintrafen. Die Liechtensteiner Verwandten waren etwas reservierter und zurückhaltender als die Italiener in der Familie. Ich konnte mich mit ihnen nicht unterhalten, und Mutter wurde andauernd mit Fragen und Antworten überhäuft, die sie für alle zu übersetzen hatte. Wenn der Liechtensteiner Teil der Familie auch etwas kühler wirken mochte, so quollen ihnen doch Tränen in die Augen, wenn es Zeit wurde, Abschied zu nehmen. Dies bedeutete uns genauso viel wie all die Zuneigung und Zärtlichkeit, mit der wir in Italien überschüttet wurden. Mutter erklärte uns Mädchen: Sie fühlen nicht weniger, sie zeigen's nur weniger.

So gewöhnten wir uns daran, mit kulturellen Unterschieden umzugehen. Meine Schwester und ich wuchsen auf mit zwei Kulturen unter einem Dach und noch einer draussen vor der Tür. Vater kochte *pasta asciutta* und Mutter Knöpfli mit Apfelmus. Beide Eltern haben einen starken Akzent, wenn sie englisch sprechen. Vater hatte sein liebe Mühe mit Englisch seit dem Tag, an dem er 1961 in New York ankam. Weil er Besitzer und Geschäftsführer eines beliebten italienischen Restaurants ist, gelang es ihm stets auszukommen, ohne sich um seine bescheidenen Englischkenntnisse Sorgen machen zu müssen. Mutter dagegen fiel es leicht, Sprachen zu erlernen. Sie perfektionierte ihr Italienisch, um sich mit ihrem Mann zu unterhalten, und lernte Englisch soweit, dass sie ihren Töchtern bei den Schulaufsätzen helfen konnte. Allerdings scheute sie sich damals, etwa jemanden nach dem Weg zu fragen oder zu Hause das Telefon abzunehmen. Englisch zu reden, das delegierte sie lange Zeit lieber an ihre Töchter. Ich glaube, diese Erfahrung hat uns Kinder früh selbständig gemacht.

Manchmal bekomme ich einen Eindruck von der Frau, die ihre Familie und ihr Land für ein Leben in Amerika zurückliess. Noch heute kommt es hin und wieder zu einem Wortgefecht zwischen Mutter und mir, wenn sie mich in Manhattan besuchen will. Sie fährt nie selbst, sondern immer mit dem Zug oder Bus. Sie behauptet, es sei zu gefährlich, selbst zu fahren, der Verkehr in Manhattan sei verrückt. Ich widerspreche ihr immer wieder mit der gleichen ungläubigen Bemerkung: «*Das sagt die gleiche Frau, die vor gut dreissig Jahren mit zwei Koffern in den Händen ein Schiff bestieg, die kein Englisch sprach und lediglich wusste, dass eine Frau in einem roten Mantel ihr bei der Ankunft in New York mit einer Zeitung zuwinken würde.*»

Rita Öhri aus Ruggell kam 1965 in den Staaten an. Sie war gerade 23 Jahre alt. Ich höre immer wieder gerne ihre Geschichte, wie ihr Cousin ursprünglich die Idee hatte, nach Amerika zu fahren, aber schliesslich sie diejenige war, die sich alleine auf einer fünftägigen Überfahrt auf der «Queen Mary» wiederfand. Eine jüdische Familie hatte sie als Kindermädchen *(Swiss Nanny)* angeheuert.

Ihre Wanderlust war wohl schon früher zu Tage gekommen. Sie verabschiedete sich von Ruggell, als sie erst 15 Jahre alt war. Frisch aus der Schule, wollte sie Französisch lernen und keine Lehre machen wie all die andern. Obwohl Rita eine schöne und friedliche Kindheit auf dem Bauernhof der Eltern verbracht hatte, zog es sie trotzdem in die Fremde. Es war nicht einfach, erklärt Rita ihre Wanderlust heute, die Eltern, Geschwister und den Heimatort Ruggell zu verlassen, aber der Drang nach dem Fremden und Neuen war stärker. Sie besorgte sich die Zeitschrift einer katholischen Stellenvermittlungsagentur und fand eine *Au-pair*-Stelle in Delémont in der Westschweiz. Das war ziemlich unerhört für ein streng erzogenes Mädchen im Liechtenstein der fünfziger Jahre.

Ein Jahr lang lernte sie Französisch. Dann fand sie, es wäre an der Zeit, ihre Lieblingssprache, Italienisch, zu erlernen, und suchte sich über die gleiche Stellenvermittlung eine Stelle in Lugano. Die Wahl war nicht sehr glücklich getroffen. Die Familie, deren Kinder sie zu betreuen hatte, sprach ständig Schweizerdeutsch, so dass sie kaum die Möglichkeit hatte, Italienisch zu lernen. Zu schüchtern und unerfahren, um sich im Tessin eine andere Familie zu suchen, zog sie frustriert nach Liechtenstein zurück. Sie nahm eine Stelle in Liechtenstein an, war aber nicht zufrieden. Sie fühlte auch nach wie vor den Wunsch, wegzuziehen und unabhängig zu sein. Sie wollte das Leben ausserhalb Ruggells und Liechtensteins kennenlernen. So zog sie nach Olten (Solothurn), wo sie eineinhalb Jahre in einem Lebensmittelgeschäft arbeitete. 1960 trat sie eine Stelle in einer Molkerei und einem Delikatessengeschäft in Zürich-Seebach an. Diese Stelle gefiel ihr sehr gut, nicht zuletzt, weil sie wieder Italienisch lernen konnte, da viele Kunden Italiener waren. Sie blieb fünf Jahre.

Ich würde viel darum geben, wenn ich das Gesicht der Grosseltern sehen könnte, als ihnen ihre Jüngste eröffnete, dass Zürich zu wenig weit fort war und dass sie über den Atlantik nach Amerika ziehen werde. Noch dazu bekam sie das Visum so schnell, dass sie nicht einmal mehr Zeit hatte, Englisch zu lernen. In der Schule war es nicht unterrichtet worden; für sie tönte es, als hätten die Leute Kartoffeln im Mund. (Das sagt sie uns immer wieder, wenn meine Schwester oder ich sie wegen ihrem Akzent hochnehmen.) Aber die bevorstehenden sprachlichen Hürden schreckten sie nicht.

Als sie dastand, in New York, die Skyline von Manhattan vor und die «Queen Mary» hinter sich, da habe sie einen Moment lang Angst gehabt. Sie fand die Frau im roten Mantel und mit der Zeitung in der Hand. Mit ihr bestieg sie ein Auto und fuhr in ihr neues Heim in Forest Hills, Queens. Die Frau bemühte sich, sich mit Mutter auf Yiddisch zu verständigen. Glücklicherweise sprach aber ihr Ehemann ein wenig Deutsch.

Rita sorgte für die drei kleinen Söhne und den Boston Bull Terrier der Familie. Die Familie stellte ihr neues Kindermädchen immer als *«deutschsprachig, aber keine Deutsche»* vor.

Eines wollte Mutter unbedingt in ihrem Vertrag festgehalten haben: Sie wolle jeden Sonntag in die Kirche gehen können. Die jüdische Familie respektierte diesen Wunsch nicht nur, sondern vergewisserte sich auch immer, dass eine katholische Kirche erreichbar war, wenn die ganze Familie einen Monat in die Ferien fuhr. Die Messe besuchen zu können, war wohl Mutters Verbindung mit der Heimat. Etwas vom Härtesten, mit dem sie sich am Anfang abzufinden hatte, war es deshalb, dass die Messe ab 1965 nicht mehr in Latein, sondern in der Landessprache gefeiert wurde.

Aber sie mochte die Familie. Der jüngste Sohn las ihr aus Kinderbüchern vor, und so begann sie schnell, die englische Sprache aufzunehmen. 1965 fand in New York auch eine Weltausstellung statt. Mutter hatte einen Onkel, der in Pennsylvania lebte. Er fuhr vier Stunden, holte Mutter ab und besuchte mit ihr die Weltausstellung. Sie hatte diesen Onkel noch nie vorher getroffen, erinnert sich aber noch heute daran, wie sie sich freute, dass sie Ruggeller Dialekt mit ihm sprechen konnte. Es war ihr eine grosse Hilfe zu wissen, dass sie im neuen Land einen Verwandten hatte, der nicht allzu weit entfernt war.

Mutter lernte auch andere *Swiss Nannies* kennen, die in New York arbeiteten. Ab 1966 besuchte sie immer öfter das Lokal «Lorelei» an der *East Side* von Manhattan. «Lorelei» war damals ein beliebter Treffpunkt für alle «versetzten» Europäer, die hier ihre Wurzeln pflegten: Schweizer, Deutsche, Schweden, Italiener und Rita als einzige Liechtensteinerin trafen sich hier zu Dinner und Tanz. Hier tritt nun Vater zum ersten Mal auf den Plan: Franco Massaro hatte eine Vorliebe für *Swiss Girls*, ähnlich wie Mutter eine Schwäche für Italiener hatte. Mutter sagt, er habe immer an einem reservierten Tische in einer Gruppe von Italienern gesessen. Eduardo Franco und Rita «gingen miteinander» und heirateten schliesslich im September 1968.

Vater war 1961 im Alter von 32 Jahren eingewandert – ohne auch nur ein Wort Englisch zu können. Als seine Familie beschloss, von Sizilien nach Norditalien zu ziehen, entschied sich Franco für Amerika. Für ihn war es in der Neuen Welt viel schwieriger als für Mutter. Er vermisste seine Familie sehr, hatte Heimweh und geriet zu all dem noch an Leute, die Einwanderer übers Ohr hauten. Er wohnte bei einer Familie aus seinem Heimatdorf in Sizilien und arbeitete zuerst auf dem Bau und dann in einer Pizzeria. 1968 eröffnete er zusammen mit einem *paesano* sein erstes Restaurant in Connecticut. Es war der amerikanische Traum – etwas, was ihm wohl nie möglich gewesen wäre, wäre er in Italien geblieben. 1973 eröffnete er das Restaurant «Venice» in Ridgefield (Connecticut), das er nun seit 25 Jahren erfolgreich führt. Mutter wohnte die erste Zeit noch in der Bronx und arbeitete in Manhattan. Vater kam jede Woche eineinhalb Tage zu Besuch. Kurz bevor ich im September 1969 geboren wurde, zog auch Mutter nach Connecticut.

Die An- (oder Rück-?)ziehungskraft Europas blieb in all den Jahren stark. Die Familienangehörigen in Europa wollten immer, dass wir zurückkehren. Eine gewisse Zeit spielten die Eltern auch mit dem Gedanken, in Como oder Lugano ein zweites Domizil einzurichten: Auf halbem Weg zwischen den Verwandten in Liechtenstein und Italien. Letztes Jahr nun erwarben sie ein Appartement in Turin, wo sie künftig sechs Monate im Jahr leben wollen. Heute ist es Mutter, die zögert, an einem neuen Ort zu wohnen. So ändert sich das mit der Wanderlust und dem Heimweh.

Und meine eigene Wanderlust? Noch habe ich keinen Platz gefunden, wo ich hingehöre. Ich bin weder zu hundert Prozent Amerikanerin, noch Liechtensteinerin noch Italienerin. Dank meiner Eltern bezeichne ich mich am liebsten als Weltbürgerin.

Gabriella Massaro, die Tochter von Rita und Eduardo Franco Massaro-Öhri, arbeitet bei der italienischen Nachrichtenagentur ANSA in New York City

Walter Meier
Chicago (Illinois)

«Ich musste mich mit Händen und Füssen unterhalten»

In den Jahren 1950/51 war nicht viel los in Liechtenstein. Ich wollte mehr von der Welt sehen. Dann hatte ich Gelegenheit, einen Sponsor (Bürgen) für Amerika zu bekommen, den ich zwei Jahre davor in den Ferien im Tessin kennengelernt hatte.

Am 11. November 1951 kam ich in Baltimore an. In New York, meinem ursprünglichen Ziel, wurde gestreikt, so dass unser Schiff eben Baltimore anlief. Die elftägige Überfahrt war sehr stürmisch. Siebzig Prozent der Passagiere und Mannschaft waren seekrank. Ich fühlte mich sehr gut mit der Hilfe von holländischem Gin.

New York war eine interessante und eindrucksvolle Stadt. Zwei Wochen blieb ich dort, um alle Wunder anzusehen, und dann reiste ich per Zug nach Chicago. Mein Sponsor war ein Professor an der Universität in Chicago.

Meine Schulenglischkenntnisse waren sehr gering, und ich musste mich mit Händen und Füssen unterhalten. Ich wollte aber nur zwei oder drei Jahre in Amerika verbringen und dann wieder nach Hause zurückkehren. Nach einem Jahr lernte ich meine Frau kennen. Wir heirateten ein Jahr danach. 1954 kam ich mit Frau und Kind wieder nach Liechtenstein. Ich arbeitete ein Jahr lang in der Presta in Eschen.

Meine Frau fand es aber sehr schwer, sich auf die Verhältnisse im alten Liechtenstein umzustellen. Alles war zu altmodisch und zu primitiv. Nichts war wie in Amerika: kein Fernseher, keine Papierwindeln, keine vorpräparierte Kinderkost und kein Kartenspielen am Sonntag nach der Kirche.

In Chicago fand ich Arbeit im Versuchszentrum der Universität. Es war gerade gegen das Ende des Manhattan-Projekts. Das war natürlich hochinteressant für mich als Feinmechaniker. Ich hatte Gelegenheit, zu arbeiten und mein Ingenieurstudium voranzutreiben. Nach sieben Jahren an der Universität hatten zwei Ingenieure und ich eine kleine Versuchsanstalt gegründet, um Strahlungsmessgeräte zu bauen, die noch nicht auf dem Markt waren. Wir sind noch heute an der Spitze in der Entwicklung und Produktion von automatischen Geräten für die Messung von Alpha,- Beta- und Gammastrahlen.

Der Amerikaner ist im grossen Ganzen sehr grosszügig und hilfsbereit. Nicht so engstirnig und knauserig, wie ich damals war. Die Assimilation ist mir sehr leicht gefallen, nachdem ich mit der Sprache zu Gange gekommen war. Ich fühle mich als ein richtiger Amerikaner, obwohl ich im Herzen immer noch ein bisschen Nendler bin. Ich besuche das Land fast jährlich, und es wird immer meine Heimat sein.

Hier in Palos Park wohnen wir wie im Urwald, dreissig Meilen von Chicago entfernt. Das Haus ist ganz vom Wald eingeschlossen und von einem Bach umflossen. Wir füttern eine ganze Menagerie: Hirsche, Hasen, Füchse, Opossums, Waschbären, Schildkröten, Otter, Biber und Dutzende von Vogelarten – es ist ein Naturparadies.

«In Kanada war ich ein anderer Mensch als hier»

Ein Gespräch mit der Rückwanderin Rita McLean-Sele

Rita McLean sah eigentlich keinen Sinn darin, ihre Geschichte in ein Buch über Auswanderer aufzunehmen. Sie sei ja nicht mehr fort, und wie die meisten, die nach dem Zweiten Weltkrieg Liechtenstein verlassen haben, sah sie sich selbst nie bewusst als Auswanderin. Bei ihr traf das typische – mittlerweile fast klischeehafte – Motiv, *«es in Amerika zu etwas bringen zu wollen»*, nicht mehr zu, wirtschaftliche Beweggründe werden von den Emigranten der letzten Jahrzehnte keine mehr angeführt. Gerade weil äussere Umstände wie Arbeitslosigkeit oder wirtschaftliche Not heute nicht mehr ausschlaggebend sind, sind Berichte wie jener von Rita McLean aufschlussreich. Sie geben einen Einblick in eher persönliche Motive, die statistisch oder wissenschaftlich schwierig zu fassen sind. Die Auswanderung ist stärker als eine innere Erfahrung erkennbar.

Rita Sele war gerade 21 Jahre alt geworden, eigentlich lief alles ganz gut in ihrem Leben, *«aber es het mir eifach nid so rächt passet.»* Nach abgeschlossener Ausbildung überkam sie die Abenteuerlust. Die Nase voll hatte sie vom ewig gleichen Stallgeruch – aber das würde sie nicht so sagen, auch wenn es damals so war. Sie ist doch eine echte Bergerin und auch gerne.

Zur schwelenden, vielleicht altersbedingten Rastlosigkeit kam dann noch Liebeskummer hinzu, was ihr endgültig den Anstoss gab: *«Einfach fort han ich wella.»* Sie meldete sich in Florenz in eine Kunstgewerbeschule an, irgendwie platzte aber dieses Vorhaben. Dann las sie in einer Zeitung, in Toronto seien noch *Au-pair*-Stellen zu haben.

So eine Stelle bekam sie. Rita freute sich *«usinnig»* auf Toronto (Kanada). Sie wähnte sich schon dort, als sie noch in Triesenberg war. Tatsächlich reiste sie über Toronto ein, der Vater der Familie, in der sie als *Nanny* (Kindermädchen) angestellt sein würde, holte sie ab, als sie das Einwanderungsprozedere hinter sich gebracht hatte.

Aber die Familie wohnte in Montréal (Québec). Die Adresse in Toronto war fiktiv, weil es für Kanadier in der Provinz Québec schwieriger sei, Bewilligungen für ausländische Arbeitskräfte zu bekommen als in der Provinz Ontario. Das fängt ja gut an, dachte sich Rita. Von Anfang an nicht das, was sie erwartet und worauf sie sich gefreut hatte. Rita hatte dann aber die Möglichkeit, zwei oder drei Mal Toronto zu besuchen. Wie froh war sie, in Montréal gelandet zu sein. Toronto fand sie eigentlich viel zu englisch, etwas trocken und spröde, nichts als *business,* so kam es ihr wenigstens vor. In Montréal dagegen herrschte eine ganz angenehm französisch beeinflusste Atmosphäre. *«Montréal ist eine richtig lebendige Stadt»,* schwärmt sie.

Rita war in zwei Familien als *Nanny* tätig. Unvorhergesehen teilte die zweite Gastfamilie mit, man werde nach England umziehen. Ob sie mit wolle, wurde Rita gefragt. Nach England wollte sie jedoch zu diesem Zeitpunkt nicht. Aber nach Liechtenstein zurückzufliegen, dazu entschloss sie sich kurzerhand, als sie ein günstiges Flugticket angeboten bekam. So ergab es sich, dass Rita nach gut eineinhalb Jahren in Montréal wieder nach Triesenberg zurückzog.

Doch Liechtenstein verleidete ihr rasch wieder. So schnell hatte sich die Abenteuerlust nun doch nicht ausleben lassen. *«Es war mir damals einfach zu langweilig hier»,* sagt sie heute. Nach etwa sechs Monaten packte sie wieder ihre Sachen und kehrte nach Kanada zurück – wiederum als *Nanny.* Doch die dritte Familie war ein *Au-pair-*Alptraum. Die Eltern standen in Scheidung, Mann und Frau gingen beide jeden Abend aus, und den ganzen Tag über herrschte dicke Luft. Zuerst erkannte Rita hier ihre Chance. Sie wollte dieser Familie, vor allem den Kindern, helfen. Aber die Situation war zu verfahren, Rita geriet zwischen die Fronten. Da war es gescheiter, sie suchte sich etwas Neues. *«Nur keine Familie mehr»,* erwähnte sie gegenüber einem vietnamesischen Freund. *«Er fand eine Lösung. Sein Bruder hatte ein Computergeschäft und Kinder. Also stellte er mich zwar als* Nanny *ein, ich konnte aber im Computerladen arbeiten. Das war eine wirklich gute Zeit. Ich hatte jeden Tag das Gefühl, ich könne etwas Neues dazulernen.»*

Nachdem Rita zwei Jahre als *Nanny* registriert gewesen war, hatte sie Anrecht auf die Niederlassung, die sie auch prompt bekam. Nun musste sie nicht mehr als *Au-pair-*Mädchen arbeiten. Sie fand eine Stelle im Stahl-Import-Export-Handel, wo sie erstmals mehr auf Englisch als Französisch kommunizieren musste. Nach etwa zwei Jahren ging diese Firma in Konkurs. Zufällig meldete sich zu dieser Zeit «ihre» erste Familie und vermittelte ihr sofort eine neue Anstellung in einer Feingiesserei, in der jemand gesucht wurde, der Englisch, Französisch und Deutsch beherrschte.

Nachdem sie drei Jahre in Kanada gelebt hatte, konnte Rita um die kanadische Staatsbürgerschaft ansuchen. In relativ kurzer Zeit bekam sie ihren kanadischen Pass. Sie blieb weitere fünf Jahre in Kanada.

Während all der insgesamt acht Jahre in Montréal ging es Rita ausgezeichnet. Sie verdiente zwar an keiner Stelle sehr viel und wohnte eher bescheiden, genoss aber ihr freies Leben in vollen Zügen. Alles war perfekt. Was zählte, war nicht ihr Arbeitsplatz, ihre berufliche Laufbahn. Flexibilität und Spontaneität prägten ihr Leben. Nach ihrem ersten Besuch in Liechtenstein vertröstete Rita ihre Eltern stets aufs Neue, sie komme im folgenden Jahr nach Hause. Immer wieder schob

Rita McLean-Sele und ihre Kinder Dylan und Samantha

sie die Rückkehr aufs nächste Jahr hinaus, denn die Entscheidung, wo denn nun ihr Zuhause war, fiel ihr schwer. Schliesslich fasste sie im Frühjahr 1992 den Entschluss, nach Liechtenstein zurückzukehren. Die Stelle in der Feingiesserei kündigte sie nur ungern – ihre Arbeit gefiel ihr jeden Tag. Als sie aber im Sommer feststellte, dass sie schwanger war, wurde sie in ihrem Entscheid, nach Liechtenstein zurückzukehren, bestärkt.

Seit November 1992 ist Rita wieder in Triesenberg. Ihr Partner zog ebenfalls nach Liechtenstein, die beiden heirateten. Zwei Kinder, Samantha und ein Jahr später Dylan, wurden geboren. Doch die Ehe hielt nicht. Heute lebt Rita McLean als alleinerziehende Mutter in Steg.

«Es ist gut möglich, dass ich nicht hier wäre, wenn ich alleine wär», sagt Rita. Aber der Lebensabschnitt, in dem sie frei und sorglos annehmen oder abweisen konnte, was auf sie zukam, ist vorbei. *«Ich denke gerne an meine acht Jahre in Kanada und vermisse manchmal diese Zeit. Das Leben schien mir dort offener, freier.»* Dabei räumt Rita sofort ein, dass sie ja doch auch aus diesem, dem landesüblichen Holz geschnitzt sei. Sie könne niemanden etwas vorwerfen, denn was sie bemängle, treffe eigentlich auch auf sie zu. Sie sei hier halt auch weniger offen, etwas schüchtern und zurückhaltend. *«In Kanada war ich ein anderer Mensch als hier»*, bringt es Rita auf den Punkt.

«Für mich hab' ich's einfach machen müssen.» Es habe ihr gut getan, im Ausland zu leben. Sie sei toleranter geworden (obwohl sie hier, wie gesagt, nicht ganz so aufgeschlossen sei wie in Kanada), und es sei eine gute Erfahrung gewesen, eine Zeitlang einfacher zu leben. Liechtenstein sei ein sehr materialistisches Land: *«Die Leute legen viel Wert auf materielle Dinge, sind aber häufig unzufriedener als Leute, die viel bescheidener leben müssen.»* So komme es ihr wenigstens vor. *«Die meisten meiner kanadischen Freunde beispielsweise haben von ihrem eigenen Land noch nicht so viel gesehen wie die Liechtensteiner, die zu Besuch kamen»*, merkt Rita nachdenklich an.

Sie hat – nachdem ihre Wanderlust nachgelassen und sie das Reisen gedrosselt hat – mittlerweile begonnen, auf andere Art neue Gebiete zu erkunden. So hat sie beispielsweise vor kurzem das Schweissen entdeckt. Mit Metall versucht sie, an die Grenzen ihrer Kreativität vorzustossen. Auf die eine oder andere Art bleibt ein wanderlustiger Geist eben doch in Bewegung. Um dem Stillstand entgegenzuwirken, braucht man sich nicht unbedingt fortzubewegen.

Interview und Text: Pio Schurti

Permanent Alien

Rainer Nägele
Baltimore (Maryland)

Es war in einem Verwaltungsbüro der Universität. Auf die Routinefrage nach meinem Visum sagte ich unbedacht und schnell *Permanent Alien*. Noch während ich mich das sagen hörte, wusste ich, dass das nicht der richtige Ausdruck war. Aber da war es schon gesagt. Das Wort stand im Raum vor mir, es hatte sich herausgestellt und grinste mich sozusagen an. Das Wort grinst, steht bei einem Autor zu lesen, dessen Art des Schreibens und Denkens mich immer wieder anzieht. Nicht irgendein Wort, sondern jenes nur, das von allem Meinen befreit, als Wortskelett sozusagen, dasteht, wie es sich herausgestellt hat, wie es manchmal vor Kindern erscheint, wenn sie ein Wort permanent wiederholen, bis es von aller Bedeutung befreit als reines Wort, als blosser Klang eigentümlich fremd in den Ohren rauscht. Das Wort, das so leicht und vertraut auf unserer Zunge liegt, erscheint dann plötzlich ganz fremd. Das permanent Fremde, mit dem wir leben.

So ereignet sich manchmal ein Wahres. Es stellt sich heraus, sagt man. Es entfährt einem ein Wort, und man erfährt etwas über sich und die Welt.

Es hätte natürlich richtig heissen sollen: *Permanent Resident*; denn ich hatte ja lange schon jene vielbegehrte *Green Card*, die aus dem Auswanderer einen Einwanderer macht, zum permanenten Wohnen und sich Niederlassen im gelobten Land berechtigt. Die Karte ist zwar schon lange nicht mehr grün, aber sie hat den Namen umgangssprachlich beibehalten: *the Green Card*. Obwohl die Farbe nicht auf der amerikanischen Flagge zu sehen ist, scheint das Grün doch eigentümlich das Land zu kolorieren oder zumindest jene Scheine, die im Lande zu wohnen erlauben und leben lassen. Die französische Zeitung «Le Monde» schreibt im Wirtschaftsteil immer noch wie selbstverständlich vom Kurs des *Billet Vert*, dem grünen Schein, der den Dollar darstellt.

Es war dieser grüne Schein, der immer wieder zum Aus- und Einwandern lockte, der als Farbe der Hoffnung die Tag- und Nachtträume von Generationen von Auswanderern färbte. Manche gewiss verliessen ihr Land als Verfolgte und kamen und kommen immer noch als politische Flüchtlinge; noch mehr aber getrieben von Hoffnungen auf ein besseres Leben. Das trifft wohl auch auf die meisten Liechtensteiner Auswanderer zu: Nicht politische Verfolgung trieb sie weg, nicht als politische Flüchtlinge kamen sie an, sondern als Wirtschaftsflüchtlinge. Das wäre zu erinnern, wenn heute in den inzwischen reich gewordenen europäischen Ländern, auch in Liechtenstein, das Wort mit moralisierender Selbstgerechtigkeit stigmatisiert wird und Wirtschaftsflüchtlinge als moralisch minderwertig ausgegrenzt werden.

Auswandern: Ich stelle mir vor, dass das einen andern Klang hatte im 19. Jahrhundert, und noch vor einigen Jahrzehnten vielleicht. Noch jetzt, scheint mir, haftet dem Wort etwas Endgültiges an, etwas, das ich kaum auf mich anwenden kann. Und doch stellte ich vor zwei Jahren mit einem kleinen Schock fest, dass ich genau die Hälfte meiner Lebensjahre in Amerika verbracht hatte, genauer: dort meinen Wohnsitz hatte; verbracht habe ich auch diese zweite Hälfte meines Lebens eher im Hin und Her, im Fort und Da, im eher zunehmenden als abnehmenden Wechsel zwischen den Kontinenten.

Wenn es ein Auswandern war, so war und blieb es ein eigentümlich gleitendes. Fast unbemerkt geschah es, ganz anders als ich mir jene wohl schwerwiegenden Entschlüsse vorstelle, die einzelne und ganze Familien in frühern Zeiten zum Auswandern fassten. Es kam eher auf mich zu, allmählich, Schritt für Schritt. Wo begann es denn? Nicht mit Amerika. Da war zuerst das Internat in der Schweiz, dann das erste Jahr an der Uni in Innsbruck. Aber das waren Studienjahre, Auslandsaufenthalte, um zurückzukehren, wie es schien; von Auswandern keine Rede.

Auch der nächste Schritt schien ganz normale Fortsetzung des Studiengangs mit Auslandsaufenthalt. Innsbruck hatte, wie sich herausstellte, meinen intellektuellen Interessen damals wenig zu bieten. Eines Tages, es war der fünfzigste Todestag des Dichters Georg Trakl, dessen Gedichte und dessen Grab draussen in der Mühlau jenen melancholischen Herbst meines ersten Studiensemesters markierten,

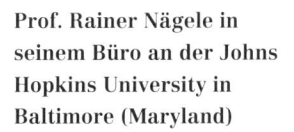

Prof. Rainer Nägele in seinem Büro an der Johns Hopkins University in Baltimore (Maryland)

sprach zur Gedenkfeier ein Göttinger Literaturwissenschaftler in einer Weise, die mich aufhorchen liess. Und schlafwandlerisch, wie fast alle entscheidenden Entschlüsse meines Lebens, geschah der Entschluss, nach Göttingen zu wechseln.

Im nächsten Herbst fand ich mich, kaum weiss ich wie, in Göttingen in einem Studentenwohnheim mit einem amerikanischen Zimmerkollegen aus Kalifornien. Es stellte sich heraus, dass er Teil eines ziemlich grossen Kontingents von Studenten des kalifornischen Universitätssystems war. Eine kleine Gruppe aus diesem Kontingent gehörte bald zu meinem engeren Freundeskreis, freilich auch andere Ausländer, zu denen ich als Liechtensteiner in Göttingen ebenso gehörte, wie meine iranischen, ägyptischen und amerikanischen Freunde, die ich nach und nach bei den wöchentlichen Ausländerabenden der Universität kennenlernte. Vielleicht begann da der Grund für jenen Versprecher: *Permanent Alien.*

Es stellte sich dann heraus, dass es der amerikanische Kreis war, der, was bis dahin eine normale Studienlaufbahn schien, exzentrisch verschob. Im zweiten Jahr verdiente ich etwas Geld als Tutor für die kalifornischen Studenten in der Literaturwissenschaft. So lernte ich auch den Direktor des kalifornischen Programms kennen, und gelegentlich trank man abends ein Bier zusammen. Eines Abends fiel leicht und wie nebenbei die Frage: «*Hätten Sie nicht Lust mal ein Jahr nach Kalifornien zu gehen?*» Ebenso leicht und nebenbei, schlafwandlerisch, meine hingeworfene Gegenfrage als Antwort: «*Warum nicht?*»

Es hätte dabei bleiben können: spielerisch unverbindliche Konversation beim abendlichen Bier. Aber zwei Wochen später kam zu meiner Überraschung und meinem Schrecken ganz ernst die Frage: «*Santa Barbara oder Riverside?*» Mir waren das unbekannte, exotisch klingende Namen. Meine Freunde sagten einstimmig: Santa Barbara, ich nickte, und dann stand ich da mit einem ansehnlichen Pack von Papieren und Formularen.

Da war nun ein neuer Schrecken: Erst jetzt wurde mir klar, dass das ernst war und dass ich kaum Englisch konnte. Im humanistischen Gymnasium hatte ich Latein, Griechisch und Französisch gelernt, aber kein Englisch. Was tun? Mit den Formularen konnten mir zwar meine amerikanischen Freunde helfen, aber irgendwann, und zwar sehr schnell, musste ich ja die Sprache selber lernen. Also in die Buchhandlung. Da kaufte ich das nächstliegende: «Langenscheidts Englisch in 30 Lektionen»; dazu ein Wörterbuch. Es fiel mir auch ein, dass ich vor kurzem in deutscher Übersetzung James Joyces «Porträt des Künstlers als junger Mann» gelesen hatte, das aus mehr als einem Grund zu meiner Lieblingslektüre geworden war. Also kaufte ich gleich auch das englische Original und dazu auch den «Ulysses» vom gleichen Autor auf Englisch und auf Deutsch. Es wäre eigentlich auch gut, bei dieser Gelegenheit ein bisschen Anglistik zu studieren, dachte ich mir und ging ins anglistische Seminar. Dort sagte man mir, man müsse mit Angelsächsisch anfangen. Das war zwar nicht allzu schwer für mich, da es dem Gotischen, das ich aus der Germanistik kannte, ziemlich ähnlich war. Aber als Vorbereitung auf das Leben und Sprechen in Amerika war es so hilfreich wie das Gotische für die tägliche Konversation in Göttingen.

Wie sich dann in jenem Frühjahr und Sommer die praktischen Vorbereitungen und Angelegenheiten regelten, ist merkwürdig aus meinem Gedächtnis ausgelöscht, als wär's im Schlaf geschehen. Schlafwandlerisch begann Amerika Wirklichkeit zu werden. Nur an meine Sprachübungen erinnere ich mich, wie ich jeden Tag eine Lektion durcharbeitete, wie ich dann das ganze Frühjahr und den ganzen Sommer Wort für Wort, Satz für Satz den «Ulysses» von James Joyce durcharbeitete, Vokabeln und Wortspiele, Ausdrücke und Idiome in ein Heft schrieb. Mir schien, ich hatte den richtigen Text gewählt, inszenierte dieser Roman doch das ganze Panorama der englischen Sprache. So dachte ich.

Dann sass ich im späten August in Kloten im Flugzeug. Zum ersten Mal in einem Flugzeug. Mein erster Flug: von Zürich über New York nach Los Angeles. In New York musste ich umsteigen, und das hiess auch durch die Einwanderungsformalitäten und den Zoll gehen. Da sollte ich nun zum ersten Mal mein neu erworbenes Englisch vor der amerikanischen Einwanderungsbehörde unter Beweis stellen. Was ich von dem Beamten hörte, klang sehr anders als das, was ich mir beim Lesen von Langenscheidt und «Ulysses» vorgestellt hatte. Es war mir schlechterdings unverständlich, nicht nur weil die erste Frage eines der wenigen Worte der englischen Sprache enthielt, das im «Ulysses» nicht vorkommt. Die Frage, wie ich erst nachträglich herausfand, lautete: «*Where is your x-ray?*» X-rays, Röntgenbilder, gab es im «Ulysses», der sich an einem Tag im Juni 1906 abspielt, nicht.

Tatsächlich hatte ich ein Röntgenbild mit mir. Aber das war, weil in voller Lebensgrösse meinen Brustkasten durchleuchtend, unten in meinem grossen Koffer. Das war damals noch nötig, um ein Aufenthaltsvisum für die USA zu bekommen. Tuberkulose, Syphilis und Kommunismus waren die gefürchteten Viren, die man fernhalten wollte. Von den ersten beiden war ich durch eine ärztliche Untersuchung in Zürich und durch das Röntgenbild freigesprochen. Aber erst das Röntgenbild finden und überhaupt wissen, dass es darum ging. Eine freundliche Stewardess der Swissair kam mir schliesslich zu Hilfe; ich fand meinen Koffer, fand das Röntgenbild. Aber die erste Konfrontation mit Amerika hatte mich tief deprimiert. Melancholisch wie nur in jenem ersten Universitätsherbst in Innsbruck wanderte ich, mein eigenes Skelett vor mir hertragend, durch den Kennedy-Flughafen in New York. Allegorischer hätte der Eintritt nicht sein können.

Irgendwie fand ich den Anschlussflug nach Los Angeles, und während der fast fünf Stunden quer über den amerikanischen Kontinent ging mir eine erste Ahnung über die riesigen Ausdehnungen dieses Landes auf. Jahre später sollte ich dann diesen Kontinent in Stationen von Kalifornien über den mittleren Westen bis an die Ostküste wieder durchqueren, diesmal auf dem Landweg im Auto, wo die Ausdehnungen, vor allem von Colorado bis Iowa, sich ins Unendliche zu erstrecken schienen.

Aber das war damals im Flugzeug von New York nach Los Angeles noch ferne und vor allem ungeplante Zukunft. Ich war ja nur für ein Jahr nach Kalifornien gekommen. Man hatte mir damals Kalifornien als den exotischsten Teil der USA beschrieben, eine Region, wo einem Mitteleuropäer der Kulturschock sicher sei. So gewarnt und vorbereitet blieb der Schock dann allerdings aus: Anders war es, sehr anders, aber das hatte ich ja erwartet. Der Schock kam später, als ich ein Jahr später noch immer überzeugt, jetzt endgültig zurück-, wenn auch nicht unbedingt heimzukehren, wieder in Europa landete und das früher mehr oder weniger Vertraute dem andern Blick sich fremd und eng und abweisend darbot.

So tauchte ich denn, fast entspannt vor Müdigkeit und in schwebender Erwartung, an jenem späten Augustnachmittag – denn wegen der neunstündigen Zeitdifferenz war es trotz der gut vierzehnstündigen Reise, seit ich mittags von Zürich abgeflogen war, immer noch heller Nachmittag – in die orangefarbene Dunstglocke, die sich über Los Angeles ausbreitete. Der eigentümlich schwere Geruch dieses *Smogs*, vermischt mit dem Aroma von Eukalyptusbäumen und der scharfen Duftmarke eines Stinktiers, eines *Skunks*, der wohl auf dem nahen *Freeway* unter die Räder gekommen war, formten sich zum ersten prägenden Eindruck, als ich aus dem Flughafen hinaustrat. Die Nase, scheint es, ist das schnellste und langsamste Gedächtnisorgan. Sie zuerst registrierte dieses spezifisch südkalifornische Aroma, und sie behielt es am längsten, behält es immer noch; jedesmal, wenn ich jetzt dann und wann wieder in Kalifornien lande, erinnert sie sich sogleich, nicht ohne Nostalgie, als wollte sie mich zum Bleiben verführen, an jenes erste Schnuppern im fremden Land.

So begann ein neues Leben in einem andern Land, unter einem andern Himmel, in einem andern Klima. Und doch begann es eigentümlich fremd vertraut, überraschend unkalifornisch und unamerikanisch. Die erste Woche, ehe ich nach Santa Barbara, meinem eigentlichen Ziel, übersiedelte, wohnte ich im Haus eines meiner kalifornischen Freunde aus Göttingen. Er hatte mich am Flughafen abgeholt und ins Haus seiner Eltern gebracht, eine geräumige Villa oben auf einem Hügel über der Stadt mit weitem Ausblick. Seine Eltern waren deutsche Juden mit ursprünglichem Wohnsitz in einer kleinen Stadt nicht weit von Göttingen. Von dort waren sie Mitte der dreissiger Jahre den Mördern entkommen.

Hier sass ich also im Haus von wirklichen Auswanderern, von politischen Flüchtlingen, die das Glück gehabt hatten, nicht nur der Vernichtung zu entgehen, sondern auch erfolgreich ein neues Leben aufzubauen. Trotz meiner Erfahrungen in New York, trotz meiner Müdigkeit war ich bereit, meine neuerworbenen Englischkenntnisse auszuprobieren und zu üben. Davon war aber keine Rede. Ich wurde emphatisch und herzlich auf Deutsch begrüsst, und es war mir bald klar, dass man hier geradezu mit Heisshunger die Gelegenheit wahrnahm, die Sprache zu sprechen, in der die Gastgeber aufgewachsen und aus der sie vertrieben waren. Und nicht nur die Sprache: Zu meiner Überraschung fand ich mich, kaum hatte man sich zu Tisch gesetzt, in ein Gespräch über Goethe und Faust verwickelt, als ob es nichts Dringenderes zu besprechen gäbe, als könnte ich, der deutsche Literaturwissenschaft studierte, kein kostbareres Geschenk mitbringen als ein Gespräch über deutsche Literatur. In meiner Müdigkeit und Verblüffung wusste ich nicht mehr so recht, war das Wirklichkeit oder Traum.

In den folgenden Tagen lernte ich dann freilich das andere Kalifornien kennen; oder richtiger müsste ich sagen, die anderen Kalifornien. Denn was sich mir da an vielfältigen Eindrücken und Gegensätzen anbot, liess sich unter keinen Hut bringen, davon kann man nur im Plural sprechen: von dem reichen und gepflegten Viertel meiner Gastgeber zu den Slums von Watts, wo im Jahr zuvor verzweifelte Aufstände mit Militärgewalt niedergeschlagen worden waren; von den – meist europäischen – Kulturschätzen der Huntington Library zur Traumkitschwelt von Disneyland. Das alles drängte sich in dieser ersten Woche zusammen und fand erst nach und nach Zeit, sich zu entfalten, ich wage nicht zu sagen: zu ordnen.

Und mitten drin dann manchmal die gespenstische Wiederkehr der alten Welt, gelegentlich mit geradezu maliziösem Humor: Meine Nana vom Wangerberg war in ihrem Leben nie viel gereist, ausser ein paar Mal mit meinen Eltern nach Zürich in den Zoo; und sie hatte auch nicht viel gelesen, ausser ziemlich regelmässig die Missionshefte und Kalender der Kapuziner. Ihre Vorstellung von der Welt war dementsprechend, dass irgendwo bald nach Zürich der Rest der Welt begann, deren Fremde im Namen Afrika sich konzentrierte. Als ich ihr nun eines Tages mitteilte, ich ginge nach Amerika, war sie entsetzt. *«Weisst du, was sie dort essen? Ich habs kürzlich gelesen: Ameisen,*

Heuschrecken, Würmer.» «*Ist schon gut, Nana, mach dir keine Sorgen*» sagte ich lächelnd über die Weltvorstellungen meiner Nana. An einem der ersten Tage meines Aufenthaltes ging man zum *Lunch* in ein Restaurant am Meer. Das meiste auf der Speisekarte war mir unbekannt. Man empfahl mir *Shrimp Salad:* Krevetten-Salat. Ich hatte in meinem Leben noch nie Krevetten gesehen. Dann kam diese Schüssel mit Tomaten und grünem Salat, bedeckt mit rosig-weissen – mein Gott, was war das!? Bilder stiegen in mir auf vom Garten zu Hause, wenn beim Spaten dicke weisse Engerlinge zum Vorschein kamen. Im Schrecken formte sich der Satz: Nana hat doch recht gehabt.

Irgendwie brachte ich es dann doch fertig, die merkwürdigen Dinge zu kosten, zu essen. In der Zwischenzeit sind Krevetten längst zu einer meiner Lieblingsspeisen geworden, die ich oft und mit Genuss auch selber zubereite. Und man muss dazu ja auch keineswegs nach Amerika fahren. Man kann sie und vieles andere ebenso gut in Vaduz oder Balzers oder Trübbach essen. Dass mir dabei gerade Trübbach einfällt, ist nicht nur, weil ich tatsächlich dort vor einiger Zeit Krevetten gegessen habe – das habe ich an vielen andern Orten auch –, sondern es hat damit zu tun, dass der kleine Bahnhof dort Szene eines ersten grossen Abschieds war. Meine Mutter hatte mich noch im Postauto dorthin begleitet, dann stieg ich in den Zug nach St. Gallen ins Internat: damit hat wohl das Auswandern begonnen. Aber eigentlich war und ist es ein Wandern geblieben, wo das Aus und Ein unbestimmt und gleitend geworden ist, ein Wandern von hier nach dort, von dort nach hier: fort – da, immer wieder. Und wer weiss, was fort ist und was da?

Emil Nipp
Calgary (Alberta), Kanada

«Wir sind in Kanada zuhause»

Am 10. Januar 1942 wurde ich in Vaduz im Zöllnerwohnhaus am Rhein geboren. Als ich drei Monate alt war, zogen meine Eltern in das neue Haus Zollstrasse 250, heute Nr. 13. Die Schule besuchte ich in Schaan. Danach war ich als Hilfsarbeiter in Liechtenstein und Feldkirch tätig. Nach dem Krieg habe ich mit kurzem Unterbruch beim Bauernverband im Lagerhaus Schaan gearbeitet. Ich hatte den Führerschein für schwere Motorwagen zum Gütertransport und auch für Taxi, aber kein besonderes Interesse am Waren- und Personentransport. Auch wollte ich nicht beim Bauernverband bleiben. So entschloss ich mich, nach Kanada auszuwandern. Mein eigentliches Ziel war die südliche Westküste Kanadas. In einem Heft von Kümmerli & Frey hatte ich etwas über das dortige Klima gelesen. Es schien meinen Idealvorstellungen zu entsprechen, also wollte ich dorthin.

Nach einigen Reisevorbereitungen ging es am 29. November 1951 an Bord der «SS Homeland» von Hamburg aus nach Halifax, wo ich am 8. Dezember 1951 landete. Der erste Eindruck von Kanada war besser als erwartet. Ich erinnere mich noch genau, im Hafenrestaurant sehr gut und billig gegessen zu haben: Suppe, Rindsbraten, Kartoffeln, Gemüse, Kaffee und Dessert für 55 Cents. Nach einer eineinhalbtägigen Zugfahrt kam ich müde bei meiner Schwester Maria in Montréal an. Den Winter über arbeitete ich dort und fuhr dann im Auto nach Westen. Die Ortstafel von Calgary zeigte an, dass dort damals 125'000 Menschen lebten, heute sind es bereits 800'000. Ich fand sofort Arbeit und war die ersten paar Jahre hauptsächlich in einer Lastwagenreperaturwerkstätte beschäftigt. Weil es mir hier gefiel und ich schon etwas Geld gespart hatte, konnte ich mir im Jahr 1952 zwei schöne Bauplätze am Osthügel kaufen. 1953 heiratete ich die Frau meiner Träume, ich hatte sie auf der Überfahrt kennengelernt.

Am 1. Januar 1954 wurde unsere Tochter Barbara geboren. An ihrem ersten Geburtstag zogen wir in ein älteres Haus, das ich kurz vorher gekauft hatte. Am 7. Juli 1955 kam Sohn Fred zur Welt. Im gleichen Jahr wechselte ich meinen Arbeitgeber. Von nun an war ich Raupenfahrzeug- und Baggerführer. Diese Arbeit gefiel mir besser und auch der Lohn war sehr gut. Im Winter, der hier lang und sehr kalt ist, behielt die Firma nur die drei besten Leute, die als Sattelschlepperchauffeure eingesetzt wurden – ich war einer von ihnen. In dieser Firma konnte ich bleiben, bis sich mein Chef mit Ölbohren verspekuliert hatte: trockenes Loch – Bankrott!

Es war ein trauriger Zufall, dass damals auch meine Familie auseinanderbrach. Meine Frau konnte sehr gut Geld ausgeben und Schulden machen. Sie sagte schliesslich zu Bekannten: «*Bei Emil ist nichts mehr zu holen, ich laufe weg.*» Das tat sie dann auch, und ich liess sie gerne ziehen, denn sie hatte mich bereits um das ganze Vermögen gebracht. Der Streit um die Kinder war beinahe unerträglich. Zum Glück haben mir in diesen schweren Zeiten gute Freunde viel geholfen.

Am 30. Oktober 1958 habe ich bei Con-Force, einer Firma, die Spannbetonelemente für Hoch- und Brückenbau herstellt, als Hilfsarbeiter angefangen. Eigentlich wollte ich nur einen Winter bleiben, bekam dann aber in dieser Zeit zweimal eine Lohnerhöhung und blieb schliesslich 15 Jahre lang in der Abteilung Brückenbau. In meiner Position als Vorarbeiter nahm ich die Gelegenheit wahr, mich weiterzubilden, was mir stets zugute kam. So konnte ich auch zeitweilig den Betriebsleiter unserer Zweigfirma in Lethbridge, das 220 Kilometer südlich von hier liegt, vertreten.

Nach 15 Jahren zog es mich das erste Mal in meine alte Heimat. Der persönliche Kontakt mit meiner Familie und Freunden war mir wichtig, und diesen wollte ich auch weiterpflegen. Heimweh kannte ich zum Glück nicht. Ich weiss noch gut, wie damals mein Vater zu mir sagte: «*Ich weiss, 1951 waren schlechte Zeiten, aber sobald du fort warst, ist es besser geworden.*»

1970 erwarb ich ein Haus mit vier Wohnungen in guter Lage. Diese vermiete ich, denn ich wohne ja auch heute noch in meinem alten Haus. Am 30. Oktober 1973 habe ich meine Arbeit bei der Firma Con-Force aufgegeben. Anschliessend reiste ich mit Tochter Barbara auf Urlaub in die alte Heimat. Es hat ihr so gut gefallen, dass sie später noch öfters Besuche in Liechtenstein machte.

1974 kaufte ich ein neues Vierfamilienhaus und erwarb 1975 einen 50-Prozent-Anteil an einem Komplex mit zwölf Wohnungen. Dieser wurde von Middlesex Holdings Ltd. verwaltet, deren Präsident ich damals war. Nun bot mir die Firma Krüger Concrete Ltd., die Hallen und Lagerhäuser im Elementbausystem herstellte, den Posten als Betriebsleiter an: Jahre zuvor hätte ich die Stelle gerne angenommen, jetzt hatte ich jedoch genügend Arbeit und manchmal auch Ärger mit Middlesex Holdings Ltd.

Vom 15. bis 23. Juni 1986 fand in Tenstrike (Minnesota) ein nordamerikanisches Nipp-Familientreffen statt. Zwei Brüder und ein Cousin meines Vaters waren nämlich schon vor langer Zeit ausgewandert. Ich freute mich darauf, alle ihre Nachkommen einmal kennenzulernen. So fuhr ich am 18. Juni um sechs Uhr morgens los und traf um Mitternacht nach 1'633 Kilometer Fahrt in Bemidji ein. Nun waren es noch vierzig Kilometer bis zur Nipp-Farm. Ich wollte nicht in den Wäldern Minnesotas verlorengehen und übernachtete deshalb in einem Motel. Bei meiner Ankunft auf der Farm wehten die liechtensteinische, die amerikanische und die kanadische Flagge vom Balkon, und zahlreiche Verwandte jeglichen Alters feierten ein grosses Fest.

Das Schweizerische Olympische Komitee hat mich anlässlich der Winterolympiade 1988 gefragt, ob ich als freiwilliger Helfer mitwirken könnte. Da ich Zeit hatte, sagte ich zu. Da wir genug Helfer hatten, konnten wir sogar Beno Huber, den tüchtigen Halbliechtensteiner, an das Deutsche Olympische Komitee ausleihen. Im gleichen Sommer fand auch das nordamerikanische Schweizer-Jodlertreffen statt, bei dem ich mich als Kleinbuschauffeur nützlich machen konnte.

Am 15. August 1995 waren Sohn Fred mit Kindern Laura und Eric sowie Alice (Barbaras Tochter), die gerade ihren 15. Geburtstag feierte, und ich beim grossen Fest in Vaduz. Meine Kinder, Enkelkinder und ich gehen gerne auf Besuch nach Liechtenstein und halten so die Beziehung zu Verwandten, Freunden und Bekannten aufrecht. Auch hier habe ich guten Kontakt zu den Liechtensteinern im Westen und treffe mich regelmässig mit dem Balzner Karl Frick hier in Calgary. Das «Liechtensteiner Vaterland» informiert mich regelmässig über das Geschehen in Liechtenstein.

Alljährlich findet hier ein Schweizer Skirennen statt, seit der Olympiade auf dem Nakiska-Berg, wo damals der Abfahrtslauf gefahren wurde. Seit 1980 war ich nur ein einziges Mal nicht der älteste Teilnehmer. 1995 fuhr ich sehr gut und bekam die Silbermedaille – wir waren allerdings nur zwei Teilnehmer in der Klasse über 65 Jahre.

Im Jahre 1953 besuchte mich Onkel Heinrich und sein Freund Theobald Schierscher aus Longview im Staat Washington. Sie waren vor langer Zeit gemeinsam aus Schaan ausgewandert und sind inzwischen schon gestorben. Damals fragten sie mich, warum ich nicht nach den USA ausgewandert sei, sie hätten selbstverständlich für mich gebürgt. Es waren aber nicht die 5'000 Dollars Sicherheit, die mich davon abgehalten haben, denn das Geld hatte ich. Es war die amerikanische Politik, mit der ich auch heute noch nicht einverstanden bin.

Gesundheitlich geht es mir gut. 1995 unterzog ich mich einer Prostataoperation, die gut verlief. Nach zwei Tagen konnte ich wieder nach Hause gehen. Gelegentlich ist der Blutdruck etwas zu hoch, sonst fehlt mir eigentlich nichts. Die Instandhaltungsarbeiten an meinen Häusern kann ich auch noch selber ausführen. Dachdeckerarbeiten und das Anbringen von Bodenbelägen überlasse ich meinem Sohn Fred, dies ist sein Job.

Ich hoffe, dass ich noch oft in meine alte Heimat Liechtenstein reisen kann, meine Kinder und Enkelkinder aber und auch ich, wir sind in Kanada zu Hause.

«Bin ich wirklich eine Auswanderin?»

Sonhild Rodney-Wanger
Stamford (Connecticut)

Ich war als Mädchen nicht sehr abenteuerlustig. Wenn ich einmal über Nacht fort von zu Hause war, bekam ich Heimweh, wenn ich nicht in meinem eigenen Bett schlafen konnte. Wenn man mir damals vorausgesagt hätte, dass ich einmal Liechtenstein verlassen und mich mit einem Amerikaner verheiraten würde, dann hätte ich wahrscheinlich alles getan, damit es nicht so weit käme. Und doch habe ich, als ich noch in die Realschule ging, einmal in einem Aufsatz geschrieben, dass es mein Wunsch sei, einmal nach Amerika, nach New York zu gehen und die Wolkenkratzer zu sehen. Mein Name stand über diesem Aufsatz, sonst hätte ich ihn nicht als etwas von mir Geschriebenes betrachtet, als ich ihn Jahre später einmal im Estrich fand. Als ich dann aus der Schule war, bot sich zweimal die Gelegenheit, als *Aupair*-Mädchen nach Amerika zu fahren, doch ich konnte meine Angst nicht überwinden.

Mit 19 Jahren zog ich nach Zürich und machte eine Lehre in Säuglingspflege. Anschliessend trat ich jeweils für kurze Zeit – zwischen sechs und zehn Wochen – Stellen an und reiste so zwischen Brüssel und Genf herum. Als sich mir eine Stelle in Barcelona bot, blieb ich neun Monate, denn ich war es müde, immer aus dem Koffer zu leben.

Sonhild Rodney-Wanger mit Ehemann Layne und Töchtern Jennifer und Allison

In Genf hatte ich verschiedene Familien, bei denen ich diente. Als einer der Väter «meiner Babys» aus beruflichen Gründen für zwei Jahre nach New York musste, fragte die Familie mich, ob ich mitkäme. Ich kannte die Leute und fühlte mich wohl bei ihnen. So war das eine grossartige Gelegenheit für mich, nach Amerika zu kommen.

Schon zwei Wochen vorher nahm ich Abschied von zu Hause. Es fiel mir gar nicht schwer. Dann half ich der Familie beim Packen und der grosse Tag kam. Der Flug war lang. Immer wenn ich vorher eine lange Reise gemacht hatte – mit dem Zug –, war es über Nacht gewesen. Ich war dann alleine und schlief. Doch auf dieser Reise war ich verantwortlich für das Wohlsein eines einjährigen Kindes. Das Flugzeug war riesig (eine 747) und gestossen voll. Von da an erschien mir alles riesig. Der Flugplatz, wo wir ankamen, die Distanzen, die Autobahnen und auch die meisten Autos. Ich war überwältigt.

Wir kamen zu diesem Bungalow inmitten eines Waldes mit Aussicht aufs Meer. Der Privatstrand war nur etwa fünfzig Meter vom Haus entfernt. Mein Bett war auch doppelt so gross wie meines zu Hause, mit einem Baldachin. Auch der Kleiderschrank war so gross, dass man hineinstehen konnte. Ich habe dann aber später erfahren, dass nicht alle Häuser so grosszügig gebaut sind.

Ich fühlte mich bald zuhause. Meine Leute mussten sich ja auch zuerst zurechtfinden. So fuhren wir jedes Wochenende irgendwohin, wir gingen oft zusammen einkaufen. Bald waren wir mit Macy's, Bloomingdale's, Sears und all den andern grossen Geschäften gut vertraut. An meinen freien Tagen hatte ich das Auto zur Verfügung, ein riesiger Buick Kombiwagen. Alles darin war automatisch, Fenster, Verriegelung der Türen, Sitzverstellung, und das Auto hatte natürlich auch eine Klimaanlage. Ich fuhr oft in der Gegend herum, verirrte mich manchmal, doch ich fand mich bald wieder zurecht. So sah ich dann viele neue Orte, ohne dass ich es geplant hätte.

Wir waren im November angekommen, sodass wir zunächst von der Klimaanlage keinen Gebrauch machen mussten, doch im Sommer lernten wir dann, dass man ohne kaum auskommen kann. Da wir das Haus nicht total gekühlt hatten, fuhren wir oft aus, nur um nicht leiden zu müssen in der feuchten Hitze. Es schien mir alles übertrieben, selbst wenn ein Unwetter kam, war es nicht wie bei uns. Es war zehnmal stärker und richtete grosse Schäden an. Wir hatten in dieser Zeit einen Eissturm, die Bäume waren wie in Glas gehüllt, und für drei oder vier Tage hatten wir keinen Strom. Zum Glück konnten wir bei Bekannten in der Nähe wohnen.

Ich lernte auch die Leute in der Nachbarschaft kennen, mir schien, es waren auffallend freundliche Leute. Man kam sehr leicht ins Gespräch, und wenn man sich das zweite Mal traf, wurde man wie eine alte Bekannte begrüsst. Ich wurde Mitglied des Kirchenchors und auch da wurde ich sehr freundlich aufgenommen. Noch heute habe ich Bekanntschaften aus dieser Zeit (zwanzig Jahre später). Im Vergleich zu Liechtenstein fand ich, dass es hier viel leichter ist, Anschluss zu finden.

In meinem ersten Sommer in Amerika kam meine Mutter mich besuchen. Sie kam dann im Frühling des nächsten Jahres noch einmal zu Besuch. Für diesen Aufenthalt hatten wir eine dreiwöchige Bustour geplant. Wir fingen in Stamford an und reisten über New York, nach Washington D.C., in den Süden und dann nach Kalifornien, an dessen Küste hinauf und dann über Utah nach Cleveland, zu den Niagarafällen, hinunter nach Boston und wieder zurück nach Stamford. Wir sahen die Vielfalt des riesigen Landes: Wasser, Berge, Wüste, Wälder, alles wunderbar. Ich war sehr glücklich, diese Gelegenheit mit meiner Mutter zu teilen, die davon auch noch lange schwärmte.

Gegen Ende der zwei Jahre, die ich mit der Familie hier war, traf ich einen netten Mann, Layne Rodney, auf einer Party. Ich liess ihn wissen, dass ich nur noch ein paar Monate in Amerika sein würde und dass ich dann nach Europa zurückkehren würde. Ich hatte, obwohl ich zwei gute Jahre erlebt hatte, nicht den Wunsch, wieder nach den USA zurückzukommen.

Wir trafen uns aber regelmässig. Ich hatte auch ein paar *Au-pair-*Mädchen aus der Schweiz kennengelernt. In der Gruppe unternahmen wir allerhand. Die andern Mädchen hatten auch amerikanische *Boyfriends,* und als es soweit war, wieder nach nach Hause zurückzukehren, luden wir die Männer ein, uns in der Schweiz beziehungsweise in Liechtenstein zu besuchen. Sie kamen dann auch im darauffolgenden Herbst. Nachher hatten wir brieflich und telefonisch Kontakt.

Ich wollte den Kontakt mit Layne abbrechen, denn ich fand, das sei besser. Ich war damals noch immer bei der Familie in Genf. Sie hatte ein Haus bei Verbier gemietet. An einem schönen Tag – ich kam grad von draussen in das Haus – klingelte das Telefon: Es war mein Freund aus Amerika. Von meinem Boss, der die Woche über in Genf war, hatte er die Telefonnummer erfahren. Am Ende dieser Skiferien würde ich die Familie verlassen, Layne wollte noch einmal zu Besuch kommen. Und ich hatte nichts dagegen. Doch bei mir hatte sich noch nichts geändert, ich wollte nicht mit ihm nach Amerika ziehen. Erst vergingen noch zwei Jahre, bis ich mich dazu entschloss. Meine Mutter, für die ich immer noch das ängstliche Kind war, wollte mich überzeugen, dass ich keinen guten Entschluss getroffen hätte. Sie erzählte mir von allen Sorgen, die sie um mich hatte, doch überzeugte ich sie schliesslich davon, dass ich ja nicht an einen mir ganz fremden Ort gehen würde, dass ich es mir gut und lange überlegt hatte und dass ich doch etwas wagen müsste. Im August 1976 heirateten Layne und ich im Dux Kirchle in Schaan. Laynes Familie kam zur Hochzeit.

Mutter half mir, meine Habseligkeiten in Schachteln zu packen, die ich dann mit einer Speditionsfirma nach Übersee schickte. Ich hatte dabei nie das Gefühl, dass ich auswanderte. Ich freute mich, meinen eigenen Haushalt einrichten zu können. Es schien mir auch nicht, dass ich meine Heimat auf immer verlassen würde. Ich bin nun seit über zwanzig Jahren in Amerika, wir haben unser eigenes Haus, umgebaut nach unseren Bedürfnissen. Wir haben zwei Töchter, Jennifer und Allison.

Wir besuchen Liechtenstein so oft wie möglich und freuen uns sehr, wenn von drüben Besuch zu uns kommt. Da ich das «Liechtensteiner Volksblatt» abonniert habe, weiss ich auch, was im Land geschieht. Ich würde es sehr vermissen, diese Informationsquelle nicht zu haben. Mit der erleichterten Einbürgerung sind jetzt auch unsere Kinder Liechtensteinerinnen, so dass es jetzt noch wichtiger ist, dass sie unseren Dialekt verstehen. Ich spreche oft schaanerisch mit ihnen.

Ich bin noch immer sehr stark mit meiner Heimat verbunden. Ich habe auch Kontakt mit anderen Liechtensteinern in Amerika. (Jennifer wurde in Stamford getauft von einem Priester, dessen Grossvater von Triesenberg ausgewandert war. Allison wurde in Schaan von Pfarrer Friedrich Kaiser getauft.) Ich finde, dass ich Liechtenstein nicht näher wäre, wenn ich zum Beispiel in der Schweiz oder in Österreich lebte. Bin ich wirklich eine Auswanderin?

«Liechtenstein scheint mit warmer Sonne in mein Herz»

Lotte Rogers-Weil
Kent (Ohio)

Die ersten Tage im November 1946 brachten die wohl grösste Veränderung in meinen damals 24 Lebensjahren. Meine Eltern Rudolf und Hedwig Weil und meine jüngere Schwester Hilde und ich verliessen nach elf Jahren unsere zweite Heimat – das schöne Vaduz im Fürstentum Liechtenstein! Wir mussten so viele liebe Freunde und Bekannte zurücklassen, was recht schwer war.

Mein Vater hatte ein Arbeitsverbot von der Schweizer Regierung bekommen, obwohl er zirka dreissig Jahre lang die ganze Reklame für Jelmoli Zürich, die Rheinbrücke in Basel, die Stoffhalle in Bern und andere bearbeitet und geführt hatte. Ich selbst musste ein Schweizer Visum beantragen und um Erlaubnis ansuchen, in Genf den Beruf einer Kinderschwester erlernen zu dürfen. Die Bedingung dafür war, dass ich mich verpflichten musste, niemals in der Schweiz zu arbeiten. Aus diesen Gründen beantragte mein Vater amerikanische Visa für uns, die uns im Herbst 1946 gegeben wurden.

In New York erwarteten uns ein Bruder und eine Schwester meines Vaters und der Bruder meiner Mutter, der uns schon in Liechtenstein finanziell half (er hatte «unser» Haus im Ebenholz gekauft). Dieser Onkel kaufte ein Haus im Vorort der Stadt New York.

Ich musste sofort eine Anstellung bei einer Familie suchen. Die erste Stelle hatte ich bei einer deutschsprechenden Familie, wo ich sehr unglücklich war – deren kleiner Sohn war unglaublich ungezogen, bewarf mich mit Gegenständen usw.

Wie sehr hatte ich Heimweh nach Liechtenstein! Ich sprach kein Englisch – nur ein paar einzelne Worte – und war ziemlich unglücklich in den ersten zwei Jahren in Amerika.

Nach und nach bekam ich bessere Stellungen, meistens bei Familien mit neugeborenen Babys, und ich wurde mehr und mehr von Familien und auch Kinderärzten weiterempfohlen. Die Pflege von Neugeborenen in verschiedenen Stellen dauerte von zwei Wochen bis manchmal drei oder gar sechs Monaten. Die Erfahrungen, bei so vielen Familien zu arbeiten, waren «kunterbunt». Einige Mütter, die schon ein älteres Kind hatten, gaben mir Mut und Hilfe, die englische Sprache zu erlernen. Wir hörten Kinderschallplatten, lasen Kinderbücher mit vielen Bildern, und nach und nach kam das Fernsehen in die Familien, so dass ich viel leichter die Sprache erlernte. Die Arbeit war im allgemeinen sehr hart, nachts musste ich viel mit den Babys auf sein, tagsüber natürlich auch, und dabei die Babywäsche bügeln, die Flasche sterilisieren usw. Ich hatte nur 24 Stunden pro Woche frei, die ich bei meinen Eltern verbrachte. Bei den meisten Stellen wurde ich sehr nett behandelt, bei wenigen schlimmer als man sich's vorstellen könnte. Im ganzen darf ich von mir persönlich sagen, dass die Assimilation mir in den ersten Jahren doch sehr schwergefallen ist.

Erst nachdem ich geheiratet hatte, begann ich wieder, Feiertage zu feiern – besonders nachdem meine Zwillinge geboren waren. Durch Kontakt mit anderen Müttern und Kindern habe ich mich langsam eingelebt. Ich wurde Co-Leiterin von einem *brownie troup* (Bienchen) der Pfadfinderinnen in der grossen Volksschule, die meine Kinder besuchten. Später wurde ich dann auch Führerin von Pfadfinderinnen. Dabei arbeitete ich noch stundenweise bei kleinen Kindern, während meine in der Schule waren. Meine Kinder sind jetzt schon Anfang vierzig.

Nach fünfzig Jahren, die wir jetzt in den Vereinigten Staaten leben, fühle ich mich heute als amerikanische Bürgerin. Besonders in Kent, wohin wir vor 29 Jahren gezogen sind und wo wir so viele Menschen kennen, fühle ich mich daheim.

Nach der sehr traumatischen Ehescheidung und vielen Jahren der Hilfe von einer Therapeutin bin ich nicht mehr so scheu und zurückgezogen. Ich liebe Menschen, Kinder und Tiere. Dennoch fühle ich mich oft sehr einsam, nachdem fast alle Freundinnen und Bekannte von Kent fortgezogen sind. Meine Tochter und ich wohnen zusammen und kommen gut aus. Mein Sohn und seine Familie wohnen in der Nähe von Atlanta, wir sehen uns etwa einmal pro Jahr. Mein älterer Bruder lebt in Vermont, meine Schwester in New Jersey. Wir alle telefonieren wöchentlich miteinander.

Meine besten, lieben und guten Freunde leben in Liechtenstein. Ihre Güte und Fürsorge rührt mich tief, und durch meine drei Besuche in den letzten Jahren fühle ich mich meiner früheren Heimat Liechtenstein wieder so nahe. In Gedanken bin ich wieder oft daheim. Ich habe viele frühere Freunde und Bekannte wiedergefunden, die mich alle mit so viel Liebe umgeben haben und an die ich so oft denke und die ich manchmal anrufe. Liechtenstein scheint mit warmer Sonne in mein Herz.

Anmerkungen zu:
Aline Alber – «Oh, if only I was a man!» Familie und Frauenrolle in der Emigration
Seite 11

1. Quellen zur Geschichte der Familie Alber waren das Tagebuch von Aline Alber sowie mehr als 150 Briefe von und an Aline. Julius Bühler, Oak Lawn (Illinois) hat auf oft abenteuerlichem Weg diesen für eine Familiensoziologie sehr wertvollen Bestand zusammengetragen. Die Briefe fanden sich bei einem Altwarenhändler ebenso wie in von Ratten behausten Schuppen. Für seinen Einsatz möchte ich mich recht herzlich bedanken. Die Briefe waren zum Grossteil in französischer Sprache. Ein kleiner Teil war in Englisch oder Deutsch verfasst. Bei den Übersetzungen halfen Julia Jagschitz und Mag. Albert Rümmele, für deren Geduld ich danke.
2. Aline Alber an Jacques Alber, Wabash, 2. 2. 1889.
3. Ebd.
4. Hämmerle, Markus: Glück in der Fremde? Vorarlberger Auswanderer im 19. Jahrhundert. (Schriftenreihe der Rheticus-Gesellschaft 25), Feldkirch, 1990, S. 136.
5. Reisepass Philipp Alber, Vaduz, 22. 2. 1848.
6. Biographical Memoirs of Wabash County, Indiana. Chicago, 1901, S. 267.
7. Plain Dealer Newspaper, 23. 9. 1866.
8. Rettig-Owen, Joan: Biographical Memoirs of Franz Anton Rettig. Ms. (um 1976).
9. Reisepass Johann Georg Alber, Vaduz, 22. 2. 1848.
10. Givens, William E.: Tombstone Carvers of Wabash County, Indiana 1850-1900, Ms. 1988, S. 4.
11. Wabash Plain Dealer, 16. 11. 1937.
12. Wabash Plain Dealer, 5. 5. 1867.
13. Wabash Plain Dealer, 1908.
14. J. Cantener an Jakob Alber, Vagney, 23. 4. 1875.
15. Aline Alber an Jakob Alber, Remiremont, 30. 12. 1874.
16. Aline Alber an Jakob Alber, Nancy, 29. 12. 1878.
17. Martin Alber an Aline Alber, Mauren, 19. 4. 1884.
18. Tagebuch der Aline Alber, 1891.
19. Josefine Alber an Aline Alber, Cornimont, 18. 1. 1898.
20. Alber, Marthe: Alber-Familiengeschichte, Zusammenstellung von 1938.
21. Josefine Alber an Aline Alber, Cornimont, 21. 1. 1898.
22. Josef Matt an Albert Alber, Logansport, 4. 5. 1877.
23. De Singly, François: Die Familie der Moderne. Eine soziologische Einführung. Konstanz, 1994, S. 69-71.
24. Bleyle, Annette M.: Das Pfarrer Lutz-Stipendium. Eine Studienhilfe für bildungswillige, arme Liechtensteiner Studenten des 19. Jahrhunderts. In: Alemannia Studens 7 (1997), S. 7-27, hier S. 19.
25. Albert Alber an Aline Alber, West Blue Mounds, 17. 12. 1878.
26. Josef Matt an Albert Alber, Logansport, 4. 5. 1877.
27. Aline Alber an Jakob Alber, Remiremont, 31. 12. 1874.
28. Albert Alber an Aline Alber, New Glarus, 28. 2. 1882.
29. Albert Alber an Martin und Aline Alber, New Glarus, 28. 8. 1892.
30. Maria Anna Salzmann an Aline Alber, Feldkirch, 22. 12. 1892.
31. Maria Anna Salzmann an Aline Alber, Feldkirch, 26. 12. 1902.
32. John Batliner an Martin Alber, Wabash, 13. 4. 1884.
33. Thomas Alber an Martin Alber, Mauren, 26. 12. 1910.
34. Marthe Lamour-Alber an Madeleine Alber, Monroe, 11. 2. 1940.
35. Jacques Alber an Sebastian Alber, Paris, 11. 9. 1870.
36. Jacques Alber an Martin Alber, Bordeaux, 12. 4. 1874.
37. Maria Anna Salzmann an Martin und Aline Alber, Feldkirch, 26. 12. 1893.
38. Maria Anna Salzmann an Aline Alber, Feldkirch, 31. 1. 1907.
39. Briefentwurf von Aline Alber, Feldkirch, 1882.
40. Maria Anna Salzmann an Martin Alber, Feldkirch, 22. 7. 1900.
41. Maria Anna Salzmann an Martin Alber, Feldkirch, 31. 1. 1907.
42. Ospelt, Alois: Wirtschaftsgeschichte des Fürstentums Liechtenstein im 19. Jahrhundert. JBL 72 (1972), S. 109-111.
43. Niederstätter, Alois: Arbeit in der Fremde. Bemerkungen zur Vorarlberger Arbeitsmigration vom Spätmittelalter bis zum 19. Jahrhundert. In: Montfort, 48. (1996), S. 105-118. Hier S. 110.
44. Marthe Lamour-Alber an Alice und Josefine Alber, Monroe, 15. 3. 1940.
45. Aline Alber an Louis Alber, Wabash, 1916.
46. Ebd.
47. Marthe Lamour-Alber an Madeleine Alber, Monroe, 5. 11. 1939.
48. Josefine Alber an Aline Alber, Cornimont, 21. 1. 1898.
49. Ebd.
50. Marthe Lamour-Alber an Madeleine Alber, Monroe, 5. 11. 1939.
51. Marthe Alber an Aline Alber, Vagney, 13. 3. 1888.
52. Gustave Alber an Aline Alber, Midreveaux, 9. 3. 1889.
53. Josefine Alber an Aline Alber, Cornimont, 19. 3. 1904.
54. Marthe Lamour-Alber an Alice und Josefine Alber, Monroe, 15. 3. 1940.

55 Nachruf auf Aline Alber, Wabash, 26. 12. 1927.
56 Josefine Alber an Aline Alber, Vagney, 2. 4. 1889.
57 Josefine Alber an Aline Alber, Vagney, 19. 12. 1889.
58 Marthe Alber an Aline Alber, Remiremont, 6. 4. 1890.
59 Josefine Alber an Aline Alber, Vagney, 9. 2. 1891.
60 Ebd.
61 Marthe Lamour-Alber an Aline Alber, Samoreau, 17. 11. 1895.
62 Josefine Alber an Aline Alber, Cornimont, 9. 1. 1896.
63 Josefine Alber an Aline Alber, Cornimont, 19. 3. 1904.
64 Ebd.
65 Marthe Lamour-Alber an Aline Alber, Remiremont, 21. 12. 1902.
66 Emile Alber an Aline Alber, Vagney, 8. 10. 1884.
67 Marthe Alber an Aline Alber, Clichy, 19. 12. 1888.
68 Marthe Alber an Aline Alber, Clichy, 21. 1. 1889.
69 Josefine Alber an Aline Alber, Vagney, 2. 4. 1889.
70 Marthe Alber an Aline Alber, 14. 12. 1889.
71 Emile Alber an Aline Alber, Vagney, 21. 11. 1889.
72 Josefine Alber an Aline Alber, Cornimont, 26. 7. 1892.
73 Emile Alber an Aline Alber, Cornimont, 30. 6. 1892.
74 Emile Alber an Aline Alber, Cornimont, 4. 11. 1891; Marthe Lamour-Alber an Aline Alber, Caubinais, 10. 12. 1893.
75 Emile Alber an Aline Alber, Cornimont, 7. 1. 1896.
76 Haupt, Heinz-Gerhard: Handwerk in Deutschland und Frankreich in der zweiten Hälfte des 19. Jahrhunderts: Soziale Form und Funktion. In: Prekäre Selbständigkeit. Zur Standortbestimmung von Handwerk, Hausindustrie und Kleingewerbe im Industrialisierungsprozess. Hrsg. Ulrich Wengenroth. Wiesbaden, 1898. (Veröffentlichungen des Instituts für Europäische Geschichte 31), S. 23-37.
77 Emile Alber an Aline Alber, Cornimont, 29. 12. 1902.
78 Emile Alber an Aline Alber, Cornimont, 16. 6. 1903.
79 Ebd.
80 Emile Alber an Aline Alber, Chermenil, 13. 5. 1920.
81 Emile Alber an Aline Alber, Lausauchamps, 21. 8. 1922.
82 Ebd.
83 Henri Alber an Aline Alber, Golbey, 4. 1. 1922.
84 Henri Alber an Aline Alber, Chrouon, 17. 5. 1919.
85 Henri Alber an Aline Alber, Golbey, 4. 1. 1922.
86 Henri Alber an Aline Alber, Golbey, 26. 11. 1928.
87 Marthe Lamour-Alber an Alice und Josefine Alber, Monroe, 15. 3. 1940.
88 Gustave Alber an Aline Alber, Midrevaux, 9. 3. 1889.
89 Gustave Alber an Aline Alber, Paris, 23. 9. 1894.
90 Gustave Alber an Aline Alber, Paris, 2. 10. 1895.
91 Gustave Alber an Aline Alber, Paris, 10. 8. 1905.
92 Emile Alber an Aline Alber, Lausauchamps, 30. 4. 1922 u. 21. 8. 1922.
93 Josefine Alber an Aline Alber, Vagney, 2. 4. 1889.
94 Marthe Lamour-Alber an Aline Alber, Samoureau, 26. 12. 1894.
95 Marthe Lamour-Alber an Alice und Josefine Alber, Monroe, 15. 3. 1940.
96 Aline Alber an Jakob Alber, Vagney, Frühjahr 1875.
97 Josefine Martin-Alber an die Verwandten in Logansport, Vagney, 18. 2. 1875.
98 Aline Alber an Jakob Alber, Nancy, 19. 12. 1878.
99 Nachruf auf Aline Alber, Wabash, 26. 12. 1927.
100 Heinrich Fenkart an Aline Alber, Feldkirch, 17. 4. 1878.
101 Albert Alber an Aline Alber, West Blue Mounds, 17. 12. 1878.
102 Akademie von Nancy, Bestellung von Aline Alber, Epinal, 3. 9. 1880.
103 Albert Alber an Aline Alber, New Glarus, 2. 2. 1882.
104 Aline Alber an Jakob Alber, Feldkirch, 28. 4. 1883.
105 Josefine Alber an Aline Alber, Vagney, 27. 4. 1884.
106 Philipp Alber an Aline Alber, Wabash, 12. 6. 1883.
107 Philipp Alber an Martin Alber, Wabash, 3. 1884.
108 Albert Alber an Aline Alber, West Blue Mounds, 17. 12. 1878.
109 Martin Alber an Aline Alber, Feldkirch, 19. 4. 1884.
110 Ebd.
111 Josefine Alber an Aline Alber, Vagney, 27. 4. 1884.
112 Martin Alber an Aline Alber, 4. 1884.
113 Marthe Alber an Martin Alber, Warschau, 15. 11. 1884.
114 David Meier an Martin Alber, Mauren, 2. 12. 1914.
115 Aline Alber an Jakob Alber, Wabash, 2. 2. 1889.
116 Gustave Alber an Martin Alber, Midreveaux, 9. 3. 1889.
117 Aline Alber an Jakob Alber, Nancy, 29. 12. 1878.
118 Gustave Alber an Aline Alber, Midreveaux, 20. 4. 1889.

119 Aline Alber an Emile Alber, Wabash, 28. 6. 1905.
120 Josefine Alber an Aline Alber, Vagney 2. 4. 1889.
121 Aline Alber, Tagebuch, 1885.
122 Aline Alber, Tagebuch, 1890.
123 Josefine Alber an Aline Alber, Vagney, 29. 5. 1890.
124 Aline Alber, Tagebuch, Juli 1893.
125 Martin Alber an Thomas Alber, Wabash, 27. 1. 1914.
126 Fontaine an Aline Alber, Ville sur Illon, 20. 9. 1894.
127 Aline Alber, Tagebuch, Februar 1897.
128 Aline Alber an Josefine Alber, Wabash, 20. 3. 1896.
129 Josefine Alber an Aline Alber, Cornimont, 14. 5. 1896.
130 Martin Alber an Aline Alber, Feldkirch, 19. 4. 1884.
131 Aline Alber, Tagebuch, Dezember 1892.
132 Aline Alber an Jakob Alber, Wabash, 2. 2. 1889.
133 Aline Alber, Tagebuch, September 1892.
134 Ebd.
135 Aline Alber an Anna Vogt, Wabash, 21. 8. 1892.
136 Aline Alber, Tagebuch, 15. Juli 1893.
137 Aline Alber, Tagebuch, November 1892.
138 Gustave Alber an Aline Alber, Paris, 23. 9. 1894.
139 Marthe Lamour-Alber an Aline Alber, Samoreau, 26. 12. 1894.
140 Fontaine an Aline Alber, Ville sur Illon, 18. 12. 1894.
141 Aline Alber, Tagebuch, Juni 1895.
142 Aline Alber, Tagebuch, 5. 2. 1897.
143 Fannie Graty an Aline Alber, South Wabash, 11. 10. 1898.
144 Martin Alber an Thomas Alber, Wabash, 27. 1. 1914.
145 Aline Alber an Thomas Alber, Wabash, 26. 9. 1915.
146 Nachruf auf Martin Alber, 18. 1. 1918.
147 Aline Alber an Anna Vogt, Wabash, 12. 8. 1892.
148 Aline Alber, Tagebuch, 31. 7. 1893.
149 Aline Alber an Jacques Alber, Wabash, 2. 2. 1889.
150 Aline Alber, Tagebuch, 1. 8. 1893.
151 Aline Alber, Tagebuch, 10. 7. 1893.
152 Josefine Alber an Aline Alber, Remiremont, 12. 3. 1903.
153 Aline Alber an Emile Alber, Wabash, 28. 6. 1905.
154 Marthe Lamour-Alber an Madeleine Alber, Monroe, 5. 11. 1939.
155 Klapdor, Heike: Überlebensstrategie statt Lebensentwurf. In: Hirschbach, Denny u. Nowoselsky, Sonia (Hrsg.): Zwischen Aufbruch und Verfolgung. Künstlerinnen der zwanziger und dreissiger Jahre. Bremen, 1994.
156 Aline Alber, Tagebuch, 1. Januar 1893.
157 Aline Alber, Tagebuch, 27. Dezember 1892.
158 Aline Alber, Tagebuch, 5. Februar 1897.
159 Ebd.
160 Aline Alber an Jacques Alber, Wabash, 2. 2. 1889.
161 Aline Alber an Louis Alber, Wabash, 5. 1. 1909.
162 Aline Alber an Woodrow Wilson, Wabash, 4. 9. 1914.
163 Schad, Martha: Frauen, die die Welt bewegten. Künstlerinnen, Philosophinnen, Wissenschaftlerinnen, Königinnen, Kämpferinnen, Heilige; geniale Frauen, der Vergangenheit entrissen. Augsburg, 1997.
164 Martin Alber an Thomas Alber, Wabash, 27. 1. 1914.
165 Aline Alber an Louis Alber, Wabash, 22. 9. 1914.
166 Aline Alber an Louis Alber, Wabash, 22. 9. 1914.
167 Aline Alber an Prof. J.R. Schutz, Wabash, 30. 10. 1926.
168 Smith-Rosenberg, Caroll: Körper-Politik oder der Körper als Politikum. In: Geschichte schreiben in der Postmoderne. Hrsg. Christoph Conrad; Martina Kessel. Stuttgart 1994, S. 310-353, hier S. 325 f.

Anmerkungen zu:
Eine Ruggeller Kolonie in Nebraska und Saskatchewan – Vom Pionierleben der Familien Heeb
Seite 73

1 Im benachbarten Vorarlberg gab der überwiegende Teil der Auswanderer im Jahrzehnt von 1850 bis 1860 als Berufsbezeichnung Steinhauer, Maurer und Zimmermann an. Dies kann wohl auch als Indiz für die triste Lage im Baugewerbe angesehen werden. Vgl. Pichler, Meinrad: Auswanderer. Von Vorarlberg in die USA 1800-1938. Bregenz, 1993. S. 23.
2 Ryan-Heeb, Elizabeth: John Heeb Family. Maschinenschriftl. Ms., undatiert, S. 1. – Elizabeth Ryan ist die Enkelin Johann Heebs.
3 S. Band 1, S. 41ff.
4 Ryan-Heeb, Elizabeth: John Heeb. Maschinenschriftl. Ms., undatiert, S. 1.
5 Die Geburtsdaten der Kinder sind in der Familienbibel der Heebs notiert, deren Original sich im Besitz von Julius Bühler, Oak Lawn (Illinois), befindet.

6 Vgl. etwa Killick, John R.: Die industrielle Revolution in den Vereinigten Staaten». In: Die Vereinigten Staaten von Amerika. Hrsg. von Willi Paul Adams. Frankfurt am Main, 1977, S. 125-183, hier S. 166. (Fischer Weltgeschichte, Bd. 30)
7 Dieser *Homestead* blieb bis zum Tod seiner jüngsten Schwiegertochter im Jahr 1971 im Besitz der Familie Heeb; Ryan-Heeb: John Heeb, S. 1.
8 Vgl. Kennedy, Roger G. (Ed.): The Smithsonian Guide to Historic America. The Plains States. New York, 1990, S. 232-241.
9 The Atkinson Graphic, 26. 4. 1940, S.1: Nachruf auf Frank Heeb.
10 Ryan-Heeb Elizabeth: John Heeb Family, S. 1.
11 American Heritage. New Pictorial Encyclopedic Guide to the United States. Vol. 8: Mississippi, Missouri, Montana, Nebraska, New York 1965, S. 706.
12 Brief von Adelia Doidge-Heeb v. 2. 6. 1995; Adelia Doidge-Heeb ist die Tochter von Ludwig Heeb, dessen Schwester Agatha mit Elisabeth Heebs Sohn Frank verheiratet war.
13 Heeb, Mae; Albert; Emil; Ryan-Heeb, Elizabeth: Frank Heeb Family. Maschinenschriftl. Ms., undatiert, S. 1.
14 Ryan-Heeb: John Heeb Family, S. 1.
15 Ryan-Heeb: John Heeb, S. 1.
16 Warranty Deed, Holt County (Nebraska), 24. 9. 1892.
17 Inventory in the Matter of the Estate of John Heeb, Holt County (Nebraska), 8. 12. 1902.
18 The Atkinson Graphic, 26. 8. 1910, S. 7: Nachruf auf Elizabeth Heeb-Kühne.
19 Certificate of Marriage, Holt County (Nebraska), 2. 8. 1892.
20 Handschriftl. Protokoll des mündl. Berichts von David Ryan.
21 Frank Heeb Family, S. 1.
22 The Atkinson Graphic, 4. 1. 1952, S.1.
23 Pichler 1993, S. 26.
24 Doidge-Heeb, Mary Adelia: A few notes to clarify. Handschriftl. Ms., undatiert, S. 1.
25 Naturalization Record, Holt County (Nebraska), 7. 6. 1900.
26 Trauungs-Anzeige für Ludwig Heeb und Adelina Meier, Mauren, 23. 5. 1910.
27 Doidge-Heeb, Mary Adelia: Early Pioneers Lou and Adelina Heeb. Handschriftl. Ms., undatiert S. 1.
28 Burchell, Robert A.: Die Einwanderung nach Amerika im 19. und 20. Jahrhundert. In: Die Vereinigten Staaten von Amerika. Hrsg. von Willi Paul Adams. Frankfurt am Main, 1977, S. 184-234, hier S. 209. (Fischer Weltgeschichte, Bd. 30)
29 So zum Beispiel in der Zeitung The Atkinson Graphic vom 26. 4. 1912.
30 Killick 1977, S. 146.
31 Doidge-Heeb: Early Pioneers, S. 1.
32 Warranty Deed from Ludwig Heeb and Wife to Inez Cleary, Holt County (Nebraska), 29. 5. 1911.
33 Doidge-Heeb: Early Pioneers, S. 2.
34 Ebd.
35 Ebd.
36 Brief an Ludwig Heeb an Ulrich Öhri v. 29. 2. 1916.
37 Doidge-Heeb: Early Pioneers, S. 2-7.
38 Brief von Adelina Heeb an Familie Öhri v. 15. 11. 1922.
39 Doidge-Heeb: A few notes, S. 3.

**Anmerkungen zu:
Frau Elwina Kindle,
Triesen: Emigrantin und
Heimkehrerin
Seite 85**

1 «Veseter» = Visiter, Aushilfhirte, erster Zuhirt. Von lat.: Vicendarius
2 Hälos: Flurname, Gebiet zwischen Triesen und Balzers.
3 Galtvieh: Kühe, die «trocken» sind, keine Milch geben, Zugvieh.

**Anmerkungen zu:
«Jeder schmiedet sich
seine Heimat selbst, denn
die wahre Heimat ist das
Innenleben»
Eine Begegnung mit
Hermine Kindle de
Contreras Torres
Seite 93**

1 Loretta Federspiel-Kieber aus Mauren lebt und arbeitet in Zürich. Sie bedankt sich bei ihrer Freundin Beatrice – auch sie eine Auswanderin – und ihrem mexikanischen Partner Manolo, ohne deren Hilfe die Recherchen nicht möglich gewesen wären.
2 Das Schneekreuz am Rappenstein kennen vor allem ältere Triesner. Es ist nur kurze Zeit im Frühjahr, jeden Tag für wenige Minuten zu sehen, wenn die Sonne über den Grat steigt und die ersten Strahlen den gegenüberliegenden Westhang bescheinen. Während der grösste Teil des Hanges noch im Schatten liegt, scheint ein deutlich erkennbares Kreuz hervor.
3 Historia Documental del Cine Mexicano, Band 1, 1929-1937, S. 36.
4 Ebd., S. 62.
5 Ebd., S. 11.

6 Ebd., S. 84.
7 Ebd., S. 84.
8 Ebd., S. 85.
9 Ebd., S. 86.
10 Historia Documental del Cine Mexicano, Band 3, 1943-1945, S. 310.

Anmerkungen zu:
«...dass ich mehr Unternehmungsgeist habe, wie ihr alle miteinander»
Biographie der Karolina Lampert, geborene Schädler, anhand ihrer Briefe aus Amerika
Seite 111

1 Chronik Triesenberg, Bd. 9, S. 30.
2 Vgl. Jansen, Norbert: Nach Amerika! Geschichte der liechtensteinischen Auswanderung nach den Vereinigten Staaten von Amerika. In: JBL 76 (1976), S.1-223, hier S. 105. Die Kinder von Barbara Beck hiessen: Franz Xaver, Anna Maria, Maria Karolina und Ursula, vgl. ebd., S. 196. Die Sterbedaten der Auswanderer konnten aufgrund der Briefsammlung eruiert werden.
3 Hoch, Johann Luzius, geb. 1844, Triesen 119. Vgl. Jansen (Anm. 2), hier S. 190.
4 Heinrich und Josef Hoch waren im Mai 1873 in New York angekommen.
5 Morison, Samuel Eliot; Commager, Henry Steele: Das Werden der Amerikanischen Republik. Geschichte der Vereinigten Staaten von ihren Anfängen bis zur Gegenwart. Band 2, S. 83. Stuttgart, 1950.
6 Barbara Beck.
7 Josepha Lampert.
8 Justina Gassner, geb. Lampert.
9 Franz Xaver Beck, Sohn der Barbara Beck, wanderte 1875 nicht mit seiner Mutter und seinen drei Schwestern weiter nach Oregon, sondern blieb in Freeport.
10 Vgl. Jansen (Anm. 2), S. 66.
11 Vgl. Jansen (Anm. 2), S. 179: Die Kinder von Johann Eberle hiessen Johann, Ferdinand, Remigius. Der erstgeborene Sohn, der ebenfalls den Namen Remigius trug, war im Jahr vor der Auswanderung gestorben.
12 Vgl. Jansen (Anm. 2), S. 106, 179.
13 Die Briefdatierung von Frommelt stimmt nicht mit den amtlichen Quellen in Liechtenstein überein. Die Auswanderung erfolgte im Jahr 1881.
14 Pichler, Meinrad: Auswanderer. Von Vorarlberg in die USA 1800-1938. Bregenz, 1993. S. 11.
15 Josepha Beck.
16 Katharina Frommelt.
17 Remigius Eberle, Bruder des Johann.
18 Vgl. Jansen (Anm. 2), S. 217.
19 Hausnamen von Barbara Beck.
20 Justina Gassner, geb. Lampert, Schwägerin von Karolina Lampert.
21 1 Acre = 4047 qm.
22 lot = Bauplatz, Parzelle, Stück, Land.
23 Barbara Beck.
24 Xaver Beck.
25 Alois Beck.
26 Alexander Lampert.
27 Katharina Frommelt und Alexander Lampert waren bereits im Februar 1888 weiter nordwärts in den Staat Washington gezogen.
28 Die Anglisierung kommt in den späteren Schreiben immer deutlicher zum Ausdruck. Hier wurde das englische «it doesn't take me long» wörtlich ins Deutsche übertragen, anstelle von «ich brauche nicht lange».
29 Josef Lampert (1875-1907), wanderte 1882 aus und wirkte später in Chicago als Lehrer und Organist. Über Karolina hielt er Kontakt zu Triesenberg. «*Der Joseph Lampert ist noch in Lena, er war an der Fastnacht hier auf Besuch, er ist gesund, ich habe ihm seine Briefe zugeschickt, er hat mir noch nicht geschrieben, was er dort treibt.*» (2. 4. 1882). Lampert schien Triesenberg auch wieder besucht zu haben, denn Karolina schrieb weiter über ihn: «*Er schreibt, seine Frau wolle ihn nicht mehr nach Deutschland gehen lassen und somit glaube ich nicht, dass er kommt nächstes Frühjahr.*» (30. 3. 1891).
30 Faulkner, Harold Underwood: Amerikanische Wirtschaftsgeschichte, Dresden, 1929, Band 2, S. 209.
31 Die englische Redewendung «they like it more» stand Pate bei Karolinas deutscher Formulierung.
32 Faulkner: Wirtschaftsgeschichte, S. 102.
33 Juliana Sele, Triesenberg.
34 Katharina Frommelt.
35 Alexander Lampert.
36 Vom englischen «bachelor».
37 Vom englischen «it takes me».
38 Die Schweiz war während des Ersten Weltkriegs neutral, so dass Briefe dorthin nicht der Zensur unterlagen.

Anmerkungen zu:
«Gentlemen, Sie kennen mich nicht und ich kenne Sie nicht, aber wenn Sie gestatten, trage ich meine Sache vor»
John Latenser, Architekt in Omaha
Seite 147

1. «Omaha's Own Magazine and Trade Review», June 1928, p. 26.
2. Laternser, Johann: Meine Memoiren. Omaha, 1936. S. 3. Aus dem Englischen von Bruni Gantner. Typoskript im Besitz von Liebgard Emerita Walter, Feldkirch.
3. Memoiren, S. 4.
4. «John Latenser to Celebrate 50th Year in Omaha Jan. 1» «Bee News» vom 9. Dezember 1934. Einen ähnlichen, falschen Verweis auf angebliche Architekten unter den Vorfahren Latensers findet sich schon im oben zitierten: «Omaha's Own Magazine and Trade Review», June 1928, S. 6: «In fact, as far back as we can trace, the Latensers have been builders and good ones.»
5. Memoiren, S. 13.
6. Karoline und Franz Josef hatten 1871 geheiratet und waren nach Boston ausgewandert, wo sie eine Bäckerei betrieben. Als ein Telegramm eingetroffen war, der Bruder von Franz Josef Bickel sei gestorben und die familieneigene Ziegelfabrik sei ohne Leitung, war das Ehepaar Bickel aus den USA zurückgekehrt.
7. Memoiren, S. 27.
8. Ebd.
9. Josefine und William starben 1918 während der Grippe-Epidemie.
10. Undatierte Erinnerung, zur Verfügung gestellt von Liebgard Emerita Walter, Feldkirch.
11. Memoiren, S. 28.
12. Ebd.
13. Lorenz und Maria Anna Laternser aus Vaduz waren 1849, resp. 1850 ausgewandert.
14. Memoiren, S. 5.
15. Memoiren, S. 30.
16. Memoiren, S. 32.
17. Memoiren, S. 35.
18. Memoiren, S. 37.
19. Hier dürfte Latenser übertrieben haben. Wieso sollte er nach sechs bis sieben Jahren in den USA nur gebrochen Englisch gesprochen haben? (Französisch hatte er angeblich in einem Winter in Nancy gelernt.) Der immer noch junge Einwanderer hatte wohl (noch) einen deutschen Akzent, den er möglicherweise «herauskehrte», um als Unbekannter die Aufmerksamkeit auf sich zu lenken. Es gibt auch anderswo Anzeichen dafür, dass Latenser selbst aktiv an seiner eigenen Legende vom mittellosen, sprachunkundigen Einwanderer mitschmiedete.
20. Memoiren, S. 38.
21. Memoiren, S. 40.
22. «Omaha's Own Magazine and Trade Review», June 1928, S. 6.
23. Mit Karneval vergleichbar.
24. Der Baustil ist nach der Ecole des Beaux Arts in Paris benannt, an der während Jahrzehnten zahlreiche Amerikaner ausgebildet wurden.
25. Ein Block entspricht einer quadratischen Fläche innerhalb des schachbrettartig angelegten Strassenrasters der meisten amerikanischen Städte.
26. Telefongespräch mit Frank Nestor Latenser am 6. November 1997. Frank Nestor war von 1946 bis in die siebziger Jahre in der Architekturfirma der Familie tätig. Er baute in den USA und in Saudi Arabien. Das «alte Zentrum» bezeichnet Omahas Downtown, bevor die modernen Wolkenkratzer gebaut wurden und die heutige Skyline entstand.
27. Vgl. z.B. Wagner-Rieger, Renate: Wiens Architektur im 19. Jahrhundert. Wien, 1970. S. 156.
28. Joedicke, Jürgen. «Die unterschiedlichen Wege der Architekturlehre in Stuttgart: von der Real- und Gewerbeschule zur Universität» In: Stuttgarter Architekturschule. Hrsg. Fachschaft für Architektur und Stadtplanung. Stuttgart: Krämer-Verlag, 1991.
29. Memoiren, S. 23.
30. Vgl. «The Tall Office Building Artistically Considered». In: Louis H. Sullivan. Kindergarten Chats and Other Writings. New York, 1979.
31. «Men Who Are Making Omaha» «Bee News», 12. April 1924.

Anmerkungen zu:
Alois Rheinberger –
Weinbaupionier in Illinois
Seite 175

FamARh = Familienarchiv Rheinberger
1. Das immer wieder angegebene Jahr 1847 für die Auswanderung stimmt nicht, was durch den Brief vom 1. 7. 1848 belegt ist.
2. Alois Rheinberger an Emma Rheinberger am 22. 4. 1906.
3. 29. 6. 1846.
4. Philipp Alber, Johannes Georg Alber, Ferdinand Frick, Christoph Hilti, Franz Josef Hilti, Barbara Hilti und Johann Laternser (laut Passagierliste).
5. Theres Rheinberger (1790-1867), Gründerin der Mädchenschule Vaduz

6 Es sind aus den Jahren 1848 bis 1864 26 Briefe von Alois Rheinberger erhalten. FamARh, Ha 14.
7 Emma Rheinberger, Vaduz (1868-1943). Es sind 28 Briefe von Alois an Emma Rheinberger erhalten. FamARh.
8 Dies ist ein deutlicher Hinweis auf die Verhältnisse in Liechtenstein.
9 Brief vom 12. 1. 1850.
10 Josef Tschetter, Schaan, Andreas Risch, Schaan, Johann Georg Hilti, Schaan, Maria Laternser, Vaduz, und Apolonia Tschol, Balzers.
11 Brief vom 9. 11. 1850.
12 Brief vom 1. 3. 1853.
13 Dass Alois Rheinberger in Nauvoo wirklich aus Vaduzer Traubenkernen junge Reben zog, bestätigt auch eine spätere Briefstelle vom 12. 5. 1851: «Mein Vater lässt bitten um nur einige Körnchen Samen vom Gluckertrüter vorn im Garten».
14 Brief vom 12. 5. 1851.
15 Brief vom 18. 3. 1855 an Theresia Rheinberger.
16 Jetzt Haus Dr. Peter Marxer im Heiligkreuz.
17 Brief vom 28. 3. 1860 an Base Therese.
18 Brief vom 15. 9. 1862.
19 Brief vom 1. 1. 1864.
20 Lehrbrief der Gerberzunft Rankweil vom 13. 4. 1851. FamARh.
21 Brief Heinrich Rheinbergers an seine Patin und Tante Theres Rheinberger in Vaduz vom 18. 12. 1853.
22 Ebd.
23 Seppli = Josef Ferdinand Rheinberger, Vater von Alois (gest. 7. 10. 1852).
24 annehmbar = anzunehmen
25 regelmässigen = regelrechten
26 Meili = Anna Maria Marxer, die Schwester Alois Rheinbergers
27 Karolina = Kind der Anna Maria und des Andreas Marxer, Nendeln, geb. am 21. 8. 1848. Wanderte im Jahre 1886 nach Nauvoo aus und heiratete dort einen Mann aus Mels mit Namen Good und zog nach San Francisco (Brief vom 22. 4. 1906).
28 Brief Heinrich Rheinbergers an die Base Anna Maria vom 6. 6. 1855, FamARh.
29 Brief vom Februar 1904 an Emma Rheinberger, Vaduz, FamARh.
30 Theresia war eine Tochter des «Löwenwirts» Anton Rheinberger.
31 Emma Rheinberger = Tochter von Hauptmann Peter Rheinberger
32 Brief vom 11. 1. 1909.
33 Brief vom 7. 3. 1913.
34 Brief vom 16. 12. 1907.
35 Brief vom 17. 9. 1905.
36 Brief vom 3. 1906.

Anmerkungen zu:
Eine Eschner Grossfamilie in Oklahoma
Stefan Schächle und seine Nachkommen
Seite 189

Quellen:
«The Schachle Family in America 1882-1997», zusammengestellt von Frederick Morton Scott und Joann Katherine Schachle Scott. Darin zitiert:
«Schachle Stories», von Marie Schachle Miller und Suzanna Miller Bortz, 1994.
«Prairie Wedding», Western Oklahoma Historical Society, Elk City, Oklahoma, 1986, pp. 336-339.
«Prairie Fire», Western Oklahoma Historical Society, Elk City, Oklahoma. 1977. pp. 506-508.

1 «On Sunday we visited the family of Stephan Schackle ex Pendletonites. We found them located five miles south of Elk City on a farm of 320 acres. They seemed to be doing well. They have on hand 14 bales of last years cotton, over 1000 bushels of Kaffir corn and maize stored up and some not gathered, about 65 head of hogs (and had sold 60 head of fat ones), 13 mules and 5 or 6 horses and several head of cattle, some fruit, apples of their own raising and they said they were very well satisfied.» S.M. Gosney an den Herausgeber des «Falmouth, Kentucky Outlook», datiert Doxie, Oklahoma, 27. 11. 1915.

Anmerkungen zu:
«Warum gerade ich? Warum musste ich scheiden?»
Elias Wille aus Balzers in Kalifornien
Seite 217

Quellen:
Briefe an seine Nichte Anneli (Anna Nigg-Wille)
Briefe an Emanuel Vogt
Liechtensteiner Volksblatt, verschiedene Ausgaben 1906 bis 1962

1 Elias Wille, Von Heimat zu Heimat, S. 1, San Francisco 1952, Sonderabdruck aus dem LVo.
2 Ebda., S.1
3 Ebda., S.1

4 Elias Wille, Reiseerinnerungen und Erlebnisse einiger Liechtensteiner, Erzählung in 11 Folgen, 1. Teil, LVo, 15. 3. 1907
5 Ebda., 6. Teil, LVo, 19. 4. 1907
6 Ebda., 7. Teil, LVo, 26.4.1907
7 Ebda., 11. Teil, LVo, 17.5.1907
8 Elias Wille in einem Brief v. 26. 6. 1962 an Mane Vogt
9 Elias Wille, Einwanderung und ihre Gefahren und Naturalisation in Amerika, LVo, 7. 12. 1906
10 Elias Wille, Wanderungen an der Pazifikküste, Erzählung in 8 Folgen, 8. Teil, LVo, 24. 5. 1912
11 Elias Wille, Von Heimat zu Heimat, S. 5, San Francisco 1952, Sonderabdruck aus dem LVo
12 Elias Wille, Abschied, LVo, 8. 10. 1960